Europarecht

2017

Christian Sommer
Rechtsanwalt und Repetitor

ALPMANN UND SCHMIDT Juristische Lehrgänge Verlagsges. mbH & Co. KG
48143 Münster, Alter Fischmarkt 8, 48001 Postfach 1169, Telefon (0251) 98109-0
AS-Online: www.alpmann-schmidt.de

Zitiervorschlag: Sommer, Europarecht, Rn.

Sommer, Christian
Europarecht
11., völlig neu gestaltete Auflage 2017
ISBN: 978-3-86752-427-8

Verlag Alpmann und Schmidt Juristische Lehrgänge
Verlagsgesellschaft mbH & Co. KG, Münster

Die Vervielfältigung, insbesondere das Fotokopieren der Skripten,
ist nicht gestattet (§§ 53, 54 UrhG) und strafbar (§ 106 UrhG).
Im Fall der Zuwiderhandlung wird Strafantrag gestellt.

Unterstützen Sie uns bei der Weiterentwicklung unserer Produkte.
Wir freuen uns über Anregungen, Wünsche, Lob oder Kritik an:
feedback@alpmann-schmidt.de.

Inhalt

1. Teil: Einführung in das Europarecht 1

1. Abschnitt: Begriffsbestimmung und Examensrelevanz 1

2. Abschnitt: Entstehungsgeschichte europäischer Institutionen 2
- A. Gründung und Entwicklung der Europäischen Union 2
  - I. Europäische Gemeinschaft für Kohle und Stahl (EGKS) 2
  - II. Europäische Wirtschaftsgemeinschaft (EWG) und Europäische Atomgemeinschaft (EAG) 3
  - III. Fusionsvertrag und Einheitliche Europäische Akte 3
  - IV. Europäische Union 3
  - V. Reformverträge 4
  - VI. Europäischer Verfassungsvertrag 4
  - VII. Vertrag von Lissabon 4
- B. Beitritte der Mitgliedstaaten 5
- C. Westeuropäische Union (WEU) 5
- D. Verwechslungsgefahr mit anderen europäischen Institutionen 6
- E. Ausblick auf die weitere Entwicklung 6

2. Teil: Organisationsrecht 7

1. Abschnitt: Rechtsnatur und Stellung der EU 7
- A. Rechtsnatur der Union 7
  - I. Bestimmung der EU-Verträge 7
  - II. Verneinung der Staatsqualität 7
    1. Staatsgebiet 8
    2. Staatsvolk 8
    3. Staatsgewalt 9
  - III. Sonstige völker- oder staatsrechtliche Kooperationsmodelle 9
  - IV. Die EU als „Staatenverbund" 10
- B. Die Rechtsnatur des Unionsrechts 10
- C. Die Verbandskompetenz der Union 11
  - I. Ausschließliche Unionskompetenz 11
  - II. Geteilte Unionskompetenz 12
  - III. Unterstützungs-, Koordinierungs- und Ergänzungsmaßnahmen 13
  - IV. implied powers 13
- D. Die EU und das Völkerrecht 14
  - I. Grundlagen der völkerrechtlichen Aktivitäten 14
  - II. Wirkung und Rang eines völkerrechtlichen Vertrages 15
    1. Einordnung in die EU-Rechtsordnung 15
    2. Folgen eines völkerrechtlichen Vertrages 16
  - III. Rechtsschutz 16
- ■ Zusammenfassende Übersicht: Rechtsnatur der EU; Verbandskompetenz der EU; EU und Völkerrecht 17

2. Abschnitt: Organe der Union 18
- A. Das Europäische Parlament 19
  - I. Sitz 19
  - II. Zusammensetzung und Wahlen 20

I

      1. Zusammensetzung und Legislaturperiode 20
      2. Wahlen zum Europäischen Parlament 22
         a) Wahlrechtsgrundsätze 22
         b) Wahlsystem 23
            Fall 1: 3%-Sperrklausel bei der Europawahl 23
  III. Aufgaben 28
      1. Gesetzgeber 28
      2. Haushalt 29
      3. Kreationsfunktion 29
      4. Kontrollfunktion 30
  IV. Beschlussfassung des Europäischen Parlaments 31
B. Der Europäische Rat 31
  I. Sitz 31
  II. Zusammensetzung 31
  III. Der Präsident des Europäischen Rates 32
  IV. Aufgaben 33
  V. Beschlussfassung 34
C. Der Rat 34
  I. Sitz 35
  II. Zusammensetzung und Stellung der Mitglieder 35
      1. „Ministerrat" 35
      2. Stellung der Regierungsvertreter im Rat 36
      3. „Ratspräsidentschaft" 37
  III. Aufgaben 37
  IV. Beschlussfassung 38
D. Die Kommission 39
  I. Sitz 40
  II. Zusammensetzung 40
      1. Anzahl der Kommissare 40
      2. Ernennung 41
      3. Status der Kommissare 42
      4. Amtszeit 43
         a) Vorzeitiges Ende der Amtszeit 43
         b) Folgen des frühzeitigen Ausscheidens 45
  III. Präsident der Kommission 45
  IV. Hoher Vertreter für die Außen- und Sicherheitspolitik 47
      1. Ernennung und Amtszeit 47
      2. Aufgaben und Funktionen 48
  V. Aufgaben der Kommission 48
      1. Exekutivfunktion 49
      2. Initiativfunktion 49
      3. Wächterfunktion 50
      4. Sonstige Aufgaben 50
  VI. Beschlussfassung 50
E. Die Europäische Zentralbank 51
  I. Sitz 51
  II. Zusammensetzung 51

		1. Rat der Europäischen Zentralbank	51
		2. Direktorium	51
	III.	Aufgaben	52
		1. Unabhängige Stellung in der Währungspolitik	52
		2. OMT-Programm	53
F.	Der Rechnungshof		54
G.	Sonstige Einrichtungen der EU		54
	I.	Wirtschafts- und Sozialausschuss	55
	II.	Ausschuss der Regionen	55

■ Zusammenfassende Übersicht: Organe der EU (Organkompetenz) 56

3. Abschnitt: Unionsbürgerschaft 58
A. Freizügigkeit 58
   I. Anwendbarkeit 59
   II. Schutzbereich 60
      1. Sachlicher Schutzbereich 60
      2. Erweiterung: Recht auf Gleichbehandlung 60
      3. Persönlicher Schutzbereich 61
   III. Beschränkung 61
   IV. Rechtfertigung 61
B. Diskriminierungsverbote 62
   Fall 2: Pkw-Maut 63
C. Weitere Rechte der Unionsbürger 70
   I. Wahlrecht 71
   II. Konsularischer Schutz 71
   III. Petitionsrecht 72
D. Kernbereichsschutz 72

4. Abschnitt: Beitritt zur und Austritt aus der Europäischen Union 73
A. Beitritt 73
   I. Beitrittsvoraussetzungen 73
      1. Europäischer Staat 73
      2. Kopenhagener Kriterien 74
   II. Beitrittsverfahren 74
      1. Einleitung 74
      2. Verhandlung 75
      3. Abschluss 75
   III. Wirkungen des Beitritts 76
B. Austritt 76
   I. Austrittsvoraussetzungen 76
   II. Austrittsverfahren 76
      1. Mitteilung der Austrittsabsicht 76
      2. Austrittsverhandlungen 77
   III. Austrittsfolgen 78

3. Teil: Materielles Unionsrecht 79

1. Abschnitt: Rechtsquellen des Unionsrechts 79
  A. Primäres Unionsrecht 79
    I. Bestandteile des primären Unionsrechts 79
    II. Unmittelbare Geltung und unmittelbare Anwendbarkeit 80
      1. Unmittelbare Geltung 80
      2. Unmittelbare Anwendbarkeit 80
  B. Sekundäres Unionsrecht 80
    I. Allgemeines 80
      1. Bedeutung des Art. 288 AEUV 80
      2. Wahlfreiheit 81
      3. Ermittlung der Handlungsform 81
      4. Ungeschriebenes sekundäres Unionsrecht 81
      5. Rang des sekundären Unionsrechts 81
      6. Rechtsakte ohne Gesetzgebungscharakter 82
      7. Wirkung des sekundären Unionsrechts 82
    II. Verordnungen 82
    III. Richtlinien 83
      1. Umsetzung der Richtlinie 83
        a) Adressaten 83
        b) Art und Weise der Umsetzung 83
        c) Inhaltliche Umsetzung 85
        d) Umsetzungsfrist und Umsetzungspflicht 85
      2. Unmittelbare Wirkung von Richtlinien 86
        a) Vertikale unmittelbare Wirkung 86
          Fall 3: Umweltinformationsrichtlinie 86
        b) Vertikale Direktwirkung zum Nachteil des Bürgers 92
        c) Horizontale unmittelbare Wirkung 92
      3. Exkurs: Unionsrechtlicher Staatshaftungsanspruch 94
  ■ Zusammenfassende Übersicht: Richtlinien 95
    IV. Beschluss 96
      1. Adressatspezifischer Beschluss 96
      2. Adressatenloser Beschluss 96
    V. Empfehlung und Stellungnahme 96
  C. Tertiäres Unionsrecht 97

2. Abschnitt: Rechtsetzungsverfahren der Union 97
  A. Ordentliches Gesetzgebungsverfahren 97
    I. Initiativrecht 97
    II. Verfahren 98
      1. Zuleitung und Stellungnahmen 98
      2. Lesungen 98
  B. Besondere Gesetzgebungsverfahren 100
    I. Anhörungsverfahren 101
    II. Zustimmungsverfahren 101
  C. Sonstige Rechtsetzungsverfahren 101
    I. Delegierte Rechtsakte 101

		II. Durchführungsakte 102
	D.	Abschlussverfahren 103
		I. Begründung des Rechtsakts 103
		II. Unterzeichnung 104
		III. Veröffentlichung oder Bekanntgabe 104

3. Abschnitt: Vollzug des Unionsrechts 105
   A. Direkter Vollzug 105
       I. Vollzugsermächtigungen 106
       II. Verwaltungsorganisation 106
       III. Verwaltungsverfahren 106
   B. Indirekter Vollzug 107
       I. Unmittelbarer indirekter Vollzug 107
          1. Vollzugsermächtigung 107
          2. Verwaltungsverfahren 107
       II. Mittelbarer indirekter Vollzug 108
   C. Verwaltungskooperationen 108

4. Abschnitt: Verhältnis zum nationalen Recht 109
   A. Öffnung der nationalen Rechtsordnung 110
   B. Verständnis des Gerichtshofs 110
       I. Begründungsansätze für uneingeschränkten Vorrang 111
       II. Anwendungs- statt Geltungsvorrang 111
   C. Verständnis des BVerfG 112
       I. Solange-Rechtsprechung 112
          1. Solange I 112
          2. Solange II 113
       II. Reservekompetenz des BVerfG 113
          1. Maastricht-Entscheidung 113
          2. Bananenmarktbeschluss 114
          3. EU-Grundrechtecharta 114
       III. Fortbestehende Grenzen des Anwendungsvorrangs 115
          1. Ultra-vires-Kontrolle 116
          2. Identitätskontrolle 117
              Fall 4: Identitätskontrolle 118
   D. Konsequenz: grundsätzlicher Anwendungsvorrang 123

5. Abschnitt: Grundfreiheiten 124
   A. Grundlagen 124
       I. Bedeutung der Grundfreiheiten 124
       II. Abgrenzung zu den EU-Grundrechten 125
   B. Prüfungsaufbau 125
       I. Anwendbarkeit 126
       II. Schutzbereich 127
       III. Eingriff 128
          1. Grundfreiheitsspezifische Anforderungen 128
          2. Adressaten 128
          3. Schutzfunktionen der Grundfreiheiten 129
              a) Diskriminierungen 129

        b) Beschränkungen 129
        c) Unterlassen von Schutzmaßnahmen 130
    IV. Rechtfertigung 130
        1. Ausdrückliche Rechtfertigungsgründe 130
        2. Ungeschriebene Rechtfertigungsgründe 131
        3. EU-Grundrechtecharta 131
        4. Schranken-Schranke: Verhältnismäßigkeit 132
C. Warenverkehrsfreiheit 132
    I. Sachlicher Schutzbereich: Ware 133
    II. Eingriff und Rechtfertigung 134
        Fall 5: Deutsches Reinheitsgebot 134
    III. Weiterentwicklung der Dassonville- und Keck-Formel 143
■ Zusammenfassende Übersicht: Warenverkehrsfreiheit, Art. 34 AEUV 144
D. Arbeitnehmerfreizügigkeit 145
    I. Anwendbarkeit 145
    II. Schutzbereich 145
        a) Persönlicher Schutzbereich 145
        b) Sachlicher Schutzbereich 147
        c) Bereichsausnahme, Art. 45 Abs. 4 AEUV 149
            Fall 6: Studienreferendarin 149
    III. Eingriff 151
    IV. Rechtfertigung 152
    V. Unmittelbare Drittwirkung und ungeschriebene Rechtfertigung 153
        Fall 7: Unmittelbare Drittwirkung der Arbeitnehmerfreizügigkeit 153
    VI. Rechtfertigung zum Schutz der Grundrechte 158
■ Zusammenfassende Übersicht: Arbeitnehmerfreizügigkeit, Art. 45 AEUV 158
E. Niederlassungsfreiheit 159
    I. Anwendbarkeit 159
    II. Schutzbereich 159
        1. Sachlicher Schutzbereich 159
            a) Begriff der Niederlassung 159
            b) Primäre oder sekundäre Niederlassungsfreiheit 160
        2. Persönlicher Schutzbereich 161
            a) Natürliche Personen 161
            b) Juristische Personen 161
                Fall 8: Sitzverlegung 162
        3. Bereichsausnahme 165
    III. Diskriminierung oder Beschränkung 166
        1. Begriffsbestimmung für die Niederlassungsfreiheit 166
        2. Adressaten der Niederlassungsfreiheit 167
    IV. Rechtfertigung 167
        1. Geschriebener Rechtfertigungsgrund, Art. 52 AEUV 167
        2. Rechtfertigung durch zwingende Gründe des Allgemeinwohls 167
        3. Rechtfertigung aus Grundrechten 168
■ Zusammenfassende Übersicht: Niederlassungsfreiheit, Art. 49 AEUV 168
F. Dienstleistungsfreiheit 169

- I. Anwendbarkeit 169
  - 1. Keine generelle Subsidiarität 169
  - 2. Vorrangiges Sekundärrecht 169
- II. Schutzbereich 169
  - 1. Sachlicher Schutzbereich 169
    - a) Dienstleistungsbegriff 169
    - b) Grenzüberschreitender Bezug 171
  - 2. Persönlicher Schutzbereich 171
  - 3. Bereichsausnahme 171
- III. Beschränkung oder Diskriminierung 172
- IV. Rechtfertigung 172
  - Fall 9: Rechtfertigung zugunsten kollidierender Grundrechte 172
- ■ Zusammenfassende Übersicht: Dienstleistungsfreiheit, Art. 56 AEUV 177
- G. Kapital- und Zahlungsverkehrsfreiheit 178
  - I. Freiheit des Kapitalverkehrs 178
    - 1. Begriff und Umfang der Freiheit des Kapitalverkehrs 178
    - 2. Abgrenzung zur Niederlassungsfreiheit 178
    - 3. Begünstigte der Kapitalverkehrsfreiheit 179
    - 4. Beschränkungen und ihre Rechtfertigung 179
  - II. Freiheit des Zahlungsverkehrs 179

6. Abschnitt: EU-Grundrechte 179
- A. Grundlagen 179
  - I. Entstehungsgeschichte 179
  - II. Abgrenzung zu Grundfreiheiten 180
  - III. Adressaten und Anwendungsbereich der GRCh 181
    - Fall 10: Adressaten der GRCh 181
- B. Prüfungsaufbau 184
  - I. Schutzbereich 185
  - II. Eingriff 185
  - III. Rechtfertigung 186
    - 1. Einschränkungsmöglichkeit: Gesetzesvorbehalt 186
    - 2. Schranken-Schranken 186
      - a) Wesensgehaltsgarantie 187
      - b) Grundsatz der Verhältnismäßigkeit 187
- C. Beispielhafte Grundrechtsprüfung 188
  - Fall 11: Kurzberichterstattung 188
- ■ Zusammenfassende Übersicht: EU-Grundrechtecharta (GRCh) 193

7. Abschnitt: EMRK 194
- A. Geltung der EMRK für die Union 194
- B. Einfluss auf die GRCh 195

4. Teil: Prozessrecht 196

1. Abschnitt: Gerichtsorganisation 196
- A. Gerichtshof der Europäischen Union als Organ 196
- B. Gerichtshof 197

    C. Gericht 198
    D. Fachgerichte 198

2. Abschnitt: Verfahren vor dem EuGH 199
    A. Überblick 199
    B. Vertragsverletzungsverfahren 199
        I. Zulässigkeit 199
            Fall 12: Vertragsverletzungsverfahren 200
        II. Begründetheit 204
        III. Folgen der Entscheidung 204
    C. Nichtigkeitsklage 204
        I. Zulässigkeit 205
            1. Zuständigkeit 205
            2. Aktive Parteifähigkeit 205
            3. Klagegegenstand 206
            4. Passive Parteifähigkeit 206
            5. Klagebefugnis 206
                Fall 13: Nichtigkeitsklage – Klagebefugnis 207
            6. Klagefrist 209
            7. Form 209
        II. Begründetheit 210
        III. Wirkungen der Entscheidung 211
    D. Vorabentscheidungsverfahren 211
        I. Zulässigkeit 211
            1. Zuständigkeit 212
            2. Vorlageberechtigung 212
            3. Zulässige Vorlagefrage 212
            4. Entscheidungserheblichkeit 213
                Fall 14: Vorabentscheidungsverfahren 213
        II. Vorlageentscheidung des Gerichtshofs 216
        III. Wirkungen der Entscheidung 216

5. Teil: Haftung für unionsrechtswidriges Verhalten 217

1. Abschnitt: Haftung für Organe und Bedienstete der Union 217
    A. Voraussetzungen des unionsrechtlichen Amtshaftungsanspruchs 217
        I. Handeln des Organs oder der Bediensteten der Union 217
        II. Rechtswidrigkeit 218
        III. Umfang des Schadensersatzes 218
    B. Amtshaftungsklage 219

2. Abschnitt: Ungeschriebene unionsrechtliche Staatshaftung 219
    A. Eigenständiges Haftungsinstitut 219
    B. Haftungsvoraussetzungen 220
        I. Fallgruppen 221
        II. Ausgestaltung des Anspruchs 222

Stichwortverzeichnis 223

LITERATURVERZEICHNIS

Arndt/Fischer/Fetzer	Europarecht 11. Aufl. 2015
Berg	Staatsrecht 6. Aufl. 2011
Calliess/Ruffert	EUV-AEUV Kommentar 5. Aufl. 2016
Detterbeck	Allgemeines Verwaltungsrecht mit Verwaltungsprozessrecht 13. Aufl. 2015
Grabitz/Hilf/Nettesheim	Das Recht der Europäischen Union 59. Ergänzungslieferung Stand: August 2016
Hakenberg	Europarecht 6. Aufl. 2012
Harratsch/Koenig/Pechstein	Europarecht 9. Aufl. 2014
Herdegen	Europarecht 18. Aufl. 2016
Hobe	Europarecht 8. Aufl. 2014
Jarass	Charta der Grundrechte der Europäischen Union 2. Aufl. 2013
Lenz/Borchardt	EU-Verträge Kommentar 6. Aufl. 2012
Maunz/Dürig	Grundgesetz Kommentar 77. Ergänzungslieferung Stand: Juli 2016
Meyer	Charta der Grundrechte der Europäischen Union 4. Aufl. 2014
Oppermann/Classen/Nettesheim	Europarecht 7. Aufl. 2016

Literatur

Ossenbühl/Cornils	Staatshaftungsrecht 6. Aufl. 2013
Schwarze	EU-Kommentar 3. Aufl. 2012
Stern/Sachs	Europäische Grundrechte-Charta 1. Aufl. 2016
Streinz	Europarecht 9. Aufl. 2012
Streinz	EUV/AEUV 2. Aufl. 2012
von der Groeben/Schwarze/Hatje	Europäisches Unionsrecht 7. Aufl. 2015

1. Teil: Einführung in das Europarecht

1. Abschnitt: Begriffsbestimmung und Examensrelevanz

Mit dem Begriff des **Europarechts** wird in seinem weitesten Begriffsverständnis das Recht der europäischen internationalen Organisationen bezeichnet.[1] Innerhalb dieser Organisationen arbeiten die europäischen Staaten in unterschiedlicher Zusammensetzung an unterschiedlichen Themen. Der Begriff des Europarechts ist für sich genommen nicht geeignet, ausreichend deutlich seine vielschichtigen Bestandteile zu beschreiben.

Damit steht das Europarecht über den einzelnen nationalen Rechtsordnungen der europäischen Staaten. Wie im sonstigen **Völkerrecht** bilden Verträge zwischen einzelnen Staaten die Grundlage für die Zusammenarbeit der einzelnen Staaten in und mit den auf diese Weise geschaffenen Organisationen.

Deshalb bedarf es einer **Konkretisierung** in mehreren Schritten:

- **Europarecht im engeren Sinne** sind alle Vorschriften, welche die **Europäische Union**, ihre Organe und Institutionen betreffen oder von diesen erlassen wurden.

- Das **Europarecht im weiteren Sinne** umfasst alle Vorschriften, welche die institutionalisierte Zusammenarbeit europäischer Staaten außerhalb der Union betreffen.

    Beispiele: Organisation für Sicherheit und Zusammenarbeit in Europa (OSZE), Europarat

Beide Gebiete lassen sich nicht trennscharf abgrenzen, mitunter wird sogar eine Verbindung angestrebt: Nach Art. 6 Abs. 2 S. 1 EUV soll die Union der **Europäischen Konvention zum Schutz der Menschenrechte und Grundfreiheiten (EMRK)** beitreten.

Das **Europarecht im engeren Sinne** lässt sich wiederum in zwei Kategorien unterteilen:

- Zum **Primärrecht** gehören die Gründungsverträge der Europäischen Union – der **Vertrag über die Europäische Union (EUV)** und der **Vertrag über die Arbeitsweise der Europäischen Union (AEUV)** – sowie die **Charta der Grundrechte der Europäischen Union (GrCh)** und die vom Gerichtshof der Europäischen Union aus diesen abgeleiteten **allgemeinen Rechtsgrundsätze**.

- Zum europäischen **Sekundärrecht** wird das von den Organen der EU geschaffene Recht bezeichnet, das nach Art. 288 AEUV als Verordnung, Richtlinie, Beschluss, Empfehlung oder Stellungnahme in Erscheinung treten kann.

Auch das deutsche **Grundgesetz** dürfen Sie in diesem Zusammenhang nicht aus den Augen verlieren: Bereits die Präambel verweist auf den europäischen Einigungsprozess und die Aufgabe, daran aktiv mitzuwirken. Art. 23 Abs. 1 S. 2 GG ermächtigt zur Übertragung von Hoheitsrechten auf die Europäische Union.

Die Europäische Union ist deshalb – anders als die übrigen supranationalen Organisationen – aufgrund der übertragenen Hoheitsrechte und Zuständigkeiten zur eigenen Rechtssetzung ermächtigt.[2]

*Klausurhinweis: Über **Examensrelevanz** verfügt in erster Linie das **Europarecht im engeren Sinne**. Aber auch die EMRK als Bestandteil des Europarechts im weiteren Sinne ist ver-*

---

[1] Streinz Rn. 1; Herdegen § 1 Rn. 1.
[2] Vgl. Will Jura 2015, 1164, 1173.

schiedentlich Klausurgegenstand – dann aber in erster Linie in Kombination mit der GrCh oder mit nationalem Fachrecht wie beispielsweise dem Strafprozessrecht. Zugleich ist bei den Justizprüfungsämtern eine Verschärfung bei Europarecht-Klausuren zu beobachten: Wurden bislang oftmals Klausuren gestellt, die eine annähernd hälftige Teilung zwischen nationalem Recht und Europarecht aufwiesen (z.B. Vereinbarkeit einer nationalen hoheitlichen Maßnahme mit nationalen Grundrechten und europäischen Grundfreiheiten), werden nun auch **rein europarechtliche Klausuren** gestellt. Dabei wird der Sachverhalt – wie in Klausuren aus dem Öffentlichen Recht üblich – um das Prozessrecht angereichert, sodass Ihnen in der Klausur nicht nur das „materielle" Unionsrecht präsent sein muss, sondern Sie auch – zumindest in Grundzügen – mit dem Prozessrecht bei Verfahren vor dem Gerichtshof der Europäischen Union vertraut sein müssen.

2. Abschnitt: Entstehungsgeschichte europäischer Institutionen

A. Gründung und Entwicklung der Europäischen Union

6 Erste Bestrebungen, auf dem europäischen Kontinent staatenübergreifend zusammen zu arbeiten, lassen sich bereits unmittelbar nach dem Ende des zweiten Weltkriegs erkennen. Angesichts der katastrophalen wirtschaftlichen und sozialen Lage in der unmittelbaren Nachkriegszeit rief der damalige britische Premierminister Winston Churchill in einer Rede am 19.09.1946 dazu auf, die „europäische Völkerfamilie" zu erneuern und regte dazu die Gründung einer Art „Vereinigter Staaten von Europa" an.[3]

I. Europäische Gemeinschaft für Kohle und Stahl (EGKS)

7 Die erste institutionalisierte Zusammenarbeit europäischer Staaten fand in der Europäischen Gemeinschaft für Kohle und Stahl (EGKS) statt. Sie geht zurück auf den sog. **Monnet-** bzw. **Schuman-Plan**, der von dem damaligen französischen Außenminister Robert Schuman und seinem Mitarbeiter Jean Monnet entwickelt und im Rahmen einer Regierungserklärung am 09.05.1950 veröffentlicht wurde. Anknüpfungspunkt für die Erklärung war der Umstand, dass vorherige europäische Einigungsbemühungen oftmals an unüberwindbaren Gegensätzen zwischen Frankreich und Deutschland scheiterten, die wiederum auf den Bedingungen des Versailler Vertrags und den späteren Krisen in den Kohle- und Stahlregionen beruhten. Genau diese Hindernisse sollten beseitigt werden, indem die Schlüssel- und Rüstungsindustrien Kohle und Stahl in einer von den Einzelstaaten unabhängigen supranationalen Organisation zusammengelegt und der Kontrolle eines unabhängigen Organs der Gemeinschaft unterstellt wurden.

Dieser Plan wurde am 18.04.1951 mit dem **Pariser Vertrag** durch die Gründung der EGKS umgesetzt, die auch als **Montanunion** bezeichnet wurde. Gründungsmitglieder waren Belgien, Deutschland, Frankreich, Italien, Luxemburg und die Niederlande. Der am 23.07.1952 in Kraft getretene Vertrag war auf 50 Jahre befristet, sodass die von ihm geregelte Materie mit seinem Auslaufen im Jahr 2002 automatisch in den Anwendungsbereich des Vertrags über die Arbeitsweise der Europäischen Union (AEUV) fiel.

---

[3] Vgl. Auszug bei Oppermann/Classen/Nettesheim § 2 Rn. 3.

Erste Versuche, diese zunächst auf einen Wirtschaftszweig beschränkte Zusammenarbeit auf eine politische Zusammenarbeit in einer „Europäischen Politischen Gemeinschaft" auszudehnen, scheiterten jedoch.

II. Europäische Wirtschaftsgemeinschaft (EWG) und Europäische Atomgemeinschaft (EAG)

Als Ergebnis dieser vorübergehend gescheiterten europäischen politischen Zusammenarbeit beschränkte man sich zunächst darauf, die wirtschaftlichen Verflechtungen der europäischen Staaten auf zusätzliche Wirtschaftszweige zu erweitern. Die Beteiligten hofften in diesem Zusammenhang darauf, dass eine fortschreitende wirtschaftliche Integration mehr oder weniger automatisch eine politische Integration nach sich ziehen würde. Dieser Umstand wurde als **Spill-over-Effekt**[4] bezeichnet.

8

Deshalb entstanden mit den Römischen Verträgen vom 25.03.1957 die **Europäische Wirtschaftsgemeinschaft (EWG)** sowie die **Europäische Atomgemeinschaft (EAG)**. Die EWG wurde nicht auf einen Wirtschaftssektor begrenzt, sondern hatte die Wirtschaftsbeziehungen zwischen den Mitgliedstaaten insgesamt zum Gegenstand. Die EAG sollte eine friedliche Nutzung und Kontrolle der Kernenergie, die bei ihrer Gründung als kommende Schlüsselindustrie gesehen wurde, ermöglichen.

III. Fusionsvertrag und Einheitliche Europäische Akte

Die Gründung weiterer Gemeinschaften ging automatisch mit der Schaffung von eigenen Organen der jeweiligen Gemeinschaft einher. Um ein dauerhaftes Nebeneinander ähnlich arbeitender Organe zu vermeiden, wurde bereits in einer Ergänzung der Römischen Verträge ein Abkommen über gemeinsame Organe der Gemeinschaften beschlossen, das sich aber zunächst auf die Versammlung (heute Europäisches Parlament) und den Gerichtshof beschränkte. Die Zusammenlegung wurde mit einem **Fusionsvertrag** aus dem Jahre 1967 auf den Rat und die Kommission ausgeweitet. In diesem Vertrag findet sich zudem erstmals die Bezeichnung der **Europäischen Gemeinschaften (EG)** für die Zusammenarbeit der Einzelinstitutionen.

9

Diese Fusion der Gemeinschaften wurde durch die **Einheitliche Europäische Akte (EEA)** vom 17./28.02.1986 ausgeweitet und die wirtschaftliche aber auch politische Zusammenarbeit intensiviert. Die EEA definierte erstmals das Ziel eines gemeinsamen Binnenmarkts auf dem Gebiet der Mitgliedstaaten und bemühte sich um eine Ausweitung der politischen Zusammenarbeit der Mitgliedstaaten. Deshalb wurde die politische Zusammenarbeit institutionalisiert und die Zielvorstellung einer Union festgeschrieben.

10

IV. Europäische Union

Dieses Ziel wurde mit dem **Vertrag über die Europäische Union (EUV)** erreicht, der am 07.02.1992 in Maastricht abgeschlossen wurde. Die durch diesen Vertrag gegründete Europäische Union wurde als **Dachorganisation** für die vorhandenen und weiter beste-

11

---

4 Streinz Rn. 20.

henden drei Europäischen Gemeinschaften geschaffen und diente ferner dazu, die wirtschaftliche Zusammenarbeit sowie die Gemeinsame Außen- und Sicherheitspolitik (GASP) und die neu eingeführte polizeiliche und justizielle Zusammenarbeit (PJZS) einem einheitlichen institutionellen Rahmen zu unterstellen. Diese drei Bereiche stellen die **drei Säulen der Europäischen Union** dar.

Daneben weitete der Vertrag die Tätigkeitsbereiche über den wirtschaftlichen Sektor auf die Bereiche Kultur und Soziales aus, weshalb die EWG in Europäische Gemeinschaft (EG) umbenannt wurde. Zudem wurde die Einführung einer Europäischen Wirtschafts- und Währungsunion als neues Ziel ausgelobt und die Gemeinschaften auf die Strukturprinzipien Demokratie, Rechtsstaatlichkeit, Föderalismus und Subsidiarität verpflichtet.

V. Reformverträge

12 Die folgenden knapp 10 Jahre der Europäischen Union waren von weniger grundlegenden Veränderungen geprägt. Im **Amsterdamer Vertrag** vom 01.05.1999 und dem **Vertrag von Nizza** vom 26.02.2001 wurden ausschließlich Anpassungen der bestehenden Verträge vorgenommen, die teilweise bereits schon im Vertrag von Maastricht angelegt waren. Besonders hervorzuheben ist die anlässlich des Gipfels von Nizza durchgeführte Proklamation der **Charta der Grundrechte der Europäischen Union (GrCh)**.

VI. Europäischer Verfassungsvertrag

13 Die nächste größere strukturelle Änderung wurde auf dem Gipfel von Laeken am 15./16.12.2001 vorbereitet. Sie verfolgte das Ziel, alle bisherigen Gemeinschaften in einer Institution – der bislang bloß als Dachorganisation fungierenden Europäischen Union – zusammenzufassen, Aufgaben und Zuständigkeiten der Union klarer und übersichtlicher zu fassen. Zudem sollte ihr eigene Rechtspersönlichkeit verliehen werden, damit sie selbst als Völkerrechtssubjekt auftreten und Mitglied in internationalen Organisationen werden kann. Letztlich sollte die Legitimation der Union erneuert werden. Hierzu wurde im Jahr 2004 der **Europäische Verfassungsvertrag** verabschiedet.

Bereits vor Ratifikation des Vertrages durch die einzelnen Mitgliedstaaten wurde Kritik am Verfassungsvertrag laut. Diese setzte an der Bezeichnung als „Verfassung" an. War sie ursprünglich gewählt worden, um die Abgrenzung zu den bisherigen Verträgen zu verdeutlichen, wurde nun moniert, dass es sich nicht um eine Verfassung im eigentlichen Sinne handele. Eine solche sei Staaten vorbehalten. Mangels Souveränität sei die Union aber gerade kein Staat. Auch die Konstruktion der Verträge und der Organe der Union und weitere Inhalte des Verfassungsvertrages wurden kritisiert. Aus diesen Gründen wurde in Volksbefragungen in Frankreich und den Niederlanden gegen den Verfassungsvertrag votiert. Der Verfassungsvertrag trat deshalb nie in Kraft.

VII. Vertrag von Lissabon

14 Einige Grundgedanken des Verfassungsvertrages wurden durch den **Vertrag von Lissabon** vom 19.10.2007 aufgenommen und fortgeführt. Dieser trat zum 01.01.2009 in allen Mitgliedstaaten in Kraft. Neben weiteren Neuerungen wurde die Europäische Union darin als Rechtsnachfolgerin der Europäischen Gemeinschaften mit eigener Rechtsper-

sönlichkeit installiert, der EG-Vertrag durch den Vertrag über die Arbeitsweise der Europäischen Union (AEUV) ersetzt und der Posten eines hohen Vertreters für die Außen- und Sicherheitspolitik geschaffen. Da diese Punkte bereits im Verfassungsvertrag vorgesehen waren, kann man den Vertrag von Lissabon als **„Verfassung light"** bezeichnen. Zudem wurde die Grundrechtecharta als für alle europäischen Organe verbindlich und gleichrangig mit dem Primärrecht festgeschrieben.

B. Beitritte der Mitgliedstaaten

Während die Zusammenarbeit der europäischen Staaten im Rahmen der EGKS mit nur sechs Mitgliedstaaten (Deutschland, Frankreich, Italien, Belgien, Luxemburg, Niederlande) begann, erweiterte sich der Kreis der Mitgliedstaaten stetig.

15

Mitgliedstaaten der EU		
Gründungsstaaten	**Beitritt**	**Ost-Erweiterung**
Deutschland	Großbritannien (1973)	Zypern
Niederlande	Irland (1973)	Tschechien
Belgien	Dänemark (1973)	Slowenien
Luxemburg	Spanien (1986)	Polen
Frankreich	Portugal (1986)	Ungarn
Italien	Schweden (1995)	Slowakei } 2004
	Finnland (1995)	Litauen
	Österreich (1995)	Estland
		Lettland
		Malta
		Bulgarien } 2007
		Rumänien
		Kroatien 2013

Die Union zählt demnach derzeit **28 Mitgliedstaaten**, weitere Beitritte sind geplant.

Den Status eines Beitrittskandidaten führt die Türkei am längsten; mit ihr finden seit 2005 Verhandlungen über einen EU-Beitritt statt. Ebenfalls verhandelt wird mit Mazedonien, Montenegro, Albanien und Serbien. Ein Abschluss der Verhandlungen ist derzeit bezüglich keines Kandidaten abzusehen.

C. Westeuropäische Union (WEU)

Parallel zur wirtschaftlichen Zusammenarbeit der Mitgliedstaaten entstand mit den Pariser Verträgen vom 23.10.1954 die **Westeuropäische Union (WEU)**. In ihr wurde die militärische Zusammenarbeit der Gründungsmitglieder Frankreich, Großbritannien, Belgien, Niederlande, Luxemburg und der Bundesrepublik Deutschland beschlossen.

16

Mit Beginn des Aufbaus einer europäischen Verteidigung und der Aufnahme einer Gemeinsamen Sicherheits- und Verteidigungspolitik der Union nahm die Bedeutung der WEU stark ab. Ihre Aufgaben wurden nach und nach auf die Union übertragen. Deshalb wurde die WEU zu Ende Juni 2011 aufgelöst.

D. Verwechslungsgefahr mit anderen europäischen Institutionen

17 Der europäische Einigungsprozess beschränkt sich nicht auf die Tätigkeit der Europäischen Union. Vielmehr wurden auf wirtschaftlichem und politischem Gebiet schon frühzeitig andere Organisationen gegründet, die nicht in Konkurrenz zur Europäischen Union stehen, sondern diese durch ihre Tätigkeit auf anderen Gebieten ergänzen. So sind die Mitgliedstaaten der Union weitgehend auch Mitglieder dieser Organisationen.

18 ■ Der europäischen Integration auf politischer Ebene dient der **Europarat** mit Sitz in Straßburg. Er wurde 1949 gegründet und hat in zahlreichen Konventionen die gemeinsamen Grundlagen der Menschen- und Bürgerrechte, des Zivil- und Strafrechts sowie in weiteren Bereichen wie der Bildung, der Kultur und des Sozialrechts geschaffen. Auch die **Europäische Menschenrechtskonvention (EMRK)** wurde durch den Europarat verabschiedet.

19 ■ Die ursprünglich rein europäische Organisation für wirtschaftliche Zusammenarbeit in Europa (OEEC) ist 1961 durch den Beitritt außereuropäischer Staaten zur **Organisation für wirtschaftliche Zusammenarbeit und Entwicklung (OECD)** weiterentwickelt worden. Von besonderer Bedeutung ist der Entwicklungshilfeausschuss der OECD, der das Ziel verfolgt, den Nutzen von Entwicklungshilfemaßnahmen durch Koordinierung zu verstärken und die Zusammenarbeit mit Ländern der Dritten Welt hinsichtlich wirtschaftspolitischer Themen zu fördern.

20 ■ Der politischen Entspannung in Europa dient die Konferenz über Sicherheit und Zusammenarbeit in Europa (KSZE). Der 1975 in Gang gesetzte Prozess der Verständigung durch die Konferenz hat sich wegen der Veränderungen in Osteuropa zu einer Unterstützung bei der Demokratisierung und wirtschaftlichen Gesundung der osteuropäischen Staaten gewandelt. Zum 01.01.1995 hat sich die KSZE in **Organisation für Sicherheit und Zusammenarbeit in Europa (OSZE)** umbenannt. Sie verfolgt die Lösung von Konflikten, das Krisenmanagement und die Friedenserhaltung, ohne aber völkerrechtlich verbindliche Beschlüsse fassen zu können.

E. Ausblick auf die weitere Entwicklung

21 Die Diskussion über die weitere Entwicklung der Europäischen Union ist nicht nur auf Erweiterung ausgerichtet. Grund hierfür ist die Entscheidung der britischen Bevölkerung vom 23.06.2016 für einen Austritts Großbritanniens aus der Union (sog. **Brexit**). Großbritannien ist der erste Mitgliedstaat, der sich für einen Ausstieg aus der Europäischen Union entschieden hat. Über die Auswirkungen, die dieser Ausstieg auf die Europäische Union haben wird, wird derzeit vielfältig diskutiert. Auch in anderen Mitgliedstaaten wie beispielsweise den Niederlanden oder Frankreich wird von Politikern ein Ausstiegsreferendum gefordert. Konkrete Entwicklungen in dieser Hinsicht zeichnen sich dort derzeit aber noch nicht ab.

Siehe ausführlich zu den Austrittsmodalitäten nach Art. 50 EUV unten Rn. 244 ff.

2. Teil: Organisationsrecht

Ein nicht unerheblicher Anteil der Vorschriften des EUV und des AEUV beschäftigt sich damit, die **Organisation der Europäischen Union** zu regeln. Dies ist eine Konsequenz ihrer Entstehung: Die Europäische Union ist nicht von ihrer Bevölkerung durch Verabschiedung einer Verfassung, sondern durch den Abschluss von völkerrechtlichen Verträgen zwischen ihren Mitgliedstaaten entstanden. Diese Ableitung von Rechten bedingt eine konkrete Regelung darüber, welche Rechte und Pflichten die Europäische Union durch welche Organe wahrnimmt.

Hinweis: Auch das deutsche Grundgesetz enthält im Abschnitt I-VI reines Organisationsrecht hinsichtlich der einzelnen Organe der Bundesrepublik Deutschland. Im Rahmen der folgenden Darstellung wird deshalb häufig auf das nationale Staatsorganisationsrecht verwiesen, um Ihnen das Erlernen der Strukturen zu erleichtern.

1. Abschnitt: Rechtsnatur und Stellung der EU

Die Europäische Union leitet sowohl ihre Existenz als auch ihre Rechtspersönlichkeit aus dem Schöpfungsakt der zugrunde liegenden **völkerrechtlichen Verträge** der (Gründungs-)Mitgliedstaaten ab. Ihre innere Gliederung sowie auch die Kompetenzen ergeben sich im Einzelnen aus den europäischen Verträgen – dem EUV und dem AEUV.[5]

A. Rechtsnatur der Union

I. Bestimmung der EU-Verträge

Eine positivrechtliche Regelung über die Rechtsnatur der Union existiert nicht. Man kann sich über die Art. 1 EUV, Art. 47 AEUV lediglich den Grundsätzen annähern: Art. 47 AEUV bestimmt, dass die Union **Rechtspersönlichkeit** besitzt, also selbst Trägerin von Rechten und Pflichten sein kann. Zugleich tritt sie gemäß Art. 1 Abs. 3 S. 3 EUV an die Stelle der Europäischen Gemeinschaften und ist deren Rechtsnachfolgerin. Über ihre eigene Rechtsnatur ist dadurch aber nichts ausgesagt. Auch Art. 1 Abs. 1 EUV vermag diesen Umstand nicht zu erhellen, wird dort nur hervorgehoben, die an den Verträgen beteiligten Mitgliedstaaten gründeten eine „Union", ohne die völkerrechtliche Bedeutung dieses Begriffes darzulegen.

II. Verneinung der Staatsqualität

Die Union ist kein **Staat** im hergebrachten Sinne. Nach der sog. **Drei-Elementen-Lehre**[6] werden nur die Zusammenschlüsse als Staat angesehen, die über ein bestimmtes Territorium (Staatsgebiet), eine darauf ansässige Gruppe von Menschen (Staatsvolk) und eine faktisch wirksame Staatsgewalt verfügen.[7]

---

5 Allgemein zum Abschluss völkerrechtlicher Verträge AS-Skript Staatsorganisationsrecht (2014), Rn. 482 ff.
6 Jellinek, Allgemeine Staatslehre, 3. Aufl., S. 394 f.
7 Ausführlich dazu siehe AS-Skript Staatsorganisationsrecht (2014), Rn. 22 ff.

1. Staatsgebiet

26 Die Union verfügt über ein **Staatsgebiet**. Dies ist die durch Grenzen gekennzeichnete Zusammenfassung von geografischen Räumen und einer gemeinsamen Rechtsordnung.[8] Nach Art. 52 Abs. 1 EUV beanspruchen die Verträge der Union Geltung in allen dort mit ihrer Bezeichnung aufgeführten Mitgliedstaaten. Eine nähere geographische Umschreibung erfolgt nicht, sodass sich die Bestimmung der Hoheitsgebiete der Mitgliedstaaten zum einen nach den nationalen Verfassungen (vgl. beispielsweise die Formulierung in der Präambel des deutschen Grundgesetzes) sowie nach den allgemeinen Regeln des Völkerrechts und den danach getroffenen Vereinbarungen richtet.[9] Das Hoheitsgebiet der Union wird damit grundsätzlich durch die verfassungsrechtlich festgelegten oder völkerrechtlich vereinbarten Außengrenzen der Mitgliedstaaten beschrieben. Dabei basiert Art. 52 Abs. 1 EUV auf dem allgemeinen völkerrechtlichen Grundsatz, dass völkerrechtliche Abkommen und das davon abgeleitete Sekundärrecht jede Vertragspartei hinsichtlich ihres gesamten Staatsgebiets binden.[10]

Dieser Grundsatz wird durch Art. 52 Abs. 2 AEUV modifiziert: Nach Art. 52 Abs. 2 EUV i.V.m. Art. 355 Abs. 1 AEUV erstreckt sich das Hoheitsgebiet der Union auch auf Guadeloupe, Französisch-Guayana, Martinique, Réunion, Saint Barthélemy, Saint Martin, die Azoren, Madeira und die Kanarischen Inseln. Diese Inseln sind Staatsgebiet der Mitgliedstaaten und gehören unabhängig von ihrer geografischen Entfernung zum Hoheitsgebiet der Union. Die Vorschriften haben insoweit nur eine deklaratorische Funktion. Art. 52 Abs. 2 EUV i.V.m. Art. 355 Abs. 2–5 AEUV stellen klar, dass die Verträge für andere Insel- und Staatsgebiete der Mitgliedstaaten nicht oder nur in bestimmtem Umfang gelten. Von einer Anwendung ausgeschlossen sind die überseeischen Länder und Hoheitsgebiete, mit denen Großbritannien besondere Beziehungen unterhält, beispielsweise den sog. Commonwealth-Staaten.

Gegen dieses Verständnis spricht, dass der Union **keine volle Gebietshoheit** zusteht, da sie ihre Zuständigkeiten nur im räumlichen Geltungsbereich der Verträge ausübt.[11]

2. Staatsvolk

27 Ob die Union über ein **Staatsvolk** verfügt, ist streitig. Nach Art. 9 S. 2 EUV, Art. 20 ff. AEUV kennt das Unionsrecht eine **Unionsbürgerschaft**. Danach ist Unionsbürger, wer die Staatsangehörigkeit eines Mitgliedstaates besitzt. Nach einer Auffassung ist bereits deshalb kein Staatsvolk der Union vorhanden: Durch die rein vertragliche Schaffung des Status konstituiere sich kein Unionsvolk, dass als sich selbst verfassendes Rechtssubjekt zur eigenen Selbstbestimmung berufen wäre.[12] Die Gegenauffassung sieht die Unionsbürger als Staatsvolk an. Insbesondere stehe die Anknüpfung an die mitgliedstaatliche Staatsangehörigkeit nicht entgegen, da auch andere Bundesstaaten die Anknüpfung an die Angehörigkeit zu den Gliedstaaten gewählt haben (z.B. USA, Schweiz).[13]

Vorzugswürdig ist die zuerst genannte Auffassung. Die Unionsbürgerschaft dient dem Ziel, die europäische Integration auch auf politischer Ebene zu befördern, die demokra-

---

8 Berg Rn. 45.
9 Schmalenbach in: Calliess/Ruffert, Art. 52 EUV Rn. 4.
10 Schmalenbach in: Calliess/Ruffert, Art. 52 EUV Rn. 3.
11 Deshalb das Staatsgebiet verneinend Oppermann/Classen/Nettesheim § 4 Rn. 19.
12 BVerfG NJW 2009, 2267, 2286 Rn. 346; gegen die Einordnung als Staatsvolk auch Oppermann/Classen/Nettesheim § 4 Rn. 20; Hobe JA 1993, 229, 242; Ress JuS 1992, 155, 156.
13 Schönberger in: Grabitz/Hilf/Nettesheim, Art. 9 EUV Rn. 23 ff.; vgl. auch Bleckmann DVBl. 1992, 335, 336.

tische Legitimation der Union zu stärken und den Bürgern ein Zugehörigkeitsgefühl zur Europäischen Union zu vermitteln. Allerdings fehlen der Unionsbürgerschaft die nach völkerrechtlichen Grundsätzen erforderlichen Voraussetzungen, um zur Begründung eines europäischen Staatsvolks herangezogen werden zu können. Staaten sind in der Lage, **unmittelbare Gewalt** in direkter Rechtsbeziehung über ihre Bürger auszuüben. Eine derartige unmittelbare Ausübung ist im Hinblick auf die Union jedoch unmöglich, da die Beziehung zur Europäischen Union lediglich durch die schon bestehende Staatsbürgerschaft in einem Mitgliedstaat vermittelt wird.[14]

Darüber hinaus wird jeder einzelne Bürger gemäß Art. 20 Abs. 1 AEUV seinem Heimatstaat zugeordnet, sodass die Union **keine gebietsunabhängige Personalhoheit** (z.B. im Hinblick auf die Besteuerungshoheit) über die Unionsbürger ausüben kann.[15] Die erforderliche **Effektivität** der Verbindung zwischen dem Staat und seinen Angehörigen kann schließlich auch nicht durch die Regelung über den diplomatischen und konsularischen Schutz gemäß Art. 23 AEUV vermittelt werden, da dieser in Drittstaaten weiterhin von den Mitgliedstaaten und nicht im Auftrag oder durch Botschaften bzw. konsularische Vertretungen der Union selbst erfolgt.[16] Damit bleibt die Einführung der Unionsbürgerschaft ein symbolischer Akt der Einbindung der Bevölkerung und die Anknüpfungsmöglichkeit für konkrete Rechte und Pflichten, die den Bürgern der Mitgliedstaaten der Union zuteil werden.

Zu den aus der Unionsbürgerschaft folgenden Rechten und Pflichten siehe ausführlich unten Rn. 187 ff.

3. Staatsgewalt

Die Einordnung der Union als Staat scheitert jedenfalls am Merkmal der **Staatsgewalt**. Staatsgewalt ist die originäre, effektive und selbstorganisationsfähige Herrschaftsmacht über das Staatsgebiet und das Staatsvolk.[17] **Originär** ist die Staatsgewalt nur dann, wenn sie **unabgeleitet** von fremder Macht oder Staatsgewalt ist. Genau dies ist jedoch bei der Union ausweislich der Formulierung in den Art. 4, Art. 5 EUV nicht der Fall. Vielmehr gilt der **Grundsatz der begrenzten Einzelermächtigung**: Danach wird die Union nur innerhalb der Grenzen der Zuständigkeiten tätig, die die Mitgliedstaaten ihr in den Verträgen zur Verwirklichung der darin niedergelegten Ziele übertragen haben (Art. 5 Abs. 2 S. 1 EUV). Alle nicht übertragenen Zuständigkeiten verbleiben bei den Mitgliedstaaten (Art. 5 Abs. 2 S. 2, Art. 4 Abs. 1 EUV). Dies hat zur Folge, dass die Mitgliedstaaten **„Herren der Verträge"** bleiben und die Union nicht über die Befugnis verfügen soll und verfügt, für sich selbst Aufgaben und Kompetenzen zu generieren. Sie besitzt folglich keine **Kompetenz-Kompetenz**,[18] ist mithin **nicht souverän**.[19]

28

Bestätigt wird dieses Verständnis durch Art. 23 Abs. 1 S. 2 GG. Danach darf die Bundesrepublik durch Gesetz Hoheitsrechte auf die Union übertragen, um so ihrer Mitwirkungsverpflichtung zur Verwirklichung der Union nachzukommen.

III. Sonstige völker- oder staatsrechtliche Kooperationsmodelle

Ebenfalls ist es unmöglich, die Union in die anderweitigen völkerrechtlichen oder auch staatsrechtlichen Verbindungsformen einzelner Staaten einzugliedern. Anders als in-

29

---

14 Fischer EuZW 1992, 566, 567; Hobe JA 1993, 229, 238.
15 Oppermann/Classen/Nettesheim § 16 Rn. 8; Seidel EuR 1992, 125, 135, 141.
16 Ress JuS 1992, 985, 987.
17 BVerwG DVBl. 1994, 519 f.; Maurer § 1 Rn. 7; Berg Rn. 56.
18 BVerfG NJW 2009, 2267, 2271 m.w.N.; Kadelbach in: von der Groeben/Scharze/Hatje, Art. 5 Rn. 4; Streinz Rn. 135.
19 Oppermann/Classen/Nettesheim § 4 Rn. 22; Arndt/Fischer/Fetzer Rn. 37.

ternationale Organisationen (wie beispielsweise die UNO) hat die Union die Möglichkeit, Rechtsakte mit Bindungswirkung für die Mitgliedstaaten zu generieren (vgl. Art. 288 AEUV). Die Einordnung als **Staatenbund** scheitert daran, dass man die Union aufgrund ihrer eindeutigen Regelungen hinsichtlich der tätigen Organe nicht als eine Verbindung souveräner Staaten mit nur lockerer Organisation beschreiben kann. Auch die Einordnung als **Bundesstaat** scheidet aus. Denn dies ist nur eine durch die Verfassung des Gesamtstaates gebildete staatsrechtliche Zusammenfassung, bei der die teilnehmenden Glieder Staatsqualität haben, aber auch der Gesamtverband die Qualität eines Staates besitzt.[20] Während die Staatsqualität bei den souveränen Mitgliedstaaten der Union vollumfänglich vorhanden ist, fehlt es ihr aber an der eigenen Staatlichkeit.

IV. Die EU als „Staatenverbund"

30 Dieser in Art. 1 Abs. 1 EUV als „Union" bezeichnete Sonderstatus wird als zwischenstaatliche **Verbindung sui generis** betrachtet, die seit der sog. Maastricht-Entscheidung des BVerfG[21] als **Staatenverbund** bezeichnet wird. Dieser Begriff soll eine enge, auf Dauer angelegte Verbindung souverän bleibender Staaten beschreiben, die auf vertraglicher Grundlage öffentliche Gewalt ausübt, deren Grundordnung jedoch allein der Verfügung der Mitgliedstaaten unterliegt und in der die staatsangehörigen Bürger der Mitgliedstaaten die Subjekte demokratischer Legitimation bleiben.[22]

Zum einen kommt durch die Bezeichnung klar zum Ausdruck, dass die einzelnen Staaten trotz des Zusammenschlusses souverän blieben, die durch den Zusammenschluss geschaffene Institution „Union" aber zum anderen über Kompetenzen verfügt, die über diejenigen anderer völkerrechtlicher Verbindungen hinausgehen und zum Teil zuvor den Staaten vorbehalten waren, wie z.B. die Verwendung einer eigenen Währung. Jedenfalls ist durch die Rspr. des BVerfG klargestellt, dass es Art. 23 GG dem einfachen Gesetzgeber nicht gestattet, einen europäischen Gesamtstaat zu gründen. Diese Verantwortlichkeit bleibt beim Souverän, also bei der Bevölkerung der Mitgliedstaaten.

Art. 23 Abs. 1 S. 2 GG ist deshalb dahingehend zu verstehen, dass zwar einzelne, aber nie alle Hoheitsrechte der Bundesrepublik Deutschland durch ein Bundesgesetz auf die Union übertragen werden können. Belegen lässt sich dies durch eine systematische Auslegung mit Art. 146 GG, wonach das Grundgesetz erst an dem Tag außer Kraft tritt, an dem sich die deutsche Bevölkerung – ggf. als Teil einer europäischen Gesamtbevölkerung – eine neue Verfassung gibt.

B. Die Rechtsnatur des Unionsrechts

31 Hieran schließt sich unmittelbar die Frage nach der Rechtsnatur des **Unionsrechts** an.

32 Von Teilen der Lit. wird hierfür an den Entstehungsakt der Union angeknüpft. Da die Union selbst durch Abschluss eines völkerrechtlichen Vertrages entstanden sei, müsse auch das Unionsrecht dem **Völkerrecht** zugeordnet werden.[23] Für diese Einschätzung spricht in erster Linie die Regelung des Art. 48 AEUV, nach dem Änderungen der Verträ-

---

20 Grzeszick in: Maunz/Düring Art. 20 Rn. 15.
21 BVerfGE 89, 155, 184.
22 BVerfG NJW 2009, 2267.
23 Vgl. Streinz Rn. 122 m.w.N.

ge nur über eine Beteiligung der Parlamente bzw. der Staats- und Regierungschefs der Mitgliedstaaten, also durch völkerrechtlichen Vertrag vollzogen werden können.

Die Gegenauffassung knüpft an die oben dargestellte Sonderstellung der Union an und billigt dem Unionsrecht ebenfalls einen Sonderstatus zu. Hierbei handele es sich um eine **eigenständige Rechtsordnung sui generis**.[24] Diese Einordnung ist letztlich nur konsequent: Dieselben Gründe, die es unmöglich gemacht haben, die Union als bereits im Völkerrecht bekannte Kooperationsform einzuordnen, sprechen hier dafür, auch dem Unionsrecht einen Sonderstatus zuzubilligen.

C. Die Verbandskompetenz der Union

Staaten, Verwaltungsträger und andere juristische Personen des öffentlichen Rechts dürfen nur dort tätig werden, wo sie **zuständig** sind. Hier können Sie mit Begriffen operieren, die Ihnen aus dem Staatsorganisationsrecht oder dem Kommunalrecht geläufig sein dürften: der Verbandskompetenz und der Organkompetenz.

- Die **Verbandskompetenz** beschreibt, welcher Verwaltungsträger bzw. welche juristische Person die jeweilige Aufgabe wahrzunehmen hat.

- Da die einzelnen juristischen Personen selbst nicht handeln können, verfügen sie über Organe. Da die Anzahl der Organe einer juristischen Person zahlenmäßig nicht beschränkt sind, also eine juristische Person über mehrere Organe verfügen kann, regelt die **Organkompetenz**, welches Organ der juristischen Person die sachliche Aufgabe konkret wahrzunehmen hat (siehe hierzu Rn. 54 ff.).

Die Verbandskompetenz kann die Union aufgrund des **Prinzips der begrenzten Einzelermächtigung** nach Art. 5 Abs. 2 EUV nur von den Mitgliedstaaten ableiten. Diese Kompetenzverleihung wird durch die Art. 2–6 AEUV vollzogen und im Hinblick auf die einzelnen Sachmaterien konkretisiert. Die geschriebenen Kompetenzen unterscheiden zwischen der ausschließlichen und der geteilten Unionskompetenz. Diese werden durch ungeschriebene Kompetenzen (sog. implied powers) ergänzt.

Sowohl die Gründungsverträge als auch die späteren Fassungen der Gemeinschaftsverträge sahen keine ausdrückliche Kompetenzordnung vor. Erst der Verfassungsvertrag sah eine positivrechtlich ausgestaltete Kompetenzordnung vor. Diese wurde im Vertrag von Lissabon wieder aufgenommen.[25]

I. Ausschließliche Unionskompetenz

Nach Art. 3 AEUV steht der Union die ausschließliche Kompetenz zu in Bezug auf:

- Zollunion,

- Festlegung der für das Funktionieren des Binnenmarktes erforderlichen Wettbewerbsregeln,

- Währungspolitik für die Mitgliedstaaten, die den Euro als Währung eingeführt haben,

- Erhaltung der biologischen Meeresschätze bei der gemeinsamen Fischereipolitik,

---

24 EuGH NJW 1964, 2371 *Costa/ENEL*; in diese Richtung auch BVerfGE 52, 187; 75, 223, 241; 102, 147, 163 f.; 123, 267, 347 ff.
25 Dazu Streinz Rn. 152.

- gemeinsame Handelspolitik sowie
- für den Abschluss internationaler Übereinkünfte auf diesen Gebieten.

37 Die **Bedeutung** dieser Zuständigkeitsübertragung umschreibt Art. 2 Abs. 1 AEUV: Innerhalb der vorgenannten Sachgebiete ist ausschließlich die Union zu Rechtsetzungsakten berechtigt. Eine Kompetenz verbleibt den Mitgliedstaaten in diesen Sachbereichen nur, wenn sie von der Union hierzu ermächtigt werden oder sie Rechtsakte der Union durchführen müssen. Damit ist in positiver Hinsicht die sachliche Zuständigkeit der Union geregelt, in negativer Hinsicht ist es den Mitgliedstaaten zugleich grundsätzlich untersagt, in dem jeweiligen Sachbereich tätig zu werden. Art. 2, 3 AEUV entfalten in dieser Hinsicht **Sperrwirkung** gegenüber den Mitgliedstaaten.[26]

Die Konzeption der Vorschriften entspricht in etwa derjenigen der **ausschließlichen Gesetzgebungskompetenz des Bundes in den Art. 71, 73 GG**. Während Art. 73 GG die einzelnen Sachmaterien in Form von Kompetenztiteln aufzählt – was der Regelung in Art. 3 Abs. 1, Abs. 2 AEUV entspricht – erläutert Art. 71 GG die Bedeutung der Übertragung der ausschließlichen Gesetzgebungskompetenz auf den Bund. Diese Funktion übernimmt auf europäischer Ebene die Regelung des Art. 2 AEUV.

38 Eine **Ausnahme** von der ausschließlichen Unionskompetenz wird vom Gerichtshof für die Fälle zugelassen, in denen auf den in Art. 3 AEUV beschriebenen Sachgebieten eine (Neu-)Regelung dringend erforderlich ist, es dem Unionsgesetzgeber aber trotz seiner Sachkompetenz nicht gelingt, eine Regelung zu treffen. Dann können die Mitgliedstaaten als **Sachwalter des gemeinsamen Interesses** nationale Maßnahmen schaffen oder können bestehende Regelungen aufrecht erhalten. Sie müssen jedoch zuvor die Kommission konsultieren und deren Zustimmung einholen.[27]

II. Geteilte Unionskompetenz

39 Die geteilte Unionskompetenz nach Art. 2 Abs. 2, Art. 4 AEUV wird auch **konkurrierende Unionskompetenz** genannt. Sie umfasst nach Art. 4 Abs. 2 AEUV insbesondere

- den Binnenmarkt,
- die Sozialpolitik,
- die wirtschaftliche Zusammenarbeit sowie
- den Verbraucherschutz.

40 Die geteilte Unionskompetenz stellt den **Regelfall** der Unionszuständigkeiten dar.[28] Sie hat zur Folge, dass sowohl die Union als auch die Mitgliedstaaten auf den jeweiligen Sachgebieten Regelungen treffen können (Art. 2 Abs. 2 S. 1 AEUV). Allerdings sind die Mitgliedstaaten gemäß Art. 2 Abs. 2 S. 2 AEUV nur zum Tätigwerden ermächtigt, sofern und soweit die Union ihre Zuständigkeit nicht ausgeübt hat. Ebenfalls können die Mitgliedstaaten wieder tätig werden, wenn die Union entschieden hat, von ihrer Kompetenz keinen Gebrauch mehr zu machen, Art. 2 Abs. 2 S. 3 AEUV.

---

26 Nettesheim in: Grabitz/Hilf/Nettesheim, Art. 2 AEUV Rn. 18.
27 EuGH NJW 1983, 506 *Kommission/Großbritannien u. Nordirland*; Calliess in: Calliess/Ruffert Art. 2 AEUV Rn. 8 ff.; Streinz Rn. 155, der diese Konstellation als „Gesetzgebungsnotstand" bezeichnet.
28 Nettesheim in: Grabitz/Hilf/Nettesheim, Art. 2 AEUV Rn. 23.

Damit ist diese Unionskompetenz mit der **konkurrierenden Gesetzgebungskompetenz des Bundes in Art. 72, 74 GG** vergleichbar,[29] wenngleich eine Art. 72 Abs. 2 GG entsprechende Regelung fehlt.

Sobald die Union auf einem der Sachgebiete der geteilten Unionskompetenz tätig wird, hat dies zur Folge, dass die Kompetenz der Mitgliedstaaten in Bezug auf dieselbe Materie ex nunc entfällt. Wie weit diese **Sperrwirkung** aus Art. 2 Abs. 2 S. 2 AEUV reicht, hängt vom Umfang der Unionsregelung ab. Regelt die Union den Sachbereich vollumfänglich, können die Mitgliedstaaten überhaupt keine Regelungen mehr treffen. Beschränkt sich die Union allerdings darauf, einen Mindeststandard festzusetzen, oder besteht die Möglichkeit, von der Union getroffene Schutzmaßnahmen in den Mitgliedstaaten zu verstärken, wie es z.B. Art. 193 S. 1 AEUV vorsieht, steht es den Mitgliedstaaten frei, darüber hinausgehende Regelungen zu treffen.[30]

41

Einen **Sonderfall** der geteilten Unionskompetenz stellt die in Art. 4 Abs. 3, Abs. 4 AEUV geregelte **parallele Unionskompetenz** dar. In den dort genannten Sachmaterien (Forschung, technologische Entwicklung, Raumfahrt, Entwicklungszusammenarbeit, humanitäre Hilfe) sind sowohl die Union als auch die Mitgliedstaaten zur Rechtsetzung befugt. Allerdings fehlt es bei den parallelen Unionskompetenzen an einer Sperrwirkung nach Art. 2 Abs. 2 S. 2 AEUV. Die Mitgliedstaaten können also auch dann Recht setzen, wenn die Union bereits tätig geworden ist. Die dadurch ermöglichte **Kollision** zwischen Unionsvorschriften und mitgliedstaatlichem Recht wird durch den **Anwendungsvorrang des Unionsrechts** aufgelöst (siehe dazu Rn. 376 ff.). Diese Verdrängung findet allerdings nicht bereits im Bereich der Kompetenzen statt, sondern tritt erst im Einzelfall bei dem aufgrund der generell bestehenden Kompetenz erlassenen Recht statt.[31]

42

III. Unterstützungs-, Koordinierungs- und Ergänzungsmaßnahmen

In den durch Art. 5, 6 AEUV beschriebenen Sachmaterien bleiben die grundsätzlichen Kompetenzen der Mitgliedstaaten erhalten, die Union bleibt auf die genannten Unterstützungs-, Koordinierungs- und Ergänzungsmaßnahmen beschränkt. Um dies zu verstärken, statuiert Art. 2 Abs. 5 UAbs. 2 AEUV ein **Harmonisierungsverbot**: In diesem Bereich darf die Union keine bindende Rechtsetzung mit dem Ziel der Harmonisierung mitgliedstaatlicher Rechts- und Verwaltungsvorschriften betreiben.[32]

43

IV. implied powers

Trotz des Prinzips der begrenzten Einzelermächtigung ist anerkannt, dass die Verbandskompetenz der Union auch durch **ungeschriebene Kompetenzen** begründet werden kann. Diese als **implied-powers-Theorie** bezeichnete Rechtsfigur des Völkerrechts umschreibt eine Auslegungsregel, nach der die Vorschriften eines völkerrechtlichen Vertrages oder eines Gesetzes zugleich diejenigen Vorschriften beinhalten sollen, bei deren Fehlen sie sinnlos wären oder nicht in vernünftiger oder zweckmäßiger Weise zur Anwendung gelangen könnten.[33] Ein Verstoß gegen Art. 5 Abs. 2 EUV ergibt sich dadurch

44

---

29 So auch Calliess in: Calliess/Ruffert Art. 2 AEUV Rn. 12; Görlitz DÖV 2004, 374, 375; Nettesheim EuR 2004, 511, 529.
30 Calliess in: Calliess/Ruffert Art. 2 AEUV Rn. 13.
31 Nettesheim in: Grabitz/Hilf/Nettesheim, Art. 2 AEUV Rn. 33.
32 Nettesheim in: Grabitz/Hilf/Nettesheim, Art. 2 AEUV Rn. 35.
33 EuGH Slg. 1956, 297, 312 *Federation Charbonniere de Belgique*.

nicht, weil die ungeschriebenen Kompetenzen ausschließlich mithilfe einer **extensiven Auslegung der geschriebenen Kompetenztitel** gewonnen werden.[34]

Damit entspricht die implied-powers-Theorie der **ungeschriebenen Gesetzgebungskompetenz kraft Natur der Sache**, wie sie im deutschen Staatsorganisationsrecht anerkannt ist. Auch hier wird aufgrund der Regelung in Art. 70 GG, der eine ausdrückliche Kompetenzübertragung auf den Bundesgesetzgeber erfordert, von einer extensiven Auslegung bestehender Kompetenztitel ausgegangen.[35]

D. Die EU und das Völkerrecht

45 Die Union ist als supranationale Organisation zwar nur infolge völkerrechtlicher Verträge zwischen den Mitgliedstaaten entstanden, aber zugleich aufgrund der Regelung in Art. 47 EUV selbst **taugliches Völkerrechtssubjekt**, sodass sie völkerrechtliche Verträge abschließen kann. Da diese Regelung nur Bindungswirkung zwischen der Union und ihren Mitgliedstaaten entfaltet, hängt die Völkerrechtsfähigkeit **im Verhältnis zu Drittstaaten** davon ab, ob diese die **Union völkerrechtlich anerkennen**.

I. Grundlagen der völkerrechtlichen Aktivitäten

46 Die Union kann gemäß Art. 216 Abs. 1 AEUV im Bereich ihrer Verbandskompetenz (s.o. Rn. 34 ff.) völkerrechtliche Verträge mit Drittstaaten und internationalen Organisationen abschließen.[36] Dabei hat sie sich nach Art. 21 Abs. 1 UAbs. 1 S. 1 EUV von den Grundsätzen leiten zu lassen, die für ihre eigene Entstehung, Entwicklung und Erweiterung maßgebend waren und denen sie auch weltweit zu stärkerer Geltung verhelfen will. Relevant werden dabei insbesondere die Grundsätze der Demokratie und der Rechtsstaatlichkeit. Die besonderen Vorschriften über die Kooperationsmöglichkeiten in einzelnen Sachgebieten enthalten die Art. 206 ff. AEUV. Vertreten wird die Union beim Abschluss durch die **Kommission** (vgl. Art. 17 Abs. 1 S. 6 EUV).

47 Von dem Außenhandeln der Union auf den Sachgebieten der Art. 206 ff. AEUV ist die **Gemeinsame Außen- und Sicherheitspolitik (GASP)** nach den Art. 23 ff. EUV zu unterscheiden. Nach Art. 24 Abs. 1 UAbs. 1 EUV erstreckt sich diese auf alle Bereiche der Außenpolitik sowie auf sämtliche Fragen im Zusammenhang mit der Sicherheit der Union, einschließlich der Festlegung einer gemeinsamen Verteidigungspolitik. Art. 37 EUV enthält die gesondert geregelte Kompetenz zum Abschluss völkerrechtlicher Verträge auf diesem Gebiet. Dass es sich hierbei um ein besonderes Verhalten der Union nach außen handelt, wird nicht nur durch die gesonderten Vorschriften deutlich, sondern auch dadurch, dass die Kommission die Union in diesem Bereich nicht vertreten darf (Art. 17 Abs. 1 S. 6 Hs. 1 EUV). Die Zuständigkeit für die GASP liegt vielmehr gemäß Art. 15 Abs. 6 EUV bei dem **Präsidenten des Europäischen Rates** und nach Art. 27 Abs. 2 EUV bei dem **Hohen Vertreter der Gemeinsamen Außen- und Sicherheitspolitik**. Diese Trennung von wirtschaftlich geprägten Sachthemen sowie der Außen- und Sicherheitspolitik führt dazu, dass die Union bei internationalen Konferenzen zum Teil durch mehrere Organe gleichzeitig repräsentiert wird.

---

34 Calliess in: Calliess/Ruffert Art. 5 EUV Rn. 17; Schröder JZ 2004, 8, 10; von Borries EuR 1994, 263, 268.
35 Vgl. dazu AS-Skript Staatsorganisationsrecht (2014), Rn. 322.
36 Heuck Jura 2013, 199.

Der **Abschluss eines völkerrechtlichen Vertrages** setzt – ebenso wie die Aufnahme der Vertragsverhandlungen – gemäß Art. 218 Abs. 6 UAbs. 1 AEUV einen **Beschluss des Europäischen Rates** voraus. Dieser darf in bestimmten Fällen nur mit **Zustimmung des Europäischen Parlamentes** (Art. 218 Abs. 6 UAbs. 2 lit. a AEUV), im Übrigen nach Anhörung des Parlaments (Art. 218 Abs. 6 UAbs. 2 lit. b AEUV) getroffen werden.

48

II. Wirkung und Rang eines völkerrechtlichen Vertrages

1. Einordnung in die EU-Rechtsordnung

Schließt die Union einen völkerrechtlichen Vertrag ab, wird sie als Vertragspartnerin durch die darin begründeten Verpflichtungen gebunden und kann die darin enthaltenen Rechte geltend machen. Diese Gebundenheit gegenüber den Vertragspartnern folgt aus dem Völkerrecht (pacta sunt servanda).[37] Ferner bindet der völkerrechtliche Vertrag gemäß Art. 216 Abs. 2 AEUV alle Organe der Union sowie ihre Mitgliedstaaten.

49

Die Regelung über die Bindungswirkung für die Mitgliedstaaten ergänzt als lex specialis die generelle Verpflichtung der Mitgliedstaaten zur **Unionstreue** aus Art. 4 Abs. 3 UAbs. 2 und 3 EUV. Sie ist darauf gerichtet, die Erfüllung der von der Union eingegangenen völkerrechtlichen Verpflichtungen soweit erforderlich auch durch die Mitgliedstaaten zu gewährleisten.[38]

Durch die unmittelbare Bindung der Unionsorgane erhalten die Regelungen der völkerrechtlichen Verträge eine Art **Zwischenrang**: Zum einen darf die Union generell nur solche völkerrechtlichen Verträge abschließen, die **mit dem Primärrecht vereinbar** sind. Dies ergibt sich aus einem Umkehrschluss aus Art. 218 Abs. 1 AEUV, der die Möglichkeit einer präventiven Begutachtung des geplanten Vertrages durch den Gerichtshof ermöglicht und bei Feststellung eines Verstoßes gegen die Verträge den Abschluss des völkerrechtlichen Vertrages von einer Änderung der EU-Verträge abhängig macht. Bestätigt wird diese Sichtweise überdies durch Art. 21 Abs. 1 UAbs. 2 S. 1 EUV, nach dem die Union die für ihre Gründung maßgeblichen und in Art. 21 Abs. 1 UAbs. 1 EUV aufgezählten Ziele auch zur Grundlage der Kooperation mit Drittstaaten machen soll.

50

Dies stellt eine spezielle Ausprägung des **allgemeinen Kohärenzgebotes** aus Art. 7 AEUV dar.[39]

Zum anderen folgt aus Art. 216 Abs. 2 AEUV, dass die völkerrechtlichen Verträge **Vorrang vor dem Sekundärrecht** genießen.[40] Denn zum Sekundärrecht gehören nur die Rechtsvorschriften, die von den Organen der Union geschaffen worden sind. Somit stehen die völkerrechtlichen Verträge im Rang zwischen dem Primär- und Sekundärrecht.

Völkerrechtliche Verträge können selbst dann Wirkung für die Union entfalten, wenn diese **nicht Vertragspartnerin** ist, aber ihr Sekundärrecht auf Maßnahmen internationaler Institutionen verweist. Damit ist es dem Rat nach Art. 218 Abs. 9 AEUV möglich, einen Standpunkt zu einer internationalen Übereinkunft festzulegen, obwohl die Union an der Übereinkunft weder mitgewirkt hat noch kraft Beitritts hätte mitwirken können.

51

---

37 EuGH Slg. 1998, I-3665 Rn. 49 f. unter Hinweis auf Art. 26 WVRK; Streinz Art. 216 AEUV Rn. 46.
38 EuGH NJW 1983, 508 Rn. 13 *Kupferberg*; Slg. 2002, I- 2943 Rn. 15 *Kommission/Irland*; Slg. 2004, I-9325 Rn. 26 *Kommission/Frankreich*; Streinz Art. 216 AEUV Rn. 47.
39 Streinz Art. 21 EUV Rn. 15.
40 Vgl. EuGH, Urt. v. 10.01.2006 – C-344/04, EuZW 2006, 112 Rn. 35 *International Air Transport Association*.

Nach der Rechtsprechung des Gerichtshofs ist die Verbandskompetenz der Union entscheidend: Falle der betroffene Bereich unter eine Zuständigkeit der Union, werde diese durch die mangelnde Beteiligung an der internationalen Institution nicht gehindert, von dieser Zuständigkeit Gebrauch zu machen und einen Standpunkt festzulegen. Dadurch könnten sogar die Mitgliedstaaten, die Mitglieder der jeweiligen Institution sind, dazu gebracht werden, den Standpunkt der Union zu vertreten.[41]

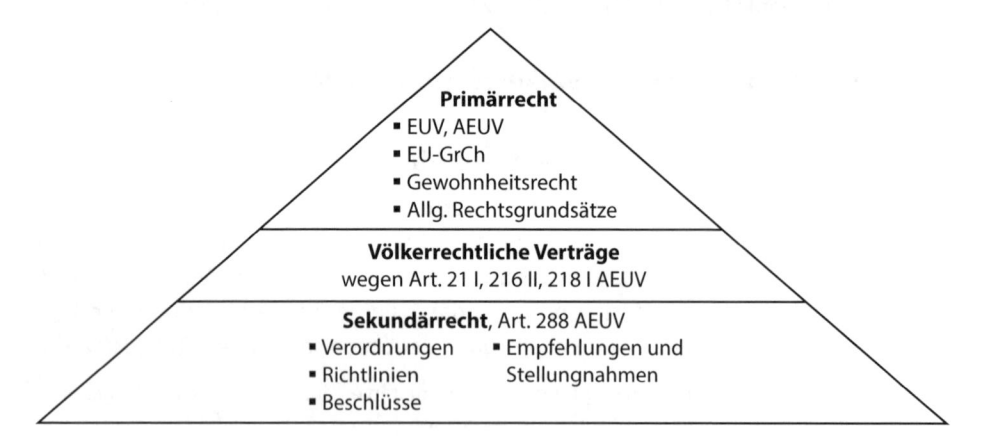

```
                    Primärrecht
                  ▪ EUV, AEUV
                  ▪ EU-GrCh
                  ▪ Gewohnheitsrecht
                  ▪ Allg. Rechtsgrundsätze
                Völkerrechtliche Verträge
              wegen Art. 21 I, 216 II, 218 I AEUV
              Sekundärrecht, Art. 288 AEUV
           ▪ Verordnungen   ▪ Empfehlungen und
           ▪ Richtlinien      Stellungnahmen
           ▪ Beschlüsse
```

2. Folgen eines völkerrechtlichen Vertrages

52 Zur **Durchführung** des völkerrechtlichen Vertrages sind Umsetzungsmaßnahmen zu treffen. Je nach dem aktuellen Stand des Unionsrechts in den von dem Vertrag erfassten Bereichen sind hierfür entweder Unionsorgane oder sogar die Mitgliedstaaten selbst verantwortlich. Dabei ist denkbar, dass die zuständigen Unionsorgane die sich ergebenden Kompetenzen in einer **Verordnung** abfassen, um die neuen Rechte und Pflichten auch für die Unionsbürger verbindlich zu machen. Ebenso ist es möglich, dass einzelne Verhaltensweisen, die sich nunmehr als vertragswidrig erweisen würden, von den Unionsorganen oder auch den Mitgliedstaaten eingestellt werden.[42] Die **Koordinierung** der erforderlichen Maßnahmen fällt der **Kommission** zu. Diese hat, nötigenfalls durch Einleitung von Vertragsverletzungsverfahren gegen einzelne Mitgliedstaaten, für die ordnungsgemäße Anwendung der Verträge zu sorgen.[43]

III. Rechtsschutz

53 Da die von der Union abgeschlossenen völkerrechtlichen Verträge zum integralen Bestandteil des Unionsrechts[44] werden, ist insbesondere eine Nichtigkeitsklage nach Art. 263 AEUV möglich. Ferner muss den Unionsbürgern wirksamer Rechtsschutz auch dann gewährt werden, wenn die Union Maßnahmen von internationalen Organen umsetzt, denen sie durch Abschluss eines völkerrechtlichen Vertrages beigetreten ist.

Beispiel: Klage gegen die Umsetzung einer UN-Resolution (sog. **Kadi-Rspr.**)[45]

---

41 EuGH, Urt. v. 07.10.2014 – C-399/12, JuS 2015, 84, 86 *Deutschland/Rat* mit kritischen Anmerkungen Ruffert.
42 Vgl. dazu Streinz Art. 216 AEUV Rn. 48 mit Nachweisen aus der Rspr. des EuGH.
43 EuGH Slg. 2002, I-2943 *Kommission/Irland*.
44 EuGH NVwZ 1988, 235 Rn. 7 ff. *Demirel*.
45 EuGH JuS 2009, 360 *Kadi*; Slg. 2009, I-11393 *Hassan u.a.*; JuS 2014, 376 Rn. 97 ff. *Kommission/Kadi*.

Zusammenfassende Übersicht — 1. Abschnitt

Rechtsnatur der EU

Keine positivrechtliche Regelung, nur Anerkennung der Rechtspersönlichkeit (Art. 47 AEUV) und Festlegung der Rechtsnachfolge (Art. 1 Abs. 3 S. 3 EUV)

Staat		Staatenverbund

- **Staatsgebiet** zweifelhaft
  - Zwar Hoheitsgebiet in Form eines Anwendungsbereichs des EU-Rechts, Art. 52 EUV
  - Aber keine unbegrenzte Verfügungsgewalt
- **Staatsvolk** nach vorzugswürdiger Meinung (–), nur „Unionsbürgerschaft"
- **Staatsgewalt** (–), nur Grds. der begrenzten Einzelermächtigung, keine Kompetenz-Kompetenz
	- Staatenbund (–), keine Verbindung souveräner Staaten mit nur lockerer Organisation
	- Bundesstaat (–), keine Staatsqualität des Gesamtstaates Europäische Union
		- Zwischenstaatliche Verbindung sui generis
		- Enge, auf Dauer angelegte Verbindung souverän bleibender Staaten, die auf vertraglicher Grundlage öffentliche Gewalt ausübt, deren Grundordnung jedoch allein der Verfügung der Mitgliedstaaten unterliegt und in der die staatsangehörigen Bürger der Mitgliedstaaten die Subjekte demokratischer Legitimation bleiben

Verbandskompetenz der EU

Grundsatz der begrenzten Einzelermächtigung, Art. 5 Abs. 2 EUV

Ausschließliche Unionskompetenz	Geteilte Unionskompetenz	Unterstützungskompetenz	implied powers
Rechtsetzungsakte nur durch die EU, Art. 2 Abs. 1 AEUV Sachmaterien: Art. 3 AEUV z.B. Zollunion, Währungspolitik bzgl. Euro	Rechtsetzungsakte durch Mitgliedstaaten, solange und soweit EU nicht tätig geworden ist, Art. 2 Abs. 2 AEUV Sachmaterien: Art. 4 AEUV z.B. Binnenmarkt	Rechtsetzungsakte durch EU nur zur Unterstützung, Koordinierung und Ergänzung, Art. 2 Abs. 5 AEUV Sachmaterien: Art. 5, 6 AEUV z.B. Industrie, Kultur	Ungeschriebene EU-Kompetenz, aufgrund derer die Regelungen getroffen werden dürfen, ohne die neue Rechtsakte sinnlos wären oder nicht in vernünftiger oder zweckmäßiger Weise zur Anwendung gelangen könnten

EU und Völkerrecht

- **Ausgangspunkt:** Union ist Völkerrechtssubjekt, Art. 47 EUV, Art. 216 Abs. 1 AEUV
- **Abschluss:** grds. durch die Kommission; ausnahmsweise vom Hohen Vertreter für die Außen- und Sicherheitspolitik, soweit dessen Zuständigkeitsbereich betroffen; vorher Beschluss des Europäischen Rates, ggf. Zustimmung des Europäischen Parlaments
- **Einordnung:** Zwischenrang zwischen dem Primär- und Sekundärrecht, da Vertrag mit Primärrecht vereinbar sein muss (vgl. Art. 21 Abs. 1 EUV, Art. 218 Abs. 1 AEUV), aber Vorrang vor dem Sekundärrecht genießt (Art. 216 Abs. 2 AEUV)

2. Abschnitt: Organe der Union

54 Die Union als juristische Person bedient sich zur Ausübung ihrer Kompetenzen einzelner **Organe**. Diese sind abschließend in Art. 13 Abs. 1 UAbs. 2 EUV aufgezählt. In den nachfolgenden Artikeln regelt der EUV die Zusammensetzung, ggf. Wahlvorschriften und die Aufgaben des jeweiligen Organs, jeweils in einem Artikel pro Organ:

- Europäisches Parlament, Art. 14 EUV
- Europäischer Rat, Art. 15 EUV
- Rat, Art. 16 EUV
- Europäische Kommission, Art. 17 EUV
- Gerichtshof der Europäischen Union, Art. 19 EUV

55 Während die Zusammensetzung und die grundlegenden Aufgaben der Organe in den vorgenannten EUV-Vorschriften niedergelegt sind, finden sich ergänzende Vorschriften in den **Art. 223 ff. AEUV**. Dort ist **jedem Organ ein einzelner Abschnitt** des AEUV gewidmet. Die einzigen Abweichungen dieses systematischen Grundsatzes sind hinsichtlich der Europäischen Zentralbank und dem Rechnungshof zu beobachten. Diese werden in Art. 13 Abs. 1 UAbs. 2 EUV zwar ausdrücklich als Organe benannt, gleichwohl ist ihnen kein eigener EUV-Artikel gewidmet worden. Vielmehr sind die Regelungen betreffend diese beiden Organe gemäß Art. 13 Abs. 3 EUV im Vertrag über die Arbeitsweise der Europäischen Union enthalten (Art. 282 ff. AEUV und Art. 285 ff. AEUV).

Die Grundzüge des Aufbaus des Gerichtshofs der Europäischen Union werden zu Beginn des 4. Teils „Prozessrecht" geschildert (s.u. Rn. 627 ff.).

56 Mit diesen Regelungen sowie den ergänzenden Regelungen des AEUV konkretisieren die Verträge die **Organkompetenz**. Durch Art. 13 EUV wird ein **numerus clausus** der Unionsorgane statuiert, der die Schaffung weiterer Organe durch Sekundärrecht verhindert.[46] Dabei werden wichtige Prinzipien, denen die Union als Ganzes verpflichtet ist, auch unmittelbar für die Organe fruchtbar gemacht: Nach Art. 13 Abs. 1 UAbs. 1 EUV bilden die Organe den **institutionellen Rahmen**, innerhalb dessen und durch den die Union ihren Werten Geltung verschafft und ihre Ziele verfolgt. Auch der Grundsatz der begrenzten Einzelermächtigung wird in Art. 13 Abs. 2 S. 1 EUV wiederholt, sodass die errichteten Organe nur dort Kompetenzen besitzen, wo sie ihnen durch ausdrückliche Regelung in den Verträgen überantwortet werden.

Aufgrund der Rechtsnachfolgeregelung in Art. 1 Abs. 3 EUV ist die frühere Regelung, dass die Organe für alle Gemeinschaften tätig werden, obsolet geworden. Allerdings erstreckt sich die Tätigkeit der Unionsorgane auch heute noch auf die **Europäische Atomgemeinschaft (EAG)**, die von der Rechtsnachfolgeregelung nicht betroffen, sondern trotz Gründung der Union rechtlich selbstständig geblieben ist (vgl. Art. 106 a Abs. 1 und 3 EAGV).

57 Bemerkenswert ist allerdings, dass auf der Ebene der Union – anders als beispielsweise in Deutschland – in der institutionellen Konzeption **keine strikte Gewaltenteilung** existiert.[47] Derselbe Effekt wird allerdings dadurch erreicht, dass eine **gegenseitige**

---

[46] Streinz Rn. 264.
[47] Oppermann/Classen/Nettesheim § 5 Rn. 15 ff.

Kontrolle sowohl der Organe untereinander vorgesehen ist (zu diesen ausführlich unten bei dem jeweiligen Organ) und auch die Mitgliedstaaten beispielsweise durch Klagerechte die Möglichkeit besitzen, einzelne Akte europäischer Organe durch die Unionsgerichtsbarkeit verwerfen zu lassen (vgl. Art. 263 AEUV). Darüber hinaus hat der Gerichtshof in seiner Rspr. den **Grundsatz des institutionellen Gleichgewichts der Organe** entwickelt. Dieses Prinzip gebietet, dass jedes Organ seine Befugnisse unter Beachtung der Befugnisse der anderen Organe ausübt und dass Verstöße hiergegen durch den Gerichtshof geahndet werden können.[48] Es wird deshalb auch als adäquates **Äquivalent zu der Gewaltenteilung** in einem demokratischen Rechtsstaat bezeichnet.[49]

Ebenfalls anders als in den nationalen Ordnungen existiert für die Union **keine Unionshauptstadt**, in der alle Unionsorgane ansässig sind. Dies würde zwar den Verwaltungsaufwand vereinfachen, aber gegen die Europäischen Verträge verstoßen. Nach Art. 341 AEUV wird der **Sitz der Organe** im Einvernehmen zwischen den Regierungen der Mitgliedstaaten bestimmt. 58

*Hinweis: Für Ihr **Examen** müssen Sie zwar nicht mit allen Feinheiten der einzelnen Organe vertraut sein, aber das Wissen über die Existenz des Art. 13 EUV und die darin enthaltene Aufzählung genügt im Gegenteil ebenso wenig. Sie sollten sich jeweils mit den nachfolgenden Punkten in Bezug auf jedes Organ vertraut machen, damit Sie insbesondere für Fragen in der **mündlichen Prüfung** gewappnet sind:* 59

Grundwissen Organe
■ Sitz des Organs
■ Zusammensetzung des Organs, ggf. Wahl seiner Mitglieder
■ Aufgaben
■ Beschlussfassung
■ Ggf. vorhandene besondere Organteile und deren Aufgaben (z.B. Präsident der Kommission)

A. Das Europäische Parlament

Das Europäische Parlament vertritt – wie sich aus Art. 14 Abs. 2 S. 1 EUV ergibt – alle Unionsbürgerinnen und Unionsbürger und ist deshalb grundsätzlich mit den nationalen Parlamenten wie beispielsweise dem deutschen Bundestag vergleichbar. 60

I. Sitz

Das Europäische Parlament verfügt über einen Hauptsitz in **Straßburg** und einen Verwaltungssitz in **Luxemburg**. Darüber hinaus finden Ausschusssitzungen in **Brüssel** 61

---

[48] Oppermann/Classen/Nettesheim § 5 Rn. 20 unter Verweis auf EuGH Slg. 1990, I-2041 *Parlament/Rat* u.a.; vgl. auch Nettesheim in: Grabitz/Hilf/Nettesheim Art. 13 EUV Rn. 30 ff.
[49] So ausdrücklich Streinz Rn. 268.

statt. Vor diese Hintergrund wird das Europäische Parlament zum Teil als **„Wanderzirkus"** bezeichnet.[50]

Die Regierungen haben sich bislang nicht auf einen einheitlichen Standort verständigen können. Das Europäische Parlament selbst ist wegen Art. 341 AEUV nicht zu einer Zusammenlegung berechtigt.[51]

II. Zusammensetzung und Wahlen

1. Zusammensetzung und Legislaturperiode

62 Gemäß Art. 14 Abs. 2 UAbs. 1 S. 2 EUV besteht das Europäische Parlament aus 750 Abgeordneten zuzüglich des Präsidenten. Anders als im deutschen Wahlrecht (vgl. §§ 3 Abs. 1, 6 Abs. 2 S. 1 BWahlG) erfolgt die Verteilung der Sitze auf die Mitgliedstaaten allerdings nicht anhand des Verhältnisses der Bevölkerung des jeweiligen Mitgliedstaates zur gesamten EU-Bevölkerung. Vielmehr gilt der **Grundsatz der degressiven Proportionalität**.

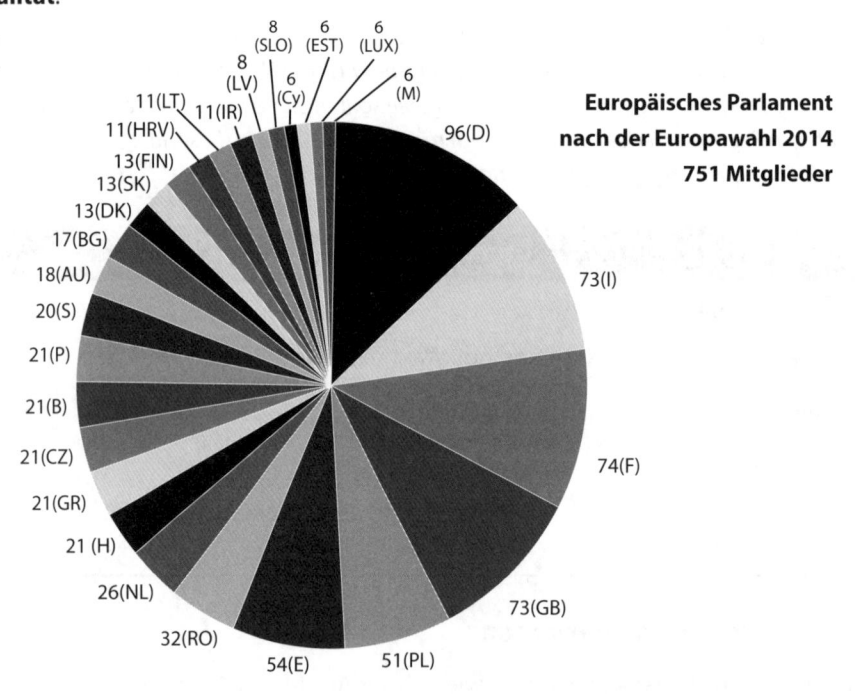

Europäisches Parlament nach der Europawahl 2014 – 751 Mitglieder

8 (SLO), 6 (EST), 6 (LUX), 8 (LV), 6 (Cy), 6 (M), 11 (LT), 11 (IR), 11 (HRV), 13 (FIN), 13 (SK), 13 (DK), 17 (BG), 18 (AU), 20 (S), 21 (P), 21 (B), 21 (CZ), 21 (GR), 21 (H), 26 (NL), 32 (RO), 54 (E), 51 (PL), 73 (GB), 74 (F), 73 (I), 96 (D)

Das bedeutet, dass das Verhältnis zwischen der Bevölkerung und der Zahl von Sitzen jedes Mitgliedstaates in Abhängigkeit von seiner jeweiligen Bevölkerung variieren muss. Folglich vertritt jeder Abgeordnete eines bevölkerungsreichen Mitgliedstaates mehr Bürgerinnen und Bürger als jeder Abgeordnete eines bevölkerungsärmeren Mitgliedstaates. Dies bedeutet aber auch, dass kein bevölkerungsärmerer Mitgliedstaat über mehr Sitze verfügt als ein bevölkerungsreicher Mitgliedstaat.[52] Nach Art. 14 Abs. 2 UAbs. 1 S. 3, 4 EUV entfallen danach auf jeden Mitgliedstaat mindestens 6 Sitze, maximal

---

50 Oppermann/Classen/Nettesheim § 5 Rn. 22.
51 EuGH Slg. 1991, I-5643 *Luxemburg/Parlament*; Slg. 1997, I-5215 *Frankreich/Parlament*.
52 Entschluss des Europäischen Parlaments vom 11.10.2007, ABl. 2008 C 227 E/132; vgl. zur Begriffsbestimmung auch Hölscheidt in: Grabitz/Hilf/Nettesheim Art. 14 EUV Rn. 53; Meyer/Hölscheidt EuZW 2003, 613, 616.

können 96 Sitze zugeteilt werden. Wie viele Sitze konkret auf die jeweiligen Mitgliedstaaten entfallen, wird gemäß Art. 14 Abs. 2 UAbs. 2 EUV auf Initiative des Parlaments durch einen einstimmig abzufassenden Beschluss des **Europäischen Rates** festgelegt.

Der Union wird deshalb vorgeworfen, sie leide trotz ihres Demokratiebezugs aus Art. 2 EUV an einem **Demokratiedefizit**. Die **degressiv proportionale Verteilung** der Sitze führt dazu, dass die bevölkerungsreichen Mitgliedstaaten unter- und die bevölkerungsarmen Mitgliedstaaten überrepräsentiert sind. In Zahlen: Bei der Wahl kann das Gewicht der Stimme eines Staatsangehörigen eines bevölkerungsschwachen Mitgliedstaates etwa das Zwölffache des Gewichts der Stimme eines Staatsangehörigen eines bevölkerungsstarken Mitgliedstaates betragen.[53]

63

Hieraus ergibt sich grundsätzlich ein **Verstoß gegen die Wahlrechtsgleichheit**. Diese gewährleistet nicht nur den gleichen **Zählwert** der bei der Wahl abgegebenen Stimme, sondern auch den gleichen **Erfolgswert**. Der Erfolgswert der Stimme ist allerdings nur gleich, wenn jede Wählerstimme grundsätzlich den gleichen Einfluss auf das Wahlergebnis, insbesondere auf die Verteilung der Sitze im Parlament hat.[54] Genau dies ist aufgrund der Sitzverteilung im Europäischen Parlament aber gerade nicht der Fall.

64

Gleichwohl ist die Union **nicht undemokratisch**. Hierfür lässt sich ein normativer und ein konstruktiver Grund anführen:

65

- Welche **Wahlrechtsgrundsätze** bei der Wahl zum Europäischen Parlament einzuhalten sind, bestimmt Art. 14 Abs. 3 EUV (dazu ausführlich bei Rn. 67 f.). Der Grundsatz der Gleichheit der Wahl wird hier gerade nicht ausdrücklich benannt. Trotzdem wird ein Mindestniveau an Wahlrechtsgleichheit auch unionsrechtlich garantiert, da die Wahlrechtsgleichheit allen mitgliedstaatlichen Verfassungen immanent ist.[55] Es ist allerdings nicht zwingend, dass sie in derselben Weise und in demselben Umfang garantiert werden muss, wie beispielsweise in Art. 38 Abs. 1 S. 1 GG.

- Da die Union nach dem heutigen Stand **keinen (Bundes-)Staat** darstellt, ist es auch nicht erforderlich, dass die europäischen Institutionen demokratisch in einer staatsanalogen Weise ausgestaltet werden. Dementsprechend muss das Europäische Parlament kein Repräsentationsorgan eines souveränen europäischen Volkes sein und die Wahlrechtsgleichheit achten, sondern darf als Vertretung der Völker der Mitgliedstaaten mit jeweils zugewiesenen nationalen Kontingenten der Sitze fortbestehen.[56] Die degressiv proportionale Besetzung des Parlaments stellt insoweit einen Kompromiss zwischen dem völkerrechtlichen Grundsatz der Staatengleichheit und dem demokratischen Postulat eines egalitären Wahlrechts dar.[57]

Bestätigt wird diese Sichtweise durch die Regelungen über die Unionsbürgerschaft. Nach Art. 20 Abs. 1 S. 3 AEUV tritt die Unionsbürgerschaft zur nationalen Staatsangehörigkeit hinzu. Allein die Bezeichnung und Zusammenschau mit den Wahlen zum Europäischen Parlament bestätigen, dass die Union kein echtes Staatsvolk besitzt. Da sich die Wahlrechtsgleichheit aber gerade aus der poli-

---

53 BVerfG NJW 2009, 2267, 2278 Rn. 284.
54 BVerfGE 85, 148, 157; BVerfG NVwZ 2012, 33.
55 Vgl. BVerfGE 123, 267, 373; Huber in: Streinz, Art. 14 EUV Rn. 65.
56 BVerfG NJW 2009, 2267, 2277 Rn. 278, 280.
57 BVerfGE 123, 267, 373 f.; Huber in: Streinz, Art. 14 EUV Rn. 63.

tischen Gleichheit aller Staatsbürger ableitet, muss dieser Grundsatz auf Unionsebene folglich nicht zwangsläufig eingehalten werden.[58]

66 Eine **Legislaturperiode** beträgt nach Art. 14 Abs. 3 EUV **fünf Jahre**. Nach Art. 11 Abs. 4 des Direktwahlaktes zum Europäischen Parlament (DWA) enden die Befugnisse des Europäischen Parlaments mit der ersten Sitzung des neuen Parlaments. Es besteht demnach **Diskontinuität**, d.h. alle Vorhaben, die eines Beschlusses des Europäischen Parlamentes bedürfen, entfallen ersatzlos.[59] Anders als bei den nationalen Parlamenten besteht für das Europäische Parlament **keine Auflösungsmöglichkeit**, es kann sich also weder selbst auflösen noch durch die Intervention anderer Organe aufgelöst werden.[60]

In Deutschland besteht für den Bundestag zwar auch kein Selbstauflösungsrecht. Allerdings kann der Bundespräsident den Bundestag auf Vorschlag des Bundeskanzlers im Anschluss an eine Vertrauensfrage gemäß Art. 68 Abs. 1 S. 1 GG auflösen.

2. Wahlen zum Europäischen Parlament

a) Wahlrechtsgrundsätze

67 Nach Art. 14 Abs. 3 EUV werden die Abgeordneten des Europäischen Parlaments in allgemeiner, unmittelbarer, freier und geheimer Wahl gewählt.

- Der Grundsatz der **Allgemeinheit** der Wahl gebietet die Gleichbehandlung aller Bürger der Union hinsichtlich des aktiven und passiven Wahlrechts. Dies wird zusätzlich durch Art. 22 Abs. 2 AEUV klargestellt. Zudem folgt aus diesem Grundsatz, dass die Wahlen im gesamten Gebiet der Union stattfinden müssen.[61]

- Die **Unmittelbarkeit** der Wahl schließt die Zwischenschaltung eines Wahlgremiums – wie der nationalen Parlamente oder Wahlmänner – aus.[62]

- Die Stimmabgabe ist **frei**, wenn der Wahlberechtigte seinen wirklichen Willen unverfälscht zum Ausdruck bringen, vor allem sein Wahlrecht ohne Zwang und ohne sonstige unzulässige Beeinflussung von außen ausüben kann.[63]

- Der Grundsatz der **geheimen** Wahl beinhaltet das Recht des Wählers, seine Wahlentscheidung vertraulich zu halten. Damit dient dieser Grundsatz insbesondere dem Schutz der Freiheit der Wahlentscheidung.[64]

68 Wem die Definitionen bei der Lektüre bekannt vorgekommen sind, liegt richtig: Diese entsprechen dem Verständnis der deutschen Wahlrechtsgrundsätze aus Art. 38 Abs. 1 S. 1 GG.[65] Von den dortigen Wahlgrundsätzen abweichend ist lediglich die **Gleichheit der Wahl** nicht ausdrücklich in Art. 14 Abs. 3 EUV niedergelegt, da die degressiv proportionalen Sitzverteilung im Europäischen Parlament mit diesem Grundsatz unvereinbar

---

58 Vgl. dazu Haratsch/Koenig/Pechstein Rn. 215.
59 Oppermann/Classen/Nettesheim § 5 Rn. 24.
60 Hölscheidt in: Grabitz/Hilf/Nettesheim Art. 14 EUV Rn. 88; Huber in: Streinz, Art. 14 EUV Rn. 69.
61 Bieber in: von der Groeben/Schwarze/Hatje, Art. 14 EUV Rn. 61.
62 Huber in: Streinz, Art. 14 EUV Rn. 60.
63 Hölscheidt in: Grabitz/Hilf/Nettesheim, Art. 14 EUV Rn. 80.
64 Bieber in: von der Groeben/Schwarze/Hatje, Art. 14 EUV Rn. 65.
65 So auch Kluth in: Calliess/Ruffert, Art. 14 EUV Rn. 27.

ist. Hieraus ist jedoch nicht der Schluss zu ziehen, dass es auf europäischer Ebene überhaupt keine Wahlrechtsgleichheit geben würde. Hiergegen spricht zum einen die systematische Auslegung unter Rückgriff auf das übrige europäische Primärrecht, das eine Vielzahl von Gleichheitsrechten kennt (beispielsweise in Art. 2 EUV, Art. 20 ff. GRCh). Zum anderen verpflichtet Art. 6 Abs. 3 EUV die Union, die Menschenrechte der EMRK und diejenigen der Mitgliedstaaten als allgemeine Grundsätze des Unionsrechts zu achten. Es besteht deshalb Einigkeit darüber, dass ein **Mindestniveau an Wahlrechtsgleichheit** auch unionsrechtlich garantiert ist.[66] Hierfür spricht auch die Regelung in Art. 9 DWA, die jedem Wähler nur eine Stimme zubilligt.

b) Wahlsystem

Art. 223 Abs. 1 AEUV sieht vor, dass das Europäische Parlament im Zusammenwirken mit dem Rat in einem besonderen Gesetzgebungsverfahren **einheitliche Regularien für die Wahl und das Wahlsystem** zum Europäischen Parlament aufstellen kann. Ein solches einheitliches Wahlrecht existiert bis heute nicht.[67] Deshalb ergeben sich das Wahlsystem und die Ausgestaltung der primärrechtlich festgelegten Wahlrechtsgrundsätze aus dem **Akt zur Einführung allgemeiner unmittelbarer Wahlen der Mitglieder des Europäischen Parlaments (DWA)**. Hierbei handelt es sich nach dem BVerfG um einen völkerrechtlichen Vertrag im Rahmen des EU-Rechts.[68]

69

Nach Art. 1 Abs. 1 DWA werden die Mitglieder des Europäischen Parlaments nach dem **Verhältniswahlsystem** gewählt. Hierunter ist ein System zu verstehen, bei dem die Mandate entsprechend der von einer Partei oder einer Liste erreichten Stimmenzahl zugeordnet werden.[69] Die nähere Ausgestaltung erfolgt – wie in Art. 8 Abs. 1 DWA vorgesehen – in nationalen Gesetzen. In Deutschland wird die Wahl zum Europäischen Parlament durch das **Gesetz über die Wahl der Abgeordneten des Europäischen Parlaments (Europawahlgesetz – EuWG)** geregelt. Besondere Probleme haben sich dabei aus der **Festlegung einer Sperrklausel** ergeben.

70

> **Fall 1: 3%-Sperrklausel bei der Europawahl**
>
> Nach § 2 Abs. 7 EuWG nehmen an der Sitzzuteilung bei der Wahl zum Europäischen Parlament in Deutschland nur solche Parteien teil, die im Wahlgebiet mindestens drei Prozent der Wählerstimmen erhalten haben. In der Gesetzesbegründung macht der Gesetzgeber geltend, er mache von der in Art. 3 DWA vorgesehenen Berechtigung zur Einführung einer sog. Sperrklausel Gebrauch. Wähler W ist überzeugt, die Sperrklausel sei mit dem deutschen Verfassungsrecht unvereinbar, da sie gegen die Grundsätze der Wahlrechtsgleichheit und der Chancengleichheit der Parteien verstoße. Die Sperrklausel könne zudem nicht mit dem aus dem nationalen Verfassungsrecht bekannten Argument der drohenden Zersplitterung des Europäischen Parlamentes begründet werden. Die Sperrklausel gelte nur in Deutschland, das ledig-

---

66 Huber in: Streinz, Art. 14 EUV Rn. 65; Hölscheidt in: Grabitz/Hilf/Nettesheim, Art. 14 EUV Rn. 82.
67 Oppermann/Classen/Nettesheim § 5 Rn. 27 m.w.N.
68 BVerfGE 104, 214, 219; Oppermann/Classen/Nettesheim § 5 Rn. 27.
69 von der Groeben/Schwartze/Hatje in: von der Groeben/Schwartze/Hatje Art. 1 DWA Rn. 2.

lich knapp 13% der Abgeordneten stelle. Zudem sei mit einer Verschlechterung der Arbeitsweise des Parlaments auch ohne Sperrklausel schon deshalb nicht zu rechnen, weil im Parlament weit über 160 Parteien aus den 28 Mitgliedstaaten repräsentiert seien. Ist die Auffassung des W korrekt?

Die Auffassung des W ist korrekt, wenn die Sperrklausel aus § 2 Abs. 7 EuWG verfassungswidrig ist.

Klausurhinweis: Obwohl es sich um die Wahl zum Europäischen Parlament handelt, ist das EuWG als deutsches Bundesrecht am **Grundgesetz** zu messen. Dem stehen auch verbindliche europarechtliche Vorgaben nicht entgegen. Nach Art. 8 Abs. 1 DWA bestimmt sich das Wahlverfahren in jedem Mitgliedstaat nach den innerstaatlichen Vorschriften. Dieser Gestaltungsrahmen für nationale Vorschriften besteht auch im Hinblick auf die Einführung von Sperrklauseln, da Art. 3 DWA die Möglichkeit der Einführung solcher Klauseln bis zu einer Grenze von 5% der abgegebenen Stimmen gestattet.[70]

I. Die Sperrklausel könnte den **Grundsatz der Gleichheit der Wahl** und den **Grundsatz der Chancengleichheit der Parteien** betreffen.

71 1. Der Grundsatz der **Gleichheit der Wahl** ergibt sich für die Wahl der Abgeordneten des Europäischen Parlaments verfassungsrechtlich aus Art. 3 Abs. 1 GG und dem Demokratieprinzip aus Art. 20 Abs. 2 GG.[71] Dadurch wird garantiert, dass alle Wahlberechtigten das aktive Wahlrecht formal gleich ausüben können. Daraus ergibt sich wiederum, dass bei der Verhältniswahl ein gleicher **Zählwert** der Stimme zwingend ist, aber auch, dass jeder Wahlberechtigte mit seiner Stimme grundsätzlich die gleiche Erfolgschance (gleicher **Erfolgswert**) haben muss.

Spezialgesetzlich ist der Grundsatz der Gleichheit der Wahl zudem – über die Vorgaben des Art. 14 Abs. 3 EUV hinaus – in § 1 S. 2 EuWG festgelegt. Auf Art. 38 Abs. 1 S. 1 GG dürfen Sie indes nicht zurückgreifen, da sich hieraus nur die Wahlrechtsgrundsätze für die Wahlen zum Deutschen Bundestag ergeben. Ebenso wäre es verfehlt, die oben beschriebene Frage des Schutzes der Wahlrechtsgleichheit auf europäischer Ebene zu problematisieren, da Sie die Vereinbarkeit der Sperrklausel mit nationalem Verfassungsrecht, nicht mit Unionsrecht überprüfen sollen.

Durch die 3%-Sperrklausel wird der gleiche Zählwert der Stimmen nicht betroffen. Wenn jedoch ein Wähler seine Stimme für eine Partei abgibt, die an der 3%-Sperrklausel scheitert, dann hat die Stimme dieses Wählers keinen Erfolg (Erfolgswert = Null), während die Stimme eines Wählers, der eine andere Partei wählt, mit seiner Stimme einen Erfolg (Abgeordnetensitz) herbeiführt. Daher führt die 3%-Sperrklausel zu einem **ungleichen Erfolgswert** der Stimmen.

72 2. Der Grundsatz der **Chancengleichheit der Parteien** aus Art. 21 Abs. 1 i.V.m. Art. 3 Abs. 1 GG verlangt, dass jeder Partei, jeder Wählergruppe und ihren Wahlbewerbern grundsätzlich die gleichen Möglichkeiten im gesamten Wahlverfahren und damit gleiche Chancen bei der Verteilung der Sitze eingeräumt werden.[72] Parteien, auf die weniger als 3% der abgegebenen Stimmen entfallen, nehmen nicht

---

[70] BVerfG, Urt. v. 09.11.2011 – 2 BvC 4/10 u.a., RÜ 2012, 35, 36 f.
[71] BVerfG NVwZ 2014, 439; NVwZ 2012, 33; NVwZ 2008, 407.
[72] BVerfG NVwZ 2014, 439, 441.

an der Sitzzuteilung zum Europäischen Parlament teil, die für sie abgegebenen Stimmen sind faktisch bedeutungslos. Demnach bestehen keine völlig gleichen Chancen für die Parteien, einen Sitz im Europäischen Parlament zu erlangen.

II. Allerdings sind weder der Grundsatz der Gleichheit der Wahl noch der Grundsatz der Chancengleichheit schrankenlos gewährleistet, sie unterliegen **keinem absoluten Differenzierungsverbot**. Aus dem formalen Charakter der Grundsätze der Wahlrechtsgleichheit und der Chancengleichheit der Parteien folgt aber, dass dem Gesetzgeber bei der Ordnung des Wahlrechts nur ein eng bemessener Spielraum für Differenzierungen verbleibt. Bei der Prüfung, ob eine Differenzierung innerhalb der Wahlrechtsgleichheit gerechtfertigt ist, muss daher grundsätzlich ein strenger Maßstab angelegt werden. Differenzierungen bedürfen deshalb zu ihrer Rechtfertigung stets eines **besonderen, sachlich legitimierten, zwingenden Grundes**.[73] Selbst bei Vorliegen eines solchen Grundes wird gegen die Grundsätze verstoßen, wenn der Gesetzgeber mit den Regelungen ein Ziel verfolgt hat, das er bei der Ausgestaltung des Wahlrechts nicht verfolgen darf oder wenn die Regelung nicht geeignet und erforderlich ist, um die mit der jeweiligen Wahl verfolgten Ziele zu erreichen.[74]

1. Ein zwingender sachlicher Grund könnte darin zu sehen sein, dass ohne eine Sperrklausel auch viele kleine Parteien in das Parlament einziehen, sodass es zu einer **Zersplitterung des Parlaments** käme. Die Zersplitterung kann deshalb problematisch sein, weil die Wahl nicht nur überhaupt eine Volksvertretung schaffen, sondern ein **funktionierendes Vertretungsorgan** hervorbringen soll. Ob deshalb eine Sperrklausel erforderlich ist, beruht auf der Einschätzung des Gesetzgebers von der Wahrscheinlichkeit des Einzugs von Splitterparteien, dadurch zu erwartender Funktionsstörungen und deren Gewicht für die Aufgabenerfüllung der Volksvertretung.

   Bei dieser Prognoseentscheidung darf der Gesetzgeber nicht auf die Feststellung der rein theoretischen Möglichkeit einer Beeinträchtigung der Funktionsfähigkeit der Volksvertretung zur Rechtfertigung des Eingriffs abstellen. Anderenfalls würde eine gerichtliche Kontrolle dieses Einschätzungsspielraums zunichte gemacht.[75]

   a) Gegen das Erfordernis einer deutschen Sperrklausel spricht jedoch bereits, dass das Parlament schon jetzt aus **über 160 Parteien** aus den einzelnen Mitgliedstaaten besteht.

      aa) Es leuchtet deshalb nicht ein, warum gerade in Deutschland, das **lediglich 13% der Abgeordneten** des Europäischen Parlaments stellt, die Einführung einer Sperrklausel eine problematische Zersplitterung des Parlaments verhindern soll. Denn die Anzahl der Abgeordneten kleiner Splitterparteien, die ohne die Sperrklausel einen Sitz im Europäischen Parlament erhalten würden, ist derart gering, dass er sich nicht signifikant auf die Funktionsfähigkeit des Parlaments auswirken kann.

---

73 BVerfG NJW 1997, 1568; Urt. v. 09.11.2011 – 2 BvC 4/10 u.a., RÜ 2012, 35, 37.
74 BVerfG NVwZ 2014, 439, 442; NVwZ 2012, 33; NVwZ 2008, 407.
75 BVerfG, Urt. v. 09.11.2011 – 2 BvC 4/10 u.a., RÜ 2012, 35, 38.

Bei der Europawahl im Jahr 2009 waren nur acht Abgeordnetensitze von der damals noch geltenden 5%-Sperrklausel betroffen. Die Anzahl der Sitze bei Geltung der 3%-Sperrklausel würde noch geringer ausfallen.

77 bb) Diese Parteienvielfalt wirkt sich zudem aufgrund der **integrativen Arbeit der Fraktionen** nicht negativ auf die Funktionsfähigkeit des Europäischen Parlaments aus. Die parlamentarische Praxis ist derzeit geprägt von einer Zusammenarbeit der beiden größten Fraktionen, die regelmäßig die absolute Mehrheit der Mandate auf sich vereinen. Der Aufwand für eine Konsensbildung zwischen diesen Fraktionen ist unabhängig von der Zahl der fraktionslosen Abgeordneten und kleineren Fraktionen.[76]

Zudem sind die **Anreize, Fraktionen zu bilden** oder sich bereits bestehenden Fraktionen **anzuschließen**, gleichbleibend groß, da ihnen nach der Geschäftsordnung des Europäischen Parlaments viele Vorteile (z.B. Rechte in den Ausschüssen, finanzielle Vorteile) zuteil werden. Dadurch wird auch zukünftig eine zu große Zersplitterung und Meinungsvielfalt im Parlament verhindert.

Ähnlich wie die Fraktionen im Bundestag sind die **Fraktionen im Europäischen Parlament** Organteile mit besonderen eigenen Rechten. Für die Bildung einer Fraktion ist nach Art. 30 Abs. 1 der Geschäftsordnung des Europäischen Parlaments (GO EP) ein Zusammenschluss von mindestens 25 Abgeordneten erforderlich, die in mindestens einem Fünftel der Mitgliedstaaten gewählt worden sind und über eine gemeinsame politische Zugehörigkeit verfügen. Ihre Hauptaufgabe ist es, die nationalen Interessen für die parlamentarische Arbeit vorzufiltern.[77]

78 b) Allerdings könnte die Zersplitterung des Parlaments insofern einen sachlichen Grund zur Differenzierung darstellen, als dass stabile Mehrheitsverhältnisse im Parlament für die **Regierungsbildung** und für die Handlungsfähigkeit der Regierung erforderlich sind.

79 aa) Diese Begründung wird insbesondere zur Rechtfertigung der 5%-Sperrklausel aus § 6 Abs. 3 S. 1 BWahlG herangezogen.[78] Eine vergleichbare Interessenlage besteht allerdings auf europäischer Ebene nicht. **Das Europäische Parlament wählt keine Unionsregierung**, die auf seine fortlaufende Unterstützung angewiesen wäre. Eben so wenig ist die Gesetzgebung der Union von einer gleichbleibenden Mehrheit im Europäischen Parlament abhängig, die von einer stabilen Koalition bestimmter Fraktionen gebildet würde und der eine Opposition gegenüberstünde.[79] Damit steht in Einklang, dass der europäische Normgeber selbst eine Notwendigkeit gesehen hat, selbst Vorkehrungen gegen eine Zersplitterung des Europäischen Parlaments zu treffen. Mit der in Art. 3 DWA vorgesehenen Obergrenze von 5% der abgegebenen Stimmen für eventuelle Sperrklauseln hat der europäische Normgeber lediglich den Gestaltungsspielraum der Mitgliedstaaten in der Frage der maximal zulässigen Höhe der Sperr-

---

76 BVerfG, Urt. v. 09.11.2011 – 2 BvC 4/10 u.a., RÜ 2012, 35, 38.
77 Kluth in: Calliess/Ruffert, Art. 14 EUV Rn. 36 f.; Neßler EuR 1997, 311.
78 BVerfG NJW 1997, 1568, 1569; a.A. Dreier Jura 1997, 249, 254.
79 BVerfG, Urt. v. 09.11.2011 – 2 BvC 4/10 u.a., RÜ 2012, 35, 38 f.

klausel beschränkt, nicht jedoch ausdrücklich zu einer solchen ermächtigt oder zu ihrem Erlass aufgefordert.[80]

bb) Eine andere Beurteilung ist auch nicht aufgrund der weitergehenden Integration und der **Stärkung der Demokratisierung auf Unionsebene** erforderlich. Mag zwar eine Entwicklung angestoßen sein, infolge der sich die Arbeit der Oppositionsfraktionen im Europäischen Parlament mehr auf die Arbeit der Kommission auswirkt, besteht derzeit noch keine ausreichende Grundlage dafür, eine Funktionsbeeinträchtigung des Parlaments anzunehmen. Die Einführung einer Sperrklausel ist erst möglich, wenn in rechtlicher und tatsächlicher Hinsicht Verhältnisse gegeben sind, die denen auf nationaler Ebene vergleichbar sind, wo die Bildung einer stabilen Mehrheit für die Wahl einer handlungsfähigen Regierung und deren fortlaufende Unterstützung notwendig ist.[81]

80

Diese Ausführungen im Urteil des BVerfG waren erforderlich, da es drei Jahre zuvor bereits die Vorgängerregelung in § 2 Abs. 7 EuWG als verfassungswidrig verworfen hatte, die eine 5%-Sperrklausel vorsah. Der Gesetzgeber hatte sich durch das Urteil jedoch nicht daran gehindert gesehen, eine 3%-Sperrklausel einzuführen.[82] Das BVerfG bestätigt diese Auffassung, da sich die tatsächlichen Gegebenheiten im Europäischen Parlament aufgrund der fortschreitenden Integration und der Stärkung europäischer Institutionen verändern können. Deshalb sei es auch gerechtfertigt, dass der deutsche Gesetzgeber von Zeit zu Zeit eine Neubewertung der Situation vornehme.[83]

Eine solche fortlaufende Unterstützung der Kommission ist jedoch in den Verträgen nicht vorgesehen. Dagegen spricht insbesondere die Regelung des Art. 234 Abs. 2 AEUV, nach der ein Misstrauensantrag gegen die Kommission erst bei Zustimmung einer Zweidrittelmehrheit der abgegebenen Stimmen des Parlaments Erfolg hat.

2. Fraglich ist, ob die Sperrklausel mit der Erwägung gerechtfertigt werden kann, dass nur solche Parteien, welche die Sperrklausel überwinden können, **hinreichend repräsentativ** sind und einen **verlässlichen Beitrag zur Legitimation der Volksvertretung** leisten. Dabei bliebe jedoch unberücksichtigt, dass die **Offenheit des politischen Prozesses** auf unvertretbare Weise eingeschränkt würde. Die Beteiligung kleiner Parteien ist gerade für die parlamentarische Debatte im Hinblick auf mögliche Umstrukturierungen wesentlich, wobei auch diese einen wichtigen Beitrag leisten können. Auch dieser Grund scheidet demnach zur Rechtfertigung aus.

81

Ergebnis: Die Sperrklausel ist verfassungswidrig, die Auffassung des W korrekt.

Klausurhinweis: Auch die gegenteilige Auffassung ist vertretbar. Zu der Entscheidung des BVerfG gab u.a. Richter Müller ein **abweichendes Votum** ab.[84] Er hält die Einschätzung des Gesetzgebers, einer Zersplitterung des Parlaments entgegenwirken zu wollen, insbesondere

82

---

80 Vgl. BVerfG NVwZ 2014, 439, 441.
81 BVerfG NVwZ 2014, 439, 444.
82 Vgl. dazu zusammenfassend Wüstenbecker RÜ 2013, 540.
83 Vgl. dazu auch die Urteilsanmerkungen Hillgruber JA 2014, 554 sowie Sachs JuS 2012, 477, 478.
84 Sondervotum zu BVerfG NVwZ 2014, 446 ff.

deshalb für vertretbar und § 2 Abs. 7 EuWG für verfassungsgemäß, weil in beinahe allen anderen Mitgliedstaaten Sperrklauseln oder vergleichbare Zugangshindernisse bestünden. Die Verwerfung der deutschen Sperrklausel werde der Verantwortung zur gesamten Hand für die Erhaltung der Funktionsfähigkeit des Europäischen Parlaments nicht gerecht, die jeden Staat anhalte, die Strukturen seines Wahlrechts so auszugestalten, dass sie zugleich Maxime für die Wahl des gesamten Europäischen Parlaments sein könne.

III. Aufgaben

83 Das Europäische Parlament hat sich in vielen kleinen Schritten von seiner ursprünglichen Konzeption als Beratungsgremium hin zu einem der **zentralen Entscheidungsträger** innerhalb der Union entwickelt.[85] Ein Überblick über die vom Europäischen Parlament zu erfüllenden Aufgaben ergibt sich aus Art. 14 Abs. 1 EUV.

84 Die nähere Organisation des Parlaments steht ihm frei, es verfügt über die **Organisationshoheit**. Zudem kann sich das Parlament nach Art. 232 Abs. 1 AEUV für eben diese innere Organisation eine **Geschäftsordnung** geben (sog. Geschäftsordnungsautonomie).

1. Gesetzgeber

85 Das Europäische Parlament wird – gemeinsam mit dem Rat – als **Gesetzgeber** tätig. Besonders im **ordentlichen Gesetzgebungsverfahren** nach Art. 289, 294 AEUV ist das Parlament dem Rat gleichberechtigt und entscheidet über den Erlass von Verordnungen, Richtlinien und Beschlüssen. Dass dieses ordentliche Gesetzgebungsverfahren in ca. 95% der Fälle zur Anwendung gelangt, unterstreicht die Bedeutung des Parlaments.

86 Allerdings verfügt das Europäische Parlament grundsätzlich über **kein eigenes Initiativrecht**. Dadurch lässt es sich zumindest nicht vollständig mit den nationalen Parlamenten gleichsetzen, da diesen im Regelfall ein solches Initiativrecht von den nationalen Verfassungen zugesprochen ist.

So können beispielsweise 5% der Mitglieder des Deutschen Bundestages gemäß Art. 76 Abs. 1 GG i.V.m. § 76 Abs. 1 GOBT Gesetzesvorhaben einbringen; dasselbe Recht steht den Fraktionen zu.

Das Europäische Parlament kann gemäß Art. 225 AEUV lediglich die **Kommission zu Initiativen auffordern** und verfügt damit lediglich über ein **indirektes Initiativrecht**.

Ob und wie die Kommission auf eine derartige Aufforderung hin tätig werden muss, ist umstritten. Nach einem Teil der Lit. folgt insbesondere aus der Begründungspflicht bei Untätigkeit der Kommission aus Art. 225 S. 2 AEUV, dass die Kommission grundsätzlich zum Tätigwerden verpflichtet sei, allerdings ohne dass sie an die inhaltlichen Vorstellungen des Europäischen Parlaments gebunden wäre.[86] Die Gegenauffassung folgert aus der Vorschrift lediglich eine politische Verpflichtung der Kommission, die diese nicht zwangsläufig erfüllen müsse.[87] Für die letztgenannte Auffassung spricht eine Vereinbarung zwischen der Kommission und dem Europäischen Parlament aus dem Jahr 2010, wonach die Kommis-

---

85 Hakenberg Rn. 128; Oppermann/Classen/Nettesheim § 5 Rn. 42.
86 Huber in: Streinz, Art. 225 AEUV Rn. 4 m.w.N; Haag in: von der Groeben/Schwarze/Hatje, Art. 225 AEUV Rn. 9.
87 Schoo in: Schwarze, Art. 225 Rn. 2; Streinz Rn. 327.

sion binnen zwölf Monaten einen Gesetzesvorschlag vorlegen muss, es sei denn, sie begründet innerhalb von drei Monaten, warum sie dies nicht tut.[88]

Nur in geringem Umfang steht dem Europäischen Parlament ausnahmsweise doch ein **eigenes Initiativrecht** zu. So kann das Parlament eine Änderung anstoßen

- zum allgemeinen Wahlverfahren der Abgeordneten des Europäischen Parlaments, Art. 223 Abs. 1 AEUV, und
- zur künftigen Änderung der Verträge, Art. 48 Abs. 2, Abs. 6 UAbs. 1 EUV.

2. Haushalt

Das Europäische Parlament ist zudem an der Festlegung des **Haushalts** der Europäischen Union beteiligt. Nach Art. 311 Abs. 3 S. 1 AEUV steht ihr auf der Einnahmenseite lediglich ein Recht auf Anhörung zu. Art. 314 AEUV sieht demgegenüber vor, dass das Europäische Parlament den Haushalt hinsichtlich der Ausgabenseite im Zusammenwirken mit dem Rat festlegt. Insoweit wirken beide Organe gemeinsam als **Haushaltsbehörde** der Union.[89]

87

3. Kreationsfunktion

Durch das Europäische Parlament werden durch Wahl sowohl interne Institutionen als auch extern Funktionen besetzt. In dieser Kreationsfunktion des Europäischen Parlamentes ist die Grundstruktur der repräsentativen Demokratie angelegt: Die Unionsbürgerinnen und Unionsbürger wählen ihre Repräsentanten für das Europäische Parlament, durch welche wiederum die weiteren Institutionen gewählt werden. Auf diese Weise ergibt sich beispielsweise eine **ununterbrochene Legitimationskette** zwischen der Unionsbevölkerung und dem Kommissionspräsidenten.

88

- Gemäß Art. 14 Abs. 4 EUV wählt das Europäische Parlament aus seiner Mitte heraus seinen **Präsidenten** und dessen Präsidium. Dem Präsidenten obliegt nach Art. 20 Abs. 1–3 GO EP die Leitung der Arbeiten des Europäischen Parlaments. Darüber hinaus vertritt er das Europäische Parlament gemäß Art. 20 Abs. 4 GO EP nach außen. Die Amtszeit des Präsidenten beträgt gemäß Art. 17 Abs. 1 GO EP zweieinhalb Jahre.

89

- Darüber hinaus fällt es dem Europäischen Parlament gemäß Art. 14 Abs. 1 S. 3 EUV i.V.m. Art. 17 Abs. 7 UAbs. 1 S. 2 EUV zu, den **Präsidenten der Kommission** zu wählen. Mit diesem Wahlrecht wurde die Position des Parlaments deutlich gestärkt, war in früheren Fassungen der Verträge lediglich die Zustimmung des Parlaments zur Ernennung eines Kommissionspräsidenten notwendig. Ein Zustimmungsrecht besteht gemäß Art. 17 Abs. 7 UAbs. 3 EUV heute noch bei der Ernennung der Kommissare und des Hohen Vertreters für die gemeinsame Außen- und Sicherheitspolitik.

90

---

88 Haratsch/Koenig/Pechstein Rn. 224 unter Verweis auf ABl. EU 2010 Nr. C 341 E, S. 1.
89 Oppermann/Classen/Nettesheim § 5 Rn. 47.

4. Kontrollfunktion

Es kommt dem Parlament weiterhin zu, die **Kontrolle** über andere Organe der Union – teils allein, teils im Zusammenwirken mit anderen Organen – vorzunehmen. Hierdurch kommt die Konzeption der Union als parlamentarische Demokratie zum Ausdruck.

91 ■ Das stärkste Kontrollrecht des Europäischen Parlaments ist die Möglichkeit eines **Misstrauensantrags** gegen die gesamte Kommission gemäß Art. 234 AEUV. Es korreliert mit der o.g. Kreationsbefugnis hinsichtlich des Kommissionspräsidenten. Nach dem insofern eindeutigen Wortlaut ist der Misstrauensantrag ausschließlich gegen die gesamte Kommission möglich, sodass einzelnen Kommissionsmitgliedern isoliert das Misstrauen nicht ausgesprochen werden kann. Da es sich um ein politisches Kontrollinstrument des Parlaments handelt, ist in materieller Hinsicht keine Bezugnahme auf eine Rechtsverletzung der Kommission erforderlich.[90]

Ist der Misstrauensantrag erfolgreich, legen Kommissionspräsident, Kommissionsmitglieder und der Hohe Vertreter der gemeinsamen Außen- und Sicherheitspolitik ihre Ämter nieder. Sie führen ihre Ämter kommissarisch weiter, bis eine neue Kommission nach dem Wahlverfahren des Art. 17 Abs. 7 EUV gewählt worden ist.

Damit ist das Misstrauensvotum gegen die Kommission dem **konstruktiven Misstrauensvotum** nach Art. 67 GG ziemlich angenähert. Es unterscheidet sich von diesem nur insofern, als dass nach deutschem Verfassungsrecht ein isolierter Ausspruch des Misstrauens nicht vorgesehen, sondern dieses vielmehr – quasi konkludent – in der Wahl eines neuen Bundeskanzlers enthalten ist.

92 ■ Des Weiteren erteilt das Parlament gemäß Art. 319 Abs. 1 AEUV der Kommission die **Entlastung** hinsichtlich der Ausführung des Haushaltsplanes.

93 ■ Schließlich kann das Europäische Parlament gemäß Art. 226 AEUV **Untersuchungsausschüsse** mit der Aufgabe einsetzen, behauptete Verstöße gegen das Unionsrecht durch Organe oder Mitgliedstaaten zu prüfen.

Wie im deutschen Verfassungsrecht nach Art. 44 GG sind die Untersuchungsausschüsse des Europäischen Parlaments dazu berufen, Sachverhaltsaufklärung zu betreiben. Sanktionsmöglichkeiten bestehen für das Parlament ausschließlich hinsichtlich des Misstrauensvotums gegen die Kommission und ihrer Klagerechte.

94 ■ Auch im Hinblick auf die Verfahren vor dem Gerichtshof der Europäischen Union ist die Position des Europäischen Parlaments gegenüber früheren Vertragsfassungen gestärkt worden. Gemäß Art. 263 Abs. 2 AEUV gehört das Parlament zu den **privilegiert Klageberechtigten** hinsichtlich der **Nichtigkeitsklage**. Das Parlament kann deshalb, ohne eine Verletzung eigener subjektiver Rechte geltend machen zu müssen, rechtswidrige Akte anderer Organe für nichtig erklären lassen. Zudem wurde das Parlament nach Art. 218 Abs. 11 AEUV in den Kreis der Antragsberechtigten für das **Gutachtenverfahren** einbezogen.

---

90 Kluth in: Calliess/Ruffert, Art. 234 AEUV Rn. 3.

IV. Beschlussfassung des Europäischen Parlaments

Die Beschlussfassung des Europäischen Parlaments erfolgt gemäß Art. 232 AEUV grundsätzlich mit der **Mehrheit der abgegebenen Stimmen**. Für verschiedene Maßnahmen schreiben die Verträge abweichende Mehrheiten vor; diese sind dann den jeweiligen Spezialvorschriften zu entnehmen.

95

Beispiel: Der Misstrauensantrag gegen die Kommission ist gemäß Art. 234 Abs. 2 S. 1 AEUV nur erfolgreich, wenn die **Mehrheit der Mitglieder** des Parlaments dafür stimmt.

Die **Stimmabgabe** der Abgeordneten erfolgt einzeln und persönlich. Dabei sind die Abgeordneten weder an Aufträge noch an Weisungen gebunden (Art. 6 Abs. 1 DWA).[91]

B. Der Europäische Rat

Wird umgangssprachlich vom „EU-Gipfel" gesprochen, ist der Europäische Rat gemeint. Er ist das Organ, dass die **politische Gesamtleitung** der Union verantwortet und zu diesem Zweck die politischen Zentren der Mitgliedstaaten auf der Basis der Gleichheit versammelt und die Regierungen über die jeweiligen staatsrechtlichen Strukturen in den Entscheidungsprozess auf Unionsebene einbindet.[92]

96

Aufgrund der Wortwahl der Verträge, besteht in Bezug auf den Europäischen Rat eine gewisse **Verwechslungsgefahr**: Wird von dem **„Europäischen Rat"** gesprochen, ist das hier erläuterte Organ i.S.d. **Art. 15 EUV** gemeint. Erwähnen die Verträge hingegen den „Rat", handelt es sich dabei nicht um eine Abkürzung zur Bezeichnung des Europäischen Rates, sondern um den **Rat i.S.d. Art. 16 EUV** (zu diesem noch ausführlich unten unter Rn. 112 ff.). Letzterer besteht aus den jeweiligen (Fach-)Ministern aus den Regierungen der europäischen Mitgliedstaaten bzw. von diesen entsandten Stellvertretern.

I. Sitz

Der Europäische Rat tritt nach Art. 1 Abs. 2 UAbs. 1 der Geschäftsordnung des Europäischen Rates (GO ER) in **Brüssel** zusammen. Sollten es außergewöhnliche Umstände erforderlich machen, kann der Präsident des Europäischen Rates mit dessen Zustimmung einen anderen Sitzungsort bestimmen (Art. 1 Abs. 2 UAbs. 2 GO ER). Nach Art. 15 Abs. 3 S. 1 Hs. 1 EUV tagt der Europäische Rat **zweimal pro Halbjahr**.

97

II. Zusammensetzung

Der Europäische Rat setzt sich nach Art. 15 Abs. 2 S. 1 EUV aus den **Staats- und Regierungschefs** der Mitgliedstaaten sowie dem **Präsidenten des Europäischen Rates** sowie dem **Präsidenten der Kommission** zusammen.

98

Dabei ist die deutsche Fassung der Vorschrift sprachlich verwirrend. Dort heißt es, an der Sitzung könnten die Staats- *und* Regierungschefs teilnehmen, sodass Deutschland zugleich vom Bundespräsidenten und dem Bundeskanzler repräsentiert werden könnte. Die anderen Sprachfassungen (insbesondere die französische und englische Fassung) enthalten dort ein „oder". Eingebürgert hat sich indes die Vertretung durch einen der beiden Funktionsträger.[93]

---

[91] Haratsch/Koenig/Pechstein Rn. 223.
[92] Calliess in: Calliess/Ruffert, Art. 15 EUV Rn. 3.
[93] Vgl dazu Kumin in: Grabitz/Hilf/Nettesheim, Art. 15 EUV Rn. 6.

99 Der **Hohen Vertreter der gemeinsamen Außen- und Sicherheitspolitik** hat nach Art. 15 Abs. 2 S. 2 EUV lediglich ein **Teilnahmerecht**. Er ist also kein Mitglied und ist deshalb auch bei der Entschlussfassung des Rates nicht stimmberechtigt.[94]

100 Per Beschluss des Europäischen Rates kann eine Erweiterung der Teilnehmer bewirkt werden. Nach Art. 15 Abs. 3 S. 2 EUV können sich die Mitglieder dann von jeweils einem **Minister** des jeweiligen Mitgliedstaates oder einem **Kommissionsmitglied** unterstützen lassen. Durch den zuvor erforderlichen Beschluss wird erreicht, dass Minister gleicher Fachrichtungen an den Sitzungen des Europäischen Rates teilnehmen, was die Effektivität der Sitzungen steigert.

Auch hier ist der Wortlaut der deutschen Fassung missverständlich: Die Entscheidung für die Unterstützung kann nicht jedes einzelne Ratsmitglied für sich treffen, sondern sie muss von der Gesamtheit der Mitglieder des Europäischen Rates getroffen werden.

101 § 15 EUV beschreibt genau, wer über einen Sitz im Europäischen Rat verfügt. Es ist somit kein gesonderter **Wahlakt** erforderlich, um die Zusammensetzung des Europäischen Rates zu ermitteln. Vielmehr besteht eine **Mitgliedschaft qua Amt**.

III. Der Präsident des Europäischen Rates

102 Während die Sitzungen des Europäischen Rates vormals durch einen Staats- oder Regierungschef eines Mitgliedstaates im turnusmäßigen Wechsel geleitet wurden, obliegt diese Aufgabe nunmehr dem **Präsident des Europäischen Rates**. Dieser wird gemäß Art. 15 Abs. 5 EUV vom Europäischen Rat mit qualifizierter Mehrheit für eine Amtszeit von 2,5 Jahren gewählt, wobei eine einmalige Wiederwahl möglich ist. Nach Art. 15 Abs. 6 UAbs. 3 EUV ist für das Amt des Präsidenten des Europäischen Rates nur wählbar, wer kein einzelstaatliches Amt ausübt. Diese **Inkompatibilität** gewährleistet die **politische Unabhängigkeit des Amtsträgers**. Zudem ist nur aufgrund dieser Konstruktion eine Amtsausübung in Vollzeit möglich.[95]

103 Die **Aufgaben** des Präsidenten des Europäischen Rates werden in Art. 15 Abs. 6 UAbs. 1 und 2 EUV umschrieben. Ihm kommen danach folgende Funktionen zu:

- **Leitungsfunktion:** Der Präsident des Europäischen Rates führt den Vorsitz bei den Ratssitzungen, bereitet die Arbeiten des Europäischen Rates vor und soll ihm für seine Arbeit die notwendigen Impulse geben.

- **Integrations- und Vermittlungsfunktion:** Der Präsident soll durch seine Tätigkeit den Zusammenhalt und Konsens im Europäischen Rat fördern und zwischen den unterschiedlichen Positionen der einzelnen Ratsmitglieder vermitteln.

- **Dokumentationsfunktion:** Der Präsident verfasst im Anschluss an jede Tagung einen Bericht über die Inhalte und Ergebnisse der Sitzung des Europäischen Rates und legt diesen dem Rat vor.

- **Vertretungsfunktion:** Obwohl mit dem Hohen Vertreter für die gemeinsame Außen- und Sicherheitspolitik eine eigene Institution geschaffen worden ist, welche die Vertretung der Union wahrnimmt, ist es auch Aufgabe des Präsidenten des Rates der

---

[94] Kumin in: Grabitz/Hilf/Nettesheim Art. 15 EUV Rn. 10.
[95] Kumin in: Grabitz/Hilf/Nettesheim Art. 15 EUV Rn. 18.

Europäischen Union, die Union nach außen in den Angelegenheiten der Außen- und Sicherheitspolitik zu vertreten. Allerdings ist ihm diese Aufgabe nur „auf seiner Ebene" übertragen, sodass dem Präsidenten nur die entsprechende Vertretung auf der Ebene der Staats- und Regierungschefs obliegt.[96] Gleichwohl ist die Formulierung der Kompetenz nicht eindeutig genug, um dauerhaft eine sinnvolle Abgrenzung zwischen den Aufgabenbereichen des Präsidenten des Europäischen Rates und des Hohen Vertreters bei der Außenvertretung der Union zu gewährleisten.

IV. Aufgaben

Nach Art. 15 Abs. 1 EUV gibt der Europäische Rat der Union die für ihre Entwicklung erforderlichen **Impulse** und legt hierfür die nötigen **allgemeinen politischen Zielvorstellungen und Prioritäten** fest.   104

Diese Aufgabe entspricht der **Richtlinienkompetenz** des Bundeskanzlers aus Art. 65 S. 1 GG.

Diese eher grundsätzlich angelegte Funktion des Europäischen Rates spiegelt sich darin wieder, dass er selbst grundsätzlich **nicht als Legislativorgan** bei der Schaffung europäischen Sekundärrechts mitwirkt, Art. 15 Abs. 1 S. 2 EUV. Stattdessen nimmt der Europäische Rat die nachfolgenden Aufgaben wahr:

■ Seine einzige rechtsetzende Aufgabe besteht im Bereich des europäischen Primärrechts. Nach Art. 48 Abs. 6 und 7 EUV kann der Europäische Rat im Zusammenwirken mit dem Europäischen Parlament über bestimmte **Änderungen der Verträge** im vereinfachten Verfahren beschließen. Zudem kann der Europäische Rat in den im Vertrag vorgesehenen Fällen die Vorgaben der Verträge autonom ändern.   105

Beispiel: Nach Art. 48 Abs. 7 UAbs. 2 EUV kann der Europäische Rat per Beschluss den Übergang vom besonderen zum ordentlichen Gesetzgebungsverfahren bestimmen.

■ Dem Europäischen Rat fallen weiterhin wichtige **personalpolitische Entscheidungen** zu. Hierzu zählen die Nominierung des Kommissionspräsidenten nach Art. 17 Abs. 7 UAbs. 1 EUV, die Ernennung der Mitglieder des Direktoriums der Europäischen Zentralbank (Art. 283 Abs. 2 UAbs. 2 AEUV) sowie die Ernennung oder Abberufung des Hohen Vertreters für die Außen- und Sicherheitspolitik (Art. 18 Abs. 1 EUV).   106

■ Soweit in den Verträgen (insbesondere in den Art. 21 ff. EUV) nichts anderes geregelt ist, legt der Europäische Rat gemäß Art. 24 Abs. 1 UAbs. 2 S. 1 EUV die Grundsätze der **gemeinsamen Außen- und Sicherheitspolitik** und das durchzuhaltende Verfahren fest und führt diese Grundsätze aus. Nach Art. 22 Abs. 1 EUV ist der Europäische Rat in diesem Zusammenhang auch berechtigt, die strategischen Interessen und Ziele der Union im auswärtigen Handeln festzulegen.   107

■ Weiterhin fällt es in den Aufgabenbereich des Europäischen Rates, gemäß Art. 7 Abs. 2 EUV eine schwerwiegende und anhaltende **Verletzung der fundamentalen Grundwerte aus Art. 2 EUV durch einen Mitgliedstaat** festzustellen. Eine solche Verletzung liegt vor, wenn der betroffene Mitgliedstaat selbst, d.h. durch das Handeln oder Unterlassen seiner Organe oder ihm untergeordneter Einheiten von den   108

---

[96] Calliess in: Calliess/Ruffert, Art. 15 Rn. 38 m.w.N.

Inhalten der Werte negativ abweicht. Die Abweichung muss aber schwerwiegend sein, also ein so großes Gewicht besitzen, dass hierdurch eine finale Beeinträchtigung der Werte des Art. 2 EUV erfolgt, die vor dem Hintergrund des Sinns und Zwecks von Art. 7 EUV die europäische Integration als solche infrage stellt.[97]

Die Feststellung der Verletzung ist Voraussetzung für Sanktionsmaßnahmen gegen den jeweiligen Mitgliedstaat nach Art. 7 Abs. 3 EUV, die durch den Rat verhängt werden.

109 ■ Als **politische Revisionsinstanz** und damit in Vermittlungsfunktion wird der Rat gemäß Art. 48 Abs. 2, Art. 82 Abs. 3 AEUV in Gesetzgebungsfragen tätig, wenn ein Mitgliedstaat auf den Entwurf eines Gesetzgebungsaktes hin erklärt, dass wichtige Aspekte seines Systems der sozialen Sicherheit verletzt oder das finanzielle Gleichgewicht dieses Mitgliedstaates beeinträchtigt würde.

V. Beschlussfassung

110 Nach Art. 15 Abs. 4 EUV entscheidet der Europäische Rat im sog. **Konsensverfahren**. Hierbei handelt es sich nicht um ein förmliches Abstimmungsverfahren, sondern um einen **politischen Willensbildungsprozess**, bei dem so lange verhandelt wird, bis kein Mitglied mehr Einwände erhebt. Dementsprechend darf Konsens aber auch nicht mit Einstimmigkeit verwechselt werden, da ein Konsens in diesem Sinne bereits dann erzielt wird, wenn sich ein Vertreter eines Mitgliedstaates der Stimmabgabe enthält.[98] Die Wahl dieses Verfahrens macht begreiflich, warum es mit dem Präsidenten einer von sonstigen politischen Einflussmöglichkeiten unabhängigen Organs bedarf, um die Vermittlung zwischen den Staats- und Regierungschefs der einzelnen Mitgliedstaaten zu übernehmen und dadurch die Arbeitsfähigkeit des Europäischen Rates zu garantieren.

111 Bei der Beschlussfassung sind der Präsident des Europäischen Rates und der Präsident der Kommission aufgrund der ausdrücklichen Regelung in Art. 235 Abs. 1 AEUV **nicht stimmberechtigt**. Die Einstimmigkeit muss folglich ausschließlich zwischen den Staats- und Regierungschefs erzielt werden.

C. Der Rat

112 Der in Art. 16 EUV geregelte **Rat** fungiert gemeinsam mit dem Europäischen Parlament als Gesetzgeber hinsichtlich des europäischen Sekundärrechts. Ebenso wie der Europäische Rat soll auch der Rat der Union politische Impulse vermitteln, wobei dem Rat die **fachspezifische Leitungsfunktion** zukommt. Die grundlegende Ausrichtung festzulegen, bleibt dabei Aufgabe des Europäischen Rates, wie sich beispielsweise in der Finanz- und Staatsschuldenkrise gezeigt hat.[99] Dennoch nimmt der Rat eine **Scharnierfunktion** zwischen der Union und den Mitgliedstaaten wahr, wie sich aus seiner Zusammensetzung und seinen Aufgaben sowie in der Regelung des Art. 10 Abs. 2 UAbs. 2 EUV zeigt.[100] Deshalb wird der Rat auch als das **Organ mit der größten Kompetenzfülle** auf der Ebene der Union bezeichnet.[101]

---

97 van Vormizeele in: von der Groeben/Schwarze/Hatje, Art. 7 EUV Rn. 10.
98 Lenski in: von der Groeben/Schwarze/Hatje Art. 15 EUV Rn. 26 in FN 54.
99 Ziegenhorn in: Grabitz/Hilf/Nettesheim Art. 16 EUV Rn. 5.
100 Vgl. Streinz Rn. 338; Herdegen § 7 Rn. 17; Oppermann/Classen/Nettesheim § 5 Rn. 82.
101 Calliess in: Calliess/Ruffert, Art. 16 EUV Rn. 1; Herdegen § 8 Rn. 13.

Fälschlicherweise wird teilweise die Bezeichnung **„Rat der Europäischen Union"** für den Rat verwendet, die aber nicht in den Verträgen vorgesehen ist und zudem die Verwechselungsgefahr mit dem Europäischen Rat schon kraft Bezeichnung erhöht (zu dieser Verwechslungsgefahr s.o. Rn. 96).

I. Sitz

Der Rat ist grundsätzlich in **Brüssel** ansässig. Aufgrund Art. 341 AEUV haben die Mitgliedstaaten per Beschluss entschieden, dass der Rat drei Monate im Jahr in **Luxemburg** tagt.

113

II. Zusammensetzung und Stellung der Mitglieder

1. „Ministerrat"

Der Rat setzt sich gemäß Art. 16 Abs. 2 EUV aus **Regierungsvertretern der Mitgliedstaaten auf Ministerebene** zusammen. Deshalb wird der Rat auch als **„Ministerrat"** bezeichnet. Minister in diesem Sinne ist dabei ein parlamentarisch verantwortliches Mitglied einer Regierung, das für seinen eigenen Politikbereich Verantwortung trägt.[102]

114

Deshalb nehmen wegen der Ressortkompetenz aus Art. 65 S. 2 GG grundsätzlich Bundesminister an den Ratssitzungen teil. Aufgrund von Unionsgewohnheitsrecht ist aber auch die Entsendung von Staatssekretären, die nicht als Regierungsmitglieder gelten (vgl. Art. 62 GG), zulässig.[103] Gemäß Art. 23 Abs. 6 GG ist auch die Entsendung von Ländervertretern in den Ministerrat möglich, wenn im Schwerpunkt ausschließliche Gesetzgebungsbefugnisse der Bundesländer betroffen sind.

Sinn und Zweck der Anknüpfung an den Ministerrang ist es, dass der Rat die abschließenden Entscheidungen zur Umsetzung der Impulse des Europäischen Rates treffen soll. Zu diesem Zweck muss der Rat mit Personen besetzt sein, die nicht nur über Kenntnisse, sondern auch über **Entscheidungskompetenzen** verfügen.[104] Zudem erfährt der Rat hierdurch seine **demokratische Legitimation**, lässt sich doch eine ununterbrochene Legitimationskette zwischen der Bevölkerung und dem Minister und über diesen vermittelt auch mit dem Rat herstellen.[105]

Welche Minister in die jeweiligen Ratssitzungen entsandt werden, hängt davon ab, welches Sachgebiet in der Sitzung behandelt werden soll, da in der Regel die jeweiligen **Fachminister** an den Ratssitzungen teilnehmen (vgl. Art. 16 Abs. 6 UAbs. 1 EUV). Um die Planbarkeit zu gewährleisten, hat der Europäische Rat durch Beschluss nach Art. 236 lit. a AEUV feste Sachgebietscluster gebildet, die als Anhang I der Geschäftsordnung des Rates (GOR) angefügt sind. Von diesem Beschluss des Europäischen Rates ausgenommen sind der Rat „Allgemeine Angelegenheiten", der für die Kohärenz der Arbeiten des Rates in den verschiedenen Zusammensetzungen sorgen soll (Art. 16 Abs. 6 UAbs. 2 EUV), und der Rat „Auswärtige Angelegenheiten", der das auswärtige Handeln der Union entsprechend den strategischen Vorgaben des Europäischen Rates besorgt (Art. 16 Abs. 6 UAbs. 3 EUV). Mit letzterer Funktion wird deutlich, dass der Rat eben nicht nur Legislativ-, sondern auch Exekutivorgan der Union ist.[106]

115

---

102 Obwexer in: Streinz, Art. 16 EUV Rn. 25; Stumpf EuR 2002, 279.
103 Obwexer in: Streinz Art. 16 EUV Rn. 31; Haratsch/Koenig/Pechstein Rn. 243.
104 Ziegenhorn in: Grabitz/Hilf/Nettesheim, Art. 16 EUV Rn. 30; Hix in: Schwarze, Art. 16 EUV Rn. 13.
105 Oppermann/Classen/Nettesheim § 5 Rn. 69; Pache/Rösch NVwZ 2008, 473, 476 f.
106 Vgl. Calliess in: Calliess/Ruffert, Art. 16 EUV Rn. 2.

Damit ist der Rat in gewisser Weise strukturell mit dem deutschen Bundesrat vergleichbar. Auch dieser besteht aus Regierungsvertretern der einzelnen Bundesländer, die über den Bundesrat an der Gesetzgebung und der Verwaltung des Bundes mitwirken.

Folgende Zusammensetzungen des Rates sind vorgesehen:

Ratsformationen:
- Rat für Allgemeine Angelegenheiten
- Rat für Auswärtige Angelegenheiten
- Rat für Landwirtschaft und Fischerei
- Rat für Wirtschaft und Finanzen
- Rat für Verkehr, Telekommunikation und Energie
- Rat für Justiz und Inneres
- Rat für Bildung, Jugend, Kultur und Sport
- Rat für Beschäftigung, Sozialpolitik, Gesundheit und Verbraucherschutz
- Rat für Umwelt
- Rat für Wettbewerbsfähigkeit

116 Wenn wegen der ressortübergreifenden Komplexität von Beratungsgegenständen mehrere Fachminister eines Mitgliedstaates an derselben Tagung des Rates teilnehmen, handelt es sich um gemeinsame Tagungen verschiedener Fachminister-Räte. Diese Zusammenkünfte werden dann auch als **„Jumbo-Rat"** bezeichnet.[107]

2. Stellung der Regierungsvertreter im Rat

117 Auch hinsichtlich der Mitgliedschaft im Rat finden – ebenso wie beim Europäischen Rat – keinerlei Wahlen statt. Vielmehr folgt die Mitgliedschaft im Rat aus der Zugehörigkeit zur Regierung eines der Mitgliedstaaten, sodass auch hier eine **Mitgliedschaft qua Amt** gegeben ist. Dies hat aber auch zur Folge, dass die Minister im Rat **kein freies Mandat** besitzen, sondern gegenüber ihrer jeweiligen Landesregierung **weisungsgebunden**[108] sind. Zudem müssen sie aufgrund ihrer Doppelstellung – Minister des Mitgliedstaates und Mitglied des Rates – grundsätzlich sowohl die Unionsrechtsordnung als auch die **nationale Verfassung beachten**. Zwar bewirkt die Bindung an das Grundgesetz nicht die Verantwortung, nur solchen Beschlüssen im Rat zuzustimmen, die mit dem Grundgesetz in vollem Umfang übereinstimmen, aber der deutsche Ratsvertreter darf jedenfalls keinen Rechtsakten zustimmen, die gegen tragende Prinzipien der Verfassungsordnung verstoßen. Absolute Grenze ist der Rahmen des Art. 79 Abs. 3 GG.[109]

---

[107] Obwexer in: Streinz, Art. 16 EUV Rn. 73; Streinz Rn. 335.
[108] Oppermann/Classen/Nettesheim § 5 Rn. 69.
[109] Herdegen § 7 Rn. 39; Oppermann/Classen/Nettesheim § 5 Rn. 69; vgl. dazu auch BVerfGE 123, 267.

3. „Ratspräsidentschaft"

Über ein Leitungsorgan – vergleichbar dem Präsidenten des Europäischen Rates oder dem Präsidenten des Europäischen Parlamentes – verfügt der Rat nicht. Den Vorsitz nimmt im Rat vielmehr für ein halbes Jahr ein Mitgliedstaat, vertreten durch den jeweils anwesenden Minister, wahr. Obwohl es eine entsprechende Position nicht gibt, wird dieser Posten umgangssprachlich als **„Ratspräsidentschaft"** bezeichnet. Es gilt nach Art. 16 Abs. 9 EUV das **Prinzip der gleichberechtigten Rotation**, sodass nach festgelegter Abfolge jeder Mitgliedstaat einmal den Vorsitz im Rat führt, bevor die Abfolge von vorn beginnt. Auch wenn der Vorsitz formal nur von einem Mitgliedstaat geführt wird, hat sich eine enge Zusammenarbeit mit dem vorherigen vorsitzenden Mitgliedstaat und dem jeweils nachfolgenden eingebürgert, auch um die Kontinuität der Entscheidungen und Prozesse gewährleisten zu können. Mitunter wird der Vorsitz deshalb auch als **„Troika"** bezeichnet.[110] Eine **Ausnahme** gilt hinsichtlich des Vorsitzes des Rates „Auswärtige Angelegenheiten". Dort bekleidet der Hohe Vertreter für die gemeinsame Außen- und Sicherheitspolitik gemäß Art. 18 Abs. 3 EUV das Amt des Vorsitzenden.

118

III. Aufgaben

Der Rat wird in erster Linie als **Hauptrechtsetzungsorgan** tätig und wirkt in herausgehobener Stellung an der Aufstellung des Unionshaushalts mit. Darüber hinaus ist er politisches Leitungs- und Koordinierungsorgan.

119

- Zusammen mit dem Europäischen Parlament wirkt der Rat gemäß Art. 16 Abs. 1 EUV bei der Rechtsetzung des Sekundärrechts mit, ist damit also **Gesetzgeber** der Union. Im Rahmen des ordentlichen Gesetzgebungsverfahrens nach Art. 289 ff. AEUV wird der Rat sogar gleichberechtigt mit dem Europäischen Parlament tätig. Jedenfalls können, unabhängig von dem anwendbaren Gesetzgebungsverfahren, keine Vorschriften des sekundären Unionsrechts gegen den erklärten Willen des Rates erlassen werden. Allerdings verfügt der Rat über **kein Initiativrecht**.[111]

120

- Die Scharnierfunktion schlägt sich insbesondere beim **Beitritt von Drittstaaten zur Union** nieder. Über diese beschließt der Rat einstimmig nach Zustimmung des Europäischen Parlaments. Allerdings sind bei der Entscheidung die Kriterien zu berücksichtigen, die der Europäische Rat zuvor vereinbart hat, Art. 49 Abs. 1 S. 3, 4 EUV.[112] Das Beitrittsabkommen ist der Entscheidung des Rates entzogen. Hierüber müssen nach Art. 49 Abs. 2 EUV die Mitgliedstaaten selbst entscheiden. Insoweit obliegt dem Rat die Mitwirkung am „Ob" eines Beitritts, nicht allerdings am „Wie".

121

  Dies hängt vor allem damit zusammen, dass zumindest in institutioneller Hinsicht (Sitze, Mehrheitsverhältnisse etc.) die Verträge der Europäischen Union beim Beitritt eines Mitgliedstaates geändert werden müssen. Ausführlich zum Beitritt zur Europäischen Union s.u. Rn. 234 ff.

- Daneben stellt der Rat nach Art. 314 AEUV gemeinsam mit dem Europäischen Parlament den **Haushalt** der Union auf.

122

---

110 So u.a. Oppermann/Classen/Nettesheim § 5 Rn. 67.
111 Ziegenhorn in: Grabitz/Hilf/Nettesheim Art. 16 EUV Rn. 25.
112 Streinz Rn. 343.

Organisationsrecht

123 ■ **Koordinierend** wird der Rat zum einen in der Wirtschaftspolitik, zum anderen in der Vorbereitung der Ratsarbeit selbst tätig. Das Ziel des gemeinsamen Binnenmarktes und der damit einhergehenden Vereinheitlichung der Wirtschaftspolitik lässt sich, insbesondere vor dem Hintergrund der zum Teil unterschiedlichen nationalen Interessen nur erreichen, wenn die Regierungen auch auf Unionsebene zusammenarbeiten. Dies geschieht nach Art. 121 AEUV über den Rat, der die **Wirtschaftspolitik der Mitgliedstaaten** koordiniert.[113] Ebenfalls koordiniert der Rat in seiner Ausrichtung als Rat für „Allgemeine Angelegenheiten" die **Arbeit des Rates** selbst.

124 ■ Die Aufgaben hinsichtlich des **auswärtigen Handelns der Union** nimmt der Rat in seiner Ausrichtung „Auswärtige Angelegenheiten" wahr. Hier sorgt er nicht nur, wie bereits in Art. 16 Abs. 6 UAbs. 3 EUV vorgeschrieben, für ein kohärentes Auftreten der Union, sondern ist gemäß Art. 218 AEUV für den Abschluss der Abkommen mit Drittstaaten ebenso zuständig wie für restriktive Maßnahmen, z.B. den Erlass von Wirtschaftsembargos, Art. 215 AEUV.

IV. Beschlussfassung

125 Für die Beschlussfassung des Rates sehen die Verträge unterschiedliche Mehrheitserfordernisse je nach Beschlussinhalt vor. Soweit die Verträge kein besonderes Mehrheitserfordernis bestimmen, ist nach Art. 16 Abs. 3 EUV eine Entscheidung mit **qualifizierter Mehrheit** erforderlich. Diese qualifizierte Mehrheit liegt nach Art. 16 Abs. 4 EUV und Art. 238 Abs. 3 AEUV vor, wenn mindestens 15 Mitgliedstaaten dem Beschluss zustimmen, die zugleich mindestens 65% der Bevölkerung der Union ausmachen.

Wie sich aus Art. 16 Abs. 5 EUV, Art. 238 Abs. 3 AEUV ergibt, sind abweichende Vorschriften im Protokoll über die **Übergangsbestimmungen** vorgesehen. Bis zum 31.03.2017 kann anstelle der nunmehr als Regelfall vorgesehenen absoluten Mehrheit abweichend von der Berechnung des prozentualen Anteils an der Unionsbevölkerung abgestimmt werden. Zu diesem Zweck wurden den einzelnen Mitgliedstaaten für ihre Repräsentanz im Rat anhand ihres Bevölkerungsanteils Stimmkontingente zugewiesen. Statt des konkret berechneten Quorums genügt es nach der Übergangsregelung für die qualifizierte Mehrheit, wenn **mindestens 15 Mitgliedstaaten mit mindestens 260 Stimmen** für den Beschluss votieren. Die Stimmen verteilen sich wie folgt auf die Mitgliedstaaten:

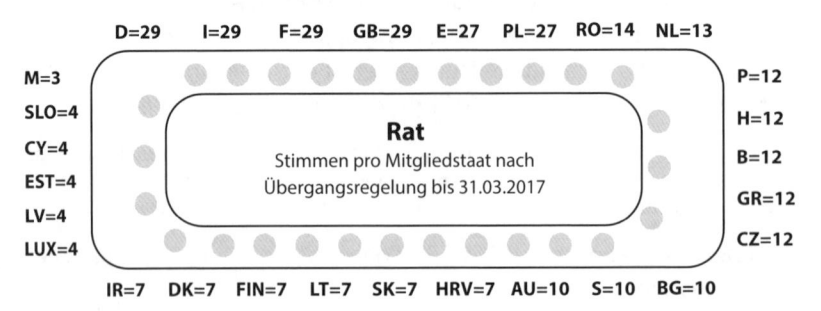

```
         D=29   I=29   F=29   GB=29   E=27   PL=27   RO=14   NL=13
M=3                                                                    P=12
SLO=4                                                                  H=12
CY=4                      Rat                                          B=12
EST=4         Stimmen pro Mitgliedstaat nach                           GR=12
LV=4            Übergangsregelung bis 31.03.2017
LUX=4                                                                  CZ=12
         IR=7   DK=7  FIN=7  LT=7   SK=7   HRV=7   AU=10   S=10   BG=10
```

---

[113] Vgl. dazu Streinz Rn. 344.

Die qualifizierte Mehrheit ist allerdings bereits dann nicht erreicht, wenn ihr nach Art. 238 Abs. 3 lit. a UAbs. 2 AEUV eine **Sperrminorität** entgegensteht. Diese wird gebildet aus Mitgliedern des Rates, die zusammen mehr als 35% der Unionsbevölkerung repräsentieren, zuzüglich eines weiteren Ratsmitglieds. 126

Erfolgt die Beschlussfassung nicht auf Vorschlag der Kommission oder des Hohen Vertreters für Außen- und Sicherheitspolitik, ist für eine qualifizierte Mehrheit nach Art. 238 Abs. 3 lit. b AEUV sogar eine Mehrheit von mindestens 72% der Mitglieder des Rates notwendig, die zugleich mindestens 65% der Unionsbevölkerung vertreten. 127

Eine gewisse „Verzögerungsmöglichkeit" ergibt sich für die Mitgliedstaaten aus der sog. **Ioannina-Formel**. Diese wurde dem Vertrag von Lissabon als Erklärung Nr. 7 der Schlussakte beigefügt und ermöglicht es mehreren Mitgliedstaaten, die dem geplanten Beschluss des Rates ihre Zustimmung verweigern wollen, zu verlangen, dass der Rat alles in seiner Macht Stehende unternehmen muss, um innerhalb einer angemessenen Zeit und unbeschadet der durch das Unionsrecht vorgeschriebenen Fristen eine zufriedenstellende Lösung für die von diesen Mitgliedstaaten vorgebrachten Anliegen zu finden. Diese Nachverhandlungen müssen durchgeführt werden, wenn 75% der Mitgliedstaaten oder so viele Mitgliedstaaten, die 75% der Unionsbevölkerung repräsentieren, die für die Erwirkung der Sperrminorität erforderlich wären, eine entsprechende Aufforderung verfassen.[114]

Sofern die Verträge es vorsehen, kann auch eine **einfache Mehrheit** für die Beschlussfassung genügen. Nach Art. 238 Abs. 1 AEUV ist für einen Beschluss mit **einfacher Mehrheit** erforderlich, dass die Mehrheit der Mitglieder für den Beschluss stimmt. Jeder Mitgliedstaat hat in diesem Fällen eine Stimme, sodass der Beschluss gefasst ist, wenn 15 Mitgliedstaaten für ihn stimmen. 128

Beispiele: Beschlüsse über Verfahrensfragen und Erlass der Geschäftsordnung des Rates (Art. 240 Abs. 3 AEUV), Aufforderung der Kommission zur Durchführung einer Untersuchung (Art. 241 AEUV)

An einigen Stellen sehen die Verträge auch vor, dass der Rat **einstimmig** beschließen muss. Auch wenn dies grundsätzlich eine Zustimmung aller Mitgliedstaaten bedeutet, stehen nach Art. 238 Abs. 4 AEUV Stimmenthaltungen nicht entgegen. 129

Beispiele: Beitritt neuer Mitgliedstaaten (Art. 49 Abs. 1 S. 3 EUV), Harmonisierung im Binnenmarkt in den Bereichen Steuern, Freizügigkeit, Rechte und Interessen der Arbeitnehmer (Art. 115 AEUV)

D. Die Kommission

Während der Europäische Rat und der Rat durch Regierungsvertreter der einzelnen Mitgliedstaaten besetzt werden, besteht die Kommission aus unabhängigen Kommissaren ohne Amt in den einzelnen Mitgliedstaaten. Man kann die Kommission deshalb als **genuin europäisches Organ**[115] bezeichnen. Ihren Status im Übrigen mit wenigen Worten zu umschreiben, ist anlässlich der geplanten und der tatsächlichen Entwicklung eher schwierig: Konzeptionell sollte die Kommission zur **europäischen Regierung** fortentwickelt werden und in diese Rolle hereinwachsen. Wenngleich die Kompetenzen der Kommission durch den Vertrag von Lissabon nicht ausdrücklich beschnitten wurden, wurden die Positionen von Europäischem Parlament und Europäischem Rat deutlich gestärkt, was sich nachteilig auf die Stellung der Kommission auswirkte. Deshalb wird man die Kommission heute als **Organ mit Exekutiv-, Legislativ-, Kontroll- und politischer Leitungsfunktion** bezeichnen können. 130

---

114 Vgl. Obwexer in: Streinz, Art. 16 AEUV Rn. 48 ff.; Streinz, Rn. 360 ff.
115 So Oppermann/Classen/Nettesheim § 5 Rn. 95.

Aufgrund dieser gegenüber einer richtigen Regierung schwächeren Stellung der Union fällt auch die Gleichstellung bzw. der Vergleich mit dem Status der Bundesregierung schwer. So werden beispielsweise sowohl die Gubernative als auch die Richtlinienkompetenz nicht vom Kommissionspräsidenten, sondern vom Europäischen Rat ausgeübt – Funktionen, die nach deutschem Verfassungsrecht zur Regierungsarbeit gehören. Allerdings kann der Kommissionspräsident nach Art. 17 Abs. 6 lit. a EUV immerhin die Leitlinien bestimmen, nach denen die Kommission ihre Aufgaben erfüllt.

*Klausurhinweis: Die Kommission kann weder die alte Fassung ihrer **Bezeichnung** als „Europäische Kommission" noch die davon gebildete Kurzform „EU-Kommission" abschütteln. Sogar die deutsche Fassung des Internetauftritts der Kommission enthält immer noch die Bezeichnung „Europäische Kommission". Beide Bezeichnungen sollten Sie jedoch nicht verwenden, da sie der alten Rechtslage der Verträge vor dem Vertrag von Lissabon entsprechen. EUV und der AEUV bezeichnen dieses Organ heute ausschließlich als **Kommission**.*

I. Sitz

131 Der Sitz der Kommission ist **Brüssel**. Hier sind jedoch nicht alle Dienststellen der Kommission untergebracht; einige befinden sich im Nebensitz in **Luxemburg**.

II. Zusammensetzung

1. Anzahl der Kommissare

132 Nach dem für heutige Kommissionen geltenden Art. 17 Abs. 5 UAbs. 1 EUV besteht die Kommission aus einer Anzahl Kommissaren, die zwei Dritteln der Zahl der Mitgliedstaaten entspricht. Die Kommission soll danach bei derzeit (noch) 28 Mitgliedstaaten aus aufgerundet **19 Kommissaren** bestehen. Die Ämter sollen nach dem **Prinzip der gleichberechtigten Rotation** mit Staatsangehörigen der Mitgliedstaaten besetzt werden, wobei das demografische und geografische Spektrum der Gesamtheit der Mitgliedstaaten zum Ausdruck kommen soll (Art. 17 Abs. 5 UAbs. 2 S. 1 EUV). Sinn und Zweck der Reduzierung von bislang 28 auf nunmehr 19 Kommissare ist es, die Funktions- und Handlungsfähigkeit der Kommission angesichts der 28 Mitgliedstaaten zu verbessern und ihrer Arbeit mehr Effektivität zu verleihen.[116]

133 Allerdings kann der Europäische Rat von dieser Reduzierung nach Art. 17 Abs. 5 UAbs. 1 EUV a.E. per einstimmigem Beschluss **abweichen**. Für die aktuelle Amtszeit der am 01.11.2014 gewählten Kommission hat der Europäische Rat von dieser Möglichkeit Gebrauch gemacht und damit den Zustand der Vorgängerregelung, Art. 17 Abs. 4 EUV, wiederhergestellt. Die Kommission besteht deshalb aus **28 Kommissaren** (ein Kommissar pro Mitgliedstaat). Ein Kommissar bekleidet dabei das Amt des **Präsidenten der Kommission**, ein Kommissar fungiert als **Hoher Vertreter für die Außen- und Sicherheitspolitik**.

Trotz seiner formalen Stellung als Teil der Kommission besteht für den Hohen Vertreter für die Außen- und Sicherheitspolitik ein gesondertes Ernennungsverfahren nach Art. 18 AEUV. Zu diesem besonderen Verfahren s.u. unter Rn. 148 f.

---

[116] Haratsch/Koenig/Pechstein Rn. 269.

Kommission

Präsident der Kommission | **Hoher Vertreter der Außen- und Sicherheitspolitik**

26 Kommissare
- Derzeit ein Kommissar je Mitgliedstaat
- Reduzierung auf 19 Kommissare vorgesehen (Besetzung nach dem Prinzip der gleichberechtigten Rotation), mit Abweichungsmöglichkeit für Europäischen Rat
- Zuständigkeit: wird durch den Präsidenten der Kommission nach einzelnen Sachmaterien festgelegt, kann während der Amtszeit geändert werden

2. Ernennung

Die Ernennung der Kommission bzw. ihrer Mitglieder beginnt mit der **Wahl des Präsidenten der Kommission**. Das **Vorschlagsrecht** liegt nach Art. 17 Abs. 7 UAbs. 1 S. 1 EUV beim **Europäischen Rat**. Dieser soll mit qualifizierter Mehrheit und unter Berücksichtigung des Ergebnisses der Wahlen zum Europäischen Parlament einen Kandidaten zur Wahl vorschlagen. Der Kandidat muss dabei die **Ernennungsvoraussetzungen** des Art. 17 Abs. 3 UAbs. 2 EUV erfüllen, sodass der Europäische Rat nur solche Personen vorschlagen darf, die aufgrund ihrer allgemeinen Befähigung und ihres Einsatzes für Europa die volle Gewähr für ihre Unabhängigkeit bieten. Dabei spielt die **allgemeine Befähigung** auf die fachliche Qualifikation des Bewerbers, aber auch auf seine allgemeine Fähigkeit zur Ausübung des Amtes an. Als Mindestanforderung für den **Einsatz für Europa** wird verlangt, dass der benannte Kandidat jedenfalls kein erklärter Gegner der europäischen Integration sein darf. Der Kandidat gibt **Gewähr für seine Unabhängigkeit**, wenn er auf der Grundlage seines bisherigen Verhaltens und seiner Darstellung im Ernennungsverfahren erwarten lässt, dass er sein Amt im Einklang mit den Pflichten aus Art. 17 Abs. 3 UAbs. 3 EUV und Art. 245 AEUV führen wird.[117] Weiterhin folgt aus Art. 17 Abs. 4, Abs. 5 EUV, dass die Kandidaten die **Staatsangehörigkeit eines Mitgliedstaates besitzen** müssen.[118] Das **Wahlrecht** übt dann das **Europäische Parlament** aus. Der vorgeschlagene Kandidat ist nach Art. 17 Abs. 7 UAbs. 1 S. 2 EUV gewählt, wenn die Mehrheit der Parlamentsmitglieder für den Kandidaten stimmt (absolute Mehrheit). Sollte der vorgeschlagene Kandidat nicht gewählt werden, muss der Europäische Rat erneut sein Vorschlagsrecht ausüben (Art. 17 Abs. 7 UAbs. 1 S. 3 EUV), sodass dann die Wahlprozedur von vorne beginnt.

134

Insoweit ist die Kommission wiederum mit der **Bundesregierung** vergleichbar: Nach Art. 63 Abs. 1, Abs. 2 S. 1 GG wird hinsichtlich der Bundesregierung zunächst der Bundeskanzler auf Vorschlag des Bundespräsidenten gewählt, wobei ebenfalls die Mehrheit der Bundestagsabgeordneten für den Vorgeschlagenen stimmen muss.

Auch für die weiteren **Kommissare** gelten die zuvor benannten **Ernennungsvoraussetzungen** für den Kommissionspräsidenten entsprechend, Art. 17 Abs. 7 UAbs. 2 S. 2 EUV. Das **Vorschlagsrecht** üben der **Rat** und der **Präsident der Kommission** gemein-

135

---
117 Martenczuk in: Grabitz/Hilf/Nettesheim, Art. 17 EUV Rn. 70 f.
118 Martenczuk in: Grabitz/Hilf/Nettesheim, Art. 17 EUV Rn. 69.

sam aus. Formal werden die Kandidaten nach Art. 17 Abs. 7 UAbs. 2 S. 1 EUV vom Rat vorgeschlagen, der insoweit als Rat für Allgemeine Angelegenheiten mit den Außenministern der Mitgliedstaaten tagt.[119] Dieser Vorschlag bedarf des Einvernehmens des Präsidenten der Kommission, der das ihm insoweit zustehende Vetorecht gegen einzelne Kandidaten ausüben kann, wenn er glaubt, dass diese beispielsweise die Ernennungsvoraussetzungen (vor allem in fachlicher Hinsicht) nicht erfüllen. Praktisch wird von diesem Vetorecht kaum Gebrauch gemacht, sondern zuvor eine Lösung im Rahmen informeller Gespräche gesucht. Bei der Aufstellung der Kandidaten berücksichtigt der Rat zudem die vom Präsidenten der Kommission vorgeschlagene Ressortverteilung.

Das **Wahlrecht** obliegt wiederum dem **Europäischen Parlament**. Dieses muss der vom Rat im Einvernehmen mit dem bereits gewählten Präsidenten der Kommission vorgeschlagenen Liste von Persönlichkeiten seine **Zustimmung** erteilen, Art. 17 Abs. 7 UAbs. 3 S. 1 EUV. Dabei hat es sich eingebürgert, dass sich die einzelnen Kandidaten vor der endgültigen Entscheidung über die Zustimmung einer **Befragung** durch das Parlament stellen müssen. Hierbei wird insbesondere die fachliche Qualifikation der einzelnen Kandidaten von den Abgeordneten beurteilt. Besonders ist, dass die Zustimmung des Parlaments nur hinsichtlich der Kommission **als Kollegium** erteilt werden kann, d.h. einzelne Kandidaten können nicht abgelehnt werden.

Diese Konstruktion findet im nationalen Verfassungsrecht keine Entsprechung. Das Recht, die Amtsträger zu benennen, obliegt nach Art. 64 Abs. 1 GG ausschließlich dem Bundeskanzler. Die Ernennung selbst erfolgt durch den Bundespräsidenten, der aber nach ganz h.M. nicht berechtigt ist, die fachliche Qualifikation der durch den Bundeskanzler benannten Personen zu überprüfen.[120]

Nach erteilter Zustimmung durch das Europäische Parlament erfolgt die **Ernennung** durch den **Europäischen Rat** mit qualifizierter Mehrheit.

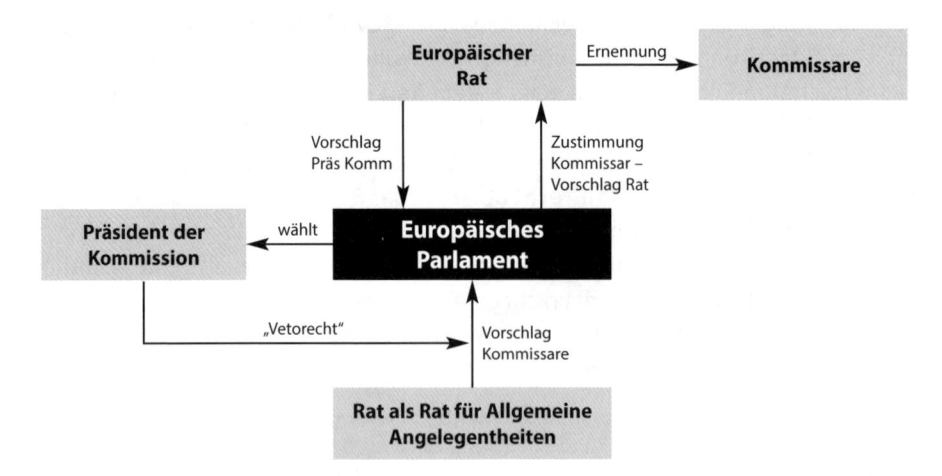

3. Status der Kommissare

136 Die Kommission kann ihre Aufgabe als **Hüterin und Förderin der Unionsinteressen** nur erfüllen, wenn sie ihre Aufgaben objektiv und unparteiisch ausführt und sich nicht

---

119 Schmidt/Schmitt von Sydow in: von der Groeben/Schwarze/Hatje, Art. 17 EUV Rn. 167.
120 Herzog in: Maunz/Dürig, Art. 64 GG Rn. 12 ff.; vgl. dazu ausführlich AS-Skript Staatsorganisationsrecht (2014), Rn. 288.

von den Interessen einzelner Mitgliedstaaten oder Interessengruppen leiten lässt.[121] Ihre **Unabhängigkeit** wird deshalb durch Art. 17 Abs. 3 UAbs. 3 S. 1 EUV garantiert.

Die Unabhängigkeit erstreckt sich aber nicht nur auf die Kommission als Institution, sondern gemäß Art. 17 Abs. 3 UAbs. 3 S. 2 auch auf die **Kommissare**. Auch diese dürfen **keine Weisungen** von einer Regierung, einem Organ, einer Einrichtung oder einer anderen Stelle einholen oder entgegennehmen. Sie müssen vielmehr dem allgemeinen Wohl der Union Vorrang vor nationalen Partikularinteressen einräumen.[122] Ergänzt und abgesichert wird die Unabhängigkeit der Kommissare durch das **Verbot der Einflussnahme durch die Mitgliedstaaten** aus Art. 245 Abs. 1 S. 2 AEUV und das **Verbot der parallelen Beschäftigung** aus Art. 245 Abs. 2 S. 1 AEUV.

Ein **Verstoß** gegen diese Vorschriften kann durch Amtsenthebung nach Art. 247 AEUV, durch Verlust der Ruhegehaltsansprüche oder Verlust anderer Vergünstigungen sanktioniert werden.[123]

4. Amtszeit

Art. 17 Abs. 3 UAbs. 1 EUV legt die **Amtszeit** der Kommission auf **fünf Jahre** fest. Die Amtszeit ist mit der Wahlperiode des Europäischen Parlaments identisch, dem die Kommission nach Art. 17 Abs. 8 S. 1 EUV verantwortlich ist.

137

a) Vorzeitiges Ende der Amtszeit

Die Amtszeit der Kommission als Ganzes oder auch einzelner Kommissare kann allerdings auch **vor dem Ablauf der Amtszeit enden**

138

- durch **Todesfall** (Art. 246 Abs. 1 AEUV),

- durch **freiwilligen Rücktritt** einzelner Kommissare (Art. 246 Abs. 1 AEUV) oder den gesamten Kommission (Art. 246 Abs. 6 AEUV),

  Der Rücktritt ist nicht an das Vorliegen von Voraussetzungen gebunden, sondern beruht auf der **freien Entscheidung** des jeweiligen Kommissars. Dadurch unterscheidet sich der Rücktritt nach Art. 246 Abs. 1 AEUV von der Abberufung des Kommissars durch den Kommissionspräsidenten gemäß Art. 17 Abs. 6 UAbs. 2 S. 1 EUV. Der Rücktritt erfolgt durch Abgabe einer schriftlichen Erklärung gegenüber dem Rat. Auch dem Kommissionspräsidenten muss hiervon Mitteilung gemacht werden. Der Rücktritt bedarf keiner Annahme, wird sofort wirksam und führt zum **unmittelbaren Ausscheiden** aus der Kommission.[124]

- durch **Abberufung** des Kommissionspräsidenten (Art. 17 Abs. 6 UAbs. 1 EUV),

  Hinter dem Begriff der **Abberufung** in Art. 17 Abs. 6 UAbs. 2 EUV verbirgt sich die verbindliche Aufforderung des Kommissionspräsidenten an einen Kommissar, von seinem Amt in der Kommission zurückzutreten. Man kann auch von einem „erzwungenen Rücktritt" sprechen. Wie sich bereits aus dem Wortlaut der Vorschrift ergibt, unterliegt die Berechtigung zur Abberufung **keinen Voraussetzungen** und steht deshalb im Ermessen des Kommissionspräsidenten.[125]

---

121 Martenczuk in: Grabitz/Hilf/Nettesheim, Art. 17 EUV Rn. 74.
122 EuGH Slg. 2006, I-6387 Rn. 71 *Kommission/Cresson*; Schmidt/Schmitt von Sydow in: von der Groeben/Schwarze/Hatje, Art. 17 EUV Rn. 98.
123 Ruffert in: Calliess/Ruffert, Art. 245 AEUV Rn. 3.
124 Martencuk in: Grabitz/Hilf/Nettesheim Art. 246 AEUV Rn. 3.
125 Schmidt/Schmitt von Sydow in: von der Groeben/Schwarze/Hatje, Art. 17 EUV Rn. 146.

Hierdurch wird eine **Abgrenzung vom Amtsenthebungsverfahren** erreicht: Die Gründe für die Amtsenthebung müssen bei einer Abberufung nicht erfüllt sein.

Die Abberufung des Kommissars führt indes nicht automatisch zur Beendigung seiner Amtstätigkeit, da diese in Art. 246 Abs. 1 AEUV nicht als vorzeitiger Beendigungsgrund genannt wird. Vielmehr ist der abberufene Kommissar seinerseits zur Erklärung seines Rücktritts verpflichtet.

- durch **Amtsenthebung** durch den Gerichtshof auf Antrag des Rates (Art. 246 Abs. 1 i.V.m. Art. 247 AEUV) oder

    Eine **Amtsenthebung** kommt nach Art. 247 AEUV nur für den Fall in Betracht, dass der betreffende Kommissar die **Voraussetzungen für die Ausübung des Amtes nicht mehr erfüllt**, was beispielsweise beim Verlust der Staatsangehörigkeit eines Mitgliedstaates[126] oder bei einer **schweren Verfehlung** der Fall ist. Derartige schwere Verfehlungen können insbesondere in der Verletzung des Gebots der Unabhängigkeit liegen.[127] Das Amtsenthebungsverfahren wird auf Antrag aufgrund eines mit einfacher Mehrheit gefassten Beschlusses des Rates oder der Kommission eingeleitet. Die Entscheidung über die Amtsenthebung trifft der Gerichtshof. Während der Dauer des Verfahrens bleibt der entsprechende Kommissar im Amt.[128]

- durch **Misstrauensvotum** des Europäischen Parlaments (Art. 234 AEUV).

    Da das Europäische Parlament keine Antragsberechtigung für die Einleitung eines Amtsenthebungsverfahrens besitzt, besitzt es in Form des **Misstrauensvotums** gemäß Art. 17 Abs. 8 S. 2 EUV sein eigenes Interventionsrecht. Es ist die Konsequenz der politischen Verantwortlichkeit der Kommission gegenüber dem Europäischen Parlament aus Art. 17 Abs. 8 S. 1 EUV.

    Die **Voraussetzungen** und das Verfahren über das Misstrauensvotum ergeben sich aus Art. 234 AEUV und Art. 119 GO EP. Daraus ergibt sich in **formeller Hinsicht**, dass der entsprechende Antrag, der Kommission das Misstrauen auszusprechen, von mindestens einem Zehntel der Mitglieder des Parlaments getragen und als „Misstrauensantrag" bezeichnet werden muss. Der Misstrauensantrag ist zu begründen und der Kommission zuzuleiten.[129] In **materieller Hinsicht** muss er sich gegen die Tätigkeit der Kommission als solche richten. Hierunter fällt jedes der Amtsausübung der Kommission zurechenbare Verhalten, unabhängig davon, ob die betreffende Handlung oder Unterlassung den Bereich eines der Verträge betrifft oder darüber hinausreicht.[130] Da das Europäische Parlament den Misstrauensantrag als Folge seiner politischen Kontrollbefugnis stellen kann, ist weder die Bezugnahme noch das Vorliegen einer tatsächlichen Rechtsverletzung durch die Kommission erforderlich.[131] Inhaltlich muss der Misstrauensantrag seinen Auslöser in dem dienstlichen Verhalten der Kommissare finden, das der Kommission als Kollegium zugerechnet wird. Durch das Merkmal der Kommissionstätigkeit als materielle Voraussetzung soll demnach nur verhindert werden, dass **privates Verhalten** der Kommissare oder ihrer Bediensteten das Misstrauensvotum nicht rechtfertigen kann.[132]

    Art. 234 Abs. 1 AEUV bestimmt, dass eine Abstimmung über den Antrag erst drei Tage nach der Einbringung entschieden werden darf. Der Kommission ist das Misstrauen ausgesprochen, wenn bei öffentlich-namentlicher Abstimmung mindestens zwei Drittel der abgegebenen Stimmen für den Misstrauensantrag stimmen und diese zugleich die Mehrheit der Mitglieder des Europäischen Parlaments bilden, vgl. Art. 234 Abs. 2 AEUV.

    Ist der Kommission das Misstrauen ausgesprochen, sind alle Kommissare gemäß Art. 234 Abs. 2 S. 2 AEUV zur **Niederlegung ihres Amtes** verpflichtet. Allerdings führen die Kommissare ihre Geschäfte nach Art. 234 Abs. 2 S. 3 AEUV kommissarisch weiter, bis eine neue Kommission im Verfahren nach

---

126 Kugelmann in: Streinz, Art. 247 AEUV Rn. 1.
127 Kugelmann in: Streinz, Art. 247 AEUV Rn. 2.
128 Kugelmann in: Streinz, Art. 247 AEUV Rn. 4.
129 Kluth in: Calliess/Ruffert, Art. 234 AEUV Rn. 3; Hölscheidt in: Grabitz/Hilf/Nettesheim, Art. 234 AEUV Rn. 5.
130 Bieber in: von der Groeben/Schwarze/Hatje, Art. 234 AEUV Rn. 5.
131 Kluth in: Calliess/Ruffert, Art. 234 AEUV Rn. 3.
132 Vgl. Bieber in: von der Groeben/Schwarze/Hatje, Art. 234 AEUV Rn. 6.

Art. 17 Abs. 7 EUV (dazu oben Rn. 134 f.) ernannt worden ist. Auf diese Weise wird eine Funktionslosigkeit der anderenfalls unbesetzten Kommission verhindert.

b) Folgen des frühzeitigen Ausscheidens

Scheiden einzelne Kommissare vor dem Ende ihrer Amtszeit aus der Kommission aus, regelt Art. 246 Abs. 2 und 3 AEUV das weitere Prozedere. 139

- **Grundsätzlich** erfolgt eine **Neubesetzung** des vakant gewordenen Postens durch eine Person, welche über dieselbe Staatsangehörigkeit verfügt wie der ausgeschiedene Kommissar. Hierfür statuiert Art. 246 Abs. 2 AEUV ein von der Ersternennung abweichendes Verfahren: Die Neubesetzung erfolgt für die verbleibende Amtszeit durch den Rat mit Zustimmung der Kommission und nach Anhörung des Europäischen Parlaments. Insbesondere die Form der Mitwirkung des Europäischen Parlaments ist von der verbindlichen Zustimmung auf eine bloße Anhörung herabgesetzt.

- Nach Art. 246 Abs. 3 AEUV kann es **ausnahmsweise** bei einer **Vakanz** des frei gewordenen Postens bleiben. Dies ist insbesondere für den Fall vorgesehen, dass der Kommission nur noch eine kurze Restamtszeit verbleibt und deshalb die Ernennung eines neuen Kommissars nicht opportun ist. Die Vakanz kann nur vom Rat auf Vorschlag des Kommissionspräsidenten einstimmig beschlossen werden.

- **Sonderregeln** bestehen für den Fall, dass der **Kommissionspräsident** oder der **Hohe Vertreter für die Außen- und Sicherheitspolitik** durch Tod, Rücktritt oder Amtsenthebung ausscheiden oder **alle Kommissare zurücktreten**. Scheiden der Präsident oder der Hohe Vertreter aus, ist für die verbleibende Amtszeit gemäß Art. 246 Abs. 4 bzw. Abs. 5 AEUV ein Nachfolger zu ernennen. Dabei findet das ursprüngliche Ernennungsverfahren aus Art. 17 Abs. 7 UAbs. 1 EUV bzw. Art. 18 Abs. 1 EUV Anwendung. Treten alle Kommissare zurück, bleiben diese gemäß Art. 246 Abs. 6 AEUV kommissarisch im Amt, bis eine neue Kommission gewählt worden ist. Auch hier ist das ursprüngliche Ernennungsverfahren einzuhalten.

III. Präsident der Kommission

Der **Präsident der Kommission** wird nicht nur als erstes Mitglied der Kommission gewählt und ernannt (s.o. Rn. 134), sondern nimmt auch eine **herausgehobene Stellung innerhalb der Kommission** ein, sodass man ihn gerade nicht als „primus inter pares" bezeichnen kann. Diese herausgehobene Position ist zum einen durch das Recht zur Abberufung einzelner Kommissare (s.o. Rn. 138), zum anderen durch seine besonderen **Aufgaben** aus Art. 17 Abs. 6 UAbs. 1 EUV und seine damit in Zusammenhang stehende **Leitungsfunktion** gemäß Art. 248 S. 3 AEUV belegt. Gerade Letztere führt dazu, dass die Rolle des Kommissionspräsidenten als **politisch-operationelle Führungsrolle** bezeichnet wird.[133] 140

- Ihm ist es nach Art. 17 Abs. 6 lit. 1 EUV übertragen, die **Leitlinien** der Kommissionsarbeit festzulegen. Diese Kompetenz berechtigt den Kommissionspräsidenten, die allgemeinen Ziele und Prioritäten für das Handeln der Kommission festzulegen, auf 141

---

[133] Schmidt/Schmitt von Sydow in: von der Groeben/Schwarze/Hatje, Art. 17 EUV Rn. 119.

deren Grundlage die Kommission ihre Strategieplanung sowie ihr Arbeitsprogramm annimmt.[134] Die Befugnisse des Kommissionspräsidenten erstrecken sich dabei auch auf **Sachthemen**, sodass auch inhaltliche Vorgaben des Kommissionspräsidenten zu beachten sind, wenn sie die ihnen übertragenen Aufgaben im Wege des Ressortprinzips wahrnehmen.[135]

142 Allerdings kann der Kommissionspräsident seine Leitlinienkompetenz nicht gegen den Willen der Kommission durchsetzen. Ihm stehen insofern **keine besonderen Stimmrechte** zu, mit denen er die Behandlung einzelner Sachfragen bestimmen könnte. Er kann damit weder von einem Vetorecht Gebrauch machen noch gibt seine Stimme bei Stimmengleichheit den Ausschlag. Damit findet die Leitlinienkompetenz des Kommissionspräsidenten seine Grenze in dem innerhalb der Kommission geltenden **Kollegialitätsprinzip**.[136] Dies kommt in Art. 250 Abs. 1 AEUV zum Ausdruck und legt fest, dass die Entscheidungen der Kommission mit der Mehrheit ihrer Mitglieder – also im Kollegium – getroffen werden. Als einziges Druckmittel bleibt dem Kommissionspräsidenten nur sein Recht zur Abberufung einzelner Kommissare, das er aber gerade zur Erhaltung der Funktionsfähigkeit der Kommission zurückhaltend wird einsetzen müssen.

Zumindest innerhalb der Kommission hat der Kommissionspräsident deshalb eine Stellung, die mit der **Richtlinienkompetenz** des Bundeskanzlers nach Art. 65 S. 1 GG vergleichbar ist. Es reicht aber nicht vollumfänglich an diese heran,[137] da der Kommissionspräsident lediglich die Leitlinien für die Kommission, nicht aber für die Union bestimmen kann. Insoweit gerät er in Konflikt mit der dem Europäischen Rat zustehenden Kompetenz (vgl. oben Rn. 104).

143 ■ Nach Art. 17 Abs. 6 lit. b EUV obliegt dem Kommissionspräsidenten weiterhin die **interne Organisation** mit den Zielen, die Kohärenz, Effizienz und das Kollegialitätsprinzip in der Arbeit der Kommission sicherzustellen. Hierzu gliedert er die Kommission, indem er den einzelnen Kommissaren ihre jeweilige Zuständigkeit zuweist, Art. 248 S. 1 AEUV. Lediglich der Zuständigkeitsbereich des Hohen Vertreters für die Außen- und Sicherheitspolitik ist bereits durch Art. 18 Abs. 4 EUV festgelegt. Die Aufteilung der Zuständigkeitsbereiche ist nicht für die gesamte Amtszeit der Kommission verbindlich, sondern kann nach Art. 248 S. 2 AEUV auch während der Amtsperiode geändert werden.

144 ■ Als Ausfluss der Organisationskompetenz ernennt der Kommissionspräsident aus dem Kreis der Kommissare gemäß Art. 17 Abs. 6 lit. c EUV **Vizepräsidenten**. Nur der Hohe Vertreter der Außen- und Sicherheitspolitik kann nicht zum Vizepräsidenten ernannt werden, da er diese Stellung ohnehin kraft der Regelung in Art. 18 Abs. 4 S. 1 EUV innehat. Die **Anzahl der Vizepräsidenten** ist nicht festgelegt, sodass der Kommissionspräsident kraft seiner Organisationskompetenz frei entscheiden kann, wie viele Kommissare er zu Vizepräsidenten ernennt.[138]

---

134 Martenczuk in: Grabitz/Hilf/Nettesheim, Art. 17 EUV Rn. 93.
135 Kugelmann in: Streinz, Art. 248 AEUV Rn. 5; Ruffert in: Calliess/Ruffert, Art. 248 AEUV Rn. 3; a.A. Martenczuk in: Grabitz/Hilf/Nettesheim, Art. 17 EUV Rn. 93, nach dem der Kompetenz des Präsidenten kein Ressortprinzip entgegensteht.
136 Vgl. Martenczuk in: Grabitz/Hilf/Nettesheim, Art. 17 EUV Rn. 94; Schmidt/Schmitt von Sydow in: von der Groeben/Schwarze/Hatje, Art. 17 EUV Rn. 122.
137 So auch Haratsch/Koenig/Pechstein Rn. 279.
138 Martenczuk in: Grabitz/Hilf/Nettesheim, Art. 17 EUV Rn. 98.

Die **Aufgabe der Vizepräsidenten** ist weder in den Verträgen noch in der Geschäfts- 145
ordnung der Kommission festgelegt. Sie erschöpft sich regelmäßig darin, den Kommissionspräsidenten zu vertreten, sofern dieser an der Wahrnehmung seiner Aufgaben gehindert ist. Die Reihenfolge, in der die Vizepräsidenten die Vertretung durchführen, wird vom Kommissionspräsidenten festgelegt.[139]

■ Eine besondere Form der **Abberufung** des Kommissionspräsidenten ist nicht vorgesehen. Für ihn ist nach Art. 246 Abs. 1, Abs. 4 AEUV ein vorzeitiges Ende seiner Amtszeit nur infolge Todes, Rücktritts oder Amtsenthebung denkbar. Als weiterer Beendigungsgrund kommt das Misstrauensvotum gegen die Kommission in Betracht, da im Anschluss daran nach dem ordentlichen Verfahren eine neue Kommission eingerichtet, also auch ein neuer Präsident gewählt werden muss. 146

IV. Hoher Vertreter für die Außen- und Sicherheitspolitik

Eine weitere **Sonderrolle** innerhalb der Kommission nimmt der **Hohe Vertreter für die** 147
Außen- und Sicherheitspolitik ein, da er zugleich als Kommissar und als eine Art „Außenminister" der Union fungiert (sog. **Doppelhutlösung**, vgl. Art. 18 Abs. 4 EUV).[140]

Der Europäische Verfassungsvertrag sah tatsächlich ein offizielles Außenministeramt vor. Im Vertrag von Lissabon trat der Hohe Vertreter mit deutlich geringeren Befugnissen an die Stelle des Außenministers, da ein ausdrücklich als solcher bezeichneter Außenminister mit den dazugehörigen Kompetenzen die Staatlichkeit der Union über Gebühr betont hätte.

Ziel der Einführung dieser neuen Position und der herausgehobenen Stellung innerhalb der Kommission ist es, der Außendarstellung der Union Sichtbarkeit und Konstanz zu verleihen.[141]

1. Ernennung und Amtszeit

Abweichend von der Berufung der übrigen Kommissare regelt Art. 18 Abs. 1 S. 1 EUV ein 148
eigenständiges Ernennungsverfahren für den Hohen Vertreter für die Außen- und Sicherheitspolitik. Danach ernennt der Europäische Rat, der dabei mit qualifizierter Mehrheit entscheidet, den Hohen Vertreter mit Zustimmung des Kommissionspräsidenten.

Ernennungsvoraussetzungen werden für den Hohen Vertreter in Art. 18 EUV nicht benannt. Da er aber zugleich Mitglied der Kommission ist, gelten für ihn auch die Ernennungsvoraussetzungen des Art. 17 Abs. 3 UAbs. 2 EUV[142] (siehe dazu oben Rn. 134 f.). 149

Auch die **Amtszeit** ist für den Hohen Vertreter nicht besonders geregelt, weshalb wiederum auf die Regelung für die Kommissare zurückgegriffen wird. Die Amtszeit des Hohen Vertreters beträgt deshalb ebenfalls fünf Jahre.[143] 150

Für die **vorzeitige Beendigung der Amtszeit** trifft Art. 246 Abs. 5 AEUV eine Sonderregelung: Danach kann die Amtszeit nur durch Rücktritt, Amtsenthebung oder Tod des 151

---

139 Schmidt/Schmitt von Sydow in: von der Groeben/Schwarze/Hatje, Art. 17 EUV Rn. 134.
140 Mit dieser Bezeichnung Marquardt/Gaedtke in: von der Groeben/Schwarze/Hatje, Art. 18 EUV Rn. 13; Kaufmann-Bühler in: Grabitz/Hilf/Nettesheim, Art. 18 EUV Rn. 1.
141 Biervert in: Schwarze, Art. 18 EUV Rn. 1; Kaufmann-Bühler in: Grabitz/Hilf/Nettesheim, Art. 18 EUV Rn. 4; Oppermann/Classen/Nettesheim § 5 Rn. 103.
142 Kaufmann-Bühler in: Grabitz/Hilf/Nettesheim, Art. 18 EUV Rn. 12.
143 Cremer in: Calliess/Ruffert, Art. 18 EUV Rn. 6.

Hohen Vertreters vorzeitig beendet werden. Für den Rücktritt und die Amtsenthebung gilt wiederum das zu den übrigen Kommissaren Gesagte entsprechend (s.o. Rn. 138). Nicht unmittelbar möglich ist eine Aufforderung des Kommissionspräsidenten an den Hohen Vertreter, sein Amt niederzulegen. Insofern bestimmt Art. 17 Abs. 6 UAbs. 2 S. 2 EUV, dass hierfür das Verfahren des Art. 18 Abs. 1 EUV einzuhalten ist. Nur der Europäische Rat kann demnach die Abberufung des Hohen Vertreters gemäß Art. 18 Abs. 1 S. 2 EUV vornehmen. Das Recht zur Abberufung durch den Kommissionspräsidenten wird damit zu einem Vorschlagsrecht gegenüber dem Europäischen Rat abgeschwächt.[144]

2. Aufgaben und Funktionen

152 Der Hohe Vertreter gibt nicht nur der **Außen- und Sicherheitspolitik** der Union (näher geregelt in den Art. 21 ff. EUV) ein Gesicht und **leitet** diese (vgl. Art. 18 Abs. 2 S. 1 EUV), sondern nimmt auch in diesem Zusammenhang besondere Positionen ein. Er ist zum einen qua Amt **Mitglied der Kommission** und zugleich einer der **Vizepräsidenten** der Kommission, Art. 18 Abs. 4 S. 1, S. 3 EUV.

Aus Art. 18 Abs. 4 S. 3 EUV folgt eine **Einschränkung der Organisationskompetenz des Kommissionspräsidenten**: Dem Hohen Vertreter ist ein fester Zuständigkeitsbereich innerhalb der Kommissionsarbeit zugewiesen, den der Kommissionspräsident weder entziehen noch auf einen anderen Kommissar übertragen kann. Vielmehr ist dieser Zuständigkeitsbereich untrennbar mit dem Amt des Hohen Vertreters verbunden.

153 Zudem hat er den **Ratsvorsitz** in dessen Konstellation als **Rat „Auswärtige Angelegenheiten"** mit den Außenministern der Mitgliedstaaten inne, Art. 18 Abs. 3 EUV. Dieser ständige Vorsitz ist von der sonst im Rat üblichen Rotation ausgenommen.[145] In dieser Funktion gestaltet der Hohe Vertreter die gemeinsame Außen- und Sicherheitspolitik der Union mit dem Rat nach den Vorgaben des Europäischen Rates, vgl. Art. 16 Abs. 6 UAbs. 3 EUV. Als Bindeglied zwischen der Kommission und den Ratsgremien hat er in dieser Funktion insbesondere für die Kohärenz des auswärtigen Handelns der Union Sorge zu tragen.[146] Trotz der durch den Vorsitz vermittelten Zugehörigkeit zu diesem Gremium verfügt der Hohe Vertreter in den Sitzungen über kein Stimmrecht.[147]

154 Der Hohe Vertreter nimmt gemäß Art. 15 Abs. 2 S. 2 EUV auch an den Sitzungen des **Europäischen Rates** teil, verfügt dort aber über kein Stimmrecht.[148]

155 Sowohl im Europäischen Rat als auch im Rat fungiert der Hohe Vertreter als **Impulsgeber** für die gemeinsame Außen- und Sicherheitspolitik der Union und kann hierzu Vorschläge entwickeln und zur Abstimmung einbringen, Art. 18 Abs. 2, 42 Abs. 2 EUV.

V. Aufgaben der Kommission

156 Die **Aufgaben** der Kommission werden in Art. 17 Abs. 1 EUV im Überblick beschrieben und lassen sich in drei Funktionen der Kommission zusammenfassen: Exekutivfunktion, Initiativfunktion und Wächterfunktion.

---

144 Vgl. Schmidt/Schmitt von Sydow in: von der Groeben/Schwarze/Hatje, Art. 18 EUV Rn. 146.
145 Kaufmann-Bühler in: Grabitz/Hilf/Nettesheim, Art. 18 EUV Rn. 22.
146 Kaufmann-Bühler in: Grabitz/Hilf/Nettesheim, Art. 18 EUV Rn. 28.
147 Kaufmann-Bühler in: Grabitz/Hilf/Nettesheim, Art. 18 EUV Rn. 31.
148 Biervert in: Scharze, Art. 18 EUV Rn. 4.

1. Exekutivfunktion

Nach Art. 17 Abs. 1 S. 5 EUV übt die Kommission **Exekutiv- und Verwaltungsfunktionen** aus. Sie ist – ähnlich wie die Regierungen auf der Ebene der Mitgliedstaaten – zum einen in die übergreifende Regierungsarbeit eingebunden, dabei aber zugleich eine Art Verwaltungsbehörde der Union. Selbstverständlich will sich Art. 17 Abs. 1 S. 5 EUV nicht als globale Zuständigkeitsnorm verstanden wissen, sondern verweist über die Formulierung „nach Maßgabe der Verträge" darauf, dass diese Funktion durch spezielle Zuständigkeitsübertragungen mit Leben gefüllt werden muss.[149]

157

- Die Kommission ist zum Schutz und der Erhaltung des gemeinsamen Binnenmarktes für die Überwachung und Freigabe **staatlicher Subventionen** zuständig (Art. 107 ff. AEUV). Erst wenn die Kommission im **Notifizierungsverfahren** nach Art. 108 Abs. 3 AEUV in ihrer Stellungnahme einer dort sog. Beihilfe eines Mitgliedstaates die Unbedenklichkeit bescheinigt, dürfen die Mitgliedstaaten die Beihilfe auszahlen.

158

Klausurhinweis: Das Notifizierungsverfahren taucht grundsätzlich nicht als alleiniger Klausurgegenstand auf. Vielmehr taucht das Verfahren bei der Rückforderung unionsrechtswidriger Subventionen nach § 48 VwVfG auf und ist dort inzident zu prüfen.[150]

- Ebenfalls zur Absicherung des Binnenmarktes fungiert die Kommission als **Kartellbehörde**. Nach Art. 105 Abs. 1 S. 1 AEUV überwacht die Kommission die Einhaltung der in den Art. 101 ff. AEUV niedergelegten Wettbewerbsregeln für den Binnenmarkt.

159

- Darüber hinaus obliegt der Kommission nach Art. 317 Abs. 1 AEUV die **eigenverantwortliche Ausführung des Haushalts**. Allerdings sind die übrigen Unionsorgane nach Art. 317 Abs. 2 AEUV an der Vornahme ihrer Ausgaben zu beteiligen, was dazu führt, dass die Union ihnen die Kompetenz für die Ausführung der sie jeweils betreffenden Einzelpläne ermächtigt.[151]

160

- Nach Art. 249 Abs. 2 AEUV ist sie ferner zur **Erstellung eines Gesamtberichts über die Tätigkeit der Union** verpflichtet und kann **übertragene Gesetzgebungsbefugnisse wahrnehmen**. Letzteres ist nach Art. 290 AEUV in Form sog. delegierter Rechtsakte möglich.

161

Diese Kompetenz ist mit dem Recht der Ministerien zum Erlass von Rechtsverordnungen nach Art. 80 Abs. 1 GG vergleichbar.

2. Initiativfunktion

Die Kommission besitzt das **Initiativmonopol**,[152] d.h. die Gesetzgebung der Union erfolgt – von den wenigen in den Verträgen vorgesehenen Ausnahmen abgesehen – nur auf Initiative der Kommission. Diese Funktion hat der Kommission die Bezeichnung „**Motor der Verträge**" bzw. „**Motor der Integration**" eingebracht.[153]

162

Ausführlich zum Gesetzgebungsverfahren der Union unten Rn. 317 ff.

---

149 Vgl. Martenczuk in: Grabitz/Hilf/Nettesheim, Art. 17 EUV Rn. 38 f.
150 Vgl. hierzu ausführlich AS-Skript Verwaltungsrecht AT 2 (2015), Rn. 117 ff.
151 Bieber in: von der Groeben/Schwarze/Hatje, Art. 317 AEUV Rn. 8 f.
152 Oppermann/Classen/Nettesheim § 5 Rn. 121.
153 Haratsch/Koenig/Pechstein Rn. 280; Oppermann/Classen/Nettesheim § 5 Rn. 121.

163 Die Kommission ist jedoch nicht nur auf die Gesetzgebung beschränkt, sondern kann von dem Mittel der **Empfehlungen und Stellungnahmen** (vgl. Art. 288 Abs. 5 AEUV) in allen Bereichen von Unionsinteresse Gebrauch machen, und zwar nicht nur, wenn die Verträge dies ausdrücklich vorsehen, sondern allgemein, soweit es die Kommission für notwendig erachtet.[154] Ihr steht insoweit ein weites Ermessen sowohl hinsichtlich des Ob und des Wie der Empfehlung und Stellungnahme zu.

3. Wächterfunktion

164 Weitere zentrale Aufgabe der Kommission ist es, über die **Einhaltung des Unionsrechts** durch die übrigen Organe der Union, aber auch durch die Mitgliedstaaten zu wachen. Sie wird insofern als **„Hüterin des Unionsrechts"** in Form einer Aufsichtsbehörde tätig.[155] Nach Art. 17 Abs. 1 S. 3 EUV steht sie dabei unter der Kontrolle des **Gerichtshofs der Europäischen Union**. Diese Formulierung ist indes sprachlich ungenau: Der Gerichtshof fungiert nicht als oberste Aufsichtsbehörde und überwacht gezielt die rechtmäßige Aufgabenwahrnehmung der Kommission, sondern wird vielmehr als Letztentscheidungsinstanz tätig. Stellt die Kommission beispielsweise eine Vertragsverletzung durch einen Mitgliedstaat fest, leitet sie ein Vertragsverletzungsverfahren nach Art. 258 AEUV ein. Ob tatsächlich eine Vertragsverletzung vorliegt, ist von der Entscheidung des Gerichtshofs abhängig, wie die entsprechende Antragsbefugnis der Kommission in Art. 258 Abs. 2 AEUV verdeutlicht.

Ausführlich zum Vertragsverletzungsverfahren s.u. Rn. 643 ff.

4. Sonstige Aufgaben

165 Nach Art. 17 Abs. 1 S. 6 EUV übernimmt die Kommission zudem die **Außenvertretung der Union** in allen Gebieten, die nicht zur Außen- und Sicherheitspolitik gehören; insoweit wird die Union durch den Hohen Vertreter für die Außen- und Sicherheitspolitik vertreten. Die Kommission vertritt die Union in den internationalen Beziehungen, d.h. im Verhältnis zu Drittstaaten und internationalen Organisationen.[156]

VI. Beschlussfassung

166 Bei der **Beschlussfassung** kommt das Kollegialitätsprinzip der Kommission vollumfänglich zum Ausdruck. Die Beschlüsse werden nach Art. 250 AEUV mit der einfachen Mehrheit der Mitglieder gefasst. Dies liegt an der Konstruktion der Verträge hinsichtlich der politischen Verantwortlichkeit: Alle Mitglieder der Kommission sind für sämtliche erlassene Entscheidungen politisch gemeinsam verantwortlich (vgl. Art. 17 Abs. 8 S. 1 EUV), sodass die Entscheidungen auch vom Kollegium gemeinsam getroffen werden

---

154 Schmidt/Schmitt von Sydow: von der Groeben/Schwarze/Hatje, Art. 17 EUV Rn. 22.
155 Kugelmann in: Streinz, Art. 17 EUV Rn. 35; Ruffert in: Calliess/Ruffert, Art. 17 Rn. 7; Oppermann/Classen/Nettesheim § 5 Rn. 130; Haratsch/Koenig/Pechstein Rn. 279.
156 Martencuk in: Grabitz/Hilf/Nettesheim, Art. 17 Rn. 42.

müssen.[157] Das Kollegialitätsprinzip steht dementsprechend einer echten Delegation der Organkompetenz auf nachgeordnete Stellen entgegen.[158]

E. Die Europäische Zentralbank

Obwohl in Art. 13 Abs. 1 UAbs. 2 EUV ausdrücklich als Organ der Europäischen Union benannt, besitzt die **Europäische Zentralbank (EZB)** nach Art. 282 Abs. 3 S. 1 AEUV **eigene Rechtspersönlichkeit**. Dies hat zur Folge, dass die Handlungen der Organe und Institutionen der EZB nicht der Europäischen Union, sondern der EZB zugerechnet werden. Deshalb haftet auch die EZB selbst bei einem eventuellen Fehlverhalten ihrer Bediensteten (vgl. Art. 340 AEUV).[159]

167

Ebenfalls besonders ist die Regelungssystematik hinsichtlich der EZB. Anders als bei den übrigen Organen – mit Ausnahme des Rechnungshofs – finden sich die Vorschriften über die Zusammensetzung und die Aufgaben der EZB nicht in den Art. 14 ff. EUV, sondern in den Art. 282 ff. AEUV.

168

I. Sitz

Der **Sitz** der Europäischen Zentralbank ist an einem großen Finanzplatz angesiedelt, **Frankfurt am Main**.

169

II. Zusammensetzung

Die EZB verfügt über zwei Institutionen, welche die Aufgaben der EZB wahrnehmen: den Rat der Europäischen Zentralbank und das Direktorium.

170

1. Rat der Europäischen Zentralbank

Der **Rat der EZB** setzt sich gemäß Art. 283 Abs. 1 AEUV aus den Mitgliedern des Direktoriums und den Präsidenten der nationalen Zentralbanken der Mitgliedstaaten zusammen, die bereits den Euro als Währung eingeführt haben. Es besteht eine Mitgliedschaft qua Amt; eine gesonderte Wahl oder Ernennung findet nicht statt.

171

Um die Integration der europäischen Währung voranzutreiben, sieht Art. 141 Abs. 1 AEUV den Erweiterten Rat vor, dem neben den Mitgliedern des Rates der EZB auch die Präsidenten der nationalen Zentralbanken der Mitgliedstaaten angehören, die den Euro noch nicht eingeführt haben.[160]

2. Direktorium

Das **Direktorium** besteht gemäß Art. 283 Abs. 2 UAbs. 1 AEUV aus dem Präsidenten, dem Vizepräsidenten und vier weiteren Mitgliedern. Die Organwalter werden vom Rat vorgeschlagen und vom Europäischen Rat ernannt. Der Beschluss für die Ernennung

172

---

157 EuGH NJW 1987, 3070 Rn. 30 ff. *AKZO/Kommission*; Slg. 1994, I-2555 Rn. 63 ff. *Kommission/BASF u.a.*; Haratsch/Koenig/Pechstein Rn. 282.
158 EuGH Slg. 1958, 13, 43 *Meroni*; Slg. 1972, 787, 824 *Geigy*; Oppermann/Classen/Nettesheim § 5 Rn. 118.
159 Haratsch/Koenig/Pechstein Rn. 304.
160 Vgl. Haratsch/Koenig/Pechstein Rn. 308.

muss dabei mit qualifizierter Mehrheit gefasst werden. Vor der Ernennung sind sowohl der Rat der Europäischen Zentralbank als auch das Europäische Parlament anzuhören.

173 In diesem Verfahren werden insbesondere die **Ernennungsvoraussetzungen** überprüft. Insoweit schreibt Art. 283 Abs. 2 UAbs. 2, UAbs. 4 AEUV vor, dass nur solche Personen in das Direktorium berufen werden dürfen, die über die **Staatsangehörigkeit eines Mitgliedstaates** verfügen und zum Kreis der **in Währungs- oder Bankfragen anerkannten und erfahrenen Persönlichkeiten** gehören. Gerade durch die letzte Voraussetzung soll gewährleistet werden, dass die klügsten Köpfe und die besten Fachleute den Kurs der Institution bestimmen sollen, welche die Geldpolitik des Euro gestaltet. Damit werden zugleich Ernennungen aus politischen Gründen nahezu ausgeschlossen, da nur ernannt werden kann, wer mit Fachwissen und technischem Beurteilungsvermögen überzeugt.[161] Allerdings folgt aus der Verwendung der unbestimmten Rechtsbegriffe anerkanntermaßen ein **weiter Beurteilungsspielraum** für die an der Ernennung beteiligten Unionsorgane, der kaum justiziabel ist.[162]

Die weitere Binnenarchitektur der EZB ergibt sich aus der Satzung über das Europäische System der Zentralbanken (ESZB, vgl. Art. 282 Abs. 1 S. 1 AEUV). Sie spielt im Examen allerdings keine Rolle.

III. Aufgaben

174 Die EZB sorgt für die **Koordinierung** der Geldpolitiken der Mitgliedstaaten und die überwacht das Funktionieren des Europäischen Währungssystems. Sie übernimmt somit die Aufgaben der Vorgängerinstitution (Europäisches Währungsinstitut – EWI), das noch keine Organqualität besaß.[163]

1. Unabhängige Stellung in der Währungspolitik

175 In der **Währungspolitik** der Union nach den Art. 127 ff. AEUV liegt die Hauptaufgabe der EZB. Insoweit ist die EZB das Ergebnis der fortschreitenden Integration auf diesem Gebiet, die mit der Einführung der Unionswährung einen ersten Höhepunkt erreicht hat. Die Ausgabe einer eigenen Währung bedingt notwendigerweise das Vorhandensein einer eigenen Zentralbank, welche die Währungsproduktion und -ausgabe durchführt, steuert und überwacht (vgl. Art. 128 Abs. 1 S. 1, 282 Abs. 3 S. 2 AEUV). Diese Aufgabe nimmt die EZB mit dem Ziel wahr, die **Preisstabilität** im Euroraum zu gewährleisten, d.h. eine möglichst geringe Schwankung der Kaufkraft.[164]

176 Hinsichtlich der Erfüllung dieser Aufgaben, der Ausübung und der Verwaltung ihrer Mittel genießt die EZB **Unabhängigkeit**, sodass weder die übrigen Organe der Union noch die Mitgliedstaaten oder deren Zentralbanken Einfluss auf die Geldpolitik der EZB nehmen können (Art. 282 Abs. 3 S. 3, 4 AEUV). Die Unabhängigkeit der EZB wird dadurch gestärkt, dass sie selbst und ihre Organwalter hinsichtlich der in den Art. 127 ff. AEUV geregelten Währungspolitik **keine Weisungen** anderer Unionsorgane oder Regierungen der Mitgliedstaaten einholen oder entgegennehmen dürfen, Art. 130 Abs. 1 AEUV. Die

---

[161] Zilioli in: von der Groeben/Schwarze/Hatje, Art. 283 AEUV Rn. 17.
[162] Häde in: Calliess/Ruffert, Art. 283 AEUV Rn. 8; Palm in: Grabitz/Hilf/Nettesheim, Art. 283 AEUV Rn. 18.
[163] Vgl. Haratsch/Koenig/Pechstein Rn. 303.
[164] Kramer/Hinrichsen JuS 2015, 673, 677, auch ausführlich zu den übrigen Aufgaben der EZB.

unabhängige Stellung der EZB ist erforderlich, um die EZB dem direkten Zugriff der Politik zu entziehen und damit die Preisstabilität zu sichern.[165]

2. OMT-Programm

Angesichts der **Finanz- und Wirtschaftskrise** in mehreren Mitgliedstaaten der Union wurde Ende 2010 der dauerhafte **Europäische Stabilitätsmechanismus (ESM)** geschaffen, der nach einer Entscheidung des Gerichtshofs mit dem Unionsrecht vereinbar ist.[166] Ergänzend dazu fasste die EZB am 06.09.2012 einen Beschluss über „Technical features of Outright Monetary Transactions", sog. **OMT-Beschluss**. Nach diesem Beschluss dürfen Staatsanleihen ausgewählter Mitgliedstaaten in unbegrenzter Höhe aufgekauft werden, wenn und solange diese Mitgliedstaaten zugleich an einem mit dem ESM vereinbarten Reformprogramm teilnehmen. Erklärtes Ziel des OMT ist die Sicherstellung einer ordnungsgemäßen geldpolitischen Transmission und der Einheitlichkeit der Geldpolitik. Obwohl von keinem Mitgliedstaat der Union ein OMT-Programm in Anspruch genommen wurde, führte die Ankündigung zur Entspannung der Märkte.

177

Allerdings wurde die Absicht zum Staatsanleihekauf durch die EZB nicht überall positiv aufgenommen. Auf eine Verfassungsbeschwerde hin äußerte schließlich auch das BVerfG die Ansicht, das OMT-Programm sei mit Unionsrecht (insbesondere mit Art. 123 AEUV) unvereinbar, überschreite die Grenzen des Mandates der EZB und stelle deshalb einen sog. ultra-vires-Akt dar.[167] Der **Gerichtshof** beschied auf die Vorlage hin, dass das **OMT-Programm unionsrechtskonform** sei.

178

- Das OMT-Programm führe zwar dazu, dass die EZB auf den Finanzmärkten tätig werde, verfolge damit aber die Programmziele, die geldpolitische Transmission und die Einheitlichkeit der Geldpolitik sicherzustellen, was währungspolitischer Art sei und deshalb **nicht zur reinen Wirtschaftspolitik** gehöre, die den Mitgliedstaaten vorbehalten bleibe. Zwar verfolge das OMT-Programm mit der Stabilisierung des Euro-Währungsgebietes auch wirtschaftspolitische Zwecke; allerdings könne eine währungspolitische Maßnahme wie der Staatsanleihekauf nicht allein deshalb einer wirtschaftspolitischen Maßnahme gleichgestellt werden, weil sie mittelbare Auswirkungen auf die Stabilität des Euro-Währungsgebietes habe.

- Auch die Verbindung mit der Europäischen Finanzstabilisierungsfazilität (EFSF) und dem Europäischen Stabilitätsmechanismus (ESM), die der Verfolgung wirtschaftspolitischer Ziele dienen, stehen der Einordnung als währungspolitische Maßnahme nach dem Gerichtshof nicht entgegen. Hiergegen sprächen die Vorschriften der Art. 119 Abs. 2, 127 Abs. 1, 282 Abs. 2 AEUV, die es der EZB gestatten, ohne Beeinträchtigung des Ziels der Preisstabilität die allgemeine Wirtschaftspolitik der Union zu unterstützen. Aus Gründen der Verhältnismäßigkeit macht der Gerichtshof allerdings folgende Einschränkungen: Wegen der Regelung in Art. 123 Abs. 1 AEUV dürfen Anleihekäufe nicht dazu eingesetzt werden, um das Ziel des **Anhaltens zu einer gesunden Haushaltspolitik** zu umgehen. Beim Anleihekauf müssten deshalb hin-

---

165 Haratsch/Koenig/Pechstein Rn. 306.
166 EuGH EuZW 2013, 100 *Pringle*; dazu Ruffert JuS 2013, 278.
167 BVerfG, Beschl. v. 14.01.2014 – 2 BvE 13/13 u.a., RÜ 2014, 313.

reichende Garantien hierfür vorgesehen sein. Zudem ist eine **Mindestfrist** zwischen der Ausgabe auf dem Primärmarkt und dem Ankauf durch die EZB auf dem Sekundärmarkt einzuhalten, damit nicht bereits bei der Ausgabe der Staatsanleihe der Eindruck entstehe, diese werde auf jeden Fall durch die EZB erworben, was anderenfalls zu einer Verfälschung der Emissionsbedingungen führen könnte.[168]

179 Dementsprechend traf auch das **BVerfG** die endgültige Entscheidung, dass sich die Deutsche Bundesbank an der Durchführung des OMT-Programms beteiligen dürfe, wenn und soweit die vom Gerichtshof aufgestellten Maßgaben erfüllt sind.[169]

Hinweis: Dieser schon recht spezielle Fall ist auch deshalb von erheblicher Bedeutung, da das BVerfG erstmalig ein Vorabentscheidungsverfahren beim Gerichtshof eingeleitet hat. Damit spielen die OMT-Entscheidungen nicht nur eine währungsrechtliche Rolle, sondern entfalten auch hinsichtlich der Zuständigkeitsabgrenzung zwischen BVerfG und dem Gerichtshof der Europäischen Union Bedeutung (dazu noch Rn. 390 ff.).

F. Der Rechnungshof

180 Der **Rechnungshof** hat seinen **Sitz** in **Luxemburg**. Wie auch die Europäische Zentralbank ist der Rechnungshof zwar mit Organqualität versehen, aber nicht im EUV geregelt. Die ihn betreffenden Vorschriften finden sich vielmehr in den Art. 285 ff. AEUV.

181 Er ist nach Art. 285 Abs. 1 AEUV für die **Rechnungsprüfung** zuständig, d.h. er prüft die Rechnung über alle Einnahmen und Ausgaben der Union sowie der von der Union geschaffenen Einrichtungen auf Rechtmäßigkeit und Ordnungsmäßigkeit und überzeugt sich von der Wirtschaftlichkeit der Haushaltsführung.[170] Hierzu erstattet er einen Jahresbericht, der nicht nur den übrigen Institutionen der Union zugeleitet, sondern gemäß Art. 287 Abs. 4 UAbs. 1 AEUV auch im Amtsblatt der Union veröffentlicht wird.

182 Der Rechnungshof ist mit einem Staatsangehörigen je Mitgliedstaat besetzt (Art. 285 Abs. 2 S. 1 AEUV). Die Mitglieder des Rechnungshofes üben ihre Aufgaben in voller Unabhängigkeit zum gemeinen Wohl der Union aus (Art. 285 Abs. 2 S. 2 AEUV).[171]

G. Sonstige Einrichtungen der EU

183 Zur Unterstützung der Tätigkeiten des Europäischen Parlaments, des Rates und der Kommission sind nach Art. 13 Abs. 4 EUV i.V.m. Art. 300 ff. AEUV zwei beratende Einrichtungen der Union geschaffen worden: der **Wirtschafts- und Sozialausschuss** sowie der **Ausschuss der Regionen**. Diese Ausschüsse besitzen **keine Organqualität**, wie sich bereits aus dem Fehlen ihrer Bezeichnung in Art. 13 Abs. 1 UAbs. 2 EUV ergibt. Sie sind vielmehr beratende Gremien sui generis mit organunterstützender Funktion.[172] Trotz dieser vermeintlichen Stellung sind sie im Rechtsetzungsverfahren nicht nur infor-

---

168 EuGH, Urt. v. 16.06.2015 – C-52/14, RÜ 2015, 591 *Pfeiffer & Langen*; vgl. auch Kramer/Hinrichsen JuS 2015, 673, 678 f.
169 BVerfG, Urt. v. 21.06.2016 – 2 BvR 2728/13 u.a., RÜ 2016, 518.
170 Haratsch/Koenig/Pechstein Rn. 311.
171 Magiera in: Grabitz/Hilf/Nettesheim, Art. 285 AEUV Rn. 7.
172 Jaeckel in: Grabitz/Hilf/Nettesheim, Art. 301 AEUV Rn. 2; Hayder EuZW 2010, 171; vgl. EuGH Slg. 1982, 269 Rn. 26 *Mol*.

mell, sondern formell durch Anhörungen und Abgaben einer Stellungnahme zu beteiligen, sofern dies im Vertrag für das jeweilige Rechtsetzungsverfahren vorgeschrieben ist.

I. Wirtschafts- und Sozialausschuss

Der Wirtschafts- und Sozialausschuss setzt sich aus Vertretern verschiedener Gesellschafts- und Wirtschaftsgruppen zusammen, die beispielhaft, aber nicht abschließend in Art. 300 Abs. 2 AEUV genannt werden. Er umfasst nach Art. 301 AEUV höchstens 350 Mitglieder, die nach Art. 302 AEUV für die Dauer von fünf Jahren durch den Rat nach Anhörung der Kommission ernannt werden. Die Zusammensetzung des Ausschusses wird künftig gemäß Art. 301 Abs. 2 AEUV durch Beschluss des Rates festgelegt. Damit ist der Ausschuss – ungeachtet seiner Mitwirkung im Rahmen der Sekundärgesetzgebung der Union – kein demokratisch repräsentatives Organ.[173] Seine Aufgabe besteht deshalb weniger darin, die Bevölkerung zu repräsentieren, als vielmehr die Interessen und Auffassungen der verschiedenen Gesellschafts- und Wirtschaftsgruppen widerzuspiegeln.

184

Beispiele: obligatorische Anhörung bei Vorhaben zur Arbeitnehmerfreizügigkeit (Art. 46 AEUV) oder zur Niederlassungsfreiheit (Art. 50 Abs. 1 AEUV), fakultative Anhörung gemäß Art. 304 Abs. 1 S. 2 AEUV

Die Stellungnahmen des Wirtschafts- und Sozialausschusses sind **unverbindlich**, d.h. die dort niedergelegten Auffassungen müssen von den Organen der Union, welche die Stellungnahmen einholen, nicht beachtet werden. Dem Anhörungserfordernis ist Rechnung getragen, wenn eine Stellungnahme des Ausschusses eingeholt worden ist.

II. Ausschuss der Regionen

Der Ausschuss der Regionen besteht gemäß Art. 305 Abs. 1 AEUV aus bis zu 350 Mitgliedern, die in der **Regionalpolitik** verwurzelt sind. Deshalb kann nach Art. 300 Abs. 3 AEUV nur in den Ausschuss der Regionen berufen werden, wer Vertreter einer regionalen oder lokalen Gebietskörperschaft ist, ein auf Wahlen beruhendes Mandat in einer regionalen oder lokalen Gebietskörperschaft innehat oder gegenüber einer gewählten Versammlung politisch verantwortlich ist. Diese Verantwortlichkeit ist im Sinne einer parlamentarischen Verantwortlichkeit zu verstehen, also im Sinne eines Zitierungs-, Untersuchungs- und Abwahlrechts mit Blick auf den jeweiligen Vertreter. Es ist folglich möglich, dass Mitglieder der Exekutive einer regionalen oder lokalen Gebietskörperschaft Mitglieder im Ausschuss der Regionen werden, sofern sie der entsprechenden Versammlung rechenschaftspflichtig sind – wie Mitglieder einer Landesregierung.[174]

185

Auch der Ausschuss der Regionen ist vornehmlich im Rechtsetzungsverfahren durch **Anhörungen** zu beteiligen. Er kann dabei – ebenso wie der Wirtschafts- und Sozialausschuss – **Stellungnahmen** abgeben, die aber für die übrigen Unionsorgane **keinerlei Bindungswirkung** entfalten.

186

Beispiele: Durchführungsbeschlüsse bezüglich der Landwirtschafts-, Struktur- und Regionalfonds (Art. 175 ff. AEUV), Strukturfragen der transeuropäischen Netze (Art. 172 AEUV)

---

173 Blanke in: Grabitz/Hilf/Nettesheim, Art. 300 Rn. 40.
174 Blanke in: Grabitz/Hilf/Nettesheim, Art. 300 AEUV Rn. 99.

Organe der EU (Organkompetenz)

Keine Gewaltenteilung, aber Grundsatz des institutionellen Gleichgewichts der Organe: Jedes Organ übt seine Befugnisse unter Beachtung der Befugnisse der anderen Organe aus, Verstöße können durch den Gerichtshof geahndet werden.

Numerus clausus der Unionsorgane, Art. 13 EUV

Europäisches Parlament
- **Sitz:** Straßburg (Hauptsitz), Luxemburg (Verwaltungssitz), Brüssel (Ausschusssitz)
- **Zusammensetzung und Wahl**
  - 750 Abgeordnete nach dem Prinzip der degressiven Proportionalität (Demokratiedefizit wg. Verstoßes gegen die Wahlrechtsgleichheit)
  - Sog. Europawahl alle fünf Jahre
  - Wahlgrundsätze, Art. 14 Abs. 3 EUV; insbes. Sperrklausel nach BVerfG verfassungswidrig
- **Aufgaben**
  - Hauptrechtsetzungsorgan (mit Rat)
  - Haushaltsbehörde (mit Rat)
  - Wahl des Parlaments- und Kommissionspräsidenten
  - Kontrolle der Kommission

Europäischer Rat
- **Sitz:** Brüssel
- **Zusammensetzung** (keine Wahl, Mitgliedschaft qua Amt)
  - Staats- und Regierungschefs der Mitgliedstaaten
  - Präsident des Europäischen Rates
  - Präsident der Kommission
  - Hoher Vertreter der Außen- und Sicherheitspolitik (nur Teilnahmerecht!)
- **Aufgaben**
  - Politische Gesamtleitung der Union, Festlegung der allgemeinen politischen Zielvorstellungen und Prioritäten
  - Vertragsänderungen im vereinfachten Verfahren
  - Mitwirkung bei personalpolitischen Entscheidungen (Nominierungen)
  - Gemeinsame Außen- und Sicherheitspolitik
  - Politische Revisionsinstanz

Rat
- **Sitz:** Brüssel (Hauptsitz), Luxemburg (Nebensitz)
- **Zusammensetzung** (keine Wahl, Mitgliedschaft qua Amt)
  - Regierungsvertreter der Mitgliedstaaten auf Ministerebene (je nach Fachzusammensetzung)
  - Vertretung durch Staatssekretäre möglich (Gewohnheitsrecht)
- **Aufgaben**
  - Hauptrechtsetzungsorgan (mit Europäischem Parlament)
  - Mitwirkung am Beitritt zur Union
  - Haushaltsbehörde (mit Europäischem Parlament)
  - Einfluss auf das auswärtige Handeln der Union

Organe der EU (Organkompetenz) – Fortsetzung

Kommission
- **Sitz:** Brüssel
- **Zusammensetzung und Wahl**
  - Präsident der Kommission, Hoher Vertreter der Außen- und Sicherheitspolitik und 26 Kommissare (ggf. Reduzierung auf 18 Kommissare)
  - Präsident: Wahl durch Europäisches Parlament auf Vorschlag des Europäischen Rates
  - Kommissare: Wahl durch Europäisches Parlament auf Vorschlag des Rates und des Präsidenten der Kommission
- **Aufgaben**
  - Exekutiv- und Verwaltungsfunktion
  - Initiativmonopol hinsichtlich der Rechtsetzung der Union
  - Wächterfunktion hinsichtlich der Einhaltung des Unionsrechts
  - Außenvertretung der Union (soweit nicht Außen- und Sicherheitspolitik betroffen)

Europäische Zentralbank
- **Sitz:** Frankfurt a.M.
- **Zusammensetzung**
  - Rat der Europäischen Zentralbank
  - Direktorium
- **Aufgaben**
  - Unabhängige Ausübung der Währungspolitik

Rechnungshof
- **Sitz:** Luxemburg
- **Zusammensetzung**
  - Ein Mitglied pro Mitgliedstaat
- **Aufgaben**
  - Rechnungsprüfung
  - Überwachung der Wirtschaftlichkeit der Haushaltsführung

Gerichtshof der Europäischen Union: im 4. Teil zum Prozessrecht!

3. Abschnitt: Unionsbürgerschaft

187 Die durch die Staatsangehörigkeit zu einem Mitgliedstaat vermittelte **Unionsbürgerschaft** findet ihre Regelung in Art. 9 S. 2, 3 EUV und Art. 20 ff. AEUV. Sie hat den zuvor in den Verträgen verwendeten Begriff des „Marktbürgers" abgelöst und drückt den **Willen zur Weiterentwicklung der ursprünglichen Wirtschaftsgemeinschaft zur staatenähnlichen Europäischen Union** aus, die auch die persönliche, soziale und politische Dimension der europäischen Integration berücksichtigt. Die Einführung der Unionsbürgerschaft soll den Bürgern darüber hinaus die **Identifizierung mit der Union** erleichtern und helfen, nationale Vorbehalte gegen diese auszuräumen.[175] Wenngleich mit dem Status des Unionsbürgers viele Rechte und Pflichten einhergehen, ist die derzeitige Konstruktion nach vorzugswürdiger Auffassung nicht geeignet, die Unionsbürger zum Staatsvolk der Europäischen Union zu machen (siehe zu dem diesbezüglichen Streit oben Rn. 27). Die herausgehobene Stellung der Regelung der Unionsbürgerschaft im ersten Abschnitt des EUV kann gleichwohl dahingehend verstanden werden, dass den Staatsangehörigen der Mitgliedstaaten der **grundsätzliche und besondere Status der Unionsbürgerschaft**[176] verdeutlicht werden soll.

188 Den Unionsbürgern stehen insbesondere die in Art. 20 Abs. 2 S. 1 lit. a–d AEUV grob umschriebenen **Rechte** zu. Diese werden zum einen in den nachfolgenden Vorschriften des AEUV, zum anderen in dazu erlassenen Richtlinien, also sekundärrechtlichen Vorschriften, konkretisiert. Aus dem Sekundärrecht ergibt sich, unter welchen Bedingungen und innerhalb welcher Grenzen die grundsätzlich übertragenen Rechte ausgeübt werden können. Darüber hinaus enthält Art. 20 Abs. 2 S. 1 AEUV eine Art Öffnungsklausel, nach der auch in weiteren Vorschriften des EUV und AEUV Rechte und Pflichten der Unionsbürger enthalten sein können. Die allgemeinen Vorschriften der Art. 20 ff. AEUV treten gegenüber den spezielleren Regelungen im Wege der **Subsidiarität** zurück.[177]

Beispiel: Art. 21 Abs. 1 AEUV garantiert den Unionsbürgern die Freizügigkeit in allen Mitgliedstaaten der Union. Die Freizügigkeit wird aber auch durch die Art. 45, 49, 56 AEUV gewährleistet, soweit diese im Zusammenhang mit einer wirtschaftlichen Tätigkeit in Anspruch genommen wird. Diese speziellen Freizügigkeitsgewährleistungen gehen dann der allgemeinen Regelung in Art. 21 AEUV vor.

189 Auch wenn die Unionsbürgerrechte durch das europäische Primärrecht gewährt und durch europäisches Sekundärrecht konkretisiert werden, finden sie – mit Ausnahme von Art. 24 AEUV – aber keine Anwendung gegenüber der Union selbst. Der **Wirkungsbereich** der Unionsbürgerrechte erstreckt sich vielmehr auf das Verhältnis der Unionsbürger zu den einzelnen Mitgliedstaaten im Falle der Grenzüberschreitung.[178]

A. Freizügigkeit

190 Als eines der wichtigsten Unionsbürgerrechte ohne Anknüpfungspunkt an wirtschaftliche Betätigungen ist die **Freizügigkeit**, Art. 21 Abs. 1 AEUV. Die Freiheit, sich in allen Mitgliedstaaten aufzuhalten, in diese ein- und wieder auszureisen, gilt – trotz des inso-

---

175 Magiera DÖV 1987, 221, 222; Fischer EuZW 1992, 566, 567.
176 EuGH EuZW 2002, 52 Slg. 2001, I-6193 Rn. 31 *Grzelczyk*; Streinz § 12 Rn. 977.
177 Vgl. Haratsch/Koenig/Pechstein Rn.773 zu Art. 21 AEUV.
178 Haratsch/Koenig/Pechstein Rn. 757.

weit missverständlichen Wortlauts – für alle Unionsbürger **unmittelbar**, es bedarf also keiner besonderen Umsetzung im Rahmen sekundärrechtlicher Vorschriften.[179] Der Wortlaut des Art. 21 Abs. 1 AEUV ist vielmehr dahin zu verstehen, dass die Freizügigkeit vorbehaltlich der Einschränkung durch primäres oder sekundäres Unionsrecht erfolgt.

Aufbauschema Freizügigkeit, Art. 21 AEUV

I. Anwendbarkeit der allgemeinen Freizügigkeit

   1. Vorrang der Freizügigkeit gewährenden Grundfreiheiten (z.B. Art. 45 AEUV)

   2. Vorrang der Freizügigkeitsrichtlinie (RL 2004/38/EG)

II. Schutzbereich

   1. Sachlicher Schutzbereich: Aufenthaltsrecht in anderem Mitgliedstaat und Recht auf Ein-, Aus- und Rückreise, i.V.m. Art. 18 AEUV Gleichbehandlungsanspruch

   2. Persönlicher Schutzbereich: Unionsbürger

III. Beschränkung

   Staatliche Maßnahme, die sachlichen Schutzbereich beschränkt

IV. Rechtfertigung

   1. Einschränkungsmöglichkeit durch Primär- und Sekundärrecht, konkretisiert u.a. durch Freizügigkeitsrichtlinie

   2. Einschränkungen der Union bei der Konkretisierung (sog. Schranken-Schranken): insbesondere Grundsatz der Verhältnismäßigkeit

---

Die Prüfung der Unionsbürgerrechte entspricht – mit Ausnahme der vorgeschalteten Anwendbarkeitsprüfung – der Prüfung nationaler Grundrechte nach dem sog. dreigliedrigen Grundrechtsaufbau[180] sowie dem Aufbauschema für die Verletzung von Grundfreiheiten oder Grundrechten der GRCh.

I. Anwendbarkeit

Art. 21 Abs. 1 AEUV ist als generelles Unionsbürgerrecht gegenüber anderen Vorschriften, die den Bürgern ebenfalls Freizügigkeit im Unionsgebiet gewährleisten, **subsidiär**. Art. 21 AEUV tritt deshalb hinter den Grundfreiheiten aus Art. 45, 49, 56 AEUV zurück.[181]   191

Ebenfalls Vorrang genießen die Regelungen der sog. **Freizügigkeitsrichtlinie** (RL 2004/28/EG). Diese steht zwar im Rangverhältnis als Teil des sekundären Unionsrechts unter dem Unionsbürgerrecht aus dem europäischen Primärrecht. Allerdings legt Art. 21 Abs. 2 AEUV fest, dass zur Erleichterung der Ausübung der Rechte aus Art. 21 Abs. 1 AEUV Sekundärrecht geschaffen werden kann. Soweit die auf dieser Ermächtigung beruhende Freizügigkeitsrichtlinie speziellere Einzelvorgaben enthält, geht auch diese   192

---

[179] EuGH EuZW 2002, 761 Rn. 84 *Baumbast*; EuR 2005, 658 Rn. 42 ff. *Zhu und Chen*; Nettesheim in: Grabitz/Hilf/Nettesheim, Art. 21 AEUV Rn. 14; Haratsch/Koenig/Pechstein Rn. 773.
[180] Vgl. dazu ausführlich AS-Skript Grundrechte (2015), Rn. 25 ff.
[181] EuGH EuZW 2007, 601 Rn. 35 *Schwarz, Gootjes-Schwarz*; Kluth in: Calliess/Ruffert, Art. 21 AEUV Rn. 16; Oppermann/Classen/Nettesheim § 16 Rn. 20.

dem Unionsbürgerrecht aus Art. 21 Abs. 1 AEUV vor.[182] Dieser Vorrang gilt insbesondere für die in ihr enthaltene Erweiterung an Rechten, die sich aus der Freizügigkeit der Unionsbürger ableiten lassen.

Die Freizügigkeitsrichtlinie wurde in Deutschland durch das Gesetz über die allgemeine Freizügigkeit von Unionsbürgern (FreizügG/EU) umgesetzt.

II. Schutzbereich

1. Sachlicher Schutzbereich

193 In **sachlicher Hinsicht** schützt Art. 21 AEUV das Recht der Unionsbürger, sich im Hoheitsgebiet der Mitgliedstaaten **frei zu bewegen** und **aufzuhalten**.[183] Aus dem Aufenthaltsrecht folgt das **Recht zum Verbleib** in einem Mitgliedstaat. Dieser darf den Unionsbürger weder unmittelbar noch mittelbar zur Ausreise zwingen.[184] Demnach bindet Art. 21 AEUV die **Mitgliedstaaten**[185] und nicht die Union selbst. Die Mitgliedstaaten dürfen in ihrem nationalen Recht keinerlei Anforderungen an oder Einschränkungen der Freizügigkeit der Unionsbürger formulieren. Die Reichweite erstreckt sich darüber hinaus auch auf den Herkunftsstaat des jeweiligen Unionsbürgers, der wegen Art. 21 AEUV gehindert ist, **Ausreise- oder Wiedereinreisehindernisse** für Unionsbürger in seinem nationalen Recht vorzusehen.[186]

2. Erweiterung: Recht auf Gleichbehandlung

194 Üben die Unionsbürger ihr Bewegungs- und Aufenthaltsrecht in einem anderen Mitgliedstaat rechtmäßig aus, steht ihnen nach der Rspr. des Gerichtshofs aus Art. 21 i.V.m. Art. 18 AEUV ein **Recht auf Gleichbehandlung** zu. Dadurch ist es dem Aufenthaltsmitgliedstaat untersagt, die Unionsbürger im Hinblick auf ihre Staatsangehörigkeit zu diskriminieren. Das Recht auf Gleichbehandlung bleibt aber aufgrund der Kombination mit Art. 21 AEUV auf die Fälle beschränkt, in denen die unterschiedliche Behandlung der Unionsbürger negative Auswirkungen auf die Freizügigkeit hat oder haben könnte, also die Ausnutzung der Freizügigkeit erschwert oder verhindert.[187] Besondere Bedeutung hat diese Rspr. im Bereich der **staatlichen Leistungen**, insbesondere der **Sozialleistungen** erlangt. Dies führt dazu, dass Unionsbürger im Aufenthaltsmitgliedstaat Sozialleistungen beanspruchen können.[188]

Allerdings steht der Gleichbehandlungsanspruch nicht jeder Ungleichbehandlung entgegen. Der Gerichtshof hatte in mehreren Verfahren zu entscheiden, ob nicht erwerbstätige Unionsbürger von dem Bezug von Sozialhilfe ausgeschlossen werden können, wenn sie sich allein mit dem Ziel, in den Genuss von Sozialhilfe zu kommen, in einen anderen Mitgliedstaat begeben haben. Der Gerichtshof bestätigte diesen Ausschluss zumindest für die Dauer von drei Monaten als unionsrechtskonform.[189]

---

182 Vgl. Haratsch/Koenig/Pechstein Rn. 792.
183 EuGH EuZW 2007, 767 Rn. 25 *Morgan und Bucher*; Slg. 2008, I- 3993 Rn. 32 *Nerkowska*.
184 EuGH NVwZ 2011, 545 *Zambrano*; Oppermann/Classen/Nettesheim § 18 Rn. 21.
185 Vgl. EuGH EuZW 2002, 635 Rn. 30 f. *D'Hoop*; Haag in: von der Groeben/Schwarze/Hatje, Art. 21 AEUV Rn. 12.
186 EuGH NVwZ 2008, 1221 *Jipa*; EuZW 2006, 500 Rn. 35 *De Cuyper*; EuZW 2012, 72 *Gaydrow*.
187 Vgl. EuGH EuZW 2009, 538 Rn. 55, 87 *Rüffler*; EuZW 2006, 500 Rn. 39 *De Cuyper*; Haratsch/Koenig/Pechstein Rn. 786.
188 EuGH EuZW 2002, 52 *Grzelczyk*; Haag in: von der Groeben/Schwarze/Hatje, Art. 21 AEUV Rn. 21.
189 EuGH NJW 2016, 1145 *Garcia-Nieto*; NVwZ 2015, 1517 *Alimanovic*; NVwZ 2014, 1648 *Dano*; Kingreen NVwZ 2015, 1503.

3. Persönlicher Schutzbereich

Der **persönliche Schutzbereich** knüpft an die **Unionsbürgerschaft** an. Damit genießen alle Staatsangehörigen der Mitgliedstaaten der Union Freizügigkeit im gesamten Unionsgebiet. An diesem Merkmal wird die Weiterentwicklung der Union besonders deutlich: Während die Freizügigkeit vormals nur im Zusammenhang mit einer wirtschaftlichen Betätigung über die Grundfreiheiten gewährleistet wurde, steht die Freizügigkeit heute ohne die wirtschaftliche Betätigung zur Verfügung.

195

III. Beschränkung

Die Freizügigkeit wird den Unionsbürgern – wie dargelegt – gegenüber den Mitgliedstaaten der Union gewährt. Deshalb sind auch nur diese in der Lage, das Freiheitsrecht zu beeinträchtigen. Eine Beschränkung liegt deshalb in jeder **mitgliedstaatlichen Maßnahme**, welche die Freizügigkeit oder die aus ihr abgeleiteten Rechte **unmittelbar oder mittelbar beeinträchtigt**. Der Gerichtshof legt den Beeinträchtigungsbegriff weit aus und hat bereits auf eine Beeinträchtigung des unionsbürgerlichen Freizügigkeitsrechts erkannt, wenn persönliche Unannehmlichkeiten, persönliche Kosten oder Verzögerungen die Inanspruchnahme der Freizügigkeit unwahrscheinlicher machen.[190]

196

Dogmatisch entspricht die „Beeinträchtigung" dem deutschen „Eingriff" in den Schutzbereich eines Grundrechts. Auch wenn in der Lit. zum Teil die Bezeichnung Eingriff auch im Unionsrecht gewählt wird,[191] sollten Sie diesen nicht übernehmen, da er insbesondere in der Rspr. des Gerichtshofs nicht auftaucht und suggeriert, Sie würden Begrifflichkeiten aus dem deutschen Recht übertragen.

IV. Rechtfertigung

Nicht jede Beeinträchtigung des Schutzbereichs der Freizügigkeit führt indes zu deren Verletzung. Vielmehr können Beeinträchtigungen **gerechtfertigt** werden, da Art. 21 Abs. 1 AEUV die Freizügigkeit ausschließlich unter den im AEUV und den Durchführungsbestimmungen vorgesehenen Beschränkungen und Bedingungen garantiert. Es besteht somit eine **Einschränkungsmöglichkeit** durch primäres und sekundäres Unionsrecht. Diese Einschränkungsmöglichkeit ist zumeist durch die Freizügigkeitsrichtlinie konkretisiert worden. Bei der konkreten Regelung von Einschränkungen der Freizügigkeit und ihrer Begleitrechte ist die Union jedoch nicht völlig frei. Sie unterliegt bei der Ausgestaltung der Einschränkungsmöglichkeit wiederum Beschränkungen durch allgemeine Grundsätze, die im Unionsrecht zwingend zu beachten sind – wie beispielsweise der Grundsatz der Verhältnismäßigkeit.[192]

197

Auch diese Formulierungen sollten Ihnen bekannt vorkommen: Das Freiheitsrecht steht unter dem Vorbehalt der Einschränkung (sog. Schranke), während der Gesetzgeber bei der Konkretisierung der Einschränkungsmöglichkeit wiederum konkreten Beschränkungen unterworfen ist (sog. Schranken-Schranken). Auf Unionsebene wird derselbe dogmatische Aufbau verwendet wie im Rahmen der verfassungsrechtlichen Rechtfertigung eines Eingriffs in deutsche Grundrechte!

Auch eine Einschränkung durch nationales Recht ist denkbar, wenn die Vorschrift ein im Allgemeininteresse liegendes Ziel in verhältnismäßiger Weise verfolgt.[193]

---

190 EuGH EuZW 2007, 767 Rn. 30 *Morgan*.
191 So beispielsweise Haratsch/Koenig/Pechstein Rn. 793.
192 Vgl. EuGH EuZW 2007, 767 Rn. 33 *Morgan*; NZS 2014, 20 *Pensionsversicherungsanstalt*.
193 Vgl. EuGH, Urt. v. 08.05.2013 – C-197/11, C-203/11, RÜ 2014, 111.

B. Diskriminierungsverbote

198 Wenngleich der Wortlaut nicht auf die Unionsbürgerschaft abstellt, erlangt das **allgemeine Diskriminierungsverbot** aus Art. 18 AEUV als **Unionsbürgerrecht im weiteren Sinne** Bedeutung.

Aufbauschema Diskriminierungsverbot, Art. 18 AEUV

I. Anwendbarkeit des allgemeinen Diskriminierungsverbotes

Vorrang spezieller Diskriminierungsverbote (z.B. Grundfreiheiten)

II. Schutzbereich

1. Sachlicher Schutzbereich: Sachverhalt mit Unionsrechtsbezug
2. Persönlicher Schutzbereich: jedenfalls Unionsbürger

III. Diskriminierung

- Offene Diskriminierung
- Versteckte Diskriminierung

IV. Rechtfertigung

1. Objektive Erwägungen des Allgemeinwohls
2. Grundsatz der Verhältnismäßigkeit

---

199 Das allgemeine Diskriminierungsverbot stellt eine besondere Ausprägung des **allgemeinen Gleichheitssatzes** dar, da er **Ungleichbehandlungen aus Gründen der Staatsangehörigkeit** verbietet, sofern sie nicht durch objektive Erwägungen ausnahmsweise gerechtfertigt sind. Zu den Unionsbürgerrechten im weiteren Sinne ist das Diskriminierungsverbot aufgrund seines Anwendungsbereichs zu zählen: Art. 18 AEUV verbietet den Mitgliedstaaten der Union, eigene Staatsangehörige ohne sachlichen Grund anders zu behandeln als Staatsangehöriger anderer Mitgliedstaaten. Auf das Verhältnis zu Drittstaatsangehörigen findet Art. 18 AEUV hingegen keine Anwendung.[194]

Das Diskriminierungsverbot schlägt sogar bis auf die deutschen Grundrechte durch: Für die Grundrechtsfähigkeit juristischer Personen aus Art. 19 Abs. 3 GG hat das BVerfG entschieden, dass juristische Personen mit Sitz in der Union wegen Art. 18 AEUV nicht schlechter gestellt werden dürfen als inländische juristische Personen.[195]

200 Neben Art. 18 AEUV hat das Diskriminierungsverbot auch **spezielle Ausprägungen** erfahren, die dem allgemeinen Diskriminierungsverbot in der Anwendung vorgehen; Art. 18 AEUV ist insoweit subsidiär. Hierzu gehören das Schlechterstellungsverbot der Verkehrsunternehmer in Art. 92 AEUV ebenso wie die Grundfreiheiten aus den Art. 28 ff. AEUV. Bei Letzteren wird aufgrund ihrer Rechtfertigungsgründe deutlich, dass eine Differenzierung nach der Staatsangehörigkeit der sich auf die Grundfreiheiten berufenden Unionsbürger nicht zulässig ist.

---

[194] EuGH EuZW 2011, 429 Rn. 20 *Guarnieri*; vgl. auch EuGH DÖV 2009, 634 Rn. 52 *Vatsouras*.
[195] BVerfG, Beschl. v. 19.07.2011 – 1 BvR 1916/09, RÜ 2011, 723, 724; a.A. in Bezug auf Art. 12 GG BVerfG NJW 2016, 1436.

In den Fokus sind die speziellen Ausprägungen sowie das allgemeine Diskriminierungsverbot im Zusammenhang mit der in Deutschland geplanten **Pkw-Maut** gerückt.

> **Fall 2: Pkw-Maut**
>
> Das Bundesverkehrsministerium plant die Einführung einer sog. Pkw-Maut. Der Entwurf des Gesetzes über die Erhebung einer Infrastrukturabgabe für die Benutzung von Bundesautobahnen (Infrastrukturabgabengesetz – InfrastrukturAG) sieht vor, dass die Benutzung von Bundesautobahnen durch Kraftfahrzeuge mit einem zulässigen Gesamtgewicht von bis zu 3,5 t nur zulässig ist, wenn die Fahrzeugführer zuvor eine kostenpflichtige Vignette erworben haben. Die Vignetten werden abhängig von der Nutzungszeit ausgegeben (Tages-, Wochen, Monats- und Halbjahresvignette). Dabei ist die jeweilige Gebühr angemessen bemessen. Eine Differenzierung nach privater oder gewerblicher Nutzung erfolgt nicht. Das InfrastrukturAG sieht aber vor, dass die Kraftfahrzeugsteuer für in Deutschland angemeldete Kfz um die Summe sinkt, die zwei Halbjahresvignetten entspricht. Damit soll erreicht werden, dass die Pkw-Maut für deutsche Kraftfahrzeugführer und -halter gebührenneutral bleibt. Zur Begründung führt das Bundesverkehrsministerium an, es wolle den Umweltschutz stärken, indem es durch die Gebühr einen Anreiz für die Benutzung anderer Verkehrsmittel setze. Ferner wolle es eine gleichmäßige Belastung aller Straßennutzer mit den Kosten der Instandhaltung erreichen, da die Bundesbürger über die Kraftfahrzeug- und Mineralölsteuer derzeit überproportional zu den Instandhaltungskosten herangezogen werden. Als die Kommission von dem Gesetzentwurf erfährt, teilt sie der Bundesregierung mit, dass die Pkw-Maut ihrer Auffassung nach unionsrechtswidrig sei, da sie zu einer Diskriminierung der EU-Ausländer führe. Zu Recht? Bearbeitungshinweis: Grundfreiheiten sind nicht zu prüfen!

Die geplante Pkw-Maut könnte gegen **Art. 92 AEUV** und **Art. 18 AEUV** verstoßen.

Ein Verstoß gegen Art. 110 AEUV scheidet von vornherein aus, da die Vorschrift ihrem Wortlaut nach nur spezifisch auf den Warenverkehr zugeschnittene Abgaben erfasst. Die Pkw-Maut knüpft jedoch nicht an die Warenbeförderung, sondern an die Straßennutzung an.[196] Zudem liegt kein Verstoß gegen die unionale Kompetenzordnung vor, da die Finanzierung der Verkehrsinfrastruktur gemäß Art. 4 Abs. 2 lit. g AEUV zur geteilten Unionskompetenz gehört und die Union noch keine entsprechende Regelung für Pkw mit einem zulässigen Gesamtgewicht von bis zu 3,5 t getroffen hat.[197] Lediglich die Nutzung der Autobahnen durch schwere Nutzfahrzeuge wurde durch die Richtlinie 1999/62/EG geregelt.

A. Ein **Verstoß gegen Art. 92 AEUV** liegt vor, wenn aus der Pkw-Maut eine Benachteiligung der EU-ausländischen Verkehrsunternehmer gegenüber inländischen Verkehrsunternehmern durch Veränderung der Rechtslage resultiert.

Art. 92 AEUV ist vorrangig zu prüfen, da es jedenfalls ein besonderes Diskriminierungsverbot enthält und insoweit dem allgemeinen Diskriminierungsverbot aus Art. 18 AEUV vorgeht.[198] Der Prüfungsaufbau entspricht grundsätzlich dem oben bei Rn. 198 zu Art. 18 AEUV entwickelten Aufbau.

---

196 Korte/Gurreck EuR 2014, 420, 425; Kainer/Ponterlitschek ZRP 2013, 198, 200.
197 Schiedermair/Koppe Jura 2016, 406, 408 f.
198 Fehling in: von der Groeben/Schwarze/Hatje Art. 92 AEUV Rn. 1; Schäfer in: Streinz, Art. 92 AEUV Rn. 4; Hillgruber, Gutachten für das Bundesministerium für Verkehr, S. 15 ff., abrufbar unter http://www.bmvi.de/SharedDocs/DE/Pressemitteilungen/2014/146-dobrindt-instrastrukturabgabe.html.

I. Dann müsste Art. 92 AEUV **anwendbar** sein. Da die Pkw-Maut nach dem Gesetzesentwurf lediglich Pkw mit einem zulässigen Gesamtgewicht von bis zu 3,5 t betrifft, stehen vorrangige sekundärrechtliche Regelungen aus der Richtlinie 1999/62/EG (sog. Wegekosten- bzw. Eurovignetten-Richtlinie) nicht entgegen. Diese betrifft lediglich Verkehr mit Fahrzeugen über 3,5 t Gesamtgewicht. Art. 92 AEUV ist somit anwendbar.

Auch diesen Bereich wollte die Bundesrepublik Deutschland vor Schaffung der Richtlinie mit einer nationalen Vorschrift regulieren und eine Schwerverkehrsabgabe einführen. Diese kassierte der Gerichtshof jedoch als mit der Vorgängerregelung des Art. 92 AEUV unvereinbar.[199]

202 II. Die Pkw-Maut könnte eine **Diskriminierung** i.S.d. Art. 92 AEUV darstellen. Eine solche liegt vor, wenn die bestehende Rechtslage durch die Mitgliedstaaten nachteilig für Verkehrsunternehmen anderer Mitgliedstaaten im Vergleich zu den inländischen Verkehrsunternehmen verändert wird.

203 1. **Verkehrsunternehmer** ist jede Person, die am Verkehr teilnimmt und dabei einer wirtschaftlichen Tätigkeit nachgeht, die spezifisch auf die Nutzung der Straße als Transportweg bezogen ist.[200] Da die Pkw-Maut nicht zwischen erwerbsgeschäftlicher und privater Nutzung differenziert, werden auch Personen- oder Warentransporte mit entsprechenden Fahrzeugen (bspw. Kleinbusse oder Kleintransporter) von der Mautpflicht erfasst. Durch die Einführung der Mautpflicht sind folglich Verkehrsunternehmer betroffen.

Soweit Verkehrsunternehmer betroffen sind, ist die Maut folglich an Art. 92 AEUV zu messen. Sind allerdings Privatpersonen betroffen, ist Art. 92 AEUV nicht anwendbar, sodass das allgemeine Diskriminierungsverbot nach Art. 18 AEUV nicht als subsidiär zurücktritt und deshalb insoweit als Prüfungsmaßstab herangezogen werden muss.

2. Eine **Ausnahmeregelung** des Rates i.S.d. Art. 92 a.E. AEUV liegt nicht vor.

204 3. Fraglich ist jedoch, ob aus der Erhebung der Maut eine **Schlechterstellung** folgt. Art. 92 AEUV soll verhindern, dass die Auswirkungen auf ausländische Unternehmer im Vergleich zu den inländischen Verkehrsunternehmen nicht ungünstiger gestaltet werden.[201]

a) Gegen eine Schlechterstellung spricht, dass die Pkw-Maut gleichmäßig **für alle Straßenbenutzer** eingeführt wird. Dies hat zur Folge, dass nicht nur ausländische, sondern auch inländische Verkehrsunternehmer zur Zahlung der Maut herangezogen werden.

205 b) Fraglich ist, ob sich die Schlechterstellung aus der gleichzeitigen **Reduzierung der Kraftfahrzeugsteuer für deutsche Verkehrsunternehmen** ergeben kann. Zur Beurteilung der Schlechterstellung ist eine **wirtschaftliche Gesamtbetrachtung** vorzunehmen. Dabei müssten auch solche Auswirkungen in den Blick genommen werden, die sich zwar nicht unmittelbar aus der verkehrs-

---

199 Vgl. EuGH NJW 1992, 1949.
200 Stadler in: Schwarze, Art. 92 AEUV Rn. 3; Korte/Gurreck EuR 2014, 420, 427.
201 Boeing/Kotthaus/Rusche in: Grabitz/Hilf/Nettesheim, Art. 92 AEUV Rn. 4.

rechtlichen Rechtsänderung, aber aus deren Zusammenhang ergeben.[202] Hiernach darf die neue Belastung durch die Maut nicht isoliert in den Blick genommen, sondern muss im Zusammenhang mit der zugleich geplanten Senkung der Kraftfahrzeugsteuer beurteilt werden. Diese kommt aber beinahe ausschließlich den im Inland zugelassenen Fahrzeugen zugute, da ausländische Pkw-Halter nach § 2 Nr. 1 KraftStG größtenteils von der Pflicht zur Entrichtung der Kraftfahrzeugsteuer befreit sind. Demnach liegt grundsätzlich eine Schlechterstellung der ausländischen Verkehrsunternehmen vor.

> Gegen eine Schlechterstellung spricht jedoch, dass die von inländischen Verkehrsunternehmen abgeführte Kfz-Steuer anteilig in die Instandhaltung der Autobahnen geflossen ist. Ausländische Verkehrsunternehmen wurden hingegen bislang überhaupt nicht an den Instandhaltungskosten der Bundesautobahnen beteiligt.

aa) Aus diesem Grund ist nach einem Teil der Lit. eine **dynamische Betrachtungsweise** der Benachteiligung erforderlich. Eine Schlechterstellung sei nicht gegeben, soweit durch die Einführung einer Belastung lediglich eine bisherige Benachteiligung der Inländer ausgeglichen werde.[203] Ohne diese Ausnahme sei den Mitgliedstaaten jedwede Anpassung des Verkehrsrechts – auch zur Herstellung ansonsten nicht gegebener Wettbewerbsfreiheit – verboten. Nach dieser Ansicht ist **keine Ungleichbehandlung aufgrund der Staatsangehörigkeit** gegeben, da alle Straßennutzer unabhängig von ihrer Staatsangehörigkeit zu einem Beitrag zu den Lasten der Instandhaltung der Bundesautobahnen herangezogen werden. **206**

> Konsequenterweise sieht diese Auffassung dogmatisch in Art. 92 AEUV nur noch ein relatives, gegenüber Art. 18 AEUV spezielleres Diskriminierungsverbot.

bb) Die Gegenauffassung bevorzugt eine **starre Betrachtungsweise**. Danach ist die vor der Neuregelung bestehende Inländerdiskriminierung unbeachtlich und nicht geeignet, den diskriminierenden Charakter der Neuregelung zu beseitigen.[204] Die zuvor erfolgte Ungleichbehandlung im Hinblick auf Abgaben zur Erhaltung der Bundesautobahnen müssten unberücksichtigt bleiben, sodass eine Schlechterstellung durch die Maut gegeben ist. **207**

> Nach dieser Auffassung stellt sich Art. 92 nicht nur als spezielles Diskriminierungsverbot, sondern als generelle Stillhalteverpflichtung der Mitgliedstaaten auf dem Gebiet des nationalen Verkehrsrechts dar.

cc) Stellungnahme: Der zuletzt genannten Auffassung ist zu folgen. Hierfür spricht, dass die Verkehrspolitik ausweislich der Regelung in Art. 90 **208**

---

[202] Martinez in: Calliess/Ruffert, Art. 92 AEUV Rn. 7; Schäfer in: Streinz, Art. 92 AEUV Rn. 6; Schiedermair/Koppe Jura 2016, 406, 409; Zabel NVwZ 2015, 186, 189; Korte/Gurreck EuR 2014, 420.
[203] Martinez in: Calliess/Ruffert, Art. 92 AEUV Rn. 5 f. ; Kainer/Ponterlitschek ZRP 2013, 198, 199; Gutachten Hillruber (siehe FN 191), S. 49 f.; in diese Richtung deutet auch die Stellungnahme des Verkehrskommissars Kallas vom 28.10.2013 auf eine parlamentarische Anfrage (P-011520/2013).
[204] EuGH NJW 1992, 1949 *Kommission/Deutschland*; Urt. v. 31.03.1993 – C-184/91 *Oorburg und van Messem*.

AEUV grundsätzlich der Union obliegen soll. Dieser Vorgabe liefen von den Mitgliedstaaten im Alleingang erlassene Maßnahmen zuwider, weil Anreize verloren gingen, sich im Verkehrsbereich mit den anderen Mitgliedstaaten im Rahmen der unionsrechtlich vorgesehenen Verfahren zu einigen und so binnenmarktkompatible Lösungen zu erarbeiten.[205]

Demzufolge liegt eine Schlechterstellung der ausländischen Verkehrsunternehmer und damit eine Diskriminierung vor.

II. Streitig ist ferner, ob diese Diskriminierung einer **Rechtfertigung** zugänglich ist.

209 1. Ein Teil der Lit. bejaht die Möglichkeit der Rechtfertigung einer Ungleichbehandlung der Verkehrsunternehmer und sieht in Art. 92 AEUV dementsprechend ein **relatives Diskriminierungsverbot**.[206] Dies folge zum einen aus der ähnlichen Struktur des Art. 18 AEUV, der bei einer Diskriminierung ebenfalls die Rechtfertigung derselben gestatte. Zum anderen würden den Mitgliedstaaten erhebliche Gestaltungsbereiche im Bereich der Verkehrspolitik genommen, würde man eine Ungleichbehandlung vollständig ausschließen.

210 2. Nach anderer Ansicht ist Art. 92 AEUV als **absolutes Diskriminierungsverbot** zu verstehen, dass von vornherein keiner Rechtfertigung zugänglich ist.[207] Diese Auffassung findet ihre Stütze im Wortlaut des Art. 92 AEUV, der eine Ausnahme nur für den Fall einer einstimmigen Billigung durch Ratsbeschluss vorsieht. Demnach wäre Art. 92 AEUV aufgrund der oben festgestellten Diskriminierung verletzt und die Maut insoweit unionsrechtswidrig.

In dieser Auffassung findet die starre Betrachtungsweise ihre Fortsetzung: Wenn es sich um eine Stillhalteverpflichtung aller Mitgliedstaaten handelt, ist diese nur effektiv, wenn sie überhaupt nicht durchbrochen werden kann.

211 3. Stellungnahme: Der letztgenannten Auffassung ist zu folgen. Die erste Ansicht ist bereits dogmatisch unhaltbar, da Art. 92 AEUV lex specialis gegenüber Art. 18 AEUV darstellt und sich deshalb die Ansätze zur Rechtfertigung nicht übertragen lassen.[208] Darüber hinaus lassen sich die für die starre Betrachtungsweise angeführten Argumente übertragen, insbesondere würde wiederum die nur in Art. 92 a.E. AEUV vorgesehene Ausnahmegestaltung durch eine generelle Rechtfertigungsmöglichkeit konterkariert. Eine Rechtfertigung der Diskriminierung ist folglich nicht möglich.[209]

Soweit die Mautregelung Verkehrsunternehmer betrifft, erweist sie sich als mit Art. 92 AEUV unvereinbar und damit unionsrechtswidrig.

212 B. Ein **Verstoß gegen das allgemeine Diskriminierungsverbot aus Art. 18 Abs. 1 AEUV** liegt vor, wenn es anwendbar ist, eine Ungleichbehandlung von Unionsbür-

---

205 Korte/Gurreck EuR 2014, 420, 432; vgl. auch EuGH NJW 1992, 1949 *Kommission/Deutschland*.
206 Schäfer in: Streinz, Art. 92 AEUV Rn. 4.
207 Boeing/Kotthaus/Rusche in: Grabitz/Hilf/Nettesheim, Art. 92 AEUV Rn. 9; Martinez in: Calliess/Ruffert, Art. 92 AEUV Rn. 12; Korte/Gurreck EuR 2014, 420, 435; Schiedermair/Koppe Jura 2016, 406, 410.
208 Vgl. Zabel NVwZ 2015, 186, 190.
209 So i.E. auch Korte/Gorreck EuR 2014, 420, 435; Schiedermair/Koppe Jura 2016, 406, 410; Zabel NVwZ 2015, 186, 190.

gern aufgrund ihrer Staatsangehörigkeit vorliegt und diese Ungleichbehandlung nicht gerechtfertigt ist.

I. Wie bereits dargelegt, gilt die Verpflichtung zur Entrichtung der Pkw-Maut durch Erwerb der Vignette nicht nur für gewerbliche Fahrzeugführer und -halter, sondern generell. Soweit gewerbliche Fahrten von Verkehrsunternehmern betroffen sind, ist Art. 92 AEUV vorrangig; Art. 18 AEUV tritt dann als **subsidiär** zurück. Für den Vignettenerwerb für **Privatfahrten** bestehen keine vorrangig anwendbaren Regelungen, sodass Art. 18 AEUV insoweit **anwendbar** bleibt.

> Sie müssten noch weiter differenzieren, wären die **Grundfreiheiten** nicht durch den Bearbeitungsvermerk ausgeschlossen. Denn auch deren Anwendungsbereich ist betroffen: So steht beispielsweise die Arbeitnehmerfreizügigkeit aus Art. 45 AEUV einer diskriminierenden Beschränkung entgegen, die Unionsbürgern das Aufsuchen ihres Arbeitsplatzes in der Bundesrepublik Deutschland erschwert.[210]

II. Weiterhin müsste der **Schutzbereich** des Diskriminierungsverbotes eröffnet sein. **213**

> Zum Teil werden die unter dem Begriff „Schutzbereich" geprüften Fragen auch bei der Anwendbarkeit des Diskriminierungsverbots oder der Diskriminierung selbst thematisiert. Die hier vorgenommene Zweiteilung ermöglicht, die Subsidiarität gegenüber speziellen Diskriminierungsverboten und die positiven Anwendungsvoraussetzungen voneinander zu trennen sowie einer Vermischung mit dem eigenständigen Begriff der Diskriminierung zu vermeiden.[211]

1. In **sachlicher Hinsicht** ist der Schutzbereich des Art. 18 Abs. 1 AEUV eröffnet, wenn ein **Sachverhalt mit Unionsrechtsbezug** gegeben ist. Dies ist der Fall, wenn der einschlägige Sachverhalt im Zusammenhang mit einer im AEUV geregelten Materie steht.[212] Die Einführung einer Pkw-Maut steht in engem Zusammenhang mit dem gemeinsamen Verkehrsrecht, zu deren Entwicklung und Durchführung die Union nach Art. 90 AEUV verpflichtet ist. Dementsprechend liegt kein rein nationaler Sachverhalt, sondern ein solcher mit Unionsrechtsbezug vor. Der sachliche Schutzbereich ist eröffnet. **214**

2. Der **persönliche Schutzbereich** lässt sich Art. 18 Abs. 1 AEUV nicht konkret entnehmen. Der Wortlaut verbietet nur die Diskriminierung aus Gründen der Staatsangehörigkeit, ohne dabei konkret auf die Staatsangehörigkeit eines Mitgliedstaates abzustellen. Auch die systematische Stellung sowie die Überschrift des Abschnitts des AEUV sprechen **nicht für eine zwingende Beschränkung des persönlichen Schutzbereichs auf Unionsbürger**. Diesen wird der Schutz aber **in jedem Fall** zuteil.[213] **215**

> Der Gerichtshof hat bislang nur entschieden, dass sich auf Art. 18 AEUV auch berufen darf, wer neben der Staatsangehörigkeit eines Mitgliedstaates die eines Drittstaates besitzt.[214] Darüber hinaus hat er das Diskriminierungsverbot in einem Fall für unanwendbar gehalten, bei dem es um den Ausschluss von Staatsangehörigen der Mitgliedstaaten von Sozialhilfe-

---

210 Vgl. dazu Korte/Gorreck EuR 2014, 420, 427 f.
211 Wie hier Haratsch/Koenig/Pechstein Rn. 735 ff.
212 von Bogdandy in: Grabitz/Hilf/Nettesheim, Art. 18 AEUV Rn. 33; Haratsch/Koenig/Pechstein Rn. 738; Schiedermair/Koppe Jura 2016, 406, 411; vgl. auch EuGH EuZW 2009, 862, 864 Rn. 25 ff. *Gottwald*.
213 Streinz in: Streinz, Art. 18 AEUV Rn. 33; Haratsch/Koenig/Pechstein Rn. 735; differenzierend von Bogdandy in: Grabitz/Hilf/Nettesheim, Art. 18 AEUV Rn. 30 f.; a.A. Rust in: von der Groeben/Schwarze/Hatje, Art. 18 AEUV Rn. 45; Rossi EuR 2000, 197, 202: Schutz nur für Unionsbürger.
214 EuGH NJW 1997, 3299 *Saldanha*; EuZW 2004, 507 *Collins*.

leistungen ging, die Drittstaatsangehörigen gewährt wurden.[215] Eine generelle Aussage zum Anwendungsbereich des Art. 18 AEUV hat der Gerichtshof jedoch nicht getroffen.

Das InfrastrukturAG sieht die Vignettenpflicht ausnahmslos für jeden Benutzer der Bundesautobahnen vor. Dementsprechend sind – zumindest auch – die Staatsangehörigen der Mitgliedstaaten betroffen, welche die Bundesautobahnen nutzen. Insoweit ist der persönliche Schutzbereich eröffnet.

III. In der Erhebung der Pkw-Maut bei gleichzeitiger Kraftfahrzeugsteuerreduzierung müsste eine **Diskriminierung aufgrund der Staatsangehörigkeit** liegen.

216 1. Eine **offene Diskriminierung** ist gegeben, wenn eine unterschiedliche Regelung ausdrücklich an das Kriterium der Staatsangehörigkeit geknüpft wird.[216] Dies ist nicht der Fall, da das InfrastrukturAG allen und nicht nur ausländischen Autobahnnutzern die Verpflichtung zum Erwerb einer Vignette auferlegt.

217 2. Art. 18 Abs. 1 AEUV steht aber – insbesondere vor dem Hintergrund des aus Art. 4 Abs. 3 UAbs. 2 EUV folgendem Grundsatz der praktischen Wirksamkeit des Unionsrechts (**effet utile**) – nicht nur der offenen Diskriminierung entgegen. Vielmehr steht die Vorschrift auch **versteckten Diskriminierungen** entgegen. Eine solche liegt vor, wenn ohne ausdrückliche Anknüpfung an die Staatsangehörigkeit eine faktische Benachteiligung der Angehörigen anderer Staaten bewirkt wird.[217] Für eine derartige faktische Benachteiligung spricht das zu Art. 92 AEUV Gesagte: Stellt man eine wirtschaftliche Gesamtbetrachtung an, bewirkt die Einführung einer Pkw-Maut eine faktische Schlechterstellung der ausländischen Staatsangehörigen, da sie nicht in den Genuss der Reduzierung der Kraftfahrzeugsteuer gelangen. Denn diese wirkt sich nur auf die in Deutschland zugelassenen Fahrzeuge kompensatorisch aus.[218]

Dagegen wird teilweise eingewendet, dass die Diskriminierung nicht faktisch aus der Rechtsänderung folge, sondern **nur in einem zeitlichen und subjektiv-politischen Zusammenhang** stehe. Eine Diskriminierung sei abzulehnen, da auch inländische Nutzer keine Kompensation für die nun anfallende Gebühr der Straßennutzung in Form der Pkw-Maut erhielten, sondern eine Senkung der allgemeinen Steuerlast erfolge. Dass diese beiden voneinander unabhängigen Instrumente durch Äußerungen von Politikern in Zusammenhang gebracht worden seien, genüge für einen faktischen Zusammenhang nicht.[219] Diese Argumentation überzeugt indes nicht, da sie zur Aufspaltung zweier im Zusammenhang stehender Maßnahmen führt. Dadurch würden die Möglichkeit diskriminierender Rechtsetzung durch die Mitgliedstaaten erhöht, was dem Schutzzweck des Art. 18 Abs. 1 AEUV zuwider läuft. Darüber hinaus wäre die Steuersenkung ohne die Einführung der Pkw-Maut nicht erfolgt, was ebenfalls dafür spricht, die beiden Maßnahmen zusammen zu beurteilen.[220]

Eine Diskriminierung liegt folglich vor.

---

215 EuGH EuZW 2009, 702 *Vatsouras und Koupatantze*.
216 EuGH NJW 1997, 3299 Rn. 25 *Saldanha*; Epiney in: Calliess/Ruffert, Art. 18 AEUV Rn. 12; Oppermann/Classen/Nettesheim § 17 Rn. 70; Boehme-Neßler NVwZ 2014, 97, 98.
217 EuGH EuZW 2010, 465, 467 Rn. 41 *Bressol*; EuZW 2001, 413, 416 Rn. 40 *ÖGB*; von Bogdandy in: Grabitz/Hilf/Nettesheim, Art. 18 AEUV Rn. 10; Boehme-Neßler NVwZ 2014, 97, 98.
218 Für eine mittelbare Diskriminierung Boehme-Neßler NVwZ 2014, 97, 98; Schiedermair/Koppe Jura 2016, 406, 412.
219 Hindelang/Berner JuS 2014, 812, 816.
220 Boehme-Neßler NVwZ 2014, 97, 101.

IV. Diese Diskriminierung könnte jedoch **gerechtfertigt** sein.

1. Art. 18 AEUV beinhaltet nach der ganz h.M. in der Lit. sowie der Rspr. des Gerichtshofs zumindest für den Fall der hier vorliegenden **versteckten Diskriminierung** ein **relatives Diskriminierungsverbot**, sodass die Diskriminierung generell einer Rechtfertigung zugänglich ist.[221]

   218

   Während zunächst für die offenen Diskriminierungen ein absolutes Diskriminierungsverbot angenommen wurde, neigen inzwischen sowohl der Gerichtshof als auch große Teile der Lit. dazu, auch insoweit ein relatives Diskriminierungsverbot anzunehmen.[222]

2. Die Diskriminierung ist gerechtfertigt, wenn sie auf **objektiven, von der Staatsangehörigkeit des Betroffenen unabhängigen Erwägungen** beruht und in einem **angemessenen Verhältnis** zu dem Zweck steht, der mit den nationalen Rechtsvorschriften verfolgt wird.[223] Als objektive Erwägungen führt das Bundesverkehrsministerium den **Umweltschutz** sowie die **gerechte Lastenverteilung** im Hinblick auf die Instandhaltungskosten der Bundesautobahnen an. Es ist fraglich, ob diese Gründe zur Rechtfertigung ausreichen.

   219

   a) Zwar handelt es sich beim **Umweltschutz** um eine von der Staatsangehörigkeit unabhängige, objektive Erhebung, die grundsätzlich zur Rechtfertigung der Ungleichbehandlung herangezogen werden kann. Durch die Kombination mit der Senkung der Kraftfahrzeugsteuer für deutsche Fahrzeugführer und -halter wird für diese jedoch überhaupt kein Anreiz zum Umsteigen auf Mittel des öffentlichen Personennahverkehrs gesetzt. Er wirkt sich allenfalls auf die ausländischen Fahrzeugführer aus. Bereits aus dieser Inkongruenz heraus steht fest, dass der Umweltschutz durch die geplante Pkw-Maut nicht in dem Umfang gefördert wird, der zu einer Rechtfertigung der Ungleichbehandlung erreicht werden müsste.[224]

   220

   b) Fraglich ist, ob die Ungleichbehandlung zur Erzielung einer **gerechten Lastenverteilung** gerechtfertigt sein kann. Dies ist der Fall, wenn die Beteiligung der im Ausland ansässigen Halter an den Kosten der deutschen Straßeninfrastruktur zwingend erforderlich ist, um eine überdurchschnittliche Beteiligung der in Deutschland ansässigen Halter zu kompensieren.

   221

   aa) Ein solcher Lastenausgleich zugunsten der Inländer ist jedoch zumindest unionsrechtlich nicht geboten, da die **Inländerdiskriminierung** – wie aus dem Wortlaut des Art. 18 Abs. 1 AEUV ersichtlich – **unionsrechtlich keine Rolle spielt**. Darüber hinaus tragen die ausländischen Fahrzeugführer bereits durch die **Mineralölsteuer** zur Finanzierung der Instandhaltung der Bundesautobahnen bei.[225]

   222

---

221 EuGH NJW 1994, 1274 Rn. 17 *Mund & Fester* st.Rspr.; von Bogdandy in: Grabitz/Hilf/Nettesheim, Art. 18 AEUV Rn. 20 m.w.N.; a.A. (absolutes Diskriminierungsverbot): Hauschka NVwZ 1990, 1155; Hackspiel NJW 1982, 2166, 2167 f.
222 EuGH NJW 1998, 2127 Rn. 19/24 *Hayes*; NJW 1997, 3299 Rn. 28 ff. *Saldanha*; von Bogdandy in: Grabitz/Hilf/Nettesheim, Art. 18 AEUV Rn. 21 ff. m.w.N.
223 EuGH EuZW 2005, 276, 258 Rn. 54 *Bidar*; Haratsch/Koenig/Pechstein Rn. 751.
224 So bereits EuGH NJW 1992, 1949 Rn. 31 *Kommission/Deutschland* zu der in Deutschland zunächst geplanten Lkw-Maut; ebenso Korte/Gurreck EuR 2014, 420, 437 f.
225 Langeloh DÖV 2014, 365, 370; Boehme-Neßler NVwZ 2014, 97, 100.

223   bb) Außerdem betrifft die Inländerdiskriminierung nicht die Rechtfertigung, sondern bereits den Umfang des Schutzbereiches betrifft und kann deshalb hier nicht mehr herangezogen werden. Auch der Verweis auf die Mineralölsteuer verfängt nicht, da auf Bundesautobahnen auch Fahrzeuge verkehren, die nicht im Bundesgebiet getankt haben, und die Mineralölsteuer nicht zweckgebunden für die Instandhaltung der Bundesautobahnen verwendet werden muss.[226]

224   cc) Letztlich spricht aber das für die Erhebung einer Nutzungsgebühr relevante **Verursacherprinzip** gegen die Rechtfertigung zur Herstellung einer gerechten Lastenverteilung. Nach diesem Prinzip sind die Kosten für die Nutzung eines Gutes demjenigen anzulasten, der für deren Entstehen verantwortlich ist.[227] Zwar lässt sich hierüber grundsätzlich rechtfertigen, die ausländischen Straßenbenutzer auch zur Entrichtung einer Nutzungsgebühr für die Bundesautobahnen heranzuziehen, da sie zur Abnutzung beitragen. Allerdings müsste die Nutzungsgebühr dann alle Nutzer gleichermaßen belasten. Hier sieht das InfrastrukturAG jedoch vor, dass zwar eine Gebührenerhebung für alle Nutzer erfolgen soll, aber nur die Inländer eine Kompensation durch die Senkung der Kraftfahrzeugsteuer erhalten. Damit werden de facto nur ausländische Straßennutzer zur Entrichtung einer Nutzungsgebühr herangezogen, sodass keine gerechte Lastenverteilung, sondern eine isolierte Belastung der ausländischen Nutzer der Bundesautobahnen bezweckt ist. Dementsprechend eignet sich auch dieser Gesichtspunkt nicht für die Rechtfertigung.[228]

Es greift damit kein objektiver Grund für eine Rechtfertigung der Diskriminierung ein. Die Pkw-Maut nach dem InfrastrukturAG verstößt auch gegen Art. 18 AEUV.

Ergebnis: Die geplante Pkw-Maut ist unionsrechtswidrig.

Diese Auffassung vertritt auch die Kommission. Sie hat deshalb zunächst am 29.09.2016 mitgeteilt, in dieser Sache Klage gegen die Bundesrepublik Deutschland vor dem Gerichtshof erheben zu wollen. Unmittelbar im Anschluss daran haben Verhandlungen zwischen der Kommission und der Bundesregierung begonnen, um das Verfahren abzuwenden. Dabei hat die Bundesregierung zum Ausdruck gebracht, zu Änderungen des Mautgesetzes bereit zu sein. Welche dies sind, steht noch nicht fest.

C. Weitere Rechte der Unionsbürger

Neben der Freizügigkeit und den Diskriminierungsverboten folgen aus der Unionsbürgerschaft noch weitere, in Art. 20 Abs. 2 AEUV benannte Rechte, die den Weg hin zu einer politischen Union zum Ausdruck bringen.

---

[226] Korte/Gurreck EuR 2014, 420, 438.
[227] Vgl. EuGH, Urt. v. 29.04.1999 – C-293/97 Rn. 52 *Standley*; Calliess in: Calliess/Ruffert, Art. 191 AEUV Rn. 35; Korte/Gurreck EuR 2014, 420, 439.
[228] Boehme-Neßler NVwZ 2014, 97, 100; i.E. auch Schiedermair/Koppe Jura 2016, 406, 410; a.A. auch unter Berufung auf das Verursacherprinzip Korte/Gurreck EuR 2014, 420, 439 f.

I. Wahlrecht

Nach Art. 20 Abs. 2 lit d, 22 Abs. 1 S. 1 AEUV steht den Unionsbürgern das **aktive und passive Wahlrecht bei Kommunalwahlen** in dem Mitgliedstaat zu, in dem sie ihren Wohnsitz haben, auch wenn sie die Staatsangehörigkeit dieses Mitgliedstaates nicht besitzen. Diese Rechtserweiterung gründet sich in der Absicht, die politische Integration der Union durch eine Stärkung der demokratischen Teilhaberechte voranzubringen. Zudem trägt das Kommunalwahlrecht dem Umstand Rechnung, dass der in einem anderen Mitgliedstaat sesshafte Unionsbürger in die lokale Gemeinschaft besonders stark integriert und von den dortigen Entscheidungen in besonderer Weise betroffen ist.[229]

225

Um das Kommunalwahlrecht in Deutschland verfassungskonform auszugestalten, waren sogar **Grundgesetzänderungen** notwendig. Denn grundsätzlich folgt aus Art. 20 Abs. 2 S. 1 GG, dass alle in Deutschland durch Wahlen und Abstimmungen ausgeübte Staatsgewalt von deutschen Staatsangehörigen ausgeht.[230] Deshalb bestimmt nunmehr Art. 28 Abs. 1 S. 3 GG, dass bei Wahlen in Kreisen und Gemeinden auch Unionsbürger wahlberechtigt und selbst wählbar sind. Eine derartige Erweiterung wurde vom BVerfG bereits vor der Verfassungsänderung als mit dem Demokratieprinzip vereinbar und damit verfassungskonform eingestuft, da den kommunalen Verwaltungskörperschaften lediglich administrative und keine legislativen Befugnisse zustehen.[231]

226

Eine Beteiligung der Unionsbürger an den Bundestagswahlen wäre hingegen nicht möglich, da hierzu die Anknüpfung des Art. 20 Abs. 2 S. 1 GG an das deutsche Staatsvolk aufgegeben werden müsste. Dies wäre mit der sog. Ewigkeitsgarantie aus Art. 79 Abs. 3 GG unvereinbar.[232]

Die spezifischen Umstände des Kommunalwahlrechts der Unionsbürger sind gestützt auf Art. 22 Abs. 1 S. 2 AEUV in einer Richtlinie[233] niedergelegt worden, welche von den Bundesländern im Rahmen der Kommunalwahlgesetze umgesetzt worden sind. Über die dortigen Vorgaben hinaus sehen die kommunalen Vorschriften einiger Bundesländer sogar vor, die Unionsbürger an **Bürgerbegehren** und **Bürgerentscheiden** mitwirken zu lassen. Diese Vorschriften werden von der h.M. als verfassungskonform erachtet, da Art. 28 Abs. 1 S. 3 GG einer solchen Rechtserweiterung nicht entgegenstehe.[234] Die Beteiligung an nationalen Bürgerbegehren und -entscheiden darf nicht mit der Möglichkeit eines **Bürgerbegehrens auf europäischer Ebene** verwechselt werden. Dieses Recht steht den Unionsbürgern kraft primärrechtlicher Regelung in Art. 11 Abs. 4 EUV i.V.m. Art. 24 AEUV zu und findet ihre Konkretisierung in der Verordnung 211/2011.[235]

227

II. Konsularischer Schutz

Zudem gewährt der Unionsbürgerstatus das **Recht auf diplomatischen und konsularischen Schutz**. Nach Art. 23 Abs. 1 S. 1 AEUV können sich Unionsbürger in einem Drittstaat an eine konsularische Vertretung eines jeden Mitgliedstaates der Union wenden.

228

---

229 Kluth in: Calliess/Ruffert, Art. 22 AEUV Rn. 1; Nettesheim in: Grabitz/Hilf/Nettesheim, Art. 22 AEUV Rn. 1.
230 BVerfGE 83, 37, 50 f.; 107, 59, 87; Grzeszick in: Maunz/Dürig, Art. 20 GG Rn. 79; Karpen NJW 1989, 1012.
231 BVerfGE 83, 37, 53 f.; 83, 60, 73 ff.; Grzeszick in: Maunz/Dürig, Art. 20 GG Rn. 85; vgl. Haratsch/Koenig/Pechstein Rn. 797.
232 Haratsch/Koenig/Pechstein Rn. 798.
233 RL 1994/80/EG des Rates vom 19.12.1994.
234 Vgl. BayVerfGH, Entsch. v. 12.06.2013 – Vf. 11-VII-11, RÜ 2013, 587.
235 Vgl. dazu Haratsch/Koenig/Pechstein Rn. 820 f.

Die Vertretung muss den Unionsbürger dann so behandeln, wie sie einen eigenen Staatsangehörigen behandeln würde.

Nach einem auf Art. 23 Abs. 2 AEUV gestützten Beschluss des Rates[236] sind die Hilfeleistungen auf Fälle akuter Notlagen wie Todesfälle, schwere Unfälle und Erkrankungen, bei Festnahme oder Haft wegen Gewaltverbrechen beschränkt.[237]

Bei diesem Recht handelt es sich daher nicht um eine eigenständige Schutzpflicht der Union; vielmehr sind die Mitgliedstaaten Adressaten dieses Rechts, die zu einer besonderen Art der Gleichbehandlung verpflichtet. Seine Bedeutung erlangt das Recht auf konsularischen Schutz in den Ländern, in denen nicht alle Mitgliedstaaten der Union durch eine Botschaft oder konsularische Vertretung repräsentiert sind.[238]

III. Petitionsrecht

229 Darüber hinaus können sich Unionsbürger gemäß Art. 24 Abs. 2 i.V.m. Art. 227 AEUV mit **Petitionen** an das Europäische Parlament wenden. Die praktische Bedeutung des Petitionsrechts ist gemessen an den Eingangszahlen (zwischen 1.000 und 2.000 Petitionen pro Jahr) im Verhältnis zu der Anzahl der Unionsbürger und der sonstigen, nach Art. 227 AEUV zur Petition berechtigten allerdings eher gering.[239]

230 Ebenso haben die Bürger gemäß Art. 24 Abs. 3, Abs. 4 AEUV die Möglichkeit, sich an den Bürgerbeauftragten i.S.d. Art. 228 AEUV oder an jedes andere Organ bzw. jede Einrichtung der Europäischen Union wenden. Insoweit besteht zumindest ein Anspruch auf Beantwortung der jeweiligen Anfrage. Dabei kommt über den Wortlaut des Art. 24 Abs. 4 AEUV ein wichtiger Grundsatz zum Ausdruck: Es gibt **keine ausschließliche Amtssprache** der Union, sondern die Unionsbürger können sich in allen in Art. 55 Abs. 1 EUV genannten Sprachen an die Institutionen wenden.

D. Kernbereichsschutz

231 In der Rspr. des Gerichtshofs ist eine **Erweiterung der Unionsbürgerrechte** über die in den Art. 20 ff. AEUV niedergelegten Anwendungsfälle hinaus zu beobachten. Danach soll der Unionsbürgerstatus selbst mitgliedstaatlichen Maßnahmen entgegenstehen, welche den Unionsbürgerstatus tatsächlich oder rechtlich entwerten. Es dürfe nicht dazu kommen, dass den Unionsbürgern der tatsächliche Genuss des Kernbestands der Rechte, die ihnen der Unionsbürgerstatus verleihe, verwehrt werde.[240] Eine Erweiterung der Unionsbürgerrechte liegt diesen Entscheidungen insoweit zugrunde, als das der Gerichtshof das Unionsrecht auch auf **rein nationale Sachverhalte** angewendet hat, die keinen grenzüberschreitenden Bezug aufweisen – obwohl dies eigentlich Voraussetzung für die Anwendung von Unionsrecht wäre.

232 Vor dem Hintergrund nationalen Verfassungsrechts wird diese Entwicklung allerdings kritisch gesehen. Durch die Aufwertung wird dem Unionsbürgerstatus eine Bedeutung

---

[236] Beschluss 95/553/EG.
[237] Nettesheim in: Grabitz/Hilf/Nettesheim, Art. 23 AEUV Rn. 20.
[238] Kluth in: Calliess/Ruffert, Art. 23 AEUV Rn. 2; Haratsch/Koenig/Pechstein Rn. 805.
[239] Hölscheldt In: Grabitz/Hilf/Nettesheim, Art. 227 AEUV Rn. 24.
[240] EuGH EuZW 2011, 358 *Zambrano*; NVwZ 2010, 509 *Rottmann*; Haratsch/Koenig/Pechstein Rn. 766.

verliehen, die dem einer Staatsangehörigkeit nahe kommt. Die Unionsbürgerschaft dürfe die Staatsangehörigkeit der Mitgliedstaaten weder ersetzen noch überlagern, ohne z.B. mit dem Demokratieprinzip der deutschen Verfassung in Kollision zu geraten.[241]

4. Abschnitt: Beitritt zur und Austritt aus der Europäischen Union

Wie die bisherige Entwicklung der Europäischen Union sowie die Präambel des EUV und des AEUV zeigen, ist die Union auf eine Erweiterung ihrer Außengrenzen über ganz Kontinentaleuropa und somit auf Expansion angelegt. Deshalb war bereits in den Gemeinschaftsverträgen eine Möglichkeit zum Beitritt vorgesehen. In der aktuellen Fassung findet sich die entsprechende Regelung in Art. 49 EUV. Bis zum Vertrag von Lissabon war hingegen ein Austritt aus der Union überhaupt nicht vorgesehen, nunmehr ist diese Möglichkeit in Art. 50 EUV verankert und findet – anders als zunächst angenommen – im Rahmen des sog. „Brexit" nun seine erste Anwendung. 233

A. Beitritt

Die Ermöglichung eines Beitritts zur Union zielt – insoweit schließt sich der Kreis zur ursprünglichen Entstehung der Union – nicht nur auf eine geografische Erweiterung des Unionsgebietes, sondern auch darauf, **Frieden, Stabilität und Sicherheit in der Europäischen Union und auf dem europäischen Kontinent zu gewährleisten**.[242] 234

I. Beitrittsvoraussetzungen

Der Kreis möglicher Beitrittskandidaten ist durch den Wortlaut des Art. 49 EUV auf europäische Staaten beschränkt, welche die sonstigen Beitrittskriterien erfüllen. Es gibt aber selbst bei Vorliegen der Voraussetzungen **keinen Anspruch auf Beitritt zur Union**,[243] da die Aufnahme neuer Staaten von der Zustimmung der Mitgliedstaaten abhängt. 235

1. Europäischer Staat

Um die beitrittsfähigen Staaten zu bestimmen, wird – anders als der Wortlaut vermuten lässt – **nicht ausschließlich auf die geografische Lage** abgestellt. Zu den **europäischen Staaten** i.S.d. Art. 49 Abs. 1 S. 1 EUV gehören vielmehr diejenigen Staaten, die in einer nahen räumlichen und wirtschaftlichen Beziehung zur Union stehen und eine der Grundstruktur der anderen Mitgliedstaaten entsprechende freiheitliche politische und wirtschaftliche Verfassung im Sinne der europäischen Tradition besitzen.[244] Gleichwohl wirkt die Formulierung als Begrenzung: Staaten, die räumlich deutlich außerhalb der bisherigen Union liegen und über keinerlei Berührungspunkte mit ihr verfügen, sind von vornherein nicht beitrittsfähig. 236

So ist erklärlich, warum mit der Türkei, von der lediglich ein Teil nach geografischen Verständnis in Europa liegt, Beitrittsverhandlungen aufgenommen wurden, ein Beitrittsantrag Marokkos jedoch nicht zu Beitrittsverhandlungen führte.[245]

---

[241] BVerfGE 123, 267, 404 ff.; Haratsch/Koenig/Pechstein Rn. 771; vgl. auch Schmahl/Jung Jura 2016, 1272.
[242] Ohler in: Grabitz/Hilf/Nettesheim, Art. 49 EUV Rn. 3; Knauff DÖV 2010, 631, 632.
[243] Cremer in: Calliess/Ruffert, Art. 49 EUV Rn. 4; Oppermann/Classen/Nettesheim § 42 Rn. 5; Sarcevic EuR 2002, 461, 479 f.
[244] Ohler in: Grabitz/Hilf/Nettesheim, Art. 49 EUV Rn. 14.
[245] Oppermann/Classen/Nettesheim § 42 Rn. 8.

2. Kopenhagener Kriterien

237 Art. 49 Abs. 1 S. 1 EUV macht den Beitritt von der **Einhaltung der in Art. 2 EUV genannten Grundwerte der Union** (sog. **Kopenhagener Kriterien**) abhängig. Auf diese Weise soll die Identität der Union als Rechtsgemeinschaft gesichert und die Legitimität der im Verbund von Union und Mitgliedstaaten ausgeübten Herrschaftsgewalt begründet werden.[246] Für einen Beitritt müssen die folgenden **vier Kriterien** erfüllt werden.

- **Politisches Kriterium:** Der beitrittswillige Staat muss im Hinblick auf **Freiheit, Demokratie, Menschenrechte und Rechtsstaatlichkeit** den Grundsätzen entsprechen, auf denen die Union und die Verfassungen ihrer Mitgliedstaaten aufbauen.[247]

- **Wirtschaftliches Kriterium:** Die Mitgliedschaft in der Union erfordert eine **funktionsfähige Marktwirtschaft** sowie die Fähigkeit, dem Wettbewerbsdruck und den Marktkräften innerhalb der Union standhalten zu können.[248]

- **Acquiskriterium:** Der beitrittswillige Staat muss überdies die Gewähr dafür bieten, dass er in der Lage ist, die aus der Mitgliedschaft in der Union erwachsenden **Verpflichtungen** in demselben Umfang zu übernehmen wie die übrigen Mitgliedstaaten. Der beitrittswillige Staat muss deshalb nicht nur an der Wirtschaftsgemeinschaft der Union partizipieren, sondern auch am in der Union entstandenen Raum der Freiheit, der Sicherheit und des Rechts sowie an der gemeinsamen Außen- und Sicherheitspolitik (sog. **gemeinsamer Besitzstand**).[249]

- **Aufnahmefähigkeits-Kriterium:** Die Union selbst muss die Fähigkeit besitzen und beibehalten, neue Mitglieder aufzunehmen, und zugleich die Stoßkraft bei der Vertiefung der europäischen Integration aufrechterhalten.[250]

II. Beitrittsverfahren

238 Das Beitrittsverfahren ist in Art. 49 AEUV sowie in den konkretisierenden Vorschriften des Ratsbeschlusses über das Beitrittsverfahren geregelt.[251] Es besteht aus der Verfahrenseinleitung, der Verhandlungsphase und dem Abschluss des Beitrittsvertrages.

1. Einleitung

239 Das Verfahren nimmt mit einem **Antrag** des beitrittswilligen Staates seinen Anfang, den dieser gemäß Art. 49 Abs. 1 S. 3 Hs. 1 EUV an den Rat zu richten hat. Neben der Unterrichtung des **Europäischen Parlamentes** sowie der **nationalen Parlamente** vom Beitrittsantrag (Art. 49 Abs. 1 S. 2 EUV) wird auch die **Kommission** von den Beitrittsabsichten in Kenntnis gesetzt. Diese gibt daraufhin – obwohl in Art. 49 Abs. 1 EUV nicht ausdrücklich vorgesehen – eine **vorläufige Stellungnahme** darüber ab, ob die Beitritts-

---

246 Ohler in: Grabitz/Hilf/Nettesheim, Art. 49 EUV Rn. 15; Nettesheim EuR 2003, 36; Calliess JZ 2004, 1033, 1039 f.
247 Meng in: von der Groeben/Schwarze/Hatje, Art. 49 EUV Rn. 13; Oppermann/Classen/Nettesheim § 42 Rn. 10; vgl. dazu auch Nettesheim EuR 2003, 36, 46 ff.
248 Meng in: von der Groeben/Schwarze/Hatje, Art. 49 EUV Rn. 13.
249 Oppermann/Classen/Nettesheim § 42 Rn. 12; Hobe Rn. 124.
250 Meng in: von der Groeben/Schwarze/Hatje, Art. 49 EUV Rn. 13; Oppermann/Classen/Nettesheim § 42 Rn. 13.
251 Ratsbeschluss über das Beitrittsverfahren vom 09.06.1970, EA 1970, D 350.

voraussetzungen in einem Maße erfüllt sind, dass die Aufnahme von Beitrittsverhandlungen empfohlen werden können.[252] Auf dieser Grundlage trifft der **Rat** die Schlussfolgerung, ob mit dem antragstellenden Staat **Beitrittsverhandlungen** aufgenommen werden oder nicht. Fällt diese Entscheidung positiv aus, wird der antragstellende Staat als **Beitrittskandidat** bezeichnet.

Auf diese Entscheidung und Bezeichnung besteht kein Anspruch, sie hat vielmehr symbolische Bedeutung und ergeht im öffentlichen Interesse der Union.[253] Den Status des Beitrittskandidaten führen derzeit Montenegro, Serbien, Türkei, Albanien und Mazedonien. Die Beitrittsverhandlungen mit den drei zuerst genannten Staaten laufen bereits.

2. Verhandlung

Im Anschluss an den positiven Beschluss nehmen der Rat und die Kommission die **Beitrittsverhandlungen** mit dem Beitrittskandidaten auf. Hierbei werden die Beitrittsbedingungen ausgehandelt und die erforderlichen Änderungen an den Verträgen der Union vorbereitet. Ein **Abbruch** der Verhandlungen ist jederzeit möglich, aufseiten der Union muss über einen solchen Abbruch der Rat befinden.[254]

240

3. Abschluss

Erst nach dem Abschluss der Beitrittsverhandlungen findet die in Art. 49 EUV geregelte Beteiligung der Organe statt. Die **Kommission** gibt eine Stellungnahme zum geplanten Beitritt ab. Diese ist **unverbindlich**, da Art. 49 Abs. 1 S. 3 Hs. 2 EUV lediglich eine Anhörung der Kommission vorschreibt. Weiterhin wird die **Zustimmung** des **Europäischen Parlamentes** eingeholt. Verweigert das Parlament diese, ist der Beitritt des antragstellenden Staates ausgeschlossen,[255] was die herausgehobene Stellung des Parlaments im Rahmen des Beitritts zur Union zum Ausdruck bringt. Liegt die Zustimmung des Europäischen Parlaments vor, hat schlussendlich der **Rat** durch **einstimmigen Beschluss** den Beitritt des Kandidaten zu beschließen. Verweigert der Rat den Beitritt oder das Europäische Parlament seine Zustimmung, steht dem Beitrittskandidaten zwar grundsätzlich der Rechtsweg zum Gerichtshof der Europäischen Union offen, allerdings besteht insoweit weder ein Rechtsanspruch auf einen Beitritt zur Union noch ein Anspruch auf ermessensfehlerfreie Entscheidung durch die Unionsorgane.[256]

241

Hierdurch findet allerdings nur der Beteiligungsbereich der Unionsorgane seinen Abschluss, der Beitritt des Kandidaten ist dadurch noch nicht endgültig beschieden. Denn nach Art. 49 Abs. 2 EUV ist zum Beitritt ein **Vertrag zwischen dem Beitrittskandidaten und allen Mitgliedstaaten** erforderlich, der nach den verfassungsrechtlichen Vorschriften der Mitgliedstaaten **ratifiziert** werden muss, also eine Beteiligung der nationalen Parlamente oder sogar die Durchführung eines Referendums voraussetzt. Hierbei kommt der **völkerrechtliche Charakter des Beitritts** zum Ausdruck.[257]

242

---

[252] Cremer in: Calliess/Ruffert, Art. 49 EUV Rn. 2; Meng in: von der Groeben/Schwarze/Hatje, Art. 49 EUV Rn. 26.
[253] Ohler in: Grabitz/Hilf/Nettesheim, Art. 49 EUV Rn. 26.
[254] Meng in: von der Groeben/Schwarze/Hatje, Art. 49 AEUV Rn. 27.
[255] Ohler in: Grabitz/Hilf/Nettesheim, Art. 49 EUV Rn. 25; Cremer in: Calliess/Ruffert, Art. 49 EUV Rn. 3.
[256] Ohler in: Grabitz/Hilf/Nettesheim, Art. 49 EUV Rn. 29; Cremer in: Calliess/Ruffert, Art. 49 EUV Rn. 4; vgl. auch Pechstein in: Streinz, Art. 49 EUV Rn. 15; Niodobitek DÖV 2003, 67, 70; a.A. Sarcevic EuR 2002, 461, 480 f.
[257] Oppermann/Classen/Nettesheim § 42 Rn. 20.

III. Wirkungen des Beitritts

243 Sobald der Beitrittsvertrag von den Mitgliedstaaten ratifiziert wurde, wird der Beitrittskandidat zum **vollwertigen Mitgliedstaat der Europäischen Union**. Dies bedeutet, dass der neue Mitgliedstaat den oben beschriebenen sog. gemeinsamen Besitzstand, also das **gesamte primäre und sekundäre Unionsrecht sofort übernehmen** muss.[258]

> Um dem neuen Mitgliedstaat die dadurch erforderlich werdenden Anpassungen des nationalen Rechts sowie der Verwaltungspraxis zu ermöglichen, werden i.d.R. **Übergangsfristen** vereinbart.

B. Austritt

244 Vor der Regelung in Art. 50 EUV war umstritten, ob ein Austritt aus der Union überhaupt möglich ist.[259] Dieser Streit ist durch die Aufnahme der Regelung erledigt.

> **Ungeregelt geblieben** sind jedoch das **einvernehmliche Ausscheiden eines Mitgliedstaates**, die einvernehmliche **Auflösung der Union** sowie der **einseitige Ausschluss eines Mitgliedstaates**. Alle Maßnahmen werden auch ohne ausdrückliche Regelung nach allgemeinen völkerrechtlichen Grundsätzen für möglich erachtet. Allerdings wären vor dem Ausschluss eines Mitgliedstaates zunächst die vertraglichen Rechtsschutzverfahren nach Art. 258 f. AEUV, das Zwangsgeldverfahren nach Art. 260 Abs. 2 AEUV sowie ggf. das Sanktionsverfahren nach Art. 7 EUV auszuschöpfen,[260] sodass der Ausschluss allenfalls als ultima ratio in Betracht kommt.

I. Austrittsvoraussetzungen

245 Der Austritt eines Mitgliedstaates ist dessen eigenständiges Recht und Entscheidung. Art. 50 Abs. 1 EUV begründet ein einseitiges Optionsrecht jedes Mitgliedstaates zum Austritt in der Gestalt eines **einseitigen Kündigungsrechts**, das nach vorzugswürdiger Ansicht an **keine materiellen Voraussetzungen** geknüpft ist.[261] Teile der Lit. schlagen unter Verweis auf die Ziele der Union – fortschreitende Integration mit unbestimmter Vertragslaufzeit – unterschiedliche Einschränkungen des Austrittsrechts vor.

> Zum Teil wird aus dem Prinzip der Unionstreue eine grundsätzliche Vertragserfüllungs- und Unterstützungspflicht hergeleitet, die bei der Anwendung des Austrittsrechts ebenfalls zu berücksichtigen sei.[262] Andere Teile der Lit. wollen einen Austritt nur nach Ausschöpfung aller Kompromissmöglichkeiten unter Beachtung des Solidaritätsprinzips zulassen.[263]

Diese werden aber allesamt an unionsrechtliche Grundsätze und Regeln geknüpft, denen der Mitgliedstaat durch seinen Austritt jedoch den Rücktritt kehren will. Zudem spricht der unbedingte Wortlaut des Art. 50 EUV, der keine expliziten Voraussetzungen statuiert, für einen voraussetzungslosen Austritt kraft einseitiger Willenserklärung.

II. Austrittsverfahren

1. Mitteilung der Austrittsabsicht

246 Das Austrittsverfahren beginnt mit der **Mitteilung der Austrittsabsicht** des Mitgliedstaates an den Europäischen Rat, Art. 50 Abs. 2 S. 1 EUV. Im Rahmen des sog. Brexit stellt

---

258 EuGH Slg. 1982, 4261 *Metallurgiki Halyps*; Oppermann/Classen/Nettesheim § 42 Rn. 23; vgl. auch Ott EuZW 2000, 293.
259 Die h.M. verneinte dabei eine Möglichkeit des einseitigen Austritts aus der Union mangels vertraglicher Grundlage, vgl. Calliess in: Calliess/Ruffert, Art. 50 EUV Rn. 2 m.w.N. in FN 3.
260 Dörr in: Grabitz/Hilf/Nettesheim, Art. 50 EUV Rn. 46; Haratsch/Koenig/Pechstein Rn. 112; Puttler EuR 2004, 669, 678 f.
261 Dörr in: Grabitz/Hilf/Nettesheim, Art. 50 EUV Rn. 17 f.; Thiele EuR 2016, 281, 296.
262 Zeh ZEuS 2004, 173, 199.
263 Gussone, Das Solidaritätsprinzip in der Europäischen Union und seine Grenzen, 2006, S. 218.

sich derzeit die Frage, ob der austrittswillige Staat **zur unverzüglichen Einleitung des Austrittsverfahrens verpflichtet** ist oder von den übrigen Mitgliedstaaten zur **Abgabe der entsprechenden Mitteilung gezwungen** werden kann.

In Großbritannien hatte ein Referendum ergeben, dass die Mehrheit der britischen Bevölkerung für einen Austritt Großbritanniens aus der Union ist. Obwohl es sich hierbei um eine sog. konsultative Volksbefragung ohne Bindungswirkung handelt, fühlt sich die britische Regierung an das Votum der Bevölkerung gebunden. Dies kommt alleine dadurch zum Ausdruck, dass in der neuen Regierung unter Premierministerin Theresa May das Amt des „Ministers für das Verlassen der Europäischen Union" geschaffen worden ist. Allerdings weigert sich die britische Regierung, die Austrittsmitteilung aufgrund innenpolitischer Probleme (z.B. Unabhängigkeitsbestrebungen Schottlands) zeitnah zu stellen.

Die während der Mitgliedschaft bestehende Pflicht zur Loyalität gegenüber der Union und ihren Mitgliedstaaten könnte man als Quelle für eine Verpflichtung zur Antragstellung heranziehen. Die besseren Argumente sprechen indes gegen eine solche Verpflichtung: Das Austrittsrecht wurde von den Mitgliedstaaten im Vertrag von Lissabon absichtlich als einseitiges Austrittsrecht konzeptioniert. Die Austrittserklärung des Mitgliedstaates ist sein Belieben gestellt und keinen unionsrechtlichen Beschränkungen unterworfen. Die innerhalb Großbritanniens gebildete Meinung, „ob" aus der Union ausgetreten werden soll, ist völkerrechtlich jedoch nicht existent. Es handelt sich bislang nur um eine Erklärung des Souveräns gegenüber seinen Vertretern, wie künftig vorgegangen werden soll. Wenn Art. 50 EUV das Austrittsverfahren jedoch an die ausdrückliche Erklärung des Austrittswillens anknüpft und den zwingenden Vertragsverhandlungen ausschließlich das „Wie" des Austritts überantwortet, ist die Möglichkeit in Kauf genommen worden, dass selbst nach abgeschlossener mitgliedstaatsinterner Willensbildung kein fester Fahrplan für den Beginn des Austrittsverfahrens existiert.

2. Austrittsverhandlungen

An die Mitteilung schließen sich nach Art. 50 Abs. 2 S. 1 EUV die **Verhandlungen über ein Austrittsabkommen** an. Hierbei handelt es sich um einen völkerrechtlichen Vertrag, welcher das **„Wie" des Austritts** regelt. Er wird auf Grundlage der Leitlinien des Europäischen Rates zwischen der Union und dem Mitgliedstaat ausgehandelt. Die übrigen Mitgliedstaaten sind – anders als beim Beitritt eines neuen Mitgliedstaates – weder am Abschluss des Abkommens beteiligt noch müssen sie diesen zu seiner Wirksamkeit ratifizieren.[264] Allerdings wirken die Mitgliedstaaten vermittelt über die europäischen Organe und die dorthin entsandten Vertreter an der Gestaltung des Austritts mit. Der Austritt stellt sich damit nach seiner Konstruktion **nicht als actus contrarius zum Beitritt** dar. Denn das Abkommen über den Austritt wird nicht zwischen dem austrittswilligen Staat und den übrigen Mitgliedstaaten, sondern nur mit der Union abgeschlossen. Dies wird damit begründet, dass der Beitrittsvertrag von den Mitgliedstaaten mit der **antizipierten Zustimmung zur Auflösung des Beitrittsvertrages** zu den nach Art. 50 EUV ausgehandelten Bedingungen abgeschlossen worden ist.[265]

247

Inhaltlich soll das Abkommen die **Einzelheiten des Austritts** und die **künftigen Beziehungen zur Union** regeln. Hierin liegt die größte Hürde, da die Union zwei unterschied-

248

---

264 Calliess in: Calliess/Ruffert, Art. 50 EUV Rn. 5; Thiele EuR 2016, 281, 298.
265 Meng in: von der Groeben/Schwarze/Hatje, Art. 50 Rn. 7.

liche Ziele im Auge behalten und im Abkommen miteinander in Einklang bringen muss: Zum einen muss der Union gerade bei langjährigen Mitgliedstaaten daran gelegen sein, auch zukünftig eine wirtschaftliche Kooperation möglich zu machen und deren Zugang zum Binnenmarkt zu erhalten. Zum anderen darf es dem austrittswilligen Mitgliedstaat nicht zu sehr entgegenkommen, da es ansonsten für ebenfalls grundsätzlich austrittswillige Mitgliedstaaten Anreize setzen könnte, ebenfalls aus der Union auszutreten.

Der erstmaligen Anwendung wird deshalb eine gewisse „Sprengkraft" zugeschrieben. Der „Brexit" wird zum Präzedenzfall, der verhindern muss, dass sich Großbritannien die „Integrationsrosinen" für die weitere Zusammenarbeit mit der Union herauspickt.[266]

249 Für den Abschluss der Verhandlungen setzt Art. 50 Abs. 3 EUV den Parteien eine **Frist** von **zwei Jahren**. Die Frist beginnt mit der Mitteilung des Mitgliedstaates, aus der Union austreten zu wollen. Sollte innerhalb dieser Frist kein Austrittsabkommen abgeschlossen werden, wird der **Austritt ohne Abkommen** vollzogen (sog. „sunset clause"),[267] d.h. der Austritt aus der Union wird wirksam, ohne das die Umstände des Austritts sowie die weiteren Beziehungen zur Union geregelt wären. Damit erlangt der dann ehemalige Mitgliedstaat den Status eines Drittstaates. Die Frist kann allerdings vom Europäischen Rat im Einvernehmen mit dem Mitgliedstaat verlängert werden, Art. 50 Abs. 3 a.E. EUV.

250 Ist das Abkommen ausgehandelt, wird dieses gemäß Art. 50 Abs. 2 S. 4 EUV **vom Rat** im Namen der Union **abgeschlossen**. Der Rat muss diesen Abschluss zuvor mit qualifizierter Mehrheit beschließen, wobei aufgrund des Ausschlusses des Mitgliedstaates von der Abstimmung (vgl. Art. 50 Abs. 4 UAbs. 1 EUV) für die Bestimmung der erforderlichen Mehrheit Art. 238 Abs. 3 lit. b AEUV zur Anwendung kommt, auf den Art. 50 Abs. 4 UAbs. 2 EUV zusätzlich verweist. Zudem ist die **Zustimmung des Europäischen Parlaments** erforderlich.

III. Austrittsfolgen

251 Nach Art. 50 Abs. 3 EUV scheidet der Mitgliedstaat zum vereinbarten Termin oder – mangels Vereinbarung – zwei Jahre nach der Mitteilung der Austrittsabsicht aus der Union aus. Dies hat für ihn zur Folge, dass das **primäre und sekundäre Unionsrecht nicht mehr zur Anwendung** gelangen. Durch Richtlinien harmonisiertes nationales Recht gilt zwar fort, kann aber durch den dann ehemaligen Mitgliedstaat frei abgeändert werden.

252 Vorbehaltlich einer anderweitigen Regelung im Austrittsabkommen wird der nun ehemalige Mitgliedstaat **behandelt wie jeder andere Drittstaat**. Dies kommt vor allem dadurch zum Ausdruck, dass bei einer Revision der Austrittsentscheidung ein erneuter Beitritt zur Union zwar möglich ist, aber das Beitrittsverfahren nach Art. 49 EUV mit dem ehemaligen Mitgliedstaat in gleichem Umfang durchzuführen ist wie mit jedem anderen beitrittswilligen Staat. Dies wird durch Art. 50 Abs. 5 EUV ausdrücklich klargestellt.

---

[266] So Thiele EuR 2016, 281, 300.
[267] Vgl. Meng in: von der Groeben/Schwarze/Hatje, Art. 50 Rn. 6; Thiele EuR 2016, 281, 298.

3. Teil: Materielles Unionsrecht

Das Unionsrecht ist – anders als es die Ausführungen zur Konstruktion der Union befürchten lassen – nicht nur von staatsorganisationsrechtlichen Normen geprägt, sondern enthält eine Vielzahl von Rechtsvorschriften mit unmittelbarer Auswirkung für die Unionsbürger. Dies betrifft insbesondere die in den Grundfreiheiten und der Grundrechtecharta enthaltenen individuellen Rechte, die nach dem Abschluss der Beitrittsverhandlungen um die Rechte der Europäischen Menschenrechtskonvention erweitert werden. Darüber hinaus nimmt die Union über die Schaffung insbesondere sekundären Unionsrechts Einfluss auf die nationalen Rechtsordnungen und damit auch auf die Rechte und Pflichten der Unionsbürger.

253

1. Abschnitt: Rechtsquellen des Unionsrechts

Üblicherweise wird das Unionsrecht in das von den Mitgliedstaaten geschaffene Recht (sog. **primäres Unionsrecht**) und das von den Organen der Union aufgrund des Primärrechts geschaffene Recht (sog. **sekundäres Unionsrecht**) unterteilt.

254

A. Primäres Unionsrecht

I. Bestandteile des primären Unionsrechts

Zum primären Unionsrecht zählen die **Gründungsverträge der Europäischen Union** (EUV und AEUV) sowie ihre Anhänge und Protokolle, die nach Art. 51 EUV als Bestandteile der Verträge anzusehen sind. Auch die **Änderungen der Gründungsverträge** sind dem Primärrecht zuzuordnen, da diese grundsätzlich durch die Mitgliedstaaten mittels Abschlusses eines völkerrechtlichen Vertrages bewirkt werden.[268]

255

Ebenfalls zum Primärrecht wird dasjenige **Gewohnheitsrecht** gezählt, das sich unmittelbar aus der Anwendung der EUV- oder AEUV-Vorschriften entwickelt hat.

256

Beispiel: Entsendung von Staatssekretären in die Sitzungen des Rates entgegen Art. 16 Abs. 2 EUV

Entgegen der Begriffsbestimmung gehört ein von einem Unionsorgan geschaffener Bereich zum primären Unionsrecht: die **allgemeinen Rechtsgrundsätze**, die der **Gerichtshof der Europäischen Union** in seiner Rechtsprechung entwickelt hat.

257

Beispiele: Recht auf wirksamen gerichtlichen Rechtsschutz,[269] Amtsermittlungsgrundsatz[270]

Der Vertrag von Lissabon und die durch ihn ausgelösten Veränderungen der Verträge hatte zur Folge, dass das primäre Unionsrecht um einen Bestandteil angewachsen ist. Aufgrund der Regelung in Art. 6 Abs. 1 Hs. 2 EUV sind die Gründungsverträge und die **Charta der Grundrechte** rechtlich gleichrangig, sodass auch die Grundrechtecharta zum primären Unionsrecht zu zählen ist.

258

Von Bedeutung ist die **Rangfolge**: Da das primäre Unionsrecht den Ursprung des sekundären Unionsrechts markiert, steht das **primäre Unionsrecht im Rang über dem**

259

---

[268] Haratsch/Koenig/Pechstein Rn. 366; Oppermann/Classen/Nettesheim § 9 Rn. 19.
[269] EuGH Slg. 1986, 1651 *Johnston*; Slg. 2001, II-813 *Dunnett u.a.*
[270] EuGH NVwZ 1992, 358 *TU München*.

sekundären Unionsrecht. Deshalb ist das Primärrecht Prüfungs- und Geltungsmaßstab für die Rechtmäßigkeit des Sekundärrechts sowie Maßstab seiner Auslegung.[271] **Innerhalb des primären Unionsrechts** herrscht hingegen **Gleichrangigkeit**, unabhängig von der Entstehung der jeweiligen Norm (siehe dazu Normenpyramide bei Rn. 51).

II. Unmittelbare Geltung und unmittelbare Anwendbarkeit

260 Das primäre Unionsrecht beansprucht in vollem Umfang unmittelbare Geltung, ist aber nur in Teilen für die Unionsbürger unmittelbar anwendbar. Durch diese beiden Begriffe wird beschrieben, ob primäres Unionsrecht der Konkretisierung bedarf und wer sich auf die Vorschriften des primären Unionsrechts berufen darf.

1. Unmittelbare Geltung

261 Mit dem Begriff der **unmittelbaren Geltung** wird der Umstand umschrieben, dass das primäre Unionsrecht und damit insbesondere die Vorschriften der Verträge in allen Mitgliedstaaten zur verbindlichen und zu vollziehenden Rechtsordnung gehören, ohne dass es eines transformierenden Rechtsaktes bedarf. Dies hat zur Folge, dass die Vorschriften des Primärrechts nicht nur – wie sonst bei völkerrechtlichen Verträgen – zwischen den Mitgliedstaaten als Vertragsparteien Geltung beanspruchen.

Hierbei handelt es sich um eine Folge der Ausstattung der Union mit eigenen Hoheitsrechten über Art. 23 GG. Anderenfalls wäre ein Transformationsakt über Art. 59 Abs. 2 GG nötig.[272]

2. Unmittelbare Anwendbarkeit

262 Davon zu unterscheiden ist die **unmittelbare Anwendbarkeit**. Unmittelbar anwendbar sind die Normen des primären Unionsrechts, die eine **hinreichend genaue und unbedingte Verpflichtung oder Berechtigung** enthalten.[273] Dies hat zur Folge, dass der Einzelne Rechte und Pflichten unmittelbar aus dem Unionsrecht ableiten kann. Zu den unmittelbar anwendbaren Normen gehören die **Grundfreiheiten**, Teile der Wettbewerbsregeln (Art. 101 f. AEUV) und die Klagemöglichkeiten aus den Art. 263, 265 AEUV.

B. Sekundäres Unionsrecht

I. Allgemeines

263 Welche Rechtsakte die Organe der Union gestützt auf das primäre Unionsrecht erlassen können, fasst Art. 288 AEUV zusammen: **Verordnungen** (Abs. 2), **Richtlinien** (Abs. 3), **Beschlüsse** (Abs. 4), **Empfehlungen und Stellungnahmen** (Abs. 5).

1. Bedeutung des Art. 288 AEUV

Die Wirkung und Bedeutung des Art. 288 AEUV erschöpft sich dabei in der **reinen Aufzählung der grundsätzlich zur Verfügung stehenden Handlungsformen** der Uni-

---

271 Haratsch/Koenig/Pechstein Rn. 365.
272 Vgl. Nettesheim in: Maunz/Dürig, Art. 59 GG Rn. 96.
273 EuGH NJW 1963, 1751 *van Gend und Loos*; Slg. 1966, 257, 266 *Lütticke*; Herdegen § 8 Rn. 13.

onsorgane. Sie dürfen die Vorschrift deshalb nicht dahingehend missverstehen, dass Art. 288 AEUV selbst als Befugnis- oder Ermächtigungsgrundlage zum Erlass eines dort näher bezeichneten Rechtsaktes fungiert. Die Befugnisnormen sind vielmehr dem übrigen Primärrecht zu entnehmen (z.B. Art. 114 Abs. 1 AEUV).

2. Wahlfreiheit

Welche Handlungsform die Organe zur Erfüllung der jeweiligen Befugnis verwenden, ist ihnen überlassen. Sie genießen nach Art. 296 Abs. 1 AEUV grundsätzlich **Wahlfreiheit hinsichtlich der Handlungsform**. Etwas anderes gilt nur für den Fall, dass in der jeweiligen Befugnisnorm des Primärrechts eine besondere Handlungsform vorgegeben ist.

264

Beispiel: Nach Art. 114 Abs. 1 AEUV werden „Maßnahmen" zur Rechtsangleichung im Hinblick auf die Verwirklichung der Ziele des Art. 26 AEUV ergriffen. Da keine bestimmte Handlungsform vorgegeben ist, können die Unionsorgane eigenständig entscheiden, welche Handlungsform i.S.d. Art. 288 Abs. 1 AEUV sie bei der Umsetzung dieser Befugnis verwenden.[274]

3. Ermittlung der Handlungsform

Um **welche Handlungsform** es sich im konkreten Fall handelt, ist **nicht nach der Bezeichnung** zu beurteilen. Insoweit findet der allgemeine Grundsatz „falsa demonstratio non nocet" Anwendung, sodass es stets auf den **materiellen Regelungsgehalt** im Hinblick darauf ankommt, welche Rechtswirkungen sie erzeugt oder erzeugen soll.

265

4. Ungeschriebenes sekundäres Unionsrecht

Da die Aufzählung sekundären Unionsrechts in Art. 288 Abs. 1 AEUV **nicht abschließend** ist, existiert zudem **ungeschriebenes sekundäres Unionsrecht**. Auch hier sind – wie im Bereich des Primärrechts – Gewohnheitsrecht oder allgemeine Rechtsgrundsätze denkbar. Ist der materielle Anknüpfungspunkt sekundäres Unionsrecht, gehört auch das daraus abgeleitete Gewohnheitsrecht bzw. der hergeleitete allgemeine Rechtsgrundsatz zum Sekundärrecht.

266

Beispiel: Vorschriften über das allgemeine Verwaltungsverfahren beim Vollzug des Unionsrechts ergeben sich aus den zu vollziehenden Verordnungen und Richtlinien, die durch allgemeine Rechtsgrundsätze ergänzt werden.[275]

5. Rang des sekundären Unionsrechts

Da jedes Organ gemäß Art. 13 Abs. 2 EUV nur nach Maßgabe der ihm in den Verträgen zugewiesenen Befugnisse handeln darf, steht das sekundäre Unionsrecht im **Rang** unter dem primären Unionsrecht. Die Rechtmäßigkeit des sekundären Unionsrechts ist stets anhand der Vorschriften des primären Unionsrechts zu beurteilen. Die einzelnen Handlungsformen des Sekundärrechts sind hingegen untereinander gleichrangig.[276]

267

---

274 Vgl. EuGH EuZW 2006, 369 *Großbritannien u. Nordirland/Europäisches Parlament u.a.*; EuZW 2010, 539 *Vodafone*; Korte in: Calliess/Ruffert, Art. 114 AEUV Rn. 65 f.
275 Haratsch/Koenig/Pechstein Rn. 376; Kraft JA 2/2016, I zum Entwurf eines EU-VwVfG.
276 Haratsch/Koenig/Pechstein Rn. 379.

Das sekundäre Unionsrecht steht im Rang nicht nur dem Primärrecht nach, sondern auch den durch die Union abgeschlossenen völkerrechtlichen Verträgen, die wegen der Regelung in Art. 216 Abs. 2 AEUV einen Zwischenrang zwischen dem Primär- und dem Sekundärrecht einnehmen (s.o. Rn. 50).

6. Rechtsakte ohne Gesetzgebungscharakter

268   Terminologisch wird das sekundäre Unionsrecht weiterhin danach unterschieden, auf welchem Wege es zustande kommt. Die **Gesetzgebungsakte** werden im ordentlichen (Art. 289 Abs. 1, 294 AEUV) oder im besonderen (Art. 289 Abs. 2 AEUV) Gesetzgebungsverfahren erlassen. Hierzu gehören insbesondere Richtlinien und Verordnungen. Die übrigen Rechtsakte kommen in anderweitigen Verfahren zustande und sind deshalb **Rechtsakte ohne Gesetzgebungscharakter**.

7. Wirkung des sekundären Unionsrechts

269   Wie auch das primäre Unionsrecht genießt das sekundäre Unionsrecht **unmittelbare Geltung**. Seine **unmittelbare Anwendbarkeit** hängt indes von der Art des Rechtsaktes ab: Verordnungen genießen unmittelbare Anwendbarkeit, sodass sich jede natürliche oder juristische Person eines Mitgliedstaates auf die darin enthaltenen Regelungen berufen kann. Richtlinien dienen hingegen der Rechtsangleichung in den Mitgliedstaaten, sodass die in ihnen enthaltenen Vorschriften erst nach der Transformation in nationales Recht angewendet werden können. Allerdings sind hiervon auch Ausnahmen möglich, dazu ausführlich unten bei Rn. 282 ff.

II. Verordnungen

270   Nach Art. 288 Abs. 2 AEUV hat die **Verordnung** unmittelbare Geltung. Zudem ist sie in den Mitgliedstaaten der Union verbindlich und gilt unmittelbar in jedem Mitgliedstaat, ist also unmittelbar anwendbar. Sind die Regelungen der Verordnung hinreichend bestimmt, können sie also ohne mitgliedstaatlichen Umsetzungsakt mit ihrem Inkrafttreten Rechte verleihen und Pflichten auferlegen.[277] Ihrer Konstruktion und Wirkung nach ist der Verordnung deshalb mit einem nationalen **Gesetz** vergleichbar, weshalb die Verordnung auch als **europäisches Gesetz** bezeichnet wird.[278] Die Union wird über das Instrument der Verordnung in die Lage versetzt, allgemein verbindliche, abstrakte Regelungen für das gesamte Unionsgebiet zu schaffen, die sich sowohl an die Mitgliedstaaten selbst, aber bei entsprechendem Inhalt auch unmittelbar an die natürlichen und juristischen Personen in den Mitgliedstaaten richten können.[279]

Beispiel: Die VO 2137/85/EWG ermöglicht die Gründung Europäischer wirtschaftlicher Interessenvereinigungen (sog. EWIV) und schafft damit eine eigenständige europarechtliche Gesellschaftsform.

271   Die Verordnung muss als Teil des sekundären Unionsrechts mit dem primären Unionsrecht vereinbar sein. Sollten hieran Zweifel bestehen oder die Verordnung beispielswei-

---

[277] EuGH NVwZ 2014, 208 *Abdullahi/Bundesasylamt*; Ruffert in: Calliess/Ruffert, Art. 288 AEUV Rn. 20; Oppermann/Classen/Nettesheim § 9 Rn. 78.
[278] So beispielsweise bei Oppermann/Classen/Nettesheim § 9 Rn. 72.
[279] Vgl. Nettesheim in: Grabitz/Hilf/Nettesheim, Art. 288 AEUV Rn. 98.

se mit den Grundfreiheiten des AEUV unvereinbar sein, steht die Möglichkeit der **Nichtigkeitsklage** gemäß Art. 263 AEUV gegen die Verordnung zur Verfügung.[280]

III. Richtlinien

Die **Richtlinie** ist das wichtigste Mittel der **Rechtsangleichung** innerhalb der Mitgliedstaaten der Union. Hintergrund ist die fortschreitende Integration der Mitgliedstaaten in die Union selbst sowie die Regulierung der Folgen des gemeinsamen Binnenmarktes. Die Richtlinien fungieren als Anstoß und Ausgangspunkt eines indirekten und **zweistufigen Rechtsetzungsprozesses**.[281] Insofern ist die Richtlinie ein Rechtsakt der Union, der sich an die Mitgliedstaaten richtet, für diese verbindlich ist und sie verpflichtet, die Richtlinie auszuführen, indem sie innerstaatliches Recht beseitigen, modifizieren, neu schaffen oder beibehalten.[282] Gleichwohl stellt es einen schonenderen Eingriff in die Hoheitsrechte der Mitgliedstaaten als die Verordnung dar, da den Mitgliedstaaten bei der Umsetzung der Richtlinien ein eigener Spielraum verbleibt.

272

Gerade im Bereich des Verbraucherrechts sind die Richtlinien von überragender Wichtigkeit. Besondere Bedeutung hat die sog. Verbrauchsgüterkaufrichtlinie (RL 1999/44/EG) erlangt, welche auch das deutsche Verbraucherrecht im Rahmen der §§ 434 ff. BGB umfangreich umgestaltet hat. Die Angleichung der nationalen Rechtsvorschriften ist erforderlich, um die Rechte der Verbraucher innerhalb des gemeinsamen Binnenmarktes bei grenzüberschreitenden Geschäften zu vereinheitlichen.

Die Richtlinie ist mit keinem Rechtsakt nationalen Rechts vergleichbar, es handelt sich vielmehr um einen **Rechtsakt sui generis** ohne jedwedes Vorbild.[283]

273

1. Umsetzung der Richtlinie

a) Adressaten

Adressaten der Richtlinie sind grundsätzlich nur die **Mitgliedstaaten**. Diese werden durch die Richtlinie verpflichtet, Maßnahmen zur Erreichung des darin vorgegebenen Ziels zu ergreifen, also einen richtlinienkonformen Rechtszustand im nationalen Recht herzustellen und beizubehalten.[284] Die Souveränität der Mitgliedstaaten wird dabei aber insoweit geachtet, als dass sie nach Art. 288 Abs. 3 AEUV **in der Wahl der Form und Mittel frei** sind. Während durch die Richtlinie das „Ob" der Rechtsangleichung mit einem bestimmten Ziel verbindlich vorgegeben wird, obliegt den Mitgliedstaaten die Ausgestaltung des „Wie" durch Umsetzung der Richtlinie in nationales Recht.

274

b) Art und Weise der Umsetzung

Bei der Umsetzung müssen die in den Mitgliedstaaten zur Transformation berufenen Organe zunächst entscheiden, in welcher **Art und Weise** sie die Richtlinienvorgaben umsetzen. Dies kann durch ein formelles Gesetz, aber auch durch eine Rechtsverordnung oder Satzung geschehen. Grundsätzlich hat der Mitgliedstaat insoweit ein Wahl-

275

---

280 Nettesheim in: Grabitz/Hilf/Nettesheim, Art. 288 AEUV Rn. 103.
281 Ruffert in: Calliess/Ruffert, Art. 288 AEUV Rn. 23; Hilf EuR 1993, 1, 4 f.; Pernice EuR 1994, 325.
282 Nettesheim in: Grabitz/Hilf/Nettesheim, Art. 288 AEUV Rn. 104.
283 Geismann in: von der Groeben/Schwarze/Hatje, Art. 288 AEUV Rn. 39.
284 Nettesheim in: Grabitz/Hilf/Nettesheim, Art. 288 AEUV Rn. 109.

recht. Allerdings unterliegt das Wahlrecht durch den Grundsatz der praktischen Wirksamkeit des Unionsrechts (sog. **effet utile**) aus Art. 4 Abs. 3 UAbs. 2 EUV verschiedenen Einschränkungen. Danach sind die Mitgliedstaaten verpflichtet, durch eine Änderung des nationalen Rechts dafür zu sorgen, dass die Vorgaben des Unionsrechts ihre volle praktische Wirksamkeit entfalten können. Dabei muss die Umsetzung die **vollständige Anwendung der Richtlinie** tatsächlich gewährleisten.[285] Die Wahl des Umsetzungsaktes muss folglich auch die tatsächliche Zielerreichung hinreichend gewährleisten.[286] Die Bestimmungen der Richtlinie müssen so konkret, bestimmt und klar umgesetzt werden, dass sie die notwendige **Rechtssicherheit** herbeiführen. Soweit die Richtlinie für Einzelne Rechte begründen soll, müssen die Adressaten durch die Umsetzung in die Lage versetzt werden, von ihren Rechten Kenntnis zu erlangen; der Normgeber muss **Rechtsklarheit** herstellen.[287] Für die Art und Weise der Umsetzung gelten folglich die **Grundsätze der Rechtssicherheit und Rechtsklarheit**.

276 Diese beiden Grundsätze wirken sich auch auf die Wahl des **Umsetzungsmittels** aus. Bei Richtlinien, welche die Mitgliedstaaten zur Schaffung gerichtlich durchsetzbarer Individualrechtspositionen verpflichten, führen die vorgenannten Grundsätze faktisch zu einem **Rechtsnormvorbehalt**:[288] Die Mitgliedstaaten sind verpflichtet, die Umsetzung durch formelles Gesetz oder durch Rechtsverordnung zu gewährleisten.

277 Die Umsetzung einer Richtlinie durch bloße **Anpassung der Verwaltungspraxis** ohne Änderung irgendeiner von der Verwaltung anzuwendenden Rechtsnorm genügt der Verpflichtung zur Umsetzung hingegen nicht. Die Verwaltungspraxis könne jederzeit geändert werden, sodass eine kontinuierliche Richtlinienkonformität in der Umsetzung nicht gewährleistet werden könne. Richtlinien müssen deshalb durch **verbindliche, normative Akte** umgesetzt werden,[289] wobei eine Umsetzung durch formelles Gesetz allerdings nicht zwingend erforderlich ist.

278 Umstritten ist, ob die Umsetzung von Richtlinien durch Anpassung von **Verwaltungsvorschriften** ausreichend ist. Der Gerichtshof verneint diese Möglichkeit in st.Rspr. zumindest in den Fällen, in denen dem einzelnen Ansprüche aus unionsrechtlichen Bestimmungen zustehen sollen. Insofern zwinge der Rechtsnormvorbehalt zu einer Anpassung verbindlicher Rechtsnormen.[290] Die deutsche Lit. will zwischen norminterpretierenden und normkonkretisierenden Verwaltungsvorschriften unterscheiden.

Norminterpretierende Verwaltungsvorschriften sollen sicherstellen, dass Rechtsvorschriften von der Verwaltung gleichmäßig ausgelegt und angewendet werden. **Normkonkretisierende Verwaltungsvorschriften** zielen darauf ab, dass in den Gesetzen auftauchende unbestimmte Rechtsbegriffe aufgrund von fachlichen Feststellungen, Bewertungen und Prognosen verbindlich für die Verwaltung konkretisiert werden.[291]

---

[285] EuGH EuZW 1999, 763 Rn. 31 *Kommission/Deutschland*; Slg. 2000, I-9601 Rn. 49 *Kommission/Griechenland*; Urt. v. 29.03.2012 – C-500/10 Rn. 20 *Belvedere Costruzioni*.
[286] EuGH Slg. 2002, I-6325 Rn. 27 *Marks & Spencer*.
[287] EuGH, Urt. v. 09.07.2015 – C-144/14 Rn. 35 *Tomoiaga*; EuGH EuZW 2016, 66 Rn. 51 *Kommission/Deutschland*; Calliess/Kahl/Puttler in: Calliess/Ruffert, Art. 288 AEUV Rn. 56.
[288] Vgl. EuGH NVwZ 1991, 868 *Kommission/Deutschland*; Streinz Rn. 481.
[289] EuGH Slg. 1980, 1473 Rn. 10 f. *Kommission/Belgien*; Slg. 1991, I-825 Rn. 8 *Kommission/Deutschland*; Slg. 2000, I-1255 Rn. 17 *Kommission/Italien*; Ruffert in: Calliess/Ruffert, Art. 288 AEUV Rn. 37.
[290] EuGH Slg. 1991, I-825; Slg. 1991, I-2607 Rn. 9 ff.; Slg. 1991, I-4983 Rn. 14 ff.; Slg. 1995, I-2303 Rn. 17 ff.; Slg. 1997, I-1653 Rn. 38, alle *Kommission/Deutschland*.
[291] Vgl. ausführlich AS-Skript Verwaltungsrecht AT 1 (2016), Rn. 112 ff.

279 Soweit der Gerichtshof die Umsetzung durch norminterpretierende Verwaltungsvorschriften nicht anerkenne, greife er nach der Lit. in gewachsene mitgliedstaatliche Regelungsstrukturen ein und schade dem effektiven Vollzug des Unionsrechts.[292] Diese Kritik trifft allerdings nicht zu. Auch wenn den Mitgliedstaaten ein Gestaltungsspielraum hinsichtlich der Umsetzung zusteht, muss diese rechtssicher sein. Dies ist bei Verwaltungsvorschriften jedoch nicht gewährleistet, da bereits umstritten ist, ob die Verwaltungsvorschriften überhaupt Außenwirkung besitzen. Zudem könne die Verwaltung ebenso eine Umsetzung der Richtlinie durch eine Rechtsverordnung bewirken, die in jedem Fall unstreitig unmittelbare Anwendung findet.

Beispiel: Die Luftreinhalterichtlinie 80/779/EWG wurde in Deutschland durch die Technische Anleitung (TA) Luft umgesetzt. Hierbei handelt es sich um normkonkretisierende Verwaltungsvorschriften, die eine einheitliche Anwendung des Begriffs „schädliche Umwelteinwirkungen" aus dem BImSchG sicherstellen sollen. Sie regeln dabei u.a., welche Umwelteinwirkungen dem Einzelnen zumutbar sind und damit von diesem ausgehalten werden müssen. – Der Gerichtshof hielt die Umsetzung für nicht ausreichend. Zur Begründung führte er nicht nur den Streit über die Außenwirkung an, sondern begründete die Ablehnung auch damit, dass sich der Einzelne über den Umfang seiner Rechte nicht belastungssicher informieren könne. Er werde dadurch daran gehindert, seine Rechte vor den Gerichten geltend zu machen. Deshalb sei die Umsetzung nicht in der Bestimmtheit und Klarheit erfolgt, die das Erfordernis der Rechtssicherheit gebiete.[293]

c) Inhaltliche Umsetzung

280 Hinsichtlich der **inhaltlichen Umsetzung** des Richtlinienziels sind die Mitgliedstaaten verpflichtet, **mindestens** den Rechtszustand herbeizuführen, der durch die Richtlinie vorgegeben wird. Ihnen wird allerdings ein **Wertungsspielraum** zugebilligt, der es u.a. erlaubt, über den Inhalt der Richtlinie hinauszugehen, also strengere Regeln zu schaffen, oder den Inhalt der Richtlinie auch auf Fälle zu erstrecken, die von der Richtlinie nicht erfasst sind. Insoweit spricht man von einer **überschießenden Umsetzung** der Richtlinie.[294] Grenze dieser überschießenden Umsetzung sind nicht nur die Vorgaben der Richtlinie, sondern auch der Grundsatz der Verhältnismäßigkeit.[295]

d) Umsetzungsfrist und Umsetzungspflicht

281 Jede Richtlinie beinhaltet – zumeist am Ende – eine **Umsetzungsfrist**. Mit Ablauf dieser Frist entsteht für die Mitgliedstaaten eine **Pflicht zur Herstellung des richtlinienkonformen Rechtszustands**.[296] Sofern ein Mitgliedstaat die Umsetzungsfrist verstreichen lässt, ohne die durch die Richtlinie erforderlich gewordenen Anpassungen des nationalen Rechts vorzunehmen, verstößt er gegen seine **Umsetzungspflicht** aus Art. 288 Abs. 3 AEUV und verletzt den Vertrag. Die Kommission wird dadurch in die Lage versetzt, ein **Vertragsverletzungsverfahren** gegen den Mitgliedstaat einzuleiten, das zur Verhängung eines **Zwangsgeldes** nach Art. 260 AEUV führen kann. Daneben kommt ausnahmsweise die **unmittelbare Wirkung der Richtlinie** (dazu sogleich) oder eine

---

[292] Reinhardt DÖV 1992, 102; Salzwedel/Reinhardt NVwZ 1991, 946, 947; di Fabio DVBl. 1992, 1338, 1346.
[293] EuGH NVwZ 1991, 868 *Kommission/Deutschland*.
[294] Mit dieser Bezeichnung u.a. Nettesheim in: Grabitz/Hilf/Nettesheim, Art. 288 AEUV Rn. 131.
[295] EuGH EuZW 2008, 411 *Danske Svineproducenter*; Haratsch/Koenig/Pechstein Rn. 385.
[296] Nettesheim in: Grabitz/Hilf/Nettesheim, Art. 288 AEUV Rn. 114.

Haftung des Staates für die seinen Staatsangehörigen durch die Nichtumsetzung entstandenen Schäden in Betracht (dazu Rn. 696 ff.).

2. Unmittelbare Wirkung von Richtlinien

282 Auch wenn die Mitgliedstaaten qua Europarecht zur inhaltlich korrekten und rechtzeitigen Umsetzung der Frist verpflichtet sind, kann eine derartige Umsetzung – aus politischen oder sonstigen Gründen – unterbleiben. Die Durchführung eines Vertragsverletzungsverfahrens nimmt einen nicht unerheblichen Zeitraum in Anspruch – und bietet keinerlei Gewähr dafür, dass danach die korrekte Umsetzung der Richtlinie erfolgt. Die Konsequenz ist eine **Ungleichbehandlung der Unionsbürger** in den Mitgliedstaaten, die sich insbesondere in den Bereichen negativ auswirkt, in denen durch die Richtlinie neue Rechte für sie geschaffen oder bereits bestehende Rechte ausgeweitet und gestärkt werden sollen. Während Mitgliedstaat A sich mit einer zeitnahen Umsetzung um die Rechte seiner Staatsangehörigen verdient macht, verzichtet Mitgliedstaat B auf die Umsetzung der Richtlinie und hinterlässt seinen Staatsangehörigen einen veritablen Rechtsnachteil. Die **Unionsbürger** selbst haben jedoch **keine Rechtsschutzmöglichkeit**, um diese Ungleichbehandlung zu beenden, insbesondere können sie von dem jeweiligen Mitgliedstaat die Umsetzung der Richtlinie weder verlangen noch einklagen.

So geht das BVerfG davon aus, dass sich selbst aus der Schutzverpflichtung der Grundrechte grundsätzlich kein Anspruch gegen den Gesetzgeber auf Erlass eines bestimmten Gesetzes ergibt. Etwas anderes soll nur gelten, wenn der Gesetzgeber seine Pflichten evident verletzt hat, das Gesetz durch Änderung der Verhältnisse untragbar geworden ist oder bisherige Maßnahmen evident unzureichend waren.[297]

Den dadurch entstehenden Nachteil versuchen Rechtsprechung und Literatur durch die **unmittelbare Wirkung bzw. Anwendbarkeit der Richtlinien** zu kompensieren.

a) Vertikale unmittelbare Wirkung

> **Fall 3: Umweltinformationsrichtlinie**
>
> Die P-AG hatte mit der erforderlichen Genehmigung der zuständigen kreisfreien Stadt S im Bundesland L eine Müllverbrennungsanlage errichtet. Aufgrund der steigenden Geruchsbelästigung nach der Inbetriebnahme befürchten die Anwohner, dass die Anlage die zulässigen Schadstoffgrenzwerte überschreitet. Deshalb wendet sich Anwohner A an die Stadt S mit dem Antrag, ihm die im Genehmigungsverfahren angefallenen Messergebnisse über die Luftqualität zugänglich zu machen. Die Stadt lehnt den Antrag ab. Es gebe – was zutrifft – im Land L kein Umweltinformationsgesetz, dass dem des Bundes vergleichbar sei. Mangels Anspruchsgrundlage könne seinem Verlangen deshalb nicht entsprochen werden. Im anschließenden Klageverfahren beruft sich A auf die Richtlinie 2003/4/EG über den Zugang der Öffentlichkeit zu Umweltinformationen. Da das Land L seiner Verpflichtung zur Umsetzung nicht nachgekommen und die Umsetzungsfrist inzwischen abgelaufen sei, müsse diese unmittelbare Wirkung entfalten. Die Richtlinie enthält u.a. folgende Vorschriften:

---

[297] BVerfG NJW 2016, 1716; siehe auch AS-Skript Grundrechte (2015), Rn. 165 ff.

Art. 1: Mit dieser Richtlinie werden folgende Ziele verfolgt: a) die Gewährleistung des Rechts auf Zugang zu Umweltinformationen, die bei Behörden vorhanden sind oder für sie bereitgehalten werden, und die Festlegung der grundlegenden Voraussetzungen und praktischer Vorkehrungen für die Ausübung dieses Rechts...

Art. 2: Im Sinne dieser Richtlinie bezeichnet der Ausdruck:

1. „Umweltinformationen" sämtliche Informationen in schriftlicher, visueller, akustischer, elektronischer oder sonstiger materieller Form über

a) den Zustand von Umweltbestandteilen wie Luft und Atmosphäre, Wasser, Boden, Land, Landschaft und natürliche Lebensräume einschließlich Feuchtgebiete, Küsten- und Meeresgebiete, die Artenvielfalt und ihre Bestandteile, einschließlich genetisch veränderter Organismen sowie die Wechselwirkungen zwischen diesen Bestandteilen; ...

2. „Behörde"

a) die Regierung oder eine andere Stelle der öffentlichen Verwaltung, einschließlich öffentlicher beratender Gremien, auf nationaler, regionaler oder lokaler Ebene, ...

5. „Antragsteller" eine natürliche oder juristische Person, die Zugang zu Umweltinformationen beantragt, ...

Art. 3: (1) Die Mitgliedstaaten gewährleisten, dass Behörden gemäß den Bestimmungen dieser Richtlinie verpflichtet sind, die bei ihnen vorhandenen oder für sie bereitgehaltenen Umweltinformationen allen Antragstellern auf Antrag zugänglich zu machen, ohne dass diese ein Interesse geltend zu machen brauchen.

Art. 4: (2) Die Mitgliedstaaten können vorsehen, dass ein Antrag auf Zugang zu Umweltinformationen abgelehnt wird, wenn die Bekanntgabe negative Auswirkungen hätte

d) auf Geschäfts- oder Betriebsgeheimnisse, sofern diese durch einzelstaatliches oder gemeinschaftliches Recht geschützt sind, um berechtigte wirtschaftliche Interessen, einschließlich des öffentlichen Interesses an der Wahrung der Geheimhaltung von statistischen Daten und des Steuergeheimnisses, zu schützen; ...

Die Stadt verweist auf den Unterschied der Richtlinie zur Verordnung. Darüber hinaus ermögliche die Veröffentlichung der Luftwerte Rückschlüsse auf das Verbrennungsverfahren, die als Betriebsgeheimnisse auch nach der Richtlinie geschützt seien. Hat A den geltend gemachten Anspruch auf Zugang zu den Informationen? Bearbeitungsvermerk: Es existieren keine weiteren landesrechtlichen Normen zum Schutz von Betriebs- und Geschäftsgeheimnissen oder den Informationszugang.

I. Ein Anspruch des A gegen die Stadt S auf Zugang zu den näher bezeichneten Informationen folgt nicht aus **§ 3 Abs. 1 Umweltinformationsgesetz des Bundes (UIG)**. Dies gilt gemäß § 1 Abs. 2 UIG nur für **informationspflichtige Stellen des Bundes** und der bundesunmittelbaren juristischen Personen des öffentlichen Rechts.

II. Mangels landesrechtlicher Umsetzung der Richtlinie 2003/4/EG kommt auch eine Anspruchsgrundlage aus dem **Landesrecht** nicht in Betracht.

Nicht jede Richtlinie kann durch den Bund umgesetzt werden. Vielmehr ist der mit der Gesetzgebungskompetenz für das jeweilige Fachgebiet ausgestattete Hoheitsträger für die Umsetzung zuständig. Für den Bereich der Umweltinformationen hat das zur Folge, dass sowohl der Bund für seine Behörden und Körperschaften als auch die Länder für ihre Behörden tätig werden müssen.

284 III. Ein Anspruch auf Zugang zu den Informationen könnte sich allerdings aus **Art. 3 Abs. 1 der Richtlinie 2003/4/EG** ergeben.

1. Grundsätzlich gelten Richtlinien nicht unmittelbar für die Bürger in den Mitgliedstaaten. Die Richtlinien richten sich vielmehr gemäß Art. 288 Abs. 3 AEUV an die Mitgliedstaaten selbst, welche zur **Umsetzung verpflichtet** sind und ihr nationales Recht an die Vorgaben der Richtlinie als eine Art Rahmenregelung anpassen müssen.[298] Deshalb ist bereits fraglich, ob Richtlinien **überhaupt unmittelbare Wirkung** haben können.

285 a) Gegen die unmittelbare Wirkung von Richtlinien spricht der konstruktive Unterschied zur **Verordnung**: Während diese nach Art. 288 Abs. 2 S. 2 AEUV unmittelbar in jedem Mitgliedstaat gilt, kommt diese Wirkung der Richtlinie gerade nicht zu. Art. 288 Abs. 3 AEUV ordnet lediglich die Verbindlichkeit für die Mitgliedstaaten an. Aus dem Wortlaut der Vorschrift kann man ableiten, dass die Richtlinienbestimmungen grundsätzlich **erst nach ihrer Transformation** in nationales Recht für den Einzelnen Anwendung finden sollen.

286 b) Ferner sehen die Verträge bei Verstoß gegen die Verpflichtung der Mitgliedstaaten zur Umsetzung der Richtlinie die Möglichkeit eines **Vertragsverletzungsverfahrens** als einzige Sanktionsmöglichkeit vor. Eine unmittelbare Wirkung ist in den Verträgen hingegen nicht vorgesehen.

287 c) Fraglich ist jedoch, ob das Vertragsverletzungsverfahren als Sanktion ausreichend ist. Denn die Einleitung setzt voraus, dass die **Nichtumsetzung der Richtlinie** der Kommission **bekannt wird**. Hinzu kommt, dass das Vertragsverletzungsverfahren nicht nur **sehr langwierig** ist, sondern auch nur mittelbaren Druck auf die Mitgliedstaaten erlaubt, da die Hoheit über die nationale Rechtsetzung bei den Mitgliedstaaten verbleibt. Sollten sich die Mitgliedstaaten trotz eines verhängten Zwangsgelds gegen eine Umsetzung der Richtlinie entscheiden, stehen der Union **keine weiteren Druckmittel** zur Verfügung. Deshalb ist das Vertragsverletzungsverfahren allein nicht geeignet, die weitestgehende Wirksamkeit der Richtlinie zu gewährleisten.[299] Deshalb erkennt auch der Gerichtshof die unmittelbare Wirkung der Richtlinien an.

288 aa) Diese weitestgehende Wirksamkeit der Richtlinie ist nämlich bereits aufgrund des Grundsatzes des **effet utile** aus Art. 4 Abs. 3 UAbs. 2 EUV erforderlich. Die Wirkung einer Richtlinie darf nicht dadurch abgeschwächt werden, dass der Unionsbürger sich vor nationalen Gerichten nicht auf sie berufen kann, nur weil sie nicht fristgerecht umgesetzt wurde.[300] Es würde zudem der **Funktionsfähigkeit der Union** zuwiderlaufen, wenn es den

---

[298] Magiera Jura 1989, 595, 599.
[299] Scherzberg Jura 1993, 225 m.w.N.
[300] EuGH NJW 1979, 1764 *Ratti*.

Mitgliedstaaten möglich wäre, den Umsetzungsbefehl zu ignorieren. Das Anliegen der Union, dem Einzelnen eine bestimmte Rechtsposition über die Richtlinie zu verleihen, könnte durch die Weigerung der Mitgliedstaaten sonst beeinträchtigt, möglicherweise sogar vereitelt werden.[301]

bb) Für eine unmittelbare Wirkung spricht weiterhin der Grundsatz des **venire contra factum proprium**. Unionsrechtlich ist dieser Grundsatz dann berührt, wenn ein Mitgliedstaat sich seinem früheren Verhalten entgegen widersprüchlich verhält, indem er einerseits durch die nicht fristgerechte Umsetzung der Richtlinie gegen seine Verpflichtung aus Art. 4 Abs. 3 EUV i.V.m. Art. 288 Abs. 3 AEUV verstößt, sich andererseits aber dem Unionsbürger gegenüber gerade auf die Nichtumsetzung berufen will (sog. Estoppel-Prinzip).[302] Insoweit bedeutet die unmittelbare Wirkung der nicht umgesetzten Richtlinie eine **Sanktion für die Mitgliedstaaten**.[303]

289

Eine unmittelbare Wirkung der Richtlinien kommt also grundsätzlich in Betracht.

Der Gerichtshof ergänzt seine Argumentation – wenngleich nicht tragend – mit dem Argument, dass allein aus der unmittelbaren Geltung von Verordnungen nicht zwingend folge, dass die anderen Rechtsakte nicht auch ähnliche Wirkungen entfalten könnten.[304] Vielmehr sei es mit der verbindlichen Wirkung der Richtlinien unvereinbar, ihre unmittelbare Wirkung gänzlich auszuschließen.[305] Auch wenn es sich bei der unmittelbaren Wirkung der Richtlinien „nur" um eine **richterliche Rechtsfortbildung** des Gerichtshofs handelt, die in den Verträgen keine ausdrückliche Stütze findet, ist diese in der Rechtsprechung der nationalen Gerichte aller Mitgliedstaaten inzwischen uneingeschränkt anerkannt.[306]

2. Fraglich ist jedoch, **welcher Art** die unmittelbare Wirkung ist. Wie sich aus der Herleitung der unmittelbaren Wirkung ergibt, knüpft die Anerkennung der Wirkung an Fehlverhalten der Mitgliedstaaten an. Daraus ergibt sich, dass die unmittelbare Wirkung der Richtlinie in erster Linie **zwischen den Bürgern und dem jeweiligen Mitgliedstaat** einsetzt (sog. **vertikale Direktwirkung**). Alle innerstaatlichen Verwaltungsträger und Gerichte sind deshalb von Amts wegen[307] verpflichtet, den Inhalt der Richtlinie so zu beachten und anzuwenden, als sei die Richtlinie ordnungsgemäß umgesetzt worden.[308] Da das Land L seiner Verpflichtung zur Umsetzung der Richtlinie nicht nachgekommen ist, müssen die dem Land nachgeordneten Behörden über die vertikale Direktwirkung zur Gewährung der Rechte aus der Richtlinie angehalten werden.

290

Ob die Richtlinien auch **horizontale Direktwirkung** im Verhältnis Bürger zu Bürger entfalten können, ist umstritten. Sie hierzu ausführlich unten Rn. 301 ff.

---

301 Nettesheim in: Grabitz/Hilf/Nettesheim, Art. 288 AEUV Rn. 140.
302 EuGH NJW 1979, 1764 *Ratti*; Geismann in: von der Groeben/Schwarze/Hatje, Art. 288 AEUV Rn. 47.
303 Ruffert in: Calliess/Ruffert, Art. 288 AEUV Rn. 49; Streinz Rn. 486.
304 EuGH NJW 1977, 2022 Rn. 20/24 *Niederlandse Ondernemingen*; NJW 1979, 1764 Rn. 19 *Ratti*; Ruffert in: Calliess/Ruffert, Art. 288 AEUV Rn. 48 m.w.N.
305 EuGH DVBl. 1975, 2165 Rn. 12 *van Duyn/Home Office*; NJW 1977, 2022 Rn. 20/24 *Niederlandse Ondernemingen*; Ruffert in: Calliess/Ruffert, Art. 288 Rn. 48 m.w.N.
306 Vgl. den Überblick über die Entwicklung bei Ruffert in: Calliess/Ruffert, Art. 288 AEUV Rn. 49.
307 EuGH, Urt. v. 11.07.1991 – C-87/90 *Verholen/Sociale Verzekeringsbank*; EuGH NVwZ 1997, 473 *Kraaijeveld*; Jarass NJW 1991, 2665, 2668 f.; Scherzberg Jura 1993, 226 f.
308 EuGH NJW 1991, 3086 *Foster u.a.*; Scherzberg Jura 1989, 225, 227 m.w.N.

291 3. Allerdings kann nicht jede Richtlinie unmittelbare Wirkung entfalten. Der Gerichtshof verlangt deshalb die Erfüllung folgender **Voraussetzungen für die unmittelbare Wirkung**:

Unmittelbare Wirkung von Richtlinien
■ Umsetzungsfehler bei Ablauf der Umsetzungsfrist
▪ Umsetzungsausfall
▪ Umsetzungsdefizit
■ Inhaltliche Unbedingtheit der Richtlinienregelung
■ Hinreichend genaue Regelung in der Richtlinie

292 a) Eine Richtlinie kann nur dann unmittelbare Wirkung entfalten, wenn dem Mitgliedstaat ein **Umsetzungsfehler** unterlaufen ist. Dies ist der Fall, wenn die Richtlinie bis zum **Ablauf der Umsetzungsfrist**[309] überhaupt **nicht umgesetzt** (sog. **Umsetzungsausfall**)[310] oder **nicht vollständig** oder **nicht ordnungsgemäß umgesetzt** worden ist (sog. **Umsetzungsdefizit**).[311]

Hier kommt ein Umsetzungsausfall in Betracht. Lediglich der Bund ist seiner Umsetzungsverpflichtung hinsichtlich der Richtlinie 2003/4/EG fristgerecht durch Erlass des UIG nachgekommen. Ein UIG für die Behörden des Landes L existiert hingegen trotz Ablaufs der Umsetzungsfrist nicht. Eine Kompensation dieses Umsetzungsausfalls über die **richtlinienkonforme Auslegung** allgemeinerer Ansprüche auf Informationszugang ist ebenfalls nicht möglich, da im Land L keine derartigen Ansprüche existieren.

Mit dieser Vorgehensweise hatte das OVG NRW die unmittelbare Wirkung der UIG-Richtlinie in NRW abgelehnt. Es hat auf die allgemeine Vorschrift des Informationsfreiheitsgesetzes zurückgegriffen und diese richtlinienkonform ausgelegt.[312]

293 b) Die Richtlinie müsste **inhaltlich unbedingt** sein. Dies ist der Fall, wenn die Richtlinie – wie hier – vorbehaltlos und ohne Bedingung anwendbar ist und keiner weiteren gestalterischen Maßnahme der Organe der Mitgliedstaaten oder der Union bedarf.[313] Dies folgt u.a. aus Art. 3 Abs. 1 der Richtlinie, nach dem die Mitgliedstaaten den Informationszugang gewährleisten müssen.

Zum Teil wird die inhaltlich unbedingte Richtlinie auch als „**self executing**" bezeichnet.

294 c) Die Richtlinie ist **hinreichend bestimmt**, wenn sich aus der verpflichtenden Richtlinienbestimmung Adressat und Inhalt der Pflicht, bei anspruchsbegrün-

---

309 Vor Ablauf der Umsetzungsfrist kommt eine unmittelbare Wirkung nicht in Betracht, vgl. EuGH NJW 1979, 1764 *Ratti*; Nettesheim in: Grabitz/Hilf/Nettesheim, Art. 288 AEUV Rn. 142.
310 Mit der Bezeichnung VG Stuttgart NVwZ-RR 2006, 392, 393; EuGH Slg. 1984, 1075, 1085 *Gerda Kloppenburg*; Nettesheim in: Grabitz/Hilf/Nettesheim, Art. 288 AEUV Rn. 143.
311 Bezeichnung nach VG Stuttgart a.a.O. m.w.N.; EuGH NJW 1986, 2178 *Marshall I*; NJW 1992, 165 Rn. 11 *Francovich u.a.*; IStR 2002, 565 *Marks & Spencer*; EuZW 2004, 691, 696 Rn. 112 *Pfeiffer u.a./DRK*; Ruffert in: Calliess/Ruffert, Art. 288 AEUV Rn. 52.
312 OVG NRW ZUR 2006, 600; allgemein zur richtlinienkonformen Auslegung Tonikidis JA 2013, 598.
313 EuGH DVBl. 1975, 2165 Rn. 13/14 *van Duyn/Home Office*; Ruffert in: Calliess/Ruffert, Art. 288 AEUV Rn. 54 m.w.N.

denden Bestimmungen Anspruchsträger, Verpflichteter und Anspruchsinhalt ermitteln lassen.[314]

Die Verwendung unbestimmter Rechtsbegriffe steht der hinreichenden Bestimmtheit nicht entgegen. Eine eindeutige Abfassung der Richtlinie ist nicht erforderlich, da ein Durchgriff sonst nur zugelassen werden könnte, wenn eine Richtlinienbestimmung so formuliert ist, dass jede Unsicherheit bzgl. des Regelungsgehaltes ausgeschlossen ist. Dies würde der eingangs geschilderten Begründung der unmittelbaren Wirkung zuwiderlaufen.[315]

aa) Die Richtlinie 2003/4/EG enthält in Art. 2 Nr. 1 eine Definition der Umweltinformationen und legt in Art. 2 Nr. 2 den Behördenbegriff, in Art. 2 Nr. 5 den des Antragstellers fest. Zudem enthält Art. 3 Abs. 1 der Richtlinie die Anspruchsgrundlage für den Informationszugang. Die Richtlinie enthält damit die rechtliche Grundlage, die unbedingte Beschreibung des Anspruchsinhalts sowie die Beschreibung der Anspruchsberechtigten und Anspruchsverpflichteten. Sie ist grundsätzlich hinreichend bestimmt. **295**

bb) A erfüllt die in der Richtlinie niedergelegten Anforderungen. Er macht als natürliche Person und damit tauglicher Anspruchsteller gegenüber der Stadt S als anspruchsverpflichteter Institution einen Anspruch auf Zugang zu Messergebnissen über die Luftqualität bei Betrieb der Müllverbrennungsanlage und damit zu Umweltinformationen i.S.d. Richtlinie geltend. **296**

cc) Allerdings könnte dem Anspruch des A und damit auch der hinreichenden Bestimmtheit der **Ausschlussgrund des Art. 4 Abs. 2 lit. d der Richtlinie** entgegenstehen, auf den sich die Stadt S auch berufen hat. Danach kann die anspruchsverpflichtete Institution den Anspruch auf Informationszugang ablehnen, um **Geschäfts- und Betriebsgeheimnisse** zu schützen. **297**

(1) Dieser Umstand steht der hinreichenden Bestimmtheit des Anspruchs nicht entgegen. Denn die Richtlinie sieht den Anspruch auf Informationszugang hinreichend bestimmt und inhaltlich unbedingt vor. Die **Ablehnungsgründe** des Art. 4 der Richtlinie werden lediglich den **Mitgliedstaaten als Gestaltungselement** an die Hand gegeben.[316] **298**

Klausurhinweis: Es ist auch zulässig, diesen Punkt bei der Prüfung der inhaltlichen Unbedingtheit anzusprechen. Logisch vorzugswürdig ist die Platzierung an dieser Stelle, weil es erst hier darauf ankommt, ob dem Anspruch des A der Ablehnungsgrund entgegengehalten werden kann.

Art. 4 Abs. 2 der Richtlinie ist damit **kein echter Ausschlussgrund**.

(2) Zudem liegen die Voraussetzungen des Art. 4 Abs. 2 lit. d der Richtlinie nicht vor. Dieser ermöglicht den Mitgliedstaaten lediglich den Schutz der Betriebs- und Geschäftsgeheimnisse selbst. Hierzu gehören die gemessenen Luftwerte in der Umgebung jedoch nicht. **299**

---

314 Nettesheim in: Grabitz/Hilf/Nettesheim, Art. 288 AEUV Rn. 147; vgl. auch Ruffert in: Calliess/Ruffert, Art. 288 AEUV Rn. 54.
315 Nettesheim in: Grabitz/Hilf/Nettesheim, Art. 288 AEUV Rn. 147; vgl. auch Ruffert in: Calliess/Ruffert, Art. 288 AEUV Rn. 55.
316 VG Stuttgart NVwZ-RR 2006, 392, 393.

Die Stadt S kann dem Anspruch des A die Regelung in Art. 4 Abs. 2 lit. d der Richtlinie nicht entgegenhalten. Die Richtlinie ist hinreichend bestimmt.

Ergebnis: A hat gegen die Stadt S einen Anspruch auf Zugang zu den Messergebnissen.

b) Vertikale Direktwirkung zum Nachteil des Bürgers

300 Nach h.M. und st.Rspr. des Gerichtshofs sollen sich die Mitgliedstaaten bei fehlender oder nicht ordnungsgemäßer Umsetzung der Richtlinie **nicht zulasten des Bürgers** auf Richtlinienbestimmungen berufen können. Dies stünde im Widerspruch zur dogmatischen Grundlage des Rechtsinstituts, dem Rechtsmissbrauchs- und Sanktionsgedanken.[317] Die einzelnen Mitgliedstaaten sollen aus der Nichtumsetzung einer Richtlinie keine Vorteile ziehen. Richtlinien gelten damit ausschließlich **zugunsten der Bürger** unmittelbar und sind auch bei einem Umsetzungsdefizit nicht geeignet, Verpflichtungen für die Bürger zu begründen.[318]

c) Horizontale unmittelbare Wirkung

301 Während die vertikale Direktwirkung der Richtlinien bei Vorliegen der Voraussetzungen anerkannt ist, wird die **horizontale unmittelbare Wirkung** (auch **horizontale Direktwirkung**) der Richtlinie im Verhältnis Bürger zu Bürger unterschiedlich beurteilt.

Beispiel: Ein Verbraucher macht nach dem Kauf einer beweglichen Sache Gewährleistungsrechte aus der sog. Verbrauchsgüterkaufrichtlinie (Richtlinie 1999/44/EG) gegenüber dem gewerblichen Verkäufer geltend, obwohl die Bestimmungen in dem betreffenden Mitgliedstaat noch nicht umgesetzt sind.

302 Der **Gerichtshof verneint** in st.Rspr. ebenso wie die **h.Lit.** die **horizontale Direktwirkung** von Richtlinien. Dies laufe zum einen – ähnlich wie im Rahmen der belastenden vertikalen Direktwirkung – der Herleitung der unmittelbaren Wirkung als Sanktion des Mitgliedstaates zuwider, da sich die ggf. in der Richtlinie enthaltenen, aber noch nicht umgesetzten Nachteile jetzt auf ein Privatrechtssubjekt auswirken würden. Damit würde die Direktwirkung für ihn nachteilige Wirkung besitzen, was jedoch generell vermieden werden soll. Schließlich seien die Richtlinien an die Mitgliedstaaten adressiert, sodass die Bürger darauf vertrauen dürften, erst durch mitgliedstaatliche Umsetzungsakte belastet zu werden.[319] Ferner liefe eine Ausdehnung der Rspr. zur vertikalen Direktwirkung darauf hinaus, der Union die Befugnis zuzuerkennen, mit unmittelbarer Wirkung zulasten der Bürger Verpflichtungen anzuordnen, obwohl sie nur dort dazu berechtigt ist, wo ihr die Befugnis zum Erlass von Verordnungen zugewiesen ist.[320]

Obgleich diese Argumentation des Gerichtshofs schlüssig und überzeugend klingt, passt sie nicht auf alle Fallkonstellationen – weshalb die Lit. ihm Inkonsequenzen in Bezug auf die eigene Rechtsprechung vorwirft.[321] **Beispiele:**

---

317 EuGH NJW 1986, 2178 *Marshall I*; NJW 1982, 499 *Becker/Finanzamt Münster-Innenstadt*; Ruffert in: Calliess/Ruffert, Art. 288 AEUV Rn. 57; vgl. auch Krimphove EuZW 2014, 178.
318 EuGH EuZW 2008, 611, 613 Rn. 35 *Arcor AG & Co. KG/Deutschland*.
319 Ruffert in: Calliess/Ruffert, Art. 288 AEUV Rn. 61; Langenfeld DÖV 1992, 955, 959; Jarass NJW 1991, 2656, 2666.
320 EuGH NJW 1986, 2178 Rn. 48 *Marshall I*; NJW 1994, 2473, 2474 Rn. 24 *Faccini Dori*; EuZW 2004, 691, 696 Rn. 108 *Pfeiffer u.a./DRK*; NJW 2010, 427, 429 Rn. 46 *Kücükdeveci*; Ruffert in: Calliess/Ruffert, Art. 288 AEUV Rn. 57 ff.
321 So beispielsweise von Kielmansegg EuR 2014, 30.

Rechtsquellen des Unionsrechts — 1. Abschnitt

- **Unilever:** In diesem Fall hatte der Kläger der Beklagten Olivenöl geliefert, welches nicht über die nach italienischem Recht erforderlichen Etiketten verfügte. Der Kläger hatte auf die Einhaltung der Vorschriften verzichtet, da er diese wegen Unvereinbarkeit mit einer europäischen Richtlinie (Informationsrichtlinie 83/109/EWG) für unanwendbar hielt. Hätte Italien die Richtlinie fristgemäß umgesetzt, hätte die nationale Etikettierungsvorschrift nicht mehr bestanden. Die Beklagte verweigerte nun aber unter Verweis auf die fehlerhafte Etikettierung die Bezahlung der Ware. – Der Gerichtshof entschied trotz einer **richtlinienwidrigen staatlichen Verbotsnorm** zugunsten des Klägers und lehnte die Anwendbarkeit des nationalen Gesetzes ab. Der Beklagten war ihre Mängeleinrede, die sie auf das nationale Gesetz gestützt hatte, entzogen.[322] Ob in diesem Verständnis ein Widerspruch zur o.g. Rspr. liegt, wird unterschiedlich beurteilt. Zum Teil wird die Entscheidung dahingehend verstanden, dass der Beklagten unter Verweis auf die unmittelbar wirkende Richtlinie eine Rechtsposition entzogen wurde, aus der Richtlinie also negative Folgen für ein privatrechtliches Rechtsverhältnis abgeleitet worden sind.[323] Dabei wird jedoch missachtet, dass sich der Gerichtshof in der Unilever-Entscheidung ausdrücklich bemüht hat, an dem Verbot der horizontalen Direktwirkung festzuhalten. Deshalb wird die Entscheidung zum Teil dahingehend interpretiert, dass in ihr keine Aussage über das Privatrechtsverhältnis als solches, sondern nur über die Anwendbarkeit einer nationalen Norm getroffen worden sei. Die Rechtsposition, auf die sich die Beklagte berufen habe, stehe ihr unter Berücksichtigung des Unionsrechts schon gar nicht zu.[324]

303

- **Wells:** Die Klägerin wendet sich gegen eine Bergbaugenehmigung für einen Steinbruch und begehrt deren Aufhebung. Die Genehmigung war von der beklagten Bergbaubehörde erteilt worden, ohne zuvor eine Umweltverträglichkeitsprüfung durchzuführen. Eine Pflicht zu dieser Prüfung ergibt sich nach Ansicht der Klägerin – mangels nationaler Vorschrift – aus der Richtlinie 85/337/EWG. Der Steinbruch wird von der Beigeladenen betrieben. – Diese Entscheidung betrifft die Fallgruppe der **Richtlinien mit Doppelwirkung**: Sofern die Richtlinie unmittelbare Wirkung gegenüber der staatlichen Bergbaubehörde entfaltet, ist die der Beigeladenen erteilte Bergbaugenehmigung rechtswidrig und muss aufgehoben werden. Auch hier hätte die unmittelbare Wirkung der Richtlinie – quasi als Regelungsreflex – eine direkte Belastung der Beigeladenen zur Folge, die ihr Recht zum Betrieb des Steinbruchs verliert. Der Gerichtshof hat eine unmittelbare Wirkung der Richtlinie bejaht,[325] ohne sich vertieft mit der Benachteiligung der Beigeladenen auseinanderzusetzen. Formal betrachtet bleibt er gleichwohl seiner Linie treu, da er die Richtlinie im Verhältnis zwischen Bürger (Klägerin) und Staat (Bergbaubehörde) zur Anwendung bringt.

304

- **Mangold:** Das deutsche Teilzeit- und Befristungsgesetz (TzBfG) enthielt eine Regelung, die den Abschluss eines befristeten Arbeitsvertrages uneingeschränkt erlaubte, sofern die Arbeitnehmer älter als 52 Jahre sind. Der Kläger wurde von der Beklagten unter Verweis auf diese Vorschrift befristet angestellt. Der Kläger ist der Ansicht, dass die Befristung wegen Verstoßes gegen die sog. Antidiskriminierungsrichtlinie (Richtlinie 2000/78/EG), welche Deutschland nicht umgesetzt hat, unwirksam sei. – Auch hier gab der Gerichtshof dem Kläger recht.[326] Allerdings stützte er sich bei genauerem Hinsehen nicht auf eine horizontale Direktwirkung der Richtlinie, sondern bemühte ein **allgemeines Diskriminierungsverbot als allgemeinem Rechtsgrundsatz**. Diese Grundsätze sind Bestandteil des Primärrechts und damit nicht den Beschränkungen des Sekundärrechts unterworfen. Für den Gerichtshof war es so möglich, diesem primärrechtlichen Grundsatz horizontale Direktwirkung zu verleihen, ohne unmittelbar mit seiner bisherigen Rspr. brechen zu müssen. Teilweise wurde hierin von der Lit. ein Wandel in der Rspr. des Gerichtshofs zur horizontalen Direktwirkung von Richtlinien gesehen.[327] Dies hat sich aber angesichts der nachfolgenden Entscheidungen nicht bewahrheitet.

305

Ein **Teil der Lit. bejaht die horizontale Direktwirkung**. Für sie spreche der Grundsatz des effet utile, da der Wirkungskreis der Richtlinie auf die Verhältnisse zwischen Privaten

306

---

322 EuGH EuZW 2001, 153 *Unilever*.
323 In diese Richtung beispielsweise von Kielmansegg EuZW 2014, 30.
324 So Gundel EuZW 2001, 143, 149.
325 EuGH NVwZ 2004, 593 *Wells*; vgl. auch EuGH NVwZ 1990, 649 *Costanzo*; EuZW 2008, 611 *Arcor*.
326 EuGH EuZW 2006, 17 *Mangold*.
327 So beispielsweise Bauer/Arnold NJW 2006, 6, 9.

ausgedehnt und der Richtlinie somit zur praktischen Wirksamkeit verholfen werde.[328] Durch die gleichmäßige Direktwirkung der Richtlinien würden zudem Ungleichbehandlungen staatlicher und privater Stellen vermieden, die – wie beispielsweise im Bereich der Arbeitgeber – sonst zu Wertungswidersprüchen führen würden.[329]

307 Diese Auffassung konnte sich jedoch nicht durchsetzen und erhält kaum noch Zuspruch. Dies liegt nicht nur an der gefestigten Rspr. des Gerichtshofs zu diesem Thema, sondern auch daran, dass diese Ansicht die Herleitung des Rechtsinstituts der unmittelbaren Wirkung völlig ausblendet. Wenn der Sanktionscharakter im Vordergrund stehen soll, muss die Norm gegen den säumigen Mitgliedstaat angewendet werden. Soll eine Benachteiligung der Bürger dieses Mitgliedstaates gegenüber anderen Unionsbürgern vermieden werden, kann die Richtlinie nur zu ihren Gunsten angewendet werden.

3. Exkurs: Unionsrechtlicher Staatshaftungsanspruch

308 Eine letzte Schutzlücke verbleibt für den Bürger in dem Fall, dass eine Richtlinie **inhaltlich nicht unbedingt oder nicht hinreichend bestimmt** ist. Für diesen Fall kann die Richtlinie – wie dargelegt – nicht unmittelbar angewendet werden. Sollten dem Bürger in dieser Situation **Schäden** entstehen, steht ihm grundsätzlich **kein Amtshaftungsanspruch** zu: Die Union haftet gemäß Art. 340 Abs. 2 AEUV nur für die Schäden, die ihre Organe oder Bediensteten verursachen. Hierzu gehören die Mitgliedstaaten jedoch nicht. Auch eine Haftung des Mitgliedstaates selbst scheidet aus, da **keine Haftung für legislatives Unrecht** übernommen wird.

Die deutsche Rspr. verneint einen Amtshaftungsanspruch aus Art. 34 GG i.V.m. § 839 BGB mit dem Argument, dass die beim Erlass von Rechtsnormen bestehenden Amtspflichten nur gegenüber der Allgemeinheit, nicht aber gegenüber bestimmten Personen oder Personengruppen wahrgenommen werden. Es fehle deshalb an der Verletzung einer drittschützenden Amtspflicht.[330]

309 Um diese Lücke zu schließen, hat der Gerichtshof grundlegend in der Francovich-Entscheidung ein eigenständiges Rechtsinstitut der **unionsrechtlichen Staatshaftung der Mitgliedstaaten** geschaffen (ausführlich dazu unten Rn. 696 ff.). Ein solcher Anspruch soll insbesondere für den Fall in Betracht kommen, dass ein Mitgliedstaat solche Richtlinien nicht fristgemäß oder nicht ordnungsgemäß umgesetzt hat, die individualschützende Rechtspositionen für seine Staatsangehörigen beinhalten.[331]

Klausurhinweis: Häufig werden Klausuren zu diesem Thema in zwei Schritten aufgebaut – erst die unmittelbare Wirkung der Richtlinie, dann der Schadensersatzanspruch. Beginnen Sie – zumindest bei in Deutschland „spielenden" Sachverhalten – zunächst mit dem Amtshaftungsanspruch aus Art. 34 GG i.V.m. § 839 BGB, um das lückenschließende Erfordernis für den ungeschriebenen Staatshaftungsanspruch des Gerichtshofs deutlich zu machen!

---

328 Bach JZ 1990, 1108, 1115; Nicolaysen EuR 1986, 370, 371.
329 GA van Gerwen Slg. 1993, I-4367 Rn. 12 (Schlussantrag zu EuGH NJW 1986, 2178 *Marshall I*); Bach JZ 1990, 1108, 1115; Richter EuR 1988, 394, 396.
330 BGH, Urt. v. 18.10.2012 – III ZR 197/11, NJW 2013, 168, 172; BGHZ 134, 30, 32; Karpenstein/Johann NJW 2010, 3405.
331 Vgl. Dörr DVBl. 2006, 598, 599.

Zusammenfassende Übersicht

Richtlinien

Umsetzungserfordernis und Umsetzungspflicht

- Richtlinie stößt **zweistufigen Rechtssetzungsprozess** an
  - Adressaten: Mitgliedstaaten
  - Umsetzung: Anpassung des nationalen Rechts an den Inhalt und das Ziel der Richtlinie
  - Umsetzungsverpflichtung innerhalb der in der Richtlinie vorgegebenen Umsetzungsfrist
- Umsetzungsakt muss die **praktische Wirksamkeit (effet utile)** der Richtlinie so gut wie möglich gewährleisten, insbesondere gilt:
  - **Rechtsnormvorbehalt:** Umsetzung der Richtlinie in verbindliches innerstaatliches Recht erforderlich, soweit dieses nicht bereits den Vorgaben der Richtlinie entspricht
  - Umsetzung durch formelles Gesetz oder Rechtsverordnung erforderlich
  - Umsetzung durch Anpassung der Verwaltungspraxis genügt nicht
  - Umsetzung durch Verwaltungsvorschrift str., nach st. Rspr. des Gerichtshofs nicht ausreichend
  - **Grundsätze der Rechtssicherheit und Rechtsklarheit:** Umsetzungsakt muss klar, bestimmt und verständlich sein, um Kenntnis von Rechten und Pflichten erlangen zu können
  - **Inhalt:** Wertungsspielraum des nationalen Gesetzgebers; mindestens aber Verpflichtung zur Herbeiführung des in der Richtlinie vorgesehenen Rechtszustandes, überschießende Richtlinienumsetzung aber möglich

Unmittelbare Wirkung

I. Herleitung der unmittelbaren Wirkung

1. **Grundsatz:** keine unmittelbare, sondern nur mittelbare Wirkung der Richtlinien

   Art. 288 Abs. 3 AEUV: Richtlinien wenden sich an die Mitgliedstaaten und entfalten ihre Wirkung erst über nationale Umsetzungsakte, auf die sich der Bürger sodann berufen kann

2. **Ausnahme:** unmittelbare Wirkung nach st. Rspr. des Gerichtshofs bei Umsetzungsfehler (richterliche Rechtsfortbildung)
   - effet utile: praktische Wirksamkeit der Richtlinie verlangt, dass Bürger sich trotz fehlender Umsetzung auf den Richtlinieninhalt berufen können
   - venire contra factum proprium: Mitgliedstaat darf sich nicht auf eigenes Fehlverhalten berufen, um der Anwendung der Richtlinie zu entgehen (Sanktionsgedanke)

II. Voraussetzungen für die unmittelbare Wirkung

1. Umsetzungsfehler: Richtlinie nicht (Umsetzungsausfall), nicht vollständig oder nicht ordnungsgemäß (Umsetzungsdefizit) umgesetzt
2. Inhaltlich unbedingt: Richtlinie vorbehaltlos und ohne Bedingung anwendbar und keine gestalterische Maßnahme der Mitgliedstaaten/Union erforderlich
3. Hinreichend bestimmt: Adressat, Inhalt der Pflicht, Begünstigter aus der Richtlinie erkennbar

Wenn die Voraussetzungen für die unmittelbare Wirkung nicht vorliegen, dem Bürger aber durch die Nichtumsetzung Schäden entstanden sind, kommt ggf. eine Staatshaftung des Mitgliedstaates nach der ungeschriebenen unionsrechtlichen Staatshaftung in Betracht!

III. Adressat der unmittelbaren Wirkung

- **Vertikale Direktwirkung:** Bürger darf sich gegenüber staatlichen Institutionen auf Richtlinie berufen, soweit sie für ihn begünstigend ist; Staat darf sich gegenüber Bürger nicht auf Richtlinie berufen, schon gar nicht auf belastenden Inhalt
- **Horizontale Direktwirkung:** nach h.M. keine Auswirkung der Richtlinie im Rechtsverhältnis Bürger zu Bürger, läuft dogmatischer Herleitung der unmittelbaren Wirkung zuwider

IV. Beschluss

310 Beschlüsse sind nach Art. 288 Abs. 4 S. 1 AEUV in allen ihren Teilen verbindlich. Sind sie an bestimmte Adressaten gerichtet, binden sie nach Art. 288 Abs. 4 S. 2 AEUV nur diese. Danach existieren zwei Arten von Beschlüssen: der **adressatspezifische** und der **adressatenlose Beschluss**.

1. Adressatspezifischer Beschluss

311 Der adressatspezifische Beschluss kann an einzelne oder die Gesamtheit der Mitgliedstaaten ebenso gerichtet werden wie an natürliche oder juristische Personen in den Mitgliedstaaten. Er zeichnet sich durch einen **auf einen bestimmten Adressaten bezogene Einzelfallregelung** aus. Durch den Adressatenbezug lässt sich der Beschluss von der **Verordnung** abgrenzen: Während sich der Beschluss an einen **geschlossenen Adressatenkreis** richtet, ist die Verordnung an einen generellen Adressatenkreis gerichtet.

Deshalb lässt sich die abstrakt-generelle Gestaltung der Verordnung am ehesten mit einem nationalen Gesetz, die konkret-individuelle Regelung des Beschlusses am besten mit dem Verwaltungsakt i.S.d. § 35 S. 1 VwVfG vergleichen.

312 Der Hauptanwendungsfall für adressatenspezifische Beschlüsse sind sein Erlass als delegierter Rechtsakt i.S.d. Art. 290 AEUV bzw. als Durchführungsrechtsakt i.S.d. Art. 291 AEUV. In beiden Fällen ist die **Kommission** für den Erlass der Beschlüsse zuständig.[332]

313 Als Rechtsschutz steht den Adressaten die **Nichtigkeitsklage** zur Verfügung, für die sie als Adressaten des Rechtsakts der Union gemäß Art. 263 Abs. 4 AEUV klagebefugt sind.

2. Adressatenloser Beschluss

314 Der adressatenlose Beschluss stellt eine Handlung dar, der die **Rechtslage ändert, ohne in individuell zugeordnete Rechtspositionen einzugreifen**. Von der Verordnung lässt er sich dadurch abgrenzen, dass die Verordnung aufgrund ihrer allgemeinen Geltung Rechte und Pflichten auch und gerade außerhalb des Innenbereichs der Union begründen kann, während der adressatenlose Beschluss bislang lediglich für Regelungen im **unionsinternen Bereich** verwendet worden ist. Von der Richtlinie erfolgt die Abgrenzung durch die Festlegung des Adressaten: Während der adressatenlose Beschluss bereits begriffsnotwendig über keinen Adressaten verfügt, sind die Richtlinien an die Mitgliedstaaten gerichtet.[333] Für die Zuständigkeit gilt das zum adressatenspezifischen Beschluss Gesagte entsprechend. Ein Rechtsschutz gegen derartige Beschlüsse ist allerdings im Hinblick auf die Klagebefugnis problematisch, da gerade kein Adressat i.S.d. Art. 263 Abs. 4 AEUV gegeben ist.

V. Empfehlung und Stellungnahme

315 Empfehlungen und Stellungnahmen i.S.d. Art. 288 Abs. 5 AEUV sind **nicht unmittelbar verbindlich**, sondern legen ihren Adressaten lediglich ein bestimmtes Verhalten nahe.

---

[332] Nettesheim in: Grabitz/Hilf/Nettesheim, Art. 288 AEUV Rn. 179.
[333] Nettesheim in: Grabitz/Hilf/Nettesheim, Art. 288 AEUV Rn. 195; Beispiele bei Schroeder in: Streinz, Art. 288 Rn. 132.

Sie begründen keine unmittelbare rechtliche Verpflichtung.[334] Empfehlungen ergehen zumeist auf Eigeninitiative des erlassenden Organs, während Stellungnahmen als Reaktion auf das Verhalten eines anderen Unionsorgans oder eines Mitgliedstaates ausgesprochen werden. Eine weitere Differenzierung ist aufgrund der Gleichbehandlung beider Handlungsformen jedoch nicht erforderlich.[335] Besondere Bedeutung erhalten die Stellungnahmen in den **Rechtsetzungsverfahren**, in denen sie zum Teil verbindlich vorgeschrieben sind. Da die Stellungnahme den Inhalt der rechtsetzenden Entscheidung beeinflussen kann, ist ihr Ausbleiben so gravierend, dass es die Nichtigkeit des Rechtsakts zur Folge hat.[336]

C. Tertiäres Unionsrecht

Gelegentlich findet sich inzwischen sogar die Kategorie des **tertiären Unionsrechts**. Hierbei handelt es sich um Durchführungsakte, welche von Organen der Europäischen Union auf Grundlage des sekundären Unionsrechts geschaffen worden sind.[337]

Beispiel: Durchführungsrechtsakte der Kommission nach Art. 291 Abs. 2–4 AEUV

316

2. Abschnitt: Rechtsetzungsverfahren der Union

Die vorgenannten Handlungsformen können im **ordentlichen** oder im **besonderen Gesetzgebungsverfahren** erlassen werden. Rechtsakte, die in diesen Verfahren zustande kommen, werden gemäß Art. 289 Abs. 3 AEUV als **Gesetzgebungsakte** bezeichnet. Hierunter fallen **Verordnungen, Richtlinien und Beschlüsse**.

317

A. Ordentliches Gesetzgebungsverfahren

Nach Art. 289 Abs. 1 S. 1 AEUV werden Verordnungen, Richtlinien und Beschlüsse i.d.R. im **ordentlichen Gesetzgebungsverfahren** erlassen, sofern nicht ein besonderes Gesetzgebungsverfahrens vorgeschrieben ist (vgl. Art. 289 Abs. 2 AEUV).

318

I. Initiativrecht

Das **Initiativrecht** und damit die Einleitung des Gesetzgebungsverfahrens obliegt ausweislich Art. 289 Abs. 1 S. 1 AEUV und Art. 17 Abs. 2 S. 1 EUV **grundsätzlich** der **Kommission**. Nur **ausnahmsweise** kann das Initiativrecht nach Art. 289 Abs. 4 AEUV kraft besonderer Regelung **auf andere Organe der Union übertragen** werden.

319

Beispiele:

- Gruppe von Mitgliedstaaten: polizeiliche und institutionelle Zusammenarbeit in Strafsachen, Art. 76 lit. b AEUV
- Europäisches Parlament: Wahrnehmung der Aufgaben seiner Mitglieder, Art. 223 Abs. 2 AEUV
- Europäische Zentralbank: Änderung der Satzung der EZB, Art. 129 Abs. 3 AEUV
- Gerichtshof der Europäischen Union: Einrichtung von Fachgerichten, Art. 257 Abs. 1 AEUV

---

334 Haratsch/Koenig/Pechstein Rn. 411.
335 Oppermann/Classen/Nettesheim § 9 Rn. 123.
336 EuGH NVwZ 1992, 1181 *Parlament/Rat*.
337 Oppermann/Classen/Nettesheim § 9 Rn. 19.

320 Dem **Parlament** steht jedoch **kein allgemeines eigenständiges Initiativrecht** zu. Es hat nur die Befugnis, die Kommission zu Initiativen aufzufordern, Art. 225 S. 1 AEUV.

Das unterscheidet das Europäische Parlament beispielsweise vom Deutschen Bundestag, aus dessen Mitte heraus ebenfalls Gesetzesinitiativen möglich sind (vgl. Art. 76 Abs. 1 GG).

II. Verfahren

321 Nach der Einleitung des Gesetzgebungsverfahrens schließen sich Stellungnahmen einzelner Organe sowie die Lesungen im Europäischen Parlament und im Rat an, ggf. folgt ein Vermittlungsverfahren. Die Einzelheiten des Verfahrens ergeben sich aus Art. 294 AEUV, wie die Verweisung in Art. 289 Abs. 1 S. 2 AEUV klarstellt.

1. Zuleitung und Stellungnahmen

322 Nach Art. 294 Abs. 2 AEUV hat die Kommission die vorgeschlagene Verordnung, Richtlinie oder Beschluss zunächst dem **Europäischen Parlament** und dem **Rat** zuzuleiten. Damit und aus den folgenden Absätzen des Art. 294 AEUV wird deutlich, dass Parlament und Rat die **Hauptrechtsetzungsorgane** der Union sind.

323 Der **Wirtschafts- und Sozialausschuss** oder der **Ausschuss der Regionen** sind bei den Gesetzesvorhaben zu beteiligen, die eine **Stellungnahme** dieser Institutionen erfordern. Die Anhörung dieser Organe, die zur Abgabe der Stellungnahme führt, kann nach Art. 304 bzw. Art. 307 AEUV von der Kommission oder vom Rat durchgeführt werden.

Beispiele: obligatorische Stellungnahme des Wirtschafts- und Sozialausschusses bei Vorhaben, welche die Freizügigkeit der Arbeitnehmer i.S.d. Art. 46 S. 1 AEUV betreffen; obligatorische Stellungnahme des Ausschusses der Regionen bei Gesetzesvorhaben zur Umweltpolitik, Art. 192 AEUV

2. Lesungen

324 Das **Europäische Parlament** legt in einer **ersten Lesung** seinen **Standpunkt** zur Initiative fest und übermittelt diesen dem Rat, Art. 294 Abs. 3 AEUV. Zur Entwicklung dieses Standpunkts wird der Vorschlag der Kommission sowohl im Plenum des Parlaments als auch in den zu beteiligenden Ausschüssen behandelt; die Einzelheiten hierzu sind den Art. 35 ff. der Geschäftsordnung des Europäischen Parlaments (GO EP) zu entnehmen. Bei der Abstimmung im Plenum genügt die **einfache Stimmenmehrheit** gemäß Art. 231 AEUV. Der Vorschlag der Kommission kann im Standpunkt des Europäischen Parlaments **unverändert angenommen** oder **mit Änderungen versehen** werden. Ein **Ablehnungsrecht** sieht Art. 294 Abs. 3 AEUV für das Parlament nicht vor. Allerdings ermächtigt Art. 56 GO EP das Parlament bei einer Ablehnung des Vorschlags, die Kommission aufzufordern, ihren Vorschlag zurückzuziehen. Damit wird das Gesetzgebungsverfahren gegenstandslos und beendet. Hat das Europäische Parlament, wie es praktisch häufig vorkommt, **Änderungen** an dem Vorschlag der Kommission vorgenommen, **übernimmt die Kommission die Änderungen** in den Vorschlag und passt diesen entsprechend an. Dazu ist sie gemäß Art. 293 Abs. 2 AEUV bis zu einem Beschluss des Rates berechtigt und aufgrund eines Abkommens mit dem Europäischen Parlament, solange keine gravierenden Umstände entgegenstehen, auch verpflichtet.

325 Diesen Standpunkt leitet das Europäische Parlament daraufhin dem **Rat** zu. Dieser kann den Standpunkt des Europäischen Parlamentes **billigen** mit der Folge, das der von der

Kommission vorgeschlagene Rechtsakt in der Fassung des Standpunktes des Europäischen Parlaments **zustande kommt**, Art. 293 Abs. 4 AEUV. Billigt der Rat den Standpunkt des Europäischen Parlamentes nicht, muss der Rat selbst in **erster Lesung** einen – logischerweise **abweichenden** – **Standpunkt** festlegen und diesen seinerseits dem Europäischen Parlament übermitteln, Art. 293 Abs. 5 AEUV. Dieser Standpunkt ist gemäß Art. 293 Abs. 6 S. 1 AEUV mit einer ausführlichen **Begründung** zu versehen.

Hiernach beschäftigt sich das **Europäische Parlament** mit dem Vorschlag und dem abweichenden Standpunkt des Rates in **zweiter Lesung**. Nach Art. 294 Abs. 7 AEUV hat das Parlament in diesem Stadium **drei Entscheidungsmöglichkeiten**, muss aber grundsätzlich innerhalb einer **Frist** von drei Monaten tätig werden. 326

- Es kann den abweichenden Standpunkt des Rates **ausdrücklich billigen** oder hierzu **schweigen** und die Frist ablaufen lassen. Dann ist bzw. gilt der Rechtsakt in der Fassung des Standpunktes des Rates als angenommen (Art. 294 Abs. 7 lit. a AEUV).

- Das Parlament kann den Standpunkt des Rates **mit der Mehrheit seiner Mitglieder ablehnen**. Dann ist das Rechtsetzungsverfahren gescheitert, der Rechtsakt kommt nicht zustande (Art. 294 Abs. 7 lit. b AEUV).

- Das Verfahren wird fortgesetzt, wenn das Parlament **mit der Mehrheit seiner Mitglieder Änderungen** vorschlägt. Diese werden dem Rat und der Kommission zugeleitet, die Kommission ist zur Stellungnahme aufgefordert (Art. 297 Abs. 7 lit. c AEUV).

In letzterem Fall liegt der Ball wieder im Feld des **Rates**. Dieser muss – ebenfalls in **zweiter Lesung** – innerhalb einer Frist von wiederum **drei Monaten** mit qualifizierter Mehrheit über die Änderungsvorschläge des Parlaments beschließen. Nimmt der Rat die Änderungen an, kommt der Rechtsakt in der Fassung des Parlamentes zustande (Art. 249 Abs. 8 lit. a AEUV). Werden nicht alle Änderungen vom Rat gebilligt, ist innerhalb einer Frist von sechs Wochen der **Vermittlungsausschuss** einzuberufen (Art. 294 Abs. 8 lit. b AEUV). 327

Der Vermittlungsausschuss ist mit Mitgliedern des Parlaments und des Rates paritätisch besetzt (Art. 294 Abs. 10 AEUV) und arbeitet mit Unterstützung der Kommission (Art. 294 Abs. 11 AEUV). Er stellt die letzte Gelegenheit dar, Differenzen im Rechtsetzungsverfahren zu beseitigen und das Verfahren zu einem positiven Abschluss zu führen. Sollte dazu innerhalb einer Frist von **sechs Wochen** keine Einigung erzielt werden, gilt der vorgeschlagene Rechtsakt gemäß Art. 294 Abs. 12 AEUV als nicht erlassen. Entwickelt der Vermittlungsausschuss innerhalb der Frist einen (neuen) Entwurf, müssen das **Europäische Parlament** und der **Rat** in **dritter Lesung** mit diesem (Vermittlungs-)Entwurf befasst werden. Für eine Bestätigung dieses Entwurfs ist im Rat die qualifizierte Mehrheit und im Parlament die Mehrheit der abgegebenen Stimmen erforderlich, Art. 294 Abs. 13 S. 1 AEUV. Wird die jeweilige Mehrheit in nur einem Organ nicht erreicht, kommt der Rechtsakt nicht zustande, Art. 294 Abs. 13 S. 2 AEUV. Das ordentliche Gesetzgebungsverfahren folgt somit dem Grundgedanken, dass ein Rechtsakt nur bei positiver Übereinstimmung von Europäischem Parlament und Rat erlassen werden kann.[338] 328

---

338 Kluth in: Calliess/Ruffert, Art. 294 AEUV Rn. 4.

Sonderregeln für das ordentliche Gesetzgebungsverfahren finden sich in Art. 48 Abs. 2, Art. 82 Abs. 3 und Art. 83 Abs. 3 AEUV. In diesen Fällen kann das Verfahren durch das Veto eines Mitglieds des Rates ausgesetzt und der Gesetzgebungsvorschlag dem Europäischen Rat vorgelegt werden.

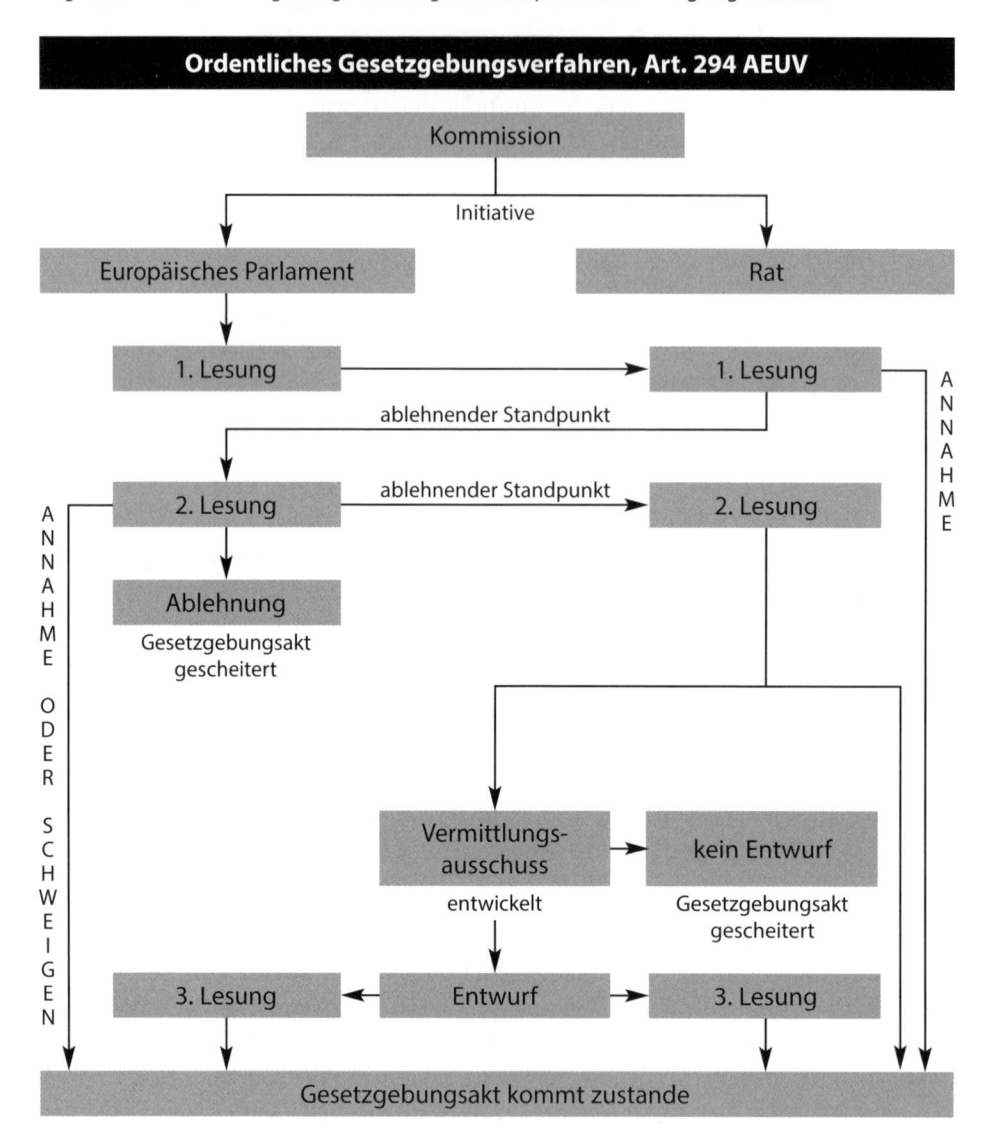

Ordentliches Gesetzgebungsverfahren, Art. 294 AEUV

```
                       Kommission
                           │
                        Initiative
              ┌────────────┴────────────┐
              ▼                         ▼
    Europäisches Parlament             Rat
              │                         
              ▼                         
         1. Lesung ─────────────▶  1. Lesung ──── ANNAHME
              │  ablehnender Standpunkt        
              ▼                              
         2. Lesung ──ablehnender──▶  2. Lesung
              │        Standpunkt
              ▼                           │
         Ablehnung                        │
    Gesetzgebungsakt                      │
      gescheitert                         │
                                          ▼
                              Vermittlungs-  ──▶  kein Entwurf
                               ausschuss         Gesetzgebungsakt
                                entwickelt         gescheitert
                                   │
                                   ▼
         3. Lesung ◀── Entwurf ──▶ 3. Lesung

         ANNAHME ODER SCHWEIGEN

              Gesetzgebungsakt kommt zustande
```

B. Besondere Gesetzgebungsverfahren

329 In bestimmten, in den Verträgen vorgesehenen Fällen sind **besondere Gesetzgebungsverfahren** zum Erlass der Gesetzgebungsakte durchzuführen. Unterschieden wird zwischen **Anhörungsverfahren** und **Zustimmungsverfahren**. Die beiden Verfahren zeichnen sich dadurch aus, dass das Europäische Parlament und der Rat **nicht gleichberechtigt** am Gesetzgebungsverfahren mitwirken, vgl. Art. 289 Abs. 2 AEUV.

Allerdings spielen diese Verfahren **quantitativ eine untergeordnete Rolle**, da für die meisten Gesetzgebungsakte der Erlass im ordentlichen Gesetzgebungsverfahren vorgeschrieben ist.

I. Anhörungsverfahren

Das Anhörungsverfahren wird ebenso wie das ordentliche Gesetzgebungsverfahren durch einen **Initiativvorschlag der Kommission** eingeleitet, der – je nach Kompetenznorm – dem Europäischen Parlament, dem Wirtschafts- und Sozialausschuss und ggf. dem Ausschuss der Regionen zur Stellungnahme übermittelt werden muss. Daraufhin **beschließt der Rat** mit der in der Ermächtigungsgrundlage geforderten Mehrheit über den Initiativvorschlag. Er ist dabei an das Ergebnis der Stellungnahmen nicht gebunden und somit in seiner Entscheidung über den Vorschlag frei. Die einzige Beschränkung der Entscheidungsfreiheit ergibt sich aus Art. 293 AEUV, wonach der Rat von einem Vorschlag der Kommission nur in einstimmiger Beschlussfassung abweichen kann.

Beispiel: Maßnahmen betreffend die soziale Sicherheit oder den sozialen Schutz im Rahmen der Freizügigkeit der Unionsbürger, Art. 21 Abs. 3 AEUV

II. Zustimmungsverfahren

Im Zustimmungsverfahren ist entweder der **Rat** oder das **Europäische Parlament** zur Rechtsetzung berufen. Es bedarf dazu aber der **Zustimmung** des jeweils anderen Organs, ggf. auch der Zustimmung der Kommission.[339] Anders als im ordentlichen Gesetzgebungsverfahren können die Organe ihre Zustimmung nur erteilen oder verweigern. Sie besitzen jedoch **keinen inhaltlichen Gestaltungsspielraum**. Denkbar ist damit der Erlass eines Gesetzgebungsakts

- durch den Rat mit Zustimmung des Europäischen Parlaments oder

    Beispiel: Anti-Diskriminierungsvorschriften

- durch das Europäische Parlament mit Zustimmung des Rates.

    Beispiel: VO über die Wahrnehmung der Aufgaben der Parlamentsmitglieder, Art. 223 Abs. 2 AEUV

C. Sonstige Rechtsetzungsverfahren

Unter dem Begriff der sonstigen Rechtsetzungsverfahren werden diejenigen Verfahren zusammengefasst, die zum Erlass von Maßnahmen führen, die **keine Gesetzgebungsakte** sind (insbesondere delegierte Rechtsakte oder Durchführungsakte). Diese Verfahren sind dadurch gekennzeichnet, dass sie **grundsätzlich keine Beteiligung des Europäischen Parlaments** vorsehen. Nur ausnahmsweise ist seine Anhörung oder seine Zustimmung zum Erlass des Rechtsakts erforderlich.

Beispiel: Feststellung der Verletzung der Grundwerte durch einen Mitgliedstaat (Zustimmung)

I. Delegierte Rechtsakte

Delegierte Rechtsakte werden durch die **Kommission** erlassen. Sie enthalten Ergänzungen oder Änderungen zu Gesetzgebungsakten. Dieses Vorgehen ist der Kommission allerdings nur für den Fall gestattet, dass der Gesetzgebungsakt zum Erlass des deligierten Rechtsakts **ausdrücklich ermächtigt**. Da der delegierte Rechtsakt auf der

---

[339] Haratsch/Koenig/Pechstein Rn. 342.

Grundlage einer Ermächtigung in einem Rechtsakt des sekundären Unionsrechts erlassen wird, spricht man insoweit auch von **tertiärem Unionsrecht**.

Dieses Vorgehen entspricht dem Erlass von **Rechtsverordnungen** durch die Exekutive. Auch hier ist aufgrund der Durchbrechung der Gewaltenteilung (Erlass abstrakt-genereller Rechtsvorschriften durch die Exekutive) eine ausdrückliche Ermächtigung durch formelles Gesetz erforderlich, Art. 80 Abs. 1 GG.

334 Zudem dürfen die Änderungen und Ergänzungen nur solche Vorschriften des Gesetzgebungsaktes betreffen, die **nicht wesentlich** sind. Dem Gesetzgeber in Gestalt des Europäischen Parlaments und des Rates sollen dadurch die wesentlichen politischen Grundentscheidungen einer Materie vorbehalten bleiben.[340] Dabei wird die Wesentlichkeit nicht rechtsstaatlich-grundrechtsbezogen, sondern **demokratisch-politisch** verstanden.[341] Hinsichtlich dieser demokratisch-politisch wesentlichen Entscheidungen besteht damit faktisch ein **Gesetzesvorbehalt**.

Nach der sog. **Wesentlichkeitstheorie** des **BVerfG** müssen die wesentlichen Entscheidungen ebenfalls vom Gesetzgeber (Legislative) getroffen und dürfen nicht auf die Exekutive übertragen werden. Wesentlich sind vor allem solche Entscheidungen, die den Grundrechtsbereich in nennenswertem Umfang tangieren.[342] Auf die demokratisch-politische Sichtweise kommt es demgegenüber nicht an.

335 Um eine vollständige Übertragung der Rechtsetzungskompetenzen auf die Kommission zu verhindern, müssen **Ziel, Inhalt, Geltungsbereich und Dauer** der übertragenen Rechtsetzungskompetenz in jedem Gesetzgebungsakt angelegt sein. Werden die Grenzen nicht oder nicht hinreichend gesetzt, entspricht der Gesetzgebungsakt nicht den Vorgaben des Art. 290 Abs. 1 UAbs. 2 S. 1 AEUV und ist deshalb **nichtig**.[343]

336 Das Europäische Parlament und der Rat haben als eigentlicher Gesetzgeber zudem die Möglichkeit, die Rechtsetzungskompetenz jederzeit wieder an sich zu ziehen (**Revokationsrecht**, vgl. Art. 290 Abs. 2 lit. a AEUV). Sollte das aufgrund der Delegation von der Kommission erlassene Recht bereits angewendet worden sein, muss der delegierte Rechtsakt durch einen Gesetzgebungsakt aufgehoben und hierzu das ordentliche Gesetzgebungsverfahren bemüht werden.[344]

II. Durchführungsakte

337 Die Gesetzgebungsakte werden i.d.R. nicht von Unionsorganen, sondern von den Mitgliedstaaten und ihren Institutionen durchgeführt und umgesetzt (vgl. Art. 291 Abs. 1 AEUV, zum Vollzug des Unionsrechts sogleich unter Rn. 347 ff.). Um zu verhindern, dass ein und derselbe Gesetzgebungsakt in den einzelnen Mitgliedstaaten unterschiedlich verstanden, ausgelegt und durchgeführt wird, gestattet Art. 291 Abs. 2 AEUV der Kommission und zum Teil auch dem Rat, **Durchführungsrechtsakte** zu erlassen. Ebenso wie im Rahmen der delegierten Rechtsakte ist für den Erlass eines Durchführungsaktes eine **Ermächtigung** in dem durchzuführenden Rechtsakt erforderlich.[345]

---

340 EuGH NJW 1993, 47 *Deutschland/Kommission*.
341 Ruffert in: Calliess/Ruffert, Art. 290 AEUV Rn. 10 m.w.N.; Siegel DÖV 2010, 1, 6.
342 BVerfG NJW 1998, 2515, 2520; BVerwG, Beschl. v. 17.12.2013 – BVerwG 1 WRB 2.12, RÜ 2014, 320, 322; ausführlich zur Wesentlichkeitstheorie AS-Skript Verwaltungsrecht AT 1 (2016), Rn. 85 ff.
343 Ruffert: Calliess/Ruffert, Art. 288 AEUV Rn. 11; vgl. auch Nettesheim in: Grabitz/Hilf/Nettesheim, Art. 290 AEUV Rn. 48.
344 Ruffert in: Calliess/Ruffert, Art. 290 AEUV Rn. 18.
345 Nettesheim in: Grabitz/Hilf/Nettesheim, Art. 291 AEUV Rn. 19.

Damit sind die Durchführungsrechtsakte im Hinblick auf ihren Inhalt und ihre Zielsetzung mit den Verwaltungsvorschriften des deutschen Rechts vergleichbar.[346]

Wann es einheitlicher Bedingungen und damit des Erlasses eines Durchführungsaktes bedarf, legt Art. 291 Abs. 2 AEUV nicht fest. Überwiegend und richtigerweise wird die Beurteilung dieser Frage in das **Ermessen des zuständigen EU-Organs** gestellt, das einschätzen kann und muss, ob es eines Durchführungsaktes bedarf, um die Durchsetzung und den Vollzug des effet utile einer EU-Regelung sicherzustellen.[347]

D. Abschlussverfahren

Unabhängig davon, ob ein Rechtsakt im ordentlichen oder einem besonderen Gesetzgebungsverfahren zustande gekommen ist, muss er einige allgemeine Voraussetzungen erfüllen, um nach dem Durchlauf des Verfahrens **in Kraft treten** zu können. Hierzu gehören die Begründungs- und die Unterzeichnungspflicht sowie die Veröffentlichung.

I. Begründung des Rechtsaktes

Nach Art. 296 Abs. 2 AEUV sind die Rechtsakte mit einer **Begründung** zu versehen. Die Begründungsverpflichtung soll die Organe zum einen zur **Selbstkontrolle** anhalten, da diese bei Abfassung der Begründung gezwungen sind, Inhalt und Sinn des jeweiligen Rechtsakts zu überdenken.[348] Zum anderen soll dem Gerichtshof die **Rechtskontrolle** durch die Begründung möglich gemacht und erleichtert werden.[349]

In der Begründung sind nicht nur die Beweggründe der Organe für den Erlass des Rechtsakts anzugeben, sondern auch auf Vorschläge, Initiativen, Empfehlungen, Anträge oder Stellungnahmen Bezug zu nehmen. Weitere Vorgaben bzgl. **Inhalt** und **Umfang** der Begründung enthält Art. 296 Abs. 2 AEUV nicht. Jedenfalls muss die an den Einzelfallumständen zu orientierende Begründung[350] die wichtigsten rechtlichen und tatsächlichen Erwägungen enthalten, auf denen die Maßnahme beruht und die für das Verständnis der Gedankengänge der erlassenden Organe erforderlich sind.[351] Dabei müssen nicht alle, sondern die **tragenden Gründe** angegeben werden.[352]

Hierzu gehört beispielsweise die Rechtsgrundlage für den Erlass des Rechtsaktes.[353]

Eine **Abänderung** der Begründung ist – mit Ausnahme der Berichtigung von Rechtschreib- oder Grammatikfehlern – **nicht zulässig**. Ein **Nachschieben von Gründen** ist deshalb **ausgeschlossen**.[354]

---

346 Vgl. dazu AS-Skript Verwaltungsrecht AT 1 (2016), Rn. 112 ff.
347 Nettesheim in: Grabitz/Hilf/Nettesheim, Art. 291 AEUV Rn. 22; von der Groeben/Schwarze/Hatje, Art. 291 AEUV Rn. 11; a.A. Ruffert in: Calliess/Ruffert, Art. 291 AEUV Rn. 6 (Subsidiaritätsprinzip).
348 Geismann in: von der Groeben/Schwarze/Hatje, Art. 296 AEUV Rn. 9 m.w.N.
349 Magiera Jura 1989, 595, 603 m.w.N.
350 EuGH Slg. 1998, I-1719 Rn. 63 *Kommission/Sytraval u.a.*; EuGH, Urt. v. 02.12.2009 – C-89/08 Rn. 77 *Kommission/Irland u.a.*; Krajewski/Rösslein in: Grabitz/Hilf/Nettesheim, Art. 296 AEUV Rn. 18.
351 EuG, Urt. v. 08.10.2008 – T-411/06 Rn. 120 *Sogelma/EAR*; Calliess in: Calliess/Ruffert, Art. 296 AEUV Rn. 17.
352 EuGH Slg. 1954-1955, 213, 232 *Niederlande/Hohe Behörde*; Calliess in: Calliess/Ruffert, Art. 296 AEUV Rn. 17.
353 EuGH NJW 1987, 3073; Urt. v. 01.10.2009 – C-370/07 *Kommission/Rat*.
354 EuGH Slg. 1988, 905 Rn. 38 *Großbritannien/Rat*; Slg. 1994, I-2555 Rn. 68 ff. *Kommission/BASF*; Geismann in: von der Groeben/Schwarze/Hatje, Art. 296 AEUV Rn. 10.

343 Obwohl die **Form** der Begründung nicht ausdrücklich vorgeschrieben ist, lässt sich aus der Formulierung des Art. 296 Abs. 2 AEUV ableiten, dass sie mit dem Rechtsakt verbunden sein muss. Daraus folgt, dass die Begründung **schriftlich** zu erfolgen hat und regelmäßig **mit dem Rechtsakt in einer Urkunde vereint** sein muss.[355]

344 Wird der Rechtsakt **ohne Begründung** erlassen, wurde eine wesentliche Formvorschrift i.S.d. Art. 263 Abs. 2 AEUV missachtet, sodass der Rechtsakt angreifbar ist. Zur Nichtigkeit führt die fehlende Begründung jedoch grundsätzlich nicht.[356] Nur bei besonders schwerwiegenden Fehlern ist ausnahmsweise die Nichtigkeit anzunehmen, wenn beispielsweise die Rechtsgrundlage für den Rechtsakt nicht angegeben wird.[357]

II. Unterzeichnung

345 Jeder Rechtsakt bedarf zudem der **Unterzeichnung**. Da sie die **Urheberschaft** des erlassenden Organs dokumentieren soll,[358] hängt es vom durchgeführten Verfahren ab, wer die Unterzeichnung vornimmt.

- Wurde der Gesetzgebungsakt im **ordentlichen Gesetzgebungsverfahren** erlassen, ist er gemäß Art. 297 Abs. 1 UAbs. 1 AEUV vom **Präsidenten des Europäischen Parlaments** und vom **Präsidenten des Rates** zu unterzeichnen.

- Ist der Gesetzgebungsakt hingegen in einem **besonderen Gesetzgebungsverfahren** erlassen worden, ist der Präsident des Organs zur Unterzeichnung berufen, dass den Gesetzgebungsakt erlassen hat, Art. 297 Abs. 1 UAbs. 2 AEUV. In diesen Fällen nimmt die Unterzeichnung deshalb entweder der **Präsident des Europäischen Parlaments** oder der **Präsident des Rates** vor.

- **Rechtsakte ohne Gesetzescharakter** werden ebenfalls vom Präsidenten des Organs, das den Rechtsakt erlassen hat, unterzeichnet.

Nur **adressatspezifische Beschlüsse** bedürfen – da sie in der Vorschrift nicht auftauchen – zu ihrer Wirksamkeit **keiner Unterzeichnung**.[359]

III. Veröffentlichung oder Bekanntgabe

346 Letztlich werden die Rechtsakte erst mit ihrer **Veröffentlichung** oder **Bekanntgabe** wirksam. Insoweit ist zwischen den unterschiedlichen Akten zu differenzieren:

- **Gesetzgebungsakte** sind im **Amtsblatt der Europäischen Union** zu **veröffentlichen**. Sie treten entweder in dem im Gesetzgebungsakt festgelegten Zeitpunkt oder für den Fall, dass eine solche Bestimmung nicht getroffen wird, am zwanzigsten Tag nach ihrer Veröffentlichung in Kraft, Art. 297 Abs. 1 UAbs. 3 AEUV.

- Gleiches gilt für **Verordnungen, Richtlinien**, welche **an alle Mitgliedstaaten** gerichtet sind, sowie **adressatenlose Beschlüsse** gemäß Art. 297 Abs. 2 UAbs. 2 AEUV.

---

355 Krajewski/Rösslein in: Grabitz/Hilf/Nettesheim, Art. 296 AEUV Rn. 35.
356 EuGH Slg. 1994, I-2555 *Kommission/BASF*; Geismann in: von der Groeben/Schwarze/Hatje, Art. 296 AEUV Rn. 21.
357 EuGH Slg. 1981, 1805 Rn. 26 *Rewe/HZA Kiel*; Urt. v. 01.10.2009 – C-370/07 *Kommission/Rat*.
358 Ruffert in: Calliess/Ruffert, Art. 297 AEUV Rn. 2.
359 Krajewski/Rösslein in: Grabitz/Hilf/Nettesheim, Art. 297 AEUV Rn. 27.

- Die **Richtlinien**, die **an einzelne Mitgliedstaaten gerichtet** sind sowie die **adressatspezifischen Beschlüsse** werden nicht veröffentlicht, sondern gemäß Art. 297 Abs. 2 UAbs. 3 AEUV mit ihrer **Bekanntgabe** gegenüber dem Adressaten wirksam.

3. Abschnitt: Vollzug des Unionsrechts

Von der Rechtsetzungskompetenz ist die **Vollzugskompetenz** strikt zu unterscheiden. Letztere bestimmt, wer die **Zuständigkeit** für den **Vollzug des Unionsrechts** besitzt. Die Verträge unterscheiden zwischen dem Vollzug durch Organe der Union (sog. **unionsunmittelbarer** oder **direkter Vollzug**) und dem Vollzug durch Institutionen der Mitgliedstaaten (sog. **Vollzug durch die Mitgliedstaaten** oder **indirekter Vollzug**). Da es grundsätzlich zu keiner Verbindung der Verwaltungsträger kommt, liegt dem Vollzug des Unionsrechts das **Trennungsprinzip** zugrunde.[360]

347

Auch hierzu existiert eine Parallele im deutschen **Staatsorganisationsrecht**: Weder die Gesetzgebungskompetenz noch die Ausgestaltung des Gesetzgebungsverfahrens geben Ausschluss darüber, welcher Hoheitsträger zum Vollzug des Gesetzes berufen ist. Dies ergibt sich vielmehr für den Bereich der Bundesgesetze aus den Art. 83 ff. GG, die insoweit zwischen bundeseigener Verwaltung, Verwaltung durch die Länder als eigene Angelegenheit und Bundesauftragsverwaltung unterscheiden.[361]

Das Prinzip der begrenzten Einzelermächtigung führt dazu, dass die Union das von ihr geschaffene Recht nur dort vollziehen darf, wo ihr die Kompetenz dafür zugeschrieben worden ist.[362] **Direkter Vollzug** findet dementsprechend nur dort statt, wo die **Union** kraft ausdrücklicher Regelung **für den Vollzug zuständig** ist. Eine flächendeckende Vollzugszuständigkeit der Union scheidet zudem aus organisatorischen Gründen aus: Die Union und ihre Organe verfügen über keinen mehrzügigen Verwaltungsapparat, wie dies für die Erfüllung dieser Aufgabe erforderlich wäre. Deshalb obliegt außerhalb der ausdrücklichen Verwaltungskompetenzen der Union – und damit im **Regelfall** – der Vollzug den Mitgliedstaaten und ihren Behörden (**indirekter Vollzug**). Dies ergibt sich bereits aus der allgemeinen Loyalitätspflicht des Art. 4 Abs. 3 EUV, kann aber auch aus Art. 197, 291 AEUV abgeleitet werden.[363]

348

Zum Teil wird die Formulierung als Merksatz für die grundsätzliche Funktionenverteilung dahingehend zugespitzt, dass die Union für den Normerlass, die Mitgliedstaaten für den Normvollzug zuständig sind.

A. Direkter Vollzug

Der direkte Vollzug durch die Union und ihre Organe erstreckt sich sowohl auf **unionsinterne** als auch auf **unionsexterne** Bereiche, verlangt aber immer eine – mehr oder weniger ausdrückliche – Vollzugsermächtigung. Von dieser Unterscheidung interner und externer Sachbereiche hängt sowohl die Verwaltungsorganisation als auch das einzuhaltende Verfahren ab.

349

---

360 Ruffert in: Calliess/Ruffert, Art. 197 AEUV Rn. 7.
361 Vgl. dazu ausführlich AS-Skript Staatsorganisationsrecht (2014), Rn. 361 ff.
362 EuGH Slg. 1989, 3481 *Kommission/Rat*; Oppermann/Classen/Nettesheim, § 12 Rn. 6.
363 Vgl. Calliess/Karl/Puttler in: Calliess/Ruffert, Art. 4 EUV Rn. 63; Oppermann/Classen/Nettesheim, § 12 Rn. 6.

I. Vollzugsermächtigungen

350 ■ Im **unionsinternen Bereich** ist die Union zuständig für die Angelegenheiten des eigenen Personals, die Personalverwaltung, den Haushaltsvollzug (vgl. Art. 317 Abs. 1 AEUV) und – als eine Selbstverständlichkeit – für die unionsinterne Organisation.

351 ■ Im **unionsexternen Bereich** besitzt die Union Verwaltungskompetenzen im Wettbewerbsrecht (Art. 105, 106 Abs. 3 AEUV), im Beihilfenrecht (Art. 108 AEUV), für die Handelspolitik (Ein- und Ausfuhrkontrolle und -beschränkungen, Art. 206 f. AEUV) sowie die Sozialpolitik (Verwaltung des Europäischen Sozialfonds, Art. 163 AEUV).

Die Aufzählung ist nicht abschließend, sondern gibt die wichtigsten Sachbereiche wieder.

II. Verwaltungsorganisation

352 ■ Für den Vollzug im **unionsinternen Bereich** existiert **keine ausschließliche Zuständigkeit**. Vielmehr wird die Verwaltung von dem Organ durchgeführt, das von der Maßnahme betroffen wird.

Beispiel: Die Personalverwaltung wird nicht von einem zentralen „Personalamt" in der Union, sondern von allen Organen hinsichtlich des eigenen Personals wahrgenommen.

353 ■ Für den **unionsexternen Bereich** weisen die einschlägigen Vollzugsermächtigungen die Verwaltungskompetenz grundsätzlich der **Kommission** zu.

Beispiele: Kommission als Wettbewerbsbehörde (Art. 105 Abs. 1 S. 1 AEUV) oder als Beihilfenkontrollbehörde (Art. 108 AEUV)

354 ■ Zusätzlich schafft die Union durch Verordnung weitere Verwaltungseinheiten, die als selbstständige Einrichtungen für bestimmte Verwaltungsbereiche zuständig sind. Hierzu zählen insbesondere die **Agenturen**.

Beispiel: Europäische Agentur für die operative Zusammenarbeit an den Außengrenzen der Mitgliedstaaten der Europäischen Union (FRONTEX)

III. Verwaltungsverfahren

355 Eine **einheitliche Regelung des Verwaltungsverfahrens**, die mit dem deutschen VwVfG vergleichbar wäre, **existiert** für die Union **nicht**. Vielmehr lassen sich die Verwaltungsgrundsätze zum einen den speziellen Vorgaben des **europäischen Sekundärrechts**, zum anderen den vom Gerichtshof entwickelten **allgemeinen Rechtsgrundsätzen** entnehmen. Zu diesen Grundsätzen zählen insbes. die Grundsätze der Verhältnismäßigkeit, des Vertrauensschutzes, der Gesetzmäßigkeit der Verwaltung, der Schutz des guten Glaubens, das Recht auf Akteneinsicht, der Untersuchungsgrundsatz und die Regeln über die Rücknahme und den Widerruf von Einzelfallentscheidungen.[364]

Allerdings wird die Einführung eines EU-VwVfG immer wieder diskutiert. Derzeit ist ein neuer Entwurf im Umlauf, der auf seine Umsetzung wartet.[365] Allerdings darf angesichts der Zurückhaltung, welche die Union und ihre Mitgliedstaaten in der Vergangenheit bei diesem Thema haben walten lassen, mit einer zeitnahen Entscheidung über die Einführung nicht gerechnet werden.

---

[364] Vgl. die ausführliche Aufzählung bei Oppermann/Classen/Nettesheim, § 12 Rn. 13 f.
[365] Dazu Kraft JA Heft 2/2016, S. I.

B. Indirekter Vollzug

356 Sofern das Unionsrecht die Verwaltungskompetenz nicht den Unionsorganen zuweist, vollziehen die **Behörden der Mitgliedstaaten das Unionsrecht** (vgl. Art. 4 Abs. 3 EUV, Art. 197 Abs. 1, Art. 291 Abs. 1 AEUV). Damit bedient sich die Union des nationalen Verwaltungsapparates. Der direkte Vollzug unterteilt sich in den **unmittelbaren indirekten Vollzug** und den **mittelbaren indirekten Vollzug**.

I. Unmittelbarer indirekter Vollzug

357 Unmittelbarer indirekter Vollzug liegt vor, wenn die Behörden eines Mitgliedstaates **unmittelbar anwendbares und geltendes Unionsrecht vollziehen**. Dies ist bei Verordnungen der Fall, kann aber auch bei unmittelbar geltenden Richtlinien relevant werden.

1. Vollzugsermächtigung

358 Das vorrangig geltende Unionsrecht enthält in der Regel keine ausdrückliche Aussage darüber, welche Behörde oder welcher Verwaltungsträger innerhalb des Mitgliedstaates für die Umsetzung zuständig ist. Art. 291 Abs. 1 AEUV bestimmt insoweit nur, dass die Durchführung der verbindlichen Rechtsakte der Union **nach innerstaatlichem Recht** zu erfolgen habe. Zur Abgrenzung, ob **Bundes- oder Landesbehörden** tätig werden, wird für die Umsetzung des Unionsrechts in der Bundesrepublik Deutschland auf die **Art. 83 ff. GG analog** zurückgegriffen.[366] Aufgrund der dortigen Zuständigkeitsverteilung fällt die Vollzugsermächtigung grundsätzlich den **Landesbehörden** zu.

2. Verwaltungsverfahren

359 Auch das Verwaltungsverfahren richtet sich ausweislich des Art. 291 Abs. 1 AEUV nach dem innerstaatlichen Recht, sodass – je nach Zuständigkeit – das **Verwaltungsverfahrensgesetz** des Bundes oder der Länder Anwendung findet.[367]

360 Da das Verwaltungsverfahrensrecht der einzelnen Mitgliedstaaten mitunter erhebliche Unterschiede aufweist, wird der **einheitliche Vollzug des Unionsrechts** gefährdet. Dies kann die Union durch den Erlass von **Durchführungsrechtsakten** verhindern (siehe dazu oben Rn. 337 f.). Weitere Einschränkungen ergeben sich aus allgemeinen Rechtsgrundsätzen des Gerichtshofs: Danach darf das nationale Recht im Vergleich zu den Verfahren, in denen über gleichartige, rein nationale Fälle entschieden wird, nicht ungünstiger sein (sog. **Äquivalenzgrundsatz**). Zudem darf die Verwirklichung der unionsrechtlichen Regelung durch die Anwendung des nationalen Rechts nicht praktisch unmöglich gemacht werden (sog. **Effizienzgrundsatz**).[368]

---

366 Callies/Kahl/Puttler in: Calliess/Ruffert, Art. 4 EUV Rn. 63; Haratsch/Koenig/Pechstein Rn. 458; Streinz Rn. 540.
367 Vgl. EuGH EuZW 2006, 696 Rn. 57 *Arcor*; EuG, Urt. v. 19.09.2012 – T-265/08 Rn. 37, 40 *Deutschland/Kommission*; vgl. auch BVerwG NVwZ 2010, 1016, 1017; Callies/Kahl/Puttler in: Calliess/Ruffert, Art. 4 EUV Rn. 63 m.w.N.
368 EuGH Slg. 1983, 2633 Rn. 17 *Deutsche Milchkontor*; EuGH EuZW 1998, 499 Rn. 14 *Steff-Houlberg*; Callies/Kahl/Puttler in: Calliess/Ruffert, Art. 4 EUV Rn. 63.

II. Mittelbarer indirekter Vollzug

361 Von mittelbar indirektem Vollzug spricht man, wenn **durch Unionsrecht determiniertes nationales Recht vollzogen** wird.[369] Hierzu kommt es, wenn ein Mitgliedstaat eine Richtlinie in nationales Recht umgesetzt hat. Sofern das Unionsrecht Vorgaben hinsichtlich der Zuständigkeit, der Verwaltungsorganisation oder dem Verwaltungsverfahren macht, werden diese Vorgaben mit den übrigen Vorschriften der Richtlinie in nationales Recht umgesetzt und gehen als besonderes Verwaltungsrecht nach dem lex-specialis-Grundsatz der Anwendung des VwVfG vor. Anderenfalls bestimmt sich die Zuständigkeit nach den Art. 83 ff. GG. Auch die Grundsätze der Äquivalenz und Effizienz sind zu berücksichtigen, da das Interesse der Union an der einheitlichen Beachtung ihres Rechts im Fall des unmittelbaren und mittelbaren indirekten Vollzuges identisch ist.[370]

C. Verwaltungskooperationen

362 Anders als im deutschen Recht sind auch **Verwaltungskooperationen** zwischen den Organen und Behörden der Union und den Behörden der Mitgliedstaaten sowie Behörden der Mitgliedstaaten untereinander denkbar, es existiert **kein Verbot der Mischverwaltung**, vgl. Art. 197 Abs. 3 S. 2 EUV. Die Formen der Kooperation sind vielfältig und reichen vom Informationsaustausch zwischen den Behörden über Amts- und Vollzugshilfe bis hin zu echter gemeinsamer Verwaltungsarbeit.

363 ▪ Der **Informationsaustausch** zwischen den Behörden ist ein zentraler Bestandteil der Kooperation und dient der Abstimmung der Verwaltungspraxis durch Mitteilung getroffener Entscheidungen, der Weitergabe von Erfahrungen, aber auch dem grenzüberschreitenden Hinweis auf Gefahren und Gefahrenquellen. Dafür werden insbes. **technische Informationssysteme** angelegt, die von den Behörden der Mitgliedstaaten mit Informationen bestückt und wieder abgerufen werden können.[371]

Beispiel: System „Eurodac" mit Fingerabdrücken von Asylbewerbern (VO (EG) Nr. 2725/2000)

364 ▪ **Amts- und Vollzugshilfe** wird von den Behörden der Mitgliedstaaten im grenzüberschreitenden Verkehr in erster Linie bei der Zustellung und Vollstreckung (vgl. auch Art. 299 AEUV) geleistet. Erforderlich sind derartige Unterstützungshandlungen, da die Behörden der Mitgliedstaaten nur auf ihrem jeweiligen Hoheitsgebiet tätig werden können und dürfen. Die Rechtsgrundlagen für die Amts- und Vollzugshilfe finden sich i.d.R. im Sekundärrecht.

Beispiel: Art. 28 VO (EU) Nr. 904/2010 zur Amtshilfe bei der Mehrwertsteuererhebung

365 ▪ Auch **kooperative Verwaltungsverfahren** sind zulässig, in denen **parallele Zuständigkeiten** verschiedener nationaler Behörden und der Kommission bestehen.

Beispiel: Wettbewerbsrecht, Art. 11, 13 KartellVO Nr. 1/2003

Die Kooperation zieht jedoch unterschiedliche Probleme nach sich: Auch wenn unterschiedliche Verwaltungsträger beteiligt sind, müssen die Maßnahmen immer einem der Beteiligten final zugerechnet werden, um die **verantwortliche Stelle** identifizieren zu können. In der Regel liegt die

---

369 Streinz in: Streinz, Art. 4 EUV Rn. 52, 55.
370 Calliess/Kahl/Puttler in: Calliess/Ruffert, Art. 4 EUV Rn. 63 m.w.N.
371 Vgl. Classen in: Grabitz/Hilf/Nettesheim, Art. 197 Rn. 56.

Letztentscheidungskompetenz bei der **Kommission**.[372] Zudem bereiten die **Rechtsschutzmöglichkeit** und **Haftungsfragen** Probleme. Maßnahmen der jeweiligen Behörden können nach dem für sie geltenden Recht angefochten werden, d.h. Einzelmaßnahmen der Kommission vor dem Gerichtshof und Einzelmaßnahmen der nationalen Behörden vor den nationalen Gerichten. Es kommt also darauf an, gegen welchen konkreten Einzelakt sich der jeweilige Kläger richtet. Die Haftungsfrage wird nach der Zurechnung und Verantwortung entschieden. Grundsätzlich haftet der Verwaltungsträger, dem die Maßnahme zugerechnet werden kann. Sind mehrere Verwaltungsträger an der Maßnahme beteiligt, sind beide haftungsrechtlich verantwortlich.[373]

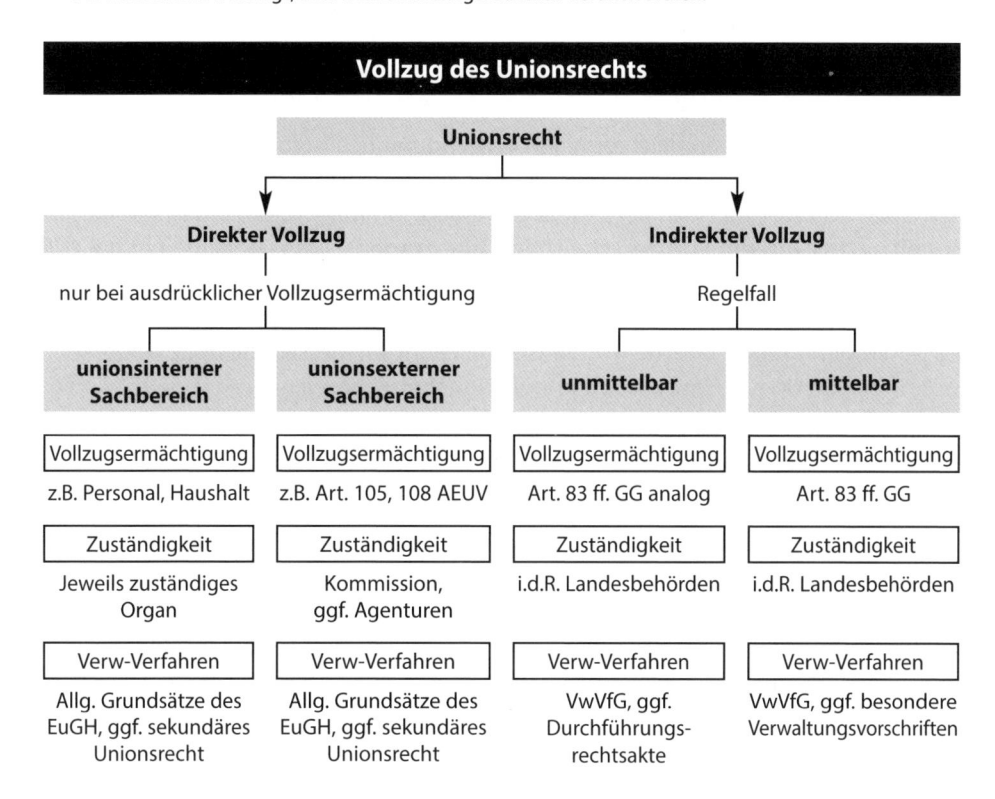

Vollzug des Unionsrechts

Unionsrecht

- **Direkter Vollzug** — nur bei ausdrücklicher Vollzugsermächtigung
  - **unionsinterner Sachbereich**
    - Vollzugsermächtigung: z.B. Personal, Haushalt
    - Zuständigkeit: Jeweils zuständiges Organ
    - Verw-Verfahren: Allg. Grundsätze des EuGH, ggf. sekundäres Unionsrecht
  - **unionsexterner Sachbereich**
    - Vollzugsermächtigung: z.B. Art. 105, 108 AEUV
    - Zuständigkeit: Kommission, ggf. Agenturen
    - Verw-Verfahren: Allg. Grundsätze des EuGH, ggf. sekundäres Unionsrecht
- **Indirekter Vollzug** — Regelfall
  - **unmittelbar**
    - Vollzugsermächtigung: Art. 83 ff. GG analog
    - Zuständigkeit: i.d.R. Landesbehörden
    - Verw-Verfahren: VwVfG, ggf. Durchführungsrechtsakte
  - **mittelbar**
    - Vollzugsermächtigung: Art. 83 ff. GG
    - Zuständigkeit: i.d.R. Landesbehörden
    - Verw-Verfahren: VwVfG, ggf. besondere Verwaltungsvorschriften

4. Abschnitt: Verhältnis zum nationalen Recht

366 Durch seine Rechtsetzungskompetenz und die Verpflichtung der Mitgliedstaaten zur Umsetzung der Rechtsvorschriften greift die Unionsrechtsordnung stark in die Rechtsordnung der Mitgliedstaaten ein. Gleichwohl belässt es das Unionsrecht – im Bereich des Vollzuges sogar ausdrücklich – bei der Geltung des nationalen Rechts, wünscht sich aber eine gleichförmige Verwaltung des Unionsrechts in den Mitgliedstaaten. Als logische Folge entsteht eine **Vermischung von nationalem und Unionsrecht**, die natürlich nicht immer zu konsistenten Ergebnissen führen kann. Deshalb stellt sich in **Kollisionsfällen** die Frage nach dem **vorrangigen Recht**.

Beispiel: Rücknahme einer unter Verstoß gegen das Notifizierungsverfahren aus Art. 108 AEUV gewährten Subvention nach § 48 VwVfG[374]

---

372 Classen in: Grabitz/Hilf/Nettesheim, Art. 197 Rn. 70.
373 EuGH Slg. 1967, 331, 357 *Kampffmeyer*; Classen in: Grabitz/Hilf/Nettesheim, Art. 197 Rn. 75.
374 Vgl. AS-Skript Verwaltungsrecht AT 2 (2015), Rn. 117 ff.

A. Öffnung der nationalen Rechtsordnung

367 Grundsätzlich stellen die Verträge der Union **Völkerrecht** dar, das auf nationaler Ebene ggf. nach Art. 59 Abs. 2 S. 1 GG eines Zustimmungsgesetzes und jedenfalls nach Art. 25 GG der Transformation in nationales Recht bedarf. Dabei nehmen die allgemeinen Regeln des Völkerrechts einen Zwischenrang zwischen dem Gesetzesrecht und der Verfassung ein (vgl. Art. 25 S. 1 und 2 GG), während dem Völkervertragsrecht wegen des Zustimmungsgesetzes der Rang eines **einfachen Bundesgesetzes** zukommt.[375]

368 Da diese Regelung für das Unionsrecht zur Folge hätte, dass es sich im Rang **unter** den nationalen Verfassungen einordnen müsste und dies dem supranationalen Charakter, der Effektivität sowie der gleichförmigen Anwendung des Unionsrechts zuwider liefe, besteht für das Recht der Union mit **Art. 23 GG** eine **Sonderregelung**. Nach Art. 23 Abs. 1 S. 2 GG kann der Bund per Gesetz, das der Zustimmung des Bundesrates bedarf, **Hoheitsrechte auf die Europäische Union übertragen**. Diese Regelung hat die **Öffnung der nationalen Rechtsordnung** zur Folge, in dem der ausschließliche Herrschaftsanspruch der Bundesrepublik Deutschland im Geltungsbereich des Grundgesetzes zurückgenommen und dem Unionsrecht Raum für dessen Geltung eingeräumt wird.[376] Art. 23 GG wird insoweit als **Integrationshebel** bezeichnet.

> Verkürzt ausgedrückt: Wer Hoheitsrechte auf eine supranationale und damit „über ihm" positionierte Institution überträgt, ist an das Recht gebunden, das in Ausübung dieser Hoheitsrechte erlassen wird.

369 Auch wenn damit die nationale Rechtsordnung für den Einfluss des Europarechts geöffnet wird, geht dies **nicht** mit der **Aufgabe aller nationalen verfassungsrechtlichen Prinzipien** einher. Gerade um dies zu verhindern, schreibt Art. 23 Abs. 1 S. 3 GG vor, dass Art. 79 Abs. 2 und Abs. 3 GG gelten, soweit durch die Gründungsverträge zur Union oder durch spätere Änderungen und andere vergleichbare Regelungen das Grundgesetz seinem Inhalt nach geändert oder ergänzt wird oder solche Änderungen oder Ergänzungen ermöglicht werden. Damit wird klargestellt, dass die Union nicht die der sog. **Ewigkeitsgarantie** unterliegenden Grundprinzipien missachten darf.

370 Durch die Öffnung des Grundgesetzes für eine Integration des Europarechts wird ein Unterschied zum sonstigen Völkerrecht deutlich: Das Unionsrecht überlässt die Bestimmung seines Ranges nicht den mitgliedstaatlichen Rechtsordnungen, sondern schreibt seine Vorrangposition selbst fest.[377]

B. Verständnis des Gerichtshofs

371 Diesem Ansatz folgt auch der Gerichtshof und geht von einem **uneingeschränkten Vorrang des Unionsrechts** aus (sog. europarechtliche Theorie).[378]

---

375 Vgl. Nettesheim in: Maunz/Dürig, Art. 59 GG Rn. 183; ausführlich AS-Skript Staatsorganisationsrecht (2014), Rn. 482 ff.
376 Koenig/Haratsch/Pechstein Rn. 119 unter Verweis auf BVerfGE 37, 271, 280; 73, 339, 375.
377 Nettesheim in: Grabitz/Hilf/Nettesheim, Art. 288 AEUV Rn. 38.
378 Grundlegend EuGH NJW 1964, 23/1 Costa; zu dieser und auch den abweichenden Ansätzen siehe Nettesheim in: Grabitz/Hilf/Nettesheim, Art. 288 AEUV Rn. 47 ff.

I. Begründungsansätze für uneingeschränkten Vorrang

- Der Gerichtshof führt zunächst die **Eigenständigkeit der Unionsrechtsordnung** an. Die Gründungsverträge der Union hätten im Unterschied zu anderen völkerrechtlichen Verträgen eine eigene Rechtsordnung geschaffen, welche durch die Organe der Union, ihre Handlungsfähigkeit und ihre Rechtsetzungsbefugnisse geprägt werde. Um eine solche Rechtsordnung schaffen zu können, hätten die Mitgliedstaaten die Union unter Beschränkung ihrer eigenen Souveränität mit Hoheitsbefugnissen ausgestattet. Diese Eigenständigkeit würde geradezu torpediert, könnten die einzelnen Mitgliedstaaten einseitige Maßnahmen gegen das Unionsrecht ergreifen. 372

- Darüber hinaus hätten die Mitgliedstaaten nach **Art. 4 Abs. 3 UAbs. 3 EUV** die gegenseitige Verpflichtung übernommen, alle Maßnahmen zu unterlassen, die der Verwirklichung der Ziele der Union entgegenstehen könnten. Die **Funktionsfähigkeit der Union** und ihres Rechts würde gefährdet, könnten die Mitgliedstaaten durch später erlassenes Recht den Zielen der Union und des Unionsrechts zuwiderhandeln und damit dem Unionsrecht den Vorrang streitig machen. Der Grundsatz, dass ein später erlassenes Gesetz dem früheren Gesetz vorgeht, könne deshalb keine Geltung beanspruchen (Lex-posterior-Formel, lex posterior derogat legi priori). 373

- Die unterschiedliche Geltung des Unionsrechts je nach der innerstaatlichen Gesetzgebung enthielte zudem eine mit Art. 18 AEUV unvereinbare **Diskriminierung**. Zudem liefe es der Grundkonzeption der Verträge, eine **einheitliche Rechtsanwendung des Unionsrechts** in den Mitgliedstaaten zu gewährleisten, zuwider. 374

- Letztlich werde durch die Regelung in **Art. 288 AEUV** bestätigt, dass das Unionsrecht verbindlich sei und in jedem Mitgliedstaat unmittelbar gelte. Diese Bestimmung, die keinerlei Einschränkungen oder Einschränkungsmöglichkeiten enthält, wäre ohne Bedeutung, wenn die Mitgliedstaaten sie durch Gesetzgebungsakte einseitig funktionslos machen könnten.[379] 375

II. Anwendungs- statt Geltungsvorrang

Diese Rspr. führt nach ganz h.M. zu einem **Anwendungsvorrang** des Unionsrechts vor jedwedem nationalen Recht, **sogar dem nationalen Verfassungsrecht**.[380] Der Anwendungsvorrang zeichnet sich dadurch aus, dass das nationale Recht durch das Unionsrecht **überlagert** wird. Das nationale Recht kann dann entweder **nicht angewendet** werden oder ist vor seiner Anwendung **unionsrechtskonform auszulegen**. Es bleibt aber **wirksam**, sodass es außerhalb der Kollision mit dem Unionsrecht auf nationale Fallgestaltungen weiterhin angewendet werden kann.[381] Demgegenüber würde der **Geltungsvorrang** dazu führen, dass die Kollisionsnorm des nationalen Rechts aufgrund des Widerspruchs zum Unionsrecht **unwirksam** würde.[382] 376

---

379 EuGH NJW 1964, 2371 *Costa*; zu dieser und auch den abweichenden Ansätzen siehe Nettesheim in: Grabitz/Hilf/Nettesheim, Art. 288 AEUV Rn. 49 m.w.N.
380 EuGH NJW 1971, 718 *Internationale Handelsgesellschaft mbH*; vgl. auch EuGH EuZW 2000, 211 *Kreil/Deutschland*.
381 Vgl. EuGH NVwZ 1992, 358 *Steen/Deutsche Bundespost*.
382 Vgl. Oppermann/Classen/Nettesheim, § 10 Rn. 32.

Der Gerichtshof kann die Mitgliedstaaten allerdings in Ausnahmefällen durch eine unmittelbare Anordnung gemäß Art. 279 AEUV verpflichten, die Geltung eines Gesetzes bis zu einem endgültigen Urteil des Gerichtshofs über die Unionsrechtswidrigkeit des Gesetzes auszusetzen, um zu verhindern, dass durch die Anwendung des Gesetzes bis zum Erlass des Urteils ein irreparabler Schaden entsteht.

C. Verständnis des BVerfG

377 Das **BVerfG** hat diesen uneingeschränkten Anwendungsvorrang – anders als die Verfassungsgerichte anderer Mitgliedstaaten – nicht uneingeschränkt übernommen. Es hat vielmehr **zu Beginn** seiner unionsrechtlichen Rspr. den **Anwendungsvorrang** des abgeleiteten Unionsrechts gerade im grundrechtsrelevanten Bereich **verneint**.

Dem BVerfG kommt nach dem GG nicht nur die Rolle (irgend-)eines Verfassungsorgans zu, sondern es fungiert als „Hüter der Verfassung". Damit hat es nicht nur die Veranlassung, sondern sogar die Aufgabe, die wesentlichen Werte des Grundgesetzes zu schützen und aufrechtzuerhalten. Gegenüber den Bürgern kommt ihm die Aufgabe zu, gerade die grundrechtlich gewährten Freiheiten gegen übermäßige staatliche Einschränkung zu verteidigen. Genießt das Unionsrecht Vorrang vor dem Grundgesetz, kann das Unionsrecht vom BVerfG nicht mehr auf seine Vereinbarkeit mit den grundgesetzlichen Grundrechten überprüft werden. Dies könnte im schlimmsten denkbaren Fall zur Folge haben, dass die Bürger einen Teil ihrer grundrechtlich geschützten Freiheiten verlieren, ohne dass das BVerfG intervenieren könnte. Parallel würde – als logische Konsequenz – der Zuständigkeitsbereich des BVerfG selbst eingeschränkt, da alle Unionsrechtsakte der Prüfung des BVerfG entzogen wären.

I. Solange-Rechtsprechung

378 Das BVerfG knüpfte zunächst an die Formulierung der Integrationsnormen des GG an. Aus dem Umstand, dass Art. 23 Abs. 1 S. 3 GG auf die Ewigkeitsgarantie verweist und damit sicherstellt, dass die Grundprinzipien des Grundgesetzes auch gegenüber dem Unionsrecht nicht aufgegeben werden müssen, lässt sich ableiten, das auch der nationale Verfassungsgeber nicht von einem völlig uneingeschränkten Vorrang des Unionsrechts ausgeht. Hinzu kommt, dass die Verträge der Union – damals wie heute – **keinen Grundrechtskatalog** enthalten. Auch die **EU-Grundrechtecharta** existierte zu Beginn nicht, sie wurde erst im Jahr 2000 verabschiedet.

1. Solange I

379 Aus diesen Gründen legte sich das BVerfG in seiner **Solange-I-Entscheidung** dahingehend fest, dass die Grundstrukturen des Grundgesetzes, die seine Identität ausmachen, und grundlegende Rechtsprinzipien, die sich vor allem aus den Grundrechten ergeben, nicht durch die europäische Integration aufgegeben werden dürfen. Deshalb würde das BVerfG alle Rechtsakte der Union anhand deutscher Grundrechte überprüfen, **solange das Unionsrecht und der Gerichtshof keinen ausreichenden Schutz für die Grundprinzipien der deutschen Verfassung gewährleisten**.[383] Damit schränkte es den vom Gerichtshof angenommenen Anwendungsvorrang deutlich ein. Das Grundgesetz selbst sollte Vorrang vor dem Unionsrecht genießen, sodass diesem quasi ein Zwischenrang vergleichbar den allgemeinen Grundsätzen des Völkerrechts zugewiesen wurde.

---

383 BVerfG NJW 1974, 1697.

2. Solange II

Die Rspr. des **Gerichtshofs** blieb unterdessen nicht statisch. Er bemühte sich vielmehr, **Grundrechte und grundrechtsgleiche Rechte der Unionsbürger als allgemeine Rechtsgrundsätze** und damit Bestandteile des ungeschriebenen Primärrechts zu statuieren. Dabei stützte sich der Gerichtshof auf die Feststellung, dass er bei der Gewährleistung der Grundrechte von den gemeinsamen Verfassungsüberlieferungen der Mitgliedstaaten auszugehen habe.[384] Damit wurden die Anforderungen des BVerfG nach und nach erfüllt und auf Ebene des Unionsrechts ein dem Grundrechtsschutz des Grundgesetzes vergleichbarer Schutzstandard entwickelt. Dementsprechend stellte das BVerfG in der **Solange-II-Entscheidung** klar, dass ein ausreichender Grundrechtsschutz gewährleistet sei, der nach Konzeption, Inhalt und Wirkungsweise dem Grundrechtsstandard des Grundgesetzes gleichzuachten sei. Zudem hätten alle Organe der Union rechtserhebliche Erklärungen dazu abgegeben, dass sie sich in Ausübung ihrer Befugnisse und in der Verfolgung der Ziele der Union von der Achtung vor den Grundrechten als Rechtspflicht leiten lassen werden. Dies führte zu einer **Umkehrung** der ursprünglichen Solange-Formel: Das BVerfG wollte die Rechtsakte der Union anhand deutscher Grundrechte **nicht mehr prüfen, solange auf Unionsebene ein wirksamer Grundrechtsschutz gegen die Hoheitsgewalt der Union gewährleistet** sei.[385] Damit erkannte das BVerfG faktisch den Anwendungsvorrang auch des abgeleiteten Unionsrechts vor dem nationalen Verfassungsrecht an.

380

II. Reservekompetenz des BVerfG

Nachdem man nach der Solange-II-Formel zunächst von einem generellen Anwendungsvorrang des abgeleiteten Unionsrechts ausgehen konnte, machte das BVerfG in nachfolgenden Entscheidungen deutlich, dass es – entgegen der Erwartung – nicht vollständig auf die Kontrolle der Unionsrechtsakte am Maßstab des deutschen Verfassungsrechts verzichten wollte. Es nahm deshalb **Einschränkungen bzw. Präzisierungen der Solange-II-Formel** vor.

381

1. Maastricht-Entscheidung

Bereits in seiner Entscheidung zum Maastricht-Vertrag stellte das BVerfG fest, dass es den **Wesensgehalt der deutschen Grundrechte** auch gegenüber den in Deutschland ausgeübten Hoheitsrechten zu schützen gedenke. Damit dies nicht als vollständige Abkehr von der Solange-II-Formel verstanden wurde, führte das BVerfG umfangreich zu den Prüfungskompetenzen des Gerichtshofs aus und nahm seine vorherige Entscheidung nicht ausdrücklich zurück. Vielmehr stellte es klar, dass es von einem **Kooperationsverhältnis zwischen BVerfG und Gerichtshof** ausgeht. Der Gerichtshof sei zunächst in jedem Einzelfall für die Entscheidung über Unionsrecht zuständig und dazu aufgerufen, den europäischen Grundrechtsschutz der Bürger zu gewährleisten. Erst wenn in der Rspr. des Gerichtshofs die Gewährleistung des unabdingbaren Grundrechtsstandards nach dem Maßstab des Grundgesetzes nicht mehr gewährleistet sei, etwa in-

382

---

384 Vgl. EuGH NJW 1975, 518 *Nold*; die weitere Entwicklung wiedergebend BVerfG NJW 1987, 577, 581.
385 BVerfG NJW 1987, 577.

dem der Wesensgehalt der Grundrechte gefährdet werde, würden deutsche Grundrechte (wieder) ihre Wirkung entfalten. In diesem Fall sei das BVerfG zur Entscheidung über die Vereinbarkeit des Unionsrechtsakts mit deutschen Grundrechten berufen.[386]

Kurz gesagt: Sinkt der durch den Gerichtshof gewährleistete Grundrechtsschutz unter das Niveau des deutschen Grundgesetzes ab, nimmt das BVerfG seine Rspr. über Unionsrechtsakte anhand der deutschen Grundrechte wieder auf.

Erst in diesem Zeitpunkt werde der Anwendungsvorrang des Unionsrechts zugunsten der deutschen Grundrechte durchbrochen. Insofern billigte sich das BVerfG eine **Reservekompetenz** zum Schutz des Wesensgehalts der (deutschen) Grundrechte zu.

2. Bananenmarktbeschluss

383 Im Bananenmarktbeschluss relativierte das BVerfG seine Ausführungen aus der Maastricht-Entscheidung. Von einem Absinken des Grundrechtsstandards könne erst ausgegangen werden, wenn das BVerfG in den Entscheidungen des Gerichtshofs **strukturelle Rechtsprechungsdefizite** erkennen könne.[387] Derartige Defizite waren für das BVerfG zum Zeitpunkt seiner Entscheidung nicht ersichtlich, sodass es (zunächst) beim Anwendungsvorrang des Unionsrechts blieb. Die Reservekompetenz des BVerfG wird nach dieser Entscheidung als allenfalls theoretische Möglichkeit bezeichnet.[388]

384 In der Rückschau erweisen sich sowohl die Maastricht-Entscheidung als auch der Bananenmarktbeschluss nicht als Relativierung, sondern als **Präzisierung der Solange-II-Formel**. Das BVerfG gestaltete in beiden Entscheidungen näher aus, wann es die auflösende Bedingung der Solange-II-Formel als erfüllt und damit eine Durchbrechung des Anwendungsvorrangs des Unionsrechts als erforderlich ansah. Diese Rspr. fand ihren Niederschlag im Grundgesetz: Nach Art. 23 Abs. 1 S. 1 a.E. GG soll die Union „einen diesem Grundgesetz im wesentlichen vergleichbaren Grundrechtsschutz" gewährleisten.

385 Für heutige Verfahren gegen Unionsrechtsakte bedeutet das: Das BVerfG weist sowohl Verfassungsbeschwerden als auch Normenkontrollanträge mangels Beschwerdebefugnis als unzulässig ab, sofern nicht substantiiert begründet wird, dass der als unabdingbar gebotene Grundrechtsschutz durch den Gerichtshof nicht gewährleistet wird.[389]

Klausurhinweis: *Es ist nicht erforderlich, im Rahmen der Beschwerdebefugnis die gesamte Rechtsprechungsentwicklung des BVerfG nachzuzeichnen. Etwas anderes gilt nur, wenn sich eine Partei im Sachverhalt auf die frühere Rspr. beruft oder Sie im Rahmen einer abstrakten Zusatzfrage dezidiert nach der Entwicklung gefragt werden.*

3. EU-Grundrechtecharta

386 Die Reservekompetenz des BVerfG wurde angesichts der Einführung der **EU-Grundrechtecharta** noch theoretischer. Diese enthielt nun erstmals einen textlich festgehal-

---

[386] BVerfG NJW 1993, 3047.
[387] BVerfG NJW 2000, 3124; dazu Lechler JuS 2001, 120.
[388] Nettesheim in: Grabitz/Hilf/Nettesheim, Art. 288 AEUV Rn. 61; Meyer EuZW 2000, 685, 688; Limbach EuGRZ 2000, 41; Classen JZ 2000, 1158; Nicolaysen/Nowak NJW 2001, 1233; Lecheler JuS 2001, 120.
[389] BVerfG DÖV 2001, 379; Nettesheim in: Grabitz/Hilf/Nettesheim, Art. 288 AEUV Rn. 61.

tenen Grundrechtskatalog, der seinem Wesen und seinen Gewährleistungsinhalten nach den Grundrechten des Grundgesetzes entspricht. Gleichwohl musste unmittelbar nach ihrer Einführung zunächst weiterhin auf die Rechtsprechungsgrundsätze des Gerichtshofs zurückgegriffen werden, da die EU-Grundrechtecharta mangels einer dem Art. 1 Abs. 3 GG entsprechenden Vorschrift für die Unionsorgane **nicht verbindlich** war.

Dieses Manko wurde durch den Vertrag von Lissabon beseitigt. Nach Art. 6 Abs. 1 UAbs. 1 EUV erkennt die Union nicht nur die EU-Grundrechtecharta an, sondern sie ist **mit den Verträgen rechtlich gleichrangig**. Damit ersetzt die EU-Grundrechtecharta als Bestandteil des Primärrechts die als allgemeine Rechtsgrundsätze entwickelten Grundrechte des Gerichtshofs. Dies hat Folgen für die Reservekompetenz des BVerfG: Diese kann nur noch dann greifen, wenn die Mitgliedstaaten Art. 6 Abs. 1 EUV aufheben oder die EU-Grundrechtecharta dergestalt geändert wird, dass der über sie vermittelte Grundrechtsschutz nicht mehr dem des deutschen Grundgesetzes entspricht. 387

III. Fortbestehende Grenzen des Anwendungsvorrangs

Gleichwohl erkennt das BVerfG den uneingeschränkten Anwendungsvorrang des Unionsrechts nicht an. Es steht vielmehr auf dem Standpunkt, dass der **Anwendungsvorrang des Unionsrechts nur kraft und im Rahmen der fortbestehenden verfassungsrechtlichen Ermächtigungen gilt**.[390] Damit greift das BVerfG die **in Art. 23 GG niedergelegten Integrationsgrenzen** auf. Das nach Art. 79 Abs. 3, Art. 20 Abs. 1 und Abs. 2 GG nicht zur Disposition stehende **Demokratieprinzip** zwingt die Bundesrepublik Deutschland im Rahmen der gemäß Art. 23 Abs. 1 GG vorgesehenen Beteiligung am europäischen Integrationsprozess, nur in dem Maße Staatsgewalt auf die Union zu übertragen, wie es mit dem vom Grundgesetz geforderten demokratischen Mindeststandard vereinbar ist. Hierfür müssten substanzielle politische Gestaltungsmöglichkeiten durch das **Staatsvolk** sichergestellt sein. Soweit dies in Deutschland nach Art. 20 Abs. 2 i.V.m. Art. 38 Abs. 1 S. 1 GG durch die Wahlen zum deutschen Bundestag gewährleistet sei, finde dies auf europäischer Ebene angesichts des fehlenden Grundsatzes der Wahlrechtsgleichheit bei den Wahlen zum Europäischen Parlament keine Entsprechung (zum Demokratieprinzip s.o. Rn. 63 ff.). 388

Essentielle staatliche Entscheidungsgewalt müssten daher der ausreichend demokratisch verfassten deutschen Gewalt vorbehalten bleiben. Das Demokratieprinzip vermittele dem Bürger über sein Wahlrecht aus Art. 38 Abs. 1 S. 1 GG ein subjektives Recht darauf, das von ihm nicht unmittelbar gewählte Organe und Einrichtungen der Union durch offensichtliche und strukturell bedeutsame Kompetenzüberschreitungen diese demokratische Legitimation nicht aushöhlen. Sofern die Union, ihre Organe und Einrichtungen diesen **integrationsfesten Kern deutscher Staatsgewalt** (sog. **integrationsfeste Verfassungsidentität**) antasten, könne dies dazu führen, dass Unionsrecht in Deutschland für unanwendbar erklärt werde, wobei zu dieser Feststellung ausweislich des in Art. 100 Abs. 1 GG niedergelegten Rechtsgrundsatzes nicht die Instanzgerichte, sondern ausschließlich das BVerfG berufen sei.[391] Nur auf diese Weise lasse sich sicher- 389

---

390 BVerfG NJW 2009, 2267, 2272.
391 BVerfG NJW 2009, 2267, 2273 f.

stellen, dass der Anwendungsvorrang des Unionsrecht nur so weit reicht, wie das Grundgesetz sowie das Zustimmungsgesetz zu den Verträgen die Übertragung von Hoheitsrechten auf die Union erlauben. Demnach müsse Unionsrecht in Deutschland für unanwendbar erklärt werden, wenn ein sog. **ausbrechender Rechtsakt eines Unionsorgans** gegeben ist (sog. **ultra-vires-Kontrolle**) oder ein Rechtsakt den unantastbaren **Kerngehalt der Verfassungsidentität des Grundgesetzes,** wie er durch Art. 23 Abs. 1 S. 3 i.V.m. Art. 79 Abs. 3 GG garantiert ist, **verletzt** (sog. **Identitätskontrolle**).

1. Ultra-vires-Kontrolle

390 Hintergrund für die ultra-vires-Kontrolle ist das Prinzip der begrenzten Einzelermächtigung: Da die Union kein Staat, sondern lediglich ein Staatenverbund ist, kommt ihr die Zuständigkeit nur in den Bereichen zu, in denen ihr die Kompetenz durch die Mitgliedstaaten übertragen worden ist. Hinzu kommt, dass die Bewahrung der integrationsfesten Verfassungsidentität es der Bundesrepublik und ihren Organen verbietet, die **Kompetenz-Kompetenz** auf die Union zu übertragen.[392] Wenn Rechtsschutz auf der Unionsebene nicht zu erlangen ist, prüft das BVerfG deshalb im Rahmen der sog. **ultra-vires-Kontrolle**, ob Rechtsakte der europäischen Organe und Einrichtungen sich unter Wahrung des unionsrechtlichen Subsidiaritätsprinzips aus Art. 5 Abs. 1 S. 2, Abs. 3 EUV in den Grenzen der ihnen eingeräumten Hoheitsrechte halten.[393]

391 Bereits aus der Herleitung ergibt sich, dass die ultra-vires-Kontrolle nur bei einer **evidenten Kompetenzüberschreitung** der Unionsorgane relevant werden kann. Ein ultra-vires-Akt liegt deshalb nur vor, wenn die europäischen Organe und Einrichtungen die Grenzen ihrer Kompetenzen in einer das Prinzip der begrenzten Einzelermächtigung spezifisch verletzenden Art überschreiten, der Kompetenzverstoß mit anderen Worten **hinreichend qualifiziert** ist. Dies bedeutet, dass das kompetenzwidrige Handeln der Unionsgewalt **offensichtlich** sein muss und der angegriffene Akt im Kompetenzgefüge zwischen Mitgliedstaaten und Union bezüglich des Prinzips der begrenzten Einzelermächtigung und der rechtsstaatlichen Gesetzesbindung **erheblich** ins Gewicht fällt.[394]

392 Hierdurch wird deutlich, dass die Annahme eines ultra-vires-Aktes auf extreme **Ausnahmefälle** beschränkt bleiben wird. Dementsprechend macht das BVerfG deutlich, dass es dieses Kontrollinstrument **zurückhaltend** anwenden will. Dazu zwingt nicht nur die **Funktionsfähigkeit der Union**, die bei entsprechend ausufernder Verwerfung des Unionsrechts durch die mitgliedstaatliche Verfassungsgerichtsbarkeit kaum gewährleistet werden könnte, sondern auch der **Grundsatz der loyalen Zusammenarbeit der Mitgliedstaaten** aus Art. 4 Abs. 3 EUV sowie die **Europafreundlichkeit des Grundgesetzes** (vgl. Präambel und Art. 23 Abs. 1 S. 1 GG). Einen Widerspruch oder eine Verletzung dieser Grundsätze, die sich mit der zurückhaltenden Anwendung nicht kompensieren ließen, vermag das BVerfG in seiner ultra-vires-Rechtsprechung nicht zu erkennen. Vielmehr stellt es in seiner Entscheidung zum Vertrag von Lissabon fest, dass die von Art. 4 Abs. 2 S. 1 EUV anerkannten grundlegenden politischen und verfassungsmäßigen

---

[392] BVerfG NJW 2009, 2267, 2271.
[393] BVerfG NJW 1982, 507; NJW 1988, 1459; NJW 1993, 3047; NJW 2009, 2267, 2272.
[394] BVerfG, Beschl. v. 14.01.2014 – 2 BvR 2728/13 u.a., RÜ 2014, 313, 319; Beschl. v. 06.07.2020 – 2 BvR 2661/06, RÜ 2010, 653, 655; NJW 1982, 507; NJW 1988, 1459; NJW 1993, 3047.

Strukturen souveräner Mitgliedstaaten bei fortschreitender Integration ohne eine Kontrolle nicht gewahrt werden könnten.[395] Die Zurückhaltung schlägt sich zudem im Verfahrensablauf nieder: Bevor das BVerfG einen ultra-vires-Akt feststellt, gibt es dem Gerichtshof Gelegenheit, über die Gültigkeit und die Auslegung des fraglichen Unionsrechtsaktes zu entscheiden. Dazu führt es vor seiner eigenen Entscheidung ein **Vorabentscheidungsverfahren** nach Art. 267 AEUV durch.

Dies geschah erstmals im Rahmen der Entscheidung über die Vereinbarkeit des sog. OMT-Programms der EZB mit Unions- und Verfassungsrecht (zum OMT-Programm bereits oben Rn. 177 ff.). Das BVerfG hielt einen ausbrechenden Rechtsakt zumindest für möglich und legte deshalb dem EuGH die Frage nach der Vereinbarkeit des Programms mit Unionsrecht zur Vorabentscheidung vor.[396] Nachdem der Gerichtshof keinen Verstoß gegen Unionsrecht festzustellen vermochte,[397] verneinte auch das BVerfG den ultra-vires-Akt.[398] Damit lässt die erstmalige Annahme eines solchen Aktes weiter auf sich warten.

Die ultra-vires-Kontrolle wird vom BVerfG nicht aus eigenem Antrieb, sondern nur auf Antrag hin durchgeführt. Da ein gesondertes Verfahren (vgl. Art. 93 GG, § 13 BVerfGG) hierfür nicht zur Verfügung steht, können sich Bürger derartiger Akte mit der **Verfassungsbeschwerde** gemäß Art. 94 Abs. 1 Nr. 4 lit. a GG erwehren. 393

- Tauglicher Beschwerdegegenstand der Verfassungsbeschwerde ist im Normalfall ein deutsches Gesetz oder die Entscheidung eines deutschen Gerichts, das unionsrechtliche Vorgaben umsetzt. Sofern Vollzugskompetenzen der Kommission oder europäischen Agenturen übertragen sind, ist der taugliche Beschwerdegegenstand das Unterlassen der Träger der deutschen öffentlichen Gewalt, in verfassungsrechtlich gebotener Weise auf die Einhaltung der nationalen Rechtsgrenzen hinzuwirken.[399]

- Hinsichtlich der **Beschwerdebefugnis** muss der Beschwerdeführer geltend machen, durch den Beschwerdegegenstand in seinen Grundrechten oder grundrechtsgleichen Rechten verletzt zu sein. Da ultra-vires-Akte nicht durch die deutschen Zustimmungsgesetze legitimiert sind, ist zum einen die Geltendmachung einer möglichen Verletzung des Rechts aus **Art. 38 Abs. 1 S. 1 GG** möglich. Denn dieser gewährt Schutz gegen Akte, die dauerhaft verhindern, dass zentrale politische Entscheidungen vom Bundestag selbstständig getroffen werden können. Diesem muss ein hinreichendes Maß an Aufgaben und Befugnissen verbleiben.[400] Zum anderen ist die Verletzung **jedes Grundrechts** durch ausbrechende Rechtsakte denkbar.[401]

2. Identitätskontrolle

In einer neueren Entscheidung des BVerfG zeigt sich, dass es auch außerhalb eines Absinkens des Grundrechtsstandards in Form der Solange-II-Formel und der ultra-vires-Akte eine Anwendungsmöglichkeit für nationale Grundrechte sieht. Es will die integrationsfeste Verfassungsidentität per **Identitätskontrolle** schützen. 394

---

395 BVerfG NJW 2009, 2267, 2272.
396 BVerfG, Beschl. v. 14.01.2014 – 2 BvR 2728/13 u.a., RÜ 2014, 313.
397 EuGH, Urt. v. 16.06.2015 – C-62/14, RÜ 2015, 591.
398 BVerfG, Urt. v. 21.06.2016 – 2 BvR 2728/13 u.a., RÜ 2016, 518.
399 Eifert/Gerberding Jura 2016, 628, 636.
400 BVerfGE 129, 124, 167 f.; 133, 366, 381; Eifert/Gerberding Jura 2016, 628, 636; Eßlinger/Herzmann Jura 2016, 852, 859.
401 Vgl. BVerfG EuZW 2010, 828.

> **Fall 4: Identitätskontrolle**
>
> A ist Staatsangehöriger der Vereinigten Staaten von Amerika. Mit rechtskräftigem Urteil des Corte di Apello in Florenz wurde er 1992 in Abwesenheit wegen Mitgliedschaft in einer kriminellen Vereinigung zu einer Freiheitsstrafe von 30 Jahren verurteilt. Im Jahre 2014 wurde er aufgrund eines gegen ihn ergangenen Europäischen Haftbefehls in Deutschland festgenommen. Aus dem Haftbefehl geht hervor, dass dem A das Urteil aus dem Jahr 1992 nicht persönlich zugestellt wurde.
>
> Im Auslieferungsverfahren macht A vor dem erst- und letztinstanzlich zuständigen OLG Düsseldorf geltend, dass er – was zutrifft – nach dem im italienischen Recht möglichen Berufungsverfahren gegen ein Abwesenheitsurteil keine neue Beweisaufnahme erwirken könne. Er beruft sich zudem auf den Rahmenbeschluss des Rates zum Europäischen Haftbefehl (RbEuHb), der festschreibt, in welchen Fällen ein Land die Auslieferung bei einem Abwesenheitsurteil verweigern darf. Dies ist nach Art. 4 a Abs. 1 RbEuHb u.a. dann möglich, wenn dem Betroffenen in dem Land, in das er ausgeliefert werden soll, nach der Auslieferung kein Rechtsmittel mehr zur Verfügung steht, in dem der Sachverhalt und neue Beweismittel geprüft und das Abwesenheitsurteil ggf. aufgehoben werden kann. Das OLG kam in seiner Entscheidung ausschließlich gestützt auf Informationen der italienischen Generalstaatsanwaltschaft zu dem Ergebnis, dass eine erneute Beweisaufnahme in Italien jedenfalls nicht ausgeschlossen und die Auslieferung des A daher zulässig sei.
>
> Mit seiner form- und fristgerecht erhobenen Verfassungsbeschwerde gegen die letztinstanzliche Entscheidung des OLG rügt A vor allem eine Verletzung seines Grundrechts aus Art. 1 Abs. 1 i.V.m. Art. 23 Abs. 1 S. 3 i.V.m. Art. 79 Abs. 3 GG. Die Auslieferung verstoße gegen den aus der Menschenwürde folgenden Grundsatz „keine Strafe ohne Schuld". Hat die Verfassungsbeschwerde Erfolg?

Die Verfassungsbeschwerde hat Erfolg, soweit sie zulässig und begründet ist.[402]

A. Zulässigkeit

I. Nach Art. 93 Abs. 1 Nr. 4 a GG, § 13 Nr. 8 a BVerfGG ist das BVerfG **zuständig** für die Entscheidung über Individualverfassungsbeschwerden wie die des A.

II. A ist als natürliche Person grundrechtsfähig und damit **beschwerdefähig**.

395 III. **Tauglicher Beschwerdegegenstand** ist nach § 90 Abs. 1 BVerfGG **jeder Akt der öffentlichen Gewalt**. Da sich der Begriff an Art. 1 Abs. 3 GG orientiert, kommen grundsätzlich nur Maßnahmen der **deutschen** öffentlichen Gewalt als Gegenstand der Verfassungsbeschwerde in Betracht. A macht geltend, durch die Entscheidung des OLG Düsseldorf im Haftprüfungsverfahren in seinen Grundrechten verletzt worden zu sein. Auch wenn der Entscheidung des OLG ein Europäischer Haftbefehl zugrunde liegt, hat jedenfalls ein deutsches Gericht eine Entscheidung getroffen, gegen die sich A zur Wehr setzt. Mithin liegt ein deutscher Hoheitsakt der Judikative und damit ein tauglicher Beschwerdegegenstand vor. Es handelt sich um eine **Urteilsverfas-**

---

[402] Allgemein zur Verfassungsbeschwerde und zum Aufbau siehe AS-Skript Grundrechte (2015), Rn. 646 ff.

sungsbeschwerde.

Klausurhinweis Hier liegt eine häufige Fehlerquelle! Zum Teil wird die Frage des richtigen Beschwerdegegenstandes überhaupt nicht problematisiert, zum Teil wird der korrekte Beschwerdegegenstand unter Verweis auf das Unionsrecht verneint (und dann hilfsgutachtlich weitergeprüft). Sie können sich an dieser Stelle auszeichnen, indem Sie genau herausarbeiten, wogegen sich die Verfassungsbeschwerde konkret richtet und wie sich der Einfluss des Unionsrechts auf diese Maßnahme darstellt.

IV. A müsste weiterhin **beschwerdebefugt** sein.

1. Dies setzt zunächst nach § 90 Abs. 1 BVerfGG voraus, dass A geltend machen kann, durch den Beschwerdegegenstand möglicherweise in seinen Grundrechten oder grundrechtsgleichen Rechten verletzt zu sein. Hier ist zu berücksichtigen, dass sich A gegen eine Entscheidung zur Wehr setzt, die einen **Europäischen Haftbefehl** bestätigt hat. Prüfungsgegenstand des OLG Düsseldorf war deshalb der **Rahmenbeschluss über den Europäischen Haftbefehl**.

   396

   Der Rahmenbeschluss des Rates ist ein Beschluss i.S.d. Art. 288 Abs. 4 AEUV, der im Rahmen der polizeilichen und justiziellen Zusammenarbeit in Strafsachen (vgl. Art. 29 ff. EUV) ergangen ist. Er ist dementsprechend ein Teil des verbindlichen europäischen Sekundärrechts.

   Klausurhinweis: Der **Prüfungsaufbau des BVerfG** ist in Fällen wie dem vorliegenden **nicht völlig stringent**. Es stellt im Rahmen des Beschwerdegegenstandes fest, dass Unionsrecht Einfluss ausübt und die deutschen Grundrechte damit nicht Prüfungsmaßstab sein können. Deshalb weist es derartige Verfassungsbeschwerden – wenn keine Ausnahme vorliegt – als unzulässig ab. Kommt jedoch ein ultra-vires-Akt oder eine Identitätskontrolle infrage, spricht das BVerfG dies im Rahmen der Beschwerdebefugnis nur kurz an, um die Frage zu Beginn der Begründetheit bei der Anwendbarkeit der Grundrechte auszubreiten. Das BVerfG lässt es für die Zulässigkeit ausreichend, wenn die Identitätskontrolle nicht von vornherein ausgeschlossen ist. Für die Klausur sollten Sie diesem Originalaufbau folgen!

   Auch in derart unionsrechtlich determinierten Akten ist eine Berufung auf deutsche Grundrechte jedenfalls dann nicht von vornherein ausgeschlossen, wenn sich der Beschwerdeführer auf eine **Verletzung seiner Menschenwürde** aus Art. 1 Abs. 1 GG **durch den unionsrechtlich determinierten Akt** beruft und eine solche Verletzung auch tatsächlich in Betracht kommt. Denn die Menschenwürde ist Teil der **unantastbaren Verfassungsidentität** des Grundgesetzes, die aufgrund der Regelung in Art. 23 Abs. 1 S. 3 GG i.V.m. Art. 79 Abs. 3 GG auch hinsichtlich des Unionsrechts nicht disponibel ist. In derartigen Fällen kommt eine sog. **Identitätskontrolle** in Betracht.[403] Diese verlangt allerdings von dem Beschwerdeführer, dass im Einzelnen **substantiiert dargelegt** wird, inwieweit die durch Art. 1 GG geschützte Garantie der Menschenwürde verletzt sein soll.

   Das BVerfG spricht in seiner Entscheidung insoweit von „erhöhten Zulässigkeitsanforderungen",[404] ohne allerdings zu spezifizieren, worin es diese genau erblickt.

---

[403] BVerfG NJW 2005, 2289; NJW 2009, 2267; NJW 2010, 3422; NJW 2011, 3428; NJW 2014, 907.
[404] BVerfG, Beschl. v. 15.12.2015 – 2 BvR 2735/14, RÜ 2016, 242, 243.

Aus dem Vorbringen des A ergibt sich nachvollziehbar die Möglichkeit, dass ihm nach seiner Überstellung nach Italien kein Rechtsbehelf zur Verfügung steht, durch den das in seiner Abwesenheit ergangene Strafurteil in einer Weise angefochten werden kann, die seine nach dem Grundgesetz unabdingbaren und von der Garantie der Menschenwürde nach Art. 1 Abs. 1 GG umfassten Verteidigungsrechte gewährleistet. Eine Identitätsverletzung erscheint somit möglich.

2. Durch die Entscheidung des OLG Düsseldorf ist A zudem **selbst, gegenwärtig** und **unmittelbar** betroffen und damit beschwerdebefugt.

397 V. Das OLG Düsseldorf ist nach § 14 Abs. 1 des Gesetzes über die internationale Rechtshilfe in Strafsachen (IRG) erst- und letztinstanzlich für das Auslieferungsgesuch zuständig, sodass A den **Rechtsweg** i.S.d. § 90 Abs. 2 BVerfGG **erschöpft** hat. Auch andere Möglichkeiten, eine gerichtliche Kontrolle zu erreichen, bestehen für A nicht, sodass auch der **Grundsatz der Subsidiarität** gewahrt ist.

398 VI. A hat die Verfassungsbeschwerde zudem **form- und fristgerecht** eingereicht.

Die Verfassungsbeschwerde des A ist folglich zulässig.

B. Begründetheit

399 Die Verfassungsbeschwerde ist begründet, wenn das OLG bei seiner Entscheidung die Grundrechte nicht ausreichend gewürdigt und beachtet hat. Dabei ist zu berücksichtigen, dass das BVerfG **nicht als Superrevisionsinstanz** die Verletzung einfachen Rechts überprüft. Vielmehr prüft es, ob die Fachgerichte bei ihrer Entscheidung den Anwendungsbereich der Grundrechte oder ihre Bedeutung für den Streitgegenstand verkannt haben und damit eine sog. **spezifische Grundrechtsverletzung** vorliegt. Eine solche liegt hier vor, wenn das OLG das Grundrecht des A aus Art. 1 Abs. 1 i.V.m. Art. 23 Abs. 1 S. 3 i.V.m. Art. 79 Abs. 3 GG verkannt hat.

Ausführungen zu der Frage, ob es sich bei Art. 1 Abs. 1 GG überhaupt um ein Grundrecht handelt oder nicht, sind nicht erforderlich. Hierbei handelt es sich um eine rein theoretische Frage, die weder Einfluss auf den Prüfungsaufbau noch auf den Prüfungsinhalt hat.

400 I. Da das OLG über die **Vollstreckung eines europäischen Haftbefehls** zu entscheiden hatte, stellt sich zunächst die Frage, ob die **Grundrechte des Grundgesetzes überhaupt Anwendung finden**. Hoheitsakte der Europäischen Union und – soweit sie durch das Unionsrecht determiniert werden – Akte der deutschen öffentlichen Gewalt sind mit Blick auf den **Anwendungsvorrang des Unionsrechts** grundsätzlich nicht am Maßstab der im Grundgesetz verankerten Grundrechte zu messen. Nach Art. 23 Abs. 1 S. 1 GG wirkt die Bundesrepublik Deutschland an der Gründung und Fortentwicklung der Europäischen Union mit. Für den Erfolg der Union ist die einheitliche Geltung ihres Rechts von zentraler Bedeutung. Als Rechtsgemeinschaft von derzeit 28 Mitgliedstaaten könnte sie nicht bestehen, wenn die einheitliche Geltung und Wirksamkeit ihres Rechts nicht gewährleistet wäre.[405] Art. 23 Abs. 1 GG enthält insoweit auch ein Wirksamkeits- und Durchsetzungsversprechen für das unionale Recht. Mit der in Art. 23 Abs. 1 S. 2 GG enthaltenen Ermächtigung, Hoheitsrechte

---
[405] EuGH Slg. 1964, 1251, 1269 f. *Costa/ENEL*.

auf die Union zu übertragen, billigt das Grundgesetz die im Zustimmungsgesetz zu den Verträgen enthaltene Einräumung eines Anwendungsvorrangs zugunsten des Unionsrechts. Der Anwendungsvorrang des Unionsrechts vor nationalem Recht gilt grundsätzlich auch mit Blick auf entgegenstehendes nationales Verfassungsrecht und führt grundsätzlich dazu, dass die nationalen Grundrechte unanwendbar sind.

II. Der Anwendungsvorrang reicht jedoch nur soweit, wie das Grundgesetz und das Zustimmungsgesetz zu den Europäischen Verträgen die Übertragung von Hoheitsrechten erlauben oder vorsehen. Im Einzelfall ist dementsprechend auch eine **Durchbrechung des Anwendungsvorrangs** denkbar. 401

1. Der Anwendungsvorrang wird durch die in Art. 23 Abs. 1 S. 3 i.V.m. Art. 79 Abs. 3 GG verfassungsänderungs- und integrationsfest ausgestaltete **Verfassungsidentität des Grundgesetzes** begrenzt. Soweit Maßnahmen eines Organs oder einer sonstigen Stelle der Union Auswirkungen zeitigen, welche die durch Art. 79 Abs. 3 GG i.V.m. den in Art. 1 und Art. 20 GG niedergelegten Grundsätzen geschützte Verfassungsidentität berühren, gehen sie über die grundgesetzlichen Grenzen offener Staatlichkeit hinaus. Auf einer primärrechtlichen Ermächtigung kann eine solche Maßnahme nicht beruhen, weil auch der mit der Mehrheit des Art. 23 Abs. 1 S. 3 GG i.V.m. Art. 79 Abs. 2 GG entscheidende Integrationsgesetzgeber der Europäischen Union keine Hoheitsrechte übertragen kann, mit deren Inanspruchnahme eine Berührung der von Art. 79 Abs. 3 GG geschützten Verfassungsidentität einherginge.[406] 402

2. Im Rahmen dieser sog. **Identitätskontrolle** ist zu prüfen, ob die durch Art. 79 Abs. 3 GG für unantastbar erklärten Grundsätze durch eine Maßnahme der Union oder ihrer Organe berührt werden.[407] Ist dies der Fall, wird der **Anwendungsvorrang des Unionsrechts** für den konkreten Fall **durchbrochen** und das betroffene Unionsrecht in Deutschland für unanwendbar erklärt. 403

Das BVerfG weist in diesem Zusammenhang darauf hin, dass die europarechtsfreundliche Anwendung von Art. 79 Abs. 3 GG zum Schutz der unionalen Rechtsordnung und bei Beachtung des in Art. 100 Abs. 1 GG zum Ausdruck kommenden Rechtsgedankens verlange, dass die Feststellung einer Verletzung der Verfassungsidentität dem BVerfG vorbehalten bleiben müsse. Nur so könne verhindert werden, dass sich deutsche Behörden und Gerichte ohne Weiteres über den grundsätzlichen Geltungsanspruch und Anwendungsvorrang des Unionsrechts hinwegsetzten. Damit besteht ein insoweit ein **Verwerfungsmonopol des BVerfG**.

Darüber hinaus legt das BVerfG wortreich und unter Verweis auf seine umfangreiche hierzu ergangene Rspr. dar, dass es in der Anerkennung von Ausnahmen für den Anwendungsvorrang weder einen Verstoß gegen den Grundsatz der loyalen Zusammenarbeit i.S.d. Art. 4 Abs. 3 EUV erblickt noch eine Gefahr für die einheitliche Anwendung des Unionsrechts sieht. Denn die Identitätskontrolle bleibe eng begrenzten Ausnahmefällen vorbehalten, da Art. 6 EUV i.V.m. der EU-Grundrechtecharta einen umfangreichen Schutz gewährleiste und die dem BVerfG vorbehaltenen Kontrollbefugnisse zurückhaltend und europarechtsfreundlich ausgeübt würden.[408]

---

406 BVerfG, Beschl. v. 15.12.2015 – 2 BvR 2735/14, RÜ 2016, 242, 244.
407 NJW 2009, 2267; NJW 2010, 3422; NJW 2011, 3428; NJW 2014, 907.
408 BVerfG NJW 2016, 1149, 1151.

404 a) Zu den Schutzgütern der in Art. 79 Abs. 3 GG niedergelegten Verfassungsidentität gehört die in **Art. 1 GG** niedergelegte Verpflichtung aller staatlichen Gewalt, die **Würde des Menschen zu achten und zu schützen**. Zu diesem Schutzbereich gehört auch der sog. **Schuldgrundsatz**. Danach ist eine staatlich verhängte Sanktion in Form einer Strafe für sozialethisches Fehlverhalten nur zulässig, wenn die **individuelle Vorwerfbarkeit festgestellt** worden ist.

Darüber hinaus lassen sich auch **Mindestgarantien von Beschuldigtenrechten im Strafprozess** aus der Menschenwürde i.V.m. dem Rechtsstaatsprinzip ableiten. Zu diesen Mindestgarantien gehört die Verpflichtung des Gerichts zur **Aufklärung des Sachverhalts**. Diese Aufklärungspflicht umfasst es gerade in den Verfahren über die Vollstreckung eines Europäischen Haftbefehls, Ermittlungen hinsichtlich der Rechtslage und der Praxis im ersuchenden Mitgliedstaat vorzunehmen, wenn der Betroffene hinreichende Anhaltspunkte für solche Ermittlungen dargelegt hat.

b) Fraglich ist, ob das OLG Düsseldorf in seiner Entscheidung den Schuldgrundsatz beachtet und seiner Sachverhaltsaufklärungspflicht nachgekommen ist.

405 aa) Die in Abwesenheit des Angeklagten erfolgte Verurteilung ist zur Feststellung der individuellen Vorwerfbarkeit nicht geeignet. Die Vollstreckung des Europäischen Haftbefehls darf deshalb nur erfolgen, soweit der Angeklagte und zwischenzeitlich Verurteilte die Gelegenheit hat, ein Rechtsmittel zu ergreifen, in dem der Sachverhalt und neue Beweismittel geprüft werden. Dies ist nach der zutreffenden Auffassung des A jedoch in Italien gerade nicht der Fall. Das OLG Düsseldorf hat deshalb den Schuldgrundsatz nicht ausreichend gewürdigt.

406 bb) Darüber hinaus hätte sich das OLG Düsseldorf angesichts des Vortrags des A nicht auf die Hinweise der italienischen Generalstaatsanwaltschaft verlassen dürfen, dass ein ausreichendes Rechtsmittelverfahren zur Verfügung stehe. Es hätte vielmehr selbst gestützt auf unabhängige Dritte oder eigene Nachforschungen ermitteln müssen, ob ein solches Rechtsmittelverfahren zur Verfügung steht und ob es den Anforderungen des Art. 1 Abs. 1 GG genügt. Mit der Entscheidung, die Vollstreckung des Europäischen Haftbefehls nicht aufzuheben, hat das OLG Düsseldorf folglich auch seine Verpflichtung zur Sachverhaltsaufklärung verletzt.

Da eine Rechtfertigung der Beeinträchtigung der vorstehenden Rechte nicht in Betracht kommt, hat das OLDG Düsseldorf die Menschenwürde des A verletzt.

407 3. Letztlich ist fraglich, ob das BVerfG vor der Verwerfung des Unionsrechts in diesem Fall den **Gerichtshof** im Rahmen eines **Vorabentscheidungsverfahrens** nach Art. 267 AEUV hätte beteiligen müssen. Grundsätzlich gebietet der Grundsatz der loyalen Zusammenarbeit sowie die europarechtsfreundliche Anwendung der Rspr. des BVerfG eine vorherige Befassung des Gerichtshofs, um dessen Verständnis der weiteren Entscheidung zugrunde zu legen, sofern diese überhaupt noch erforderlich ist. Allerdings ist eine Vorlage nach der sog. **acte-claire-Doktrin** des Gerichtshofs nicht erforderlich, wenn über die Auslegung oder Gültigkeit von Unionsrecht vernünftigerweise keine Zweifel bestehen können.[409] Der Rahmenbeschluss zum Europäischen Haftbefehl verpflichtet aus Sicht des BVerfG nicht dazu, diesen Haftbefehl ohne Prüfung auf seine Vereinbarkeit mit den aus Art. 1 Abs. 1 GG folgenden Anforderungen zu vollstrecken. Auch steht Unionsrecht der Aufklärungsverpflichtung nicht entgegen, da der Rahmenbeschluss selbst eine Verweigerung der Auslieferung zulasse, wenn eine neuerliche Beweisaufnahme im Falle eines in Abwesenheit Verurteilten nicht stattfindet. Damit ist die richtige Anwendung des Unionsrechts offensichtlich und eine vorherige Befassung des Gerichtshofs nicht erforderlich.[410]

Ergebnis: Die Verfassungsbeschwerde des A ist zulässig und begründet. Sie hat Erfolg.

Die Deutung der vorgenannten Entscheidung hat in der Lit. mitunter hohe Wellen geschlagen.[411] Dass es eine Identitätskontrolle für möglich erachtet, hatte das BVerfG zwar bereits in seiner Lissabon-Entscheidung angedeutet,[412] aber in dem vorliegenden Fall hat es **erstmalig die Verletzung der deutschen Verfassungsidentität** durch einen unionsrechtlich determinierten Akt **bejaht**. Der Auffassung, das BVerfG habe damit die Solange-Rechtsprechung teilweise aufgegeben[413] wird man sich aber ebenso wenig anschließen können wie der Ansicht, die Identitätskontrolle müsse als „Solange-III-Entscheidung" bezeichnet werden.[414] Vielmehr ordnet sich die Entscheidung in die bereits angedeutete Entwicklung ein und konturiert die Bedingungen, unter denen das BVerfG dem Unionsrecht Anwendungsvorrang einzuräumen gedenkt: Das Unionsrecht verdrängt die nationale Verfassung und damit die Grundrechte, solange auf Unionsebene ein Grundrechtsschutz gewährleistet wird, der demjenigen des Grundgesetzes entspricht, kein ultra-vires-Akt gegeben ist und keine Verletzung der integrationsfesten Verfassungsidentität des Grundgesetzes festgestellt werden kann.[415]

408

D. Konsequenz: grundsätzlicher Anwendungsvorrang

Innerhalb der genannten Grenzen erkennt das BVerfG den Anwendungsvorrang des Unionsrechts vor der deutschen Verfassung an. Für die Fachgerichte bedeutet dies indes nicht, jeden Kollisionsfall zwischen nationalem Recht und Unionsrecht dem Gerichtshof zur Klärung vorlegen zu müssen. Vielmehr hat der Anwendungsvorrang des Unionsrechts die Erweiterung der **Auslegungsmethoden** zur Folge: Neben der Auslegung einer nationalen Vorschrift nach den gängigen Methoden (Wortlaut, Entstehungsgeschichte, Systematik, Sinn und Zweck) und der verfassungskonformen Auslegung kommt nunmehr die **unionsrechtskonforme Auslegung** hinzu. Nationales Recht kann

409

---

409 EuGH NJW 1983, 1257 Rn. 16 ff. *C.I.L.F.I.T.*; vgl. auch EuZW 2016, 111 *Ferreira da Silva e Brito u.a.*; Streinz JuS 2016, 472.
410 BVerfG, Beschl. v. 15.12.2015 – 2 BvR 2735/14, RÜ 2016, 242, 246.
411 Generell kritisch Schwerdtfeger EuR 2015, 290; vgl. auch Sauer NJW 2016, 1134; Sachs JuS 2016, 373; Eßlinger/Herzmann JA 2016, 852; Eifert/Gerberding JA 2016, 628.
412 BVerfG NJW 2009, 2267.
413 So Sauer NJW 2016, 1134.
414 In diese Richtung Eßlinger/Herzmann JA 2016, 852.
415 Vgl. Michels JA 2012, 515 und Sauer EuZW 2011, 94, die von einer „dreidimensionalen Reservekompetenz" sprechen.

also selbst im Falle der Unvereinbarkeit mit Unionsrecht weiterhin angewendet werden, wenn es so ausgelegt und angewendet werden kann, dass es mit den Vorgaben des Unionsrechts (wieder) vereinbar ist.

410 Als spezielle Ausprägung für den Bereich des nationalen Rechts, der durch Unionsrecht in Form von Richtlinien determiniert ist oder das zumindest in den Anwendungsbereich der Richtlinie fällt, hat sich das **Gebot der richtlinienkonformen Auslegung** herausgebildet.[416] Sie gilt mit Ablauf der Umsetzungsfrist der jeweiligen Richtlinie und verpflichtet alle Träger öffentlicher Gewalt im Rahmen ihrer Zuständigkeit.

5. Abschnitt: Grundfreiheiten

411 *Hinweis: Die Grundfreiheiten gehören seit jeher zu dem Examensthema schlechthin. Sie eignen sich sowohl als Klausuraufgabe als auch als Thema für die mündliche Prüfung, da in ihrem Zusammenhang viele – insbesondere dogmatische – Fragen umstritten sind. Gerade für die mündliche Prüfung sollten Sie zusätzlich grundlegende Fragen rund um die Bedeutung und die Aufgabe der Grundfreiheiten beherrschen.*

A. Grundlagen

I. Bedeutung der Grundfreiheiten

412 Die Grundfreiheiten sichern und garantieren den **freien Binnenmarkt**. Dieser ist nach Art. 3 Abs. 3 EUV eines der zentralen Aufgaben und Ziele der Union, dass sich aus der Entstehungsgeschichte der Union speist. Schließlich wurde die Union ursprünglich gegründet, um die wirtschaftliche Zusammenarbeit der europäischen Staaten zu fördern. Der Binnenmarkt beschreibt dabei den Markt innerhalb der Außengrenzen der Union, also den Markt zwischen den Mitgliedstaaten. Das Ziel aus Art. 3 Abs. 3 EUV ist erreicht, wenn alle Hemmnisse im Binnenhandel beseitigt und alle nationalen Märkte zu einem einheitlichen Markt verschmolzen sind.[417] Diese Zielvorstellung greift auch die Legaldefinition des Binnenmarktes in Art. 26 Abs. 2 AEUV auf. Danach umfasst der Binnenmarkt einen Raum ohne Binnengrenzen, in dem der freie Verkehr von Waren, Personen, Dienstleistungen und Kapital gemäß den Bestimmungen der Verträge gewährleistet ist.

413 Auch wenn sich die Mitgliedstaaten zur Verfolgung dieses Ziels verpflichtet haben und es seinen Niederschlag im europäischen Primärrecht gefunden hat, stehen die wirtschaftlichen Interessen der Mitgliedstaaten mitunter entgegen. Durch den freien Binnenmarkt wird ein Standortwettbewerb über die Grenzen der Mitgliedstaaten hinaus heraufbeschworen,[418] der sich zwar in Form von sinkenden Preisen und erhöhtem Wettbewerb positiv für die Bürger in den einzelnen Mitgliedstaaten auswirken, aber zugleich negative Auswirkungen auf die Mitgliedstaaten selbst haben kann. Grenzüberschreitender Wettbewerb kann dazu führen, dass ein nationaler Warenanbieter sich nicht durchsetzen kann und vom Markt verschwindet. Hierdurch entfallen wiederum Steuereinnahmen und Arbeitsplätze.

---

[416] EuGH NJW 1984, 2021 *Colson und Kamann*; NJW 1994, 2473 *Faccini Dori*; Kühling JuS 2014, 481.
[417] Vgl. EuGH NJW 1983, 1252 *Gaston Schul Douane Expediteur BV*.
[418] Vgl. Haratsch/Koenig/Pechstein Rn. 824.

Um den freien Binnenmarkt gegen die mitgliedstaatliche Einflussnahme abzusichern, schreibt der AEUV in den Art. 34–63 AEUV die **Grundfreiheiten** fest. Diese sind Bestandteil des **unmittelbar wirkenden Primärrechts** und enthalten **subjektive Rechte** der Unionsbürger[419] sowie ggf. auch der in der Union ansässigen Personenmehrheiten und juristischen Personen, mithilfe derer sie sich gegen mitgliedstaatliche Einflussnahmen wehren können. Diese Funktion wird als **negative Integration** bezeichnet. Die Aktivierung der Grundfreiheiten dient der **Beseitigung nationaler Handelshemmnisse**. Die Grundfreiheiten schaffen somit Märkte, gestalten diese aber nicht aktiv aus.[420] Diese Aufgabe ist der **aktiven Integration** vorbehalten. Hiermit wird die aktiv gestaltende Politik der Harmonisierung bzw. Koordinierung bezeichnet, die den Binnenmarkt durch Maßnahmen der Rechtsetzung verwirklicht.[421] Hierzu haben die Organe der Union mit den Art. 114 ff. AEUV die Kompetenz, **Harmonisierungsmaßnahmen** in Form von Richtlinien, Verordnungen oder anderen Rechtsakten zu erlassen.

414

Garantiert werden zur Absicherung des Binnenmarktes:

Grundfreiheiten nach Art. 26 Abs. 2 AEUV
- Freier Warenverkehr, Art. 34–37 AEUV
- Arbeitnehmerfreizügigkeit, Art. 45–48 AEUV
- Niederlassungsfreiheit, Art. 49–55 AEUV
- Dienstleistungsfreiheit, Art. 56–62 AEUV
- Kapital- und Zahlungsverkehrsfreiheit, Art. 63 AEUV

II. Abgrenzung zu den EU-Grundrechten

Die Gewährleistungen aus Art. 26 Abs. 2, Art. 34 ff. AEUV werden als **Grundfreiheiten** und **nicht als Grundrechte** bezeichnet. Diese unterschiedliche Terminologie ist nicht willkürlich gewählt, sondern aufgrund der unterschiedlichen Adressaten und der unterschiedlichen Zielrichtung erforderlich (dazu ausführlich bei Rn. 586). Die Grundfreiheiten richten sich an die Mitgliedstaaten und enthalten zugleich subjektive Rechte, auf die sich die Unionsbürger zur Durchsetzung des Binnenmarktes berufen können.

415

B. Prüfungsaufbau

Auch wenn die Grundfreiheiten anders bezeichnet werden, hat sich – insbesondere in der Lit.[422] – ein weitgehend einheitlicher **Prüfungsaufbau** durchgesetzt (sog. **Konvergenz der Grundfreiheiten**).

416

---

419 EuGH NJW 1963, 974 *van Gend und Loos*; Cremer JA 2015, 39, 40.
420 Kingreen in: Calliess/Ruffert, Art. 34–36 AEUV Rn. 2 m.w.N.
421 Kingreen in: Calliess/Ruffert, Art. 34–36 AEUV Rn. 2.
422 In der Rspr. des Gerichtshofs findet sich kein einheitlicher Aufbau, so Kingreen in: Calliess/Ruffert, Art. 34–36 AEUV Rn. 28.

Aufbauschema Grundfreiheiten

I. Anwendbarkeit der Grundfreiheiten (nur bei Bedarf ansprechen)

1. Keine vorrangigen Sondervorschriften (z.B. Art. 38 ff. AEUV ggü. Art. 34 AEUV)
2. Keine Harmonisierungsmaßnahme, Art. 114 ff. AEUV

II. Schutzbereich

1. Sachlicher Schutzbereich: Kernbegriff je nach Grundfreiheit
2. Persönlicher Schutzbereich: Unionsbürger, ggf. zusätzliche Voraussetzungen
3. Räumlicher Schutzbereich: grenzüberschreitender Bezug

III. Eingriff

Diskriminierung, Beschränkung, Eingriff durch Unterlassen oder grundfreiheitsspezifischer Eingriffsbegriff

IV. Rechtfertigung

1. Ggf. Bereichsausnahmen
2. Geschriebene Einschränkungsmöglichkeiten („Schranken")
3. Ungeschriebene Einschränkungsmöglichkeiten („immanente Schranken")
4. Unionsrechtskonforme Konkretisierung, Beachtung z.B. der Verhältnismäßigkeit („Schranken-Schranken")

Klausurhinweis: *Dabei sollten Sie dringend der Versuchung widerstehen, die Definitionen aus dem deutschen Recht ungeprüft zu übernehmen! Denn die Prüfung der Grundfreiheiten orientiert sich trotz identischer Prüfungsschritte an* **europäischen Definitionen***!*

I. Anwendbarkeit

417 Innerhalb der Grundfreiheiten existiert mitunter ein **Spezialitätsverhältnis**: Während Art. 34 AEUV den freien Verkehr aller Waren gestattet, gelten die Vorschriften der Art. 38 ff. AEUV ausschließlich für Waren, die als landwirtschaftliche Erzeugnisse entstanden sind. Soweit diese besonderen Waren betroffen sind, wird Art. 34 AEUV verdrängt.

418 Zudem kann die Union gestützt auf die Art. 114 ff. AEUV **Harmonisierungsmaßnahmen** erlassen. Gestützt auf diese Ermächtigungsnormen kann die Union sich aller Rechtsformen des Art. 288 AEUV bedienen,[423] um die nationalen Rechtsordnungen im Hinblick auf das Funktionieren des Binnenmarktes anzugleichen und Hemmnisse sowie Hindernisse abzubauen. Damit versetzt es die Unionsorgane in die Lage, das von Art. 26 Abs. 1 AEUV in den Blick genommene Ziel (Funktionieren des Binnenmarktes) zu verfolgen. Der Rechtsakt muss deshalb eine Verbesserung mit Blick auf den Binnenmarkt bewirken wollen, indem er Marktzugangsbeschränkungen beseitigt, Marktzugangsbedingungen verbessert oder Wettbewerbsbedingungen auf dem Binnenmarkt angleicht.[424]

---

[423] Tietje in: Grabitz/Hilf/Nettesheim, Art. 114 AEUV Rn. 115; vgl. Geber JuS 2014, 20.
[424] Classen in: von der Groeben/Schwarze, Hatje, Art. 114 AEUV Rn. 69; vgl. auch EuGH EuZW 2009, 212 *Irland/Kommission*.

Soweit abschließende Harmonisierungsmaßnahmen getroffen worden sind, ist allein der durch sie gezogene Rahmen der zulässigen Beschränkungen maßgeblich.[425]

Klausurhinweis: *Ausführungen zur Frage der Anwendbarkeit der Grundfreiheit sollten Sie nur machen, sofern diese geboten sind – entweder weil eine Partei im Sachverhalt die Anwendbarkeit explizit rügt oder weil vorrangige Spezialregelungen oder eine Harmonisierungsmaßnahme in Betracht kommt. Ist die Anwendbarkeit der Grundfreiheiten unproblematisch gegeben, können Sie diesen Punkt völlig unerwähnt lassen.*

II. Schutzbereich

- Der **sachliche Schutzbereich** kann nur grundfreiheitsspezifisch bestimmt werden. Hierbei müssen Sie sich an dem in der jeweiligen Grundfreiheit vorgeschriebenen Leit- oder **Kernbegriff** orientieren (Ware, Dienstleistung, etc.). Über den sachlichen Schutzbereich werden die einzelnen Grundfreiheiten voneinander abgegrenzt.[426]   419

- Der **persönliche Schutzbereich** gibt Antwort auf die Frage, wer sich auf die jeweilige Grundfreiheit berufen kann. Grundsätzlich beinhalten die Grundfreiheiten subjektive Rechte für die **Unionsbürger**, sodass sich alle Staatsangehörigen der Mitgliedstaaten auf die Grundfreiheiten berufen können. Besonderer Erwähnung bedarf der persönliche Schutzbereich nur für den Fall, dass sich eine **Personenmehrheit** oder **juristische Person** auf die Grundfreiheiten beruft. Art. 54 ggf. i.V.m. Art. 62 AEUV beinhalten Sonderregelungen für die Niederlassungs- und Dienstleistungsfreiheit. Auch wenn eine ausdrückliche Regelung im AEUV fehlt, ist die Grundfreiheitsberechtigung juristischer Personen auch für die Waren-, Kapital- und Zahlungsverkehrsfreiheit anerkannt.[427] Wenngleich nicht ohne Kritik, hat der Gerichtshof in einem Fall sogar die Arbeitnehmerfreizügigkeit auf eine juristische Person angewendet.[428]   420

- Der **räumliche Schutzbereich** erfordert einen **grenzüberschreitenden Bezug**. Dies hängt mit der Funktion der Grundfreiheiten zusammen: Sie sollen den Binnenmarkt ermöglichen und sichern, nicht aber die rein nationalen Märkte. Deshalb ist der Schutzbereich für rein innerstaatliche Sachverhalte nicht eröffnet.[429]   421

    Hinsichtlich des grenzüberschreitenden Bezuges ist jedoch streitig, ob und an welcher Stelle er zu prüfen ist. Von einem Teil der Lit. wird der grenzüberschreitende Bezug nicht (mehr) als positive Voraussetzung für die Grundfreiheiten angesehen. Hierbei bezieht sich dieser Teil der Lit. auf die Rspr. des Gerichtshofs, nach der es für die Anwendbarkeit der Grundfreiheiten genügt, dass hypothetisch auch Ausländer/ausländische Sachverhalte betroffen sein können.[430] Dabei wird allerdings übersehen, dass auch ein hypothetischer grenzüberschreitender Bezug ein grenzüberschreitender Bezug ist. Deshalb verlangt die h.M. unter Verweis auf die Aufgaben der Grundfreiheiten einen solchen grenzüberschreitenden Bezug. Innerhalb der h.M. ist der **Prüfungsstandort** umstritten. Teilweise wird die Prüfung vor den Schutzbereich als Anwendungsvoraussetzung gezogen,[431] teilweise wird

---

425 St. Rspr., EuGH EuZW 2005, 49 *Deutschland/Kommission*; Urt. v. 14.03.2013 – C-216/11 *Kommission/Frankreich*; Leible/T. Streinz in: Grabitz/Hilf/Nettesheim, Art. 34 AEUV Rn. 42 m.w.N.
426 Kingreen in: Calliess/Ruffert, Art. 34-36 AEUV Rn. 29; Cremer JA 2015, 39, 44.
427 Kingreen in: Calliess/Ruffert, Art. 34-36 AEUV Rn. 34; Cremer JA 2015, 39, 44.
428 EuGH NZG 1998, 809 *Clean Car Autoservice*; kritisch dazu Kingreen in: Calliess/Ruffert, Art. 34-36 AEUV Rn. 34.
429 EuGH NJW 1985, 540 *Moser*; vgl. auch Haratsch/Koenig/Pechstein Rn. 830; Oppermann/Classen/Nettesheim, § 22 Rn. 10.
430 Kingreen in: Calliess/Ruffert, Art. 34-36 AEUV Rn. 16; Papadileris JuS 2011, 123, 125; unter Berufung auf EuGH NVwZ 2012, 1162 *SIA Garkalns/Rigas dome*; EuZW 2013, 507 *Libert*.
431 So Cremer Jura 2015, 39, 43.

er als Bestandteil des sachlichen Schutzbereichs angesehen[432] oder er wird – wie hier – als eigenständiger Prüfungspunkt innerhalb des Schutzbereiches angesprochen.[433]

III. Eingriff

422 Wie der Eingriffsbegriff zu bestimmen ist, hängt von drei Faktoren ab: den besonderen Voraussetzungen, welche die Grundfreiheit selbst an den Eingriff stellt, dem Adressaten der Grundfreiheit und die Schutzfunktion der jeweiligen Grundfreiheit.

Auch hier ist die Terminologie in der Lit. nicht einheitlich: Zum Teil wird dieser Prüfungspunkt als „Eingriff" bezeichnet,[434] teilweise findet sich die Bezeichnung „Beeinträchtigung".[435]

1. Grundfreiheitsspezifische Anforderungen

423 Einige Grundfreiheiten enthalten in ihrem Wortlaut spezifische Anforderungen, ab wann oder in welcher Form eine Beeinträchtigung der geschützten Grundfreiheit vorliegen muss, um Eingriffsqualität zu besitzen (z.B. „mengenmäßige Einfuhrbeschränkungen" bzw. „Maßnahmen gleicher Wirkung" in Art. 34 AEUV). In diesem Fall müssen Sie Ihre Definition ausschließlich an dem dort gewählten Eingriffsbegriff orientieren und auf allgemeine Ausführungen verzichten.

2. Adressaten

424 **Adressaten** und damit Verpflichtete der Grundfreiheiten sind in erster Linie die **Mitgliedstaaten** selbst. Dies folgt nicht aus einer ausdrücklichen, mit Art. 1 Abs. 3 GG vergleichbaren Vorschrift im AEUV, sondern aus systematischen und teleologischen Erwägungen. Denn der gemeinsame Binnenmarkt lässt sich als Ziel nur erreichen, wenn die Mitgliedstaaten an seiner Verwirklichung mitwirken und die Grundlagen des Binnenmarktes verletzende oder beeinträchtigende Maßnahmen unterlassen.

425 Die Mitgliedstaaten können sich der Bindung an die Grundfreiheiten nicht dadurch entziehen, dass sie **von ihnen beherrschte juristische Personen des Zivilrechts** mit der Aufgabenwahrnehmung betrauen. Art. 106 Abs. 1 AEUV bestimmt, dass diese Unternehmen das Diskriminierungsverbot aus Art. 18 AEUV zu beachten haben. Die Norm wird dahingehend ausgelegt, dass auch die Grundfreiheiten als spezielle Ausprägungen des Diskriminierungsverbotes von den juristischen Personen zu beachten sind. Auch für die Grundfreiheiten gilt deshalb: **Keine Flucht ins Privatrecht!**[436]

426 Der Gerichtshof erkennt darüber hinaus – wenngleich nicht nur mit zustimmendem Echo in der Lit. – auch die **Bindung der Union und ihrer Organe** an die Grundfreiheiten an.[437] Wird eine Grundfreiheit ausdrücklich gegen Unionsorgane geltend gemacht, sind Ausführungen zu der Bindungswirkung unumgänglich. Die ausführlichste Darstel-

---

432 So Haratsch/Koenig/Pechstein Rn. 853.
433 In diese Richtung Oppermann/Classen/Nettesheim, § 22 Rn. 10.
434 Haratsch/Koenig/Pechstein Rn. 832; Cremer Jura 2015, 39, 47.
435 Kingreen in: Calliess/Ruffert, Art. 34-36 AEUV Rn. 35; Oppermann/Classen/Nettesheim, § 22 Rn. 10.
436 Wernicke in: Grabitz/Hilf/Nettesheim, Art. 106 AEUV Rn. 8; vgl. auch BVerfG, Beschl. v. 19.07.2016 – 2 BvR 470/08, RÜ 2016, 726; EuGH EuZW 2000, 468 Rn. 30 ff. *Angonese*.
437 EuGH EuZW 2001, 663 Rn. 36 f. *Schwarzkopf*, dazu Streinz JuS 2002, 285; Slg. 1994, I-317 Rn. 12 *Clinique*; Slg. 1992, I-3669 Rn. 26 *Delhaize*; Tietje in: Grabitz/Hilf/Nettesheim, Art. 114 AEUV Rn. 48 m.w.N.

lung ist in der Klausur erforderlich, wenn sich eine Partei auf eine **unmittelbare Drittwirkung** der Grundfreiheiten, also ihre Geltung in Rechtsverhältnissen zwischen Privatrechtssubjekten für sich reklamiert. Dies ist für einige, wenngleich nicht für alle Grundfreiheiten anerkannt.[438]

3. Schutzfunktionen der Grundfreiheiten

Der Eingriffsbegriff lässt sich im Hinblick auf die **Schutzfunktionen der Grundfreiheiten** spezifizieren: Er kommt vor in Form von Diskriminierungen, (nichtdiskriminierenden) Beschränkungen und Unterlassen von Schutzmaßnahmen.[439]   427

a) Diskriminierungen

Berücksichtigt man die negative Integrationsfunktion der Grundfreiheiten (s.o. Rn. 414), wird deutlich, dass sich die Grundfreiheiten als **bereichsspezifische Konkretisierung des allgemeinen Diskriminierungsverbotes** aus Art. 18 AEUV darstellen. Deshalb liegt ein Eingriff in den Schutzbereich der Grundfreiheiten insbesondere dann vor, wenn Unionsbürger wegen ihrer Staatsangehörigkeit bzw. Waren und Kapital wegen ihrer Herkunft durch Maßnahmen gegenüber Inländern bzw. inländischen Waren und Kapital benachteiligt werden.[440]   428

In der Rspr. des Gerichtshofs und der Lit. wird weiter zwischen unterschiedlichen Formen der Diskriminierung unterschieden: Eine **offene (oder unmittelbare) Diskriminierung** liegt vor, wenn die nationale Norm die Staatsangehörigkeit bzw. die Herkunft als ausschlaggebendes Kriterium für nachteilige Rechtsfolgen anführt.[441] Eine **versteckte (oder mittelbare) Diskriminierung** ist hingegen gegeben, wenn nationale Vorschriften zwar auf andere Unterscheidungsmerkmale abstellen, aber diese i.d.R. nur durch EU-Ausländer erfüllt werden (z.B. Wohnsitz, Sprachkenntnisse o.Ä.) und sie damit zu einem der offenen Diskriminierung vergleichbaren Ergebnis führen.[442]   429

Die Definitionen der offenen und versteckten Diskriminierung werden teilweise an die spezifischen Erfordernisse der jeweiligen Grundfreiheit angepasst, stellen aber lediglich geringfügige Variationen der vorgenannten Begriffsbestimmungen dar (siehe dazu unten bei den einzelnen Grundfreiheiten).

b) Beschränkungen

Die Auslegung der Grundfreiheiten als (reines) Diskriminierungsverbot führten indes dazu, dass ihr Anwendungsbereich eher klein blieb. Viele staatliche Beeinträchtigungen der grundfreiheitlich geschützten Betätigungen hatten nach diesem Verständnis keine Eingriffsqualität und waren deshalb ohne Rechtfertigung zulässig. Der Gerichtshof erweiterte deshalb sein Begriffsverständnis des Eingriffs, um auch andere Beeinträchtigungen zu erfassen. Dieses weite Begriffsverständnis wurde in der sog. **Dassonville-**   430

---

[438] EuGH NJW 1988, 3082, Rn. 11 *Bayer/Süllhöfer;* EuZW 2012, 797 *Fra.bo;* m. Anm. Streinz JuS 2013, 182; Ludwigs/Weidemann Jura 2014, 152, 159 ff.; Schweitzer EuZW 2012, 765, 767 f.; Schmahl/Jung NVwZ 2013, 607, 610 ff.
[439] Mit dieser Einteilung auch Cremer Jura 2015, 39, 47 ff.
[440] Haratsch/Koenig/Pechstein Rn. 836.
[441] EuGH NVwZ 1994, 989 Rn. 6 *Scholz*; Haratsch/Koenig/Pechstein Rn. 836; Herdegen § 16 Rn. 6; Streinz Rn. 798.
[442] EuGH Slg. 1974, 153 Rn. 11 *Sotgiu*; Slg. 1996, I-2617 Rn. 17 *O'Flynn*; Hratsch/Koenig/Pechstein Rn. 836.

Formel zur Warenverkehrsfreiheit entwickelt: Danach liegt ein Eingriff in Form einer **Beschränkung** in jeder Maßnahme oder Regelung, die geeignet ist, den Warenverkehr unmittelbar oder mittelbar, tatsächlich oder potenziell zu behindern.[443] Diese Formel wurde vom Gerichtshof auf die übrigen Grundfreiheiten[444] mit den erforderlichen Anpassungen erweitert (siehe ausführlich unten), auch wenn dies in der Lit. kritisiert wurde.[445]

c) Unterlassen von Schutzmaßnahmen

431 Aber nicht nur in der aktiven Beeinträchtigung der Schutzbereiche der Grundfreiheiten können Eingriffe liegen, sondern nach der Rspr. des Gerichtshofs sind auch **Eingriffe durch Unterlassen** denkbar. Denn die Grundfreiheiten beinhalten neben der **Abwehrfunktion** auch einen **Anspruch auf staatlichen Schutz** und somit eine **Schutzfunktion**. Die Unionsbürger haben gegen die Mitgliedstaaten der Union einen Anspruch darauf, dass diese Maßnahmen ergreifen, um Behinderungen des freien Warenverkehrs zu unterbinden.[446] Kommen die Mitgliedstaaten dieser Verpflichtung nicht nach, liegt ein Eingriff durch Unterlassen vor. Bislang ist diese Eingriffsart vom Gerichtshof ausschließlich für die Warenverkehrsfreiheit anerkannt.

IV. Rechtfertigung

432 Liegt ein Eingriff in den Schutzbereich vor, sagt dies noch nichts über eine Verletzung der Grundfreiheit aus. Eine Grundfreiheitsverletzung liegt vielmehr erst dann vor, wenn der Eingriff in den Schutzbereich **nicht gerechtfertigt** ist.

1. Ausdrückliche Rechtfertigungsgründe

433 Der AEUV enthält **ausdrückliche Rechtfertigungsgründe**, welche die Voraussetzungen festlegen, unter denen die Mitgliedstaaten die Grundfreiheiten beeinträchtigende Regelungen treffen dürfen. Sie fungieren als **Einschränkungsmöglichkeiten**, die der Konkretisierung durch nationale Gesetze oder Maßnahmen bedürfen.

Diese Terminologie sollte Ihnen aus der deutschen Grundrechtsdogmatik[447] bekannt sein, weshalb die Rechtfertigungsgründe des AEUV teilweise ebenfalls als „Schranken" bezeichnet werden.[448]

Die ausdrücklich normierten Rechtfertigungsgründe sind grundfreiheitsspezifisch in jeweils einem besonderen Artikel des AEUV normiert (z.B. in Art. 36 AEUV für die Warenverkehrsfreiheit aus Art. 34 AEUV). Die Einzelheiten werden deshalb bei den einzelnen Grundfreiheiten dargestellt. Allgemein lässt sich jedoch festhalten, dass der Gerichtshof die Rechtfertigungsgründe generell **eng auslegt**. Es sollen nur die Eingriffe gerechtfertigt werden, die unbedingt erforderlich sind.[449]

---

443 EuGH Slg. 1974, 837 Rn. 5 *Dassonville*.
444 Dienstleistungsfreiheit: EuGH Slg. 1974, 1299 Rn. 10 ff. *van Binsbergen*; Personenfreiheiten: EuGH Slg. 1993, I-1663 Rn. 16 ff. *Kraus*; Slg. 1995, I-4165 Rn. 34 ff. *Gebhard*; NJW 1996, 505 Rn. 92 ff. *Bosman*.
445 Kritisch Kingreen in: Calliess/Ruffert, Art. 34-36 Rn. 57 ff. m.w. N.
446 EuGH NJW 1998, 1931 Rn. 31 *Kommission/Frankreich*; EuZW 2003, 592 Rn. 62 *Schmidberger*; dazu Streinz JuS 2004, 429.
447 Vgl. dazu AS-Skript Grundrechte (2015), Rn. 51 ff.
448 So beispielsweise bei Haratsch/Koenig/Pechstein Rn. 841.
449 Vgl. EuGH EuZW 2003, 655 Rn. 89 *Jaeger*; Cremer Jura 2015, 39, 52.

2. Ungeschriebene Rechtfertigungsgründe

Dieses enge Verständnis hat es erforderlich gemacht, auch **ungeschriebene Rechtfertigungsgründe** anzuerkennen. Deshalb erkennt der Gerichtshof eine Rechtfertigung aus **zwingenden Erfordernissen**[450] bzw. **zwingenden Gründen des Allgemeininteresses**[451] an. Diese unbestimmten Rechtsbegriffe hat der Gerichtshof in seiner Rspr. durch einzelne Anwendungsfälle bzw. Fallgruppen konkretisiert. Diese sind jedoch nicht abschließend, sondern unterliegen der kontinuierlichen Weiterentwicklung.

434

Beispiele: Lauterkeit des Handelsverkehrs, Wirksamkeit einer steuerlichen Kontrolle, Schutz der öffentlichen Gesundheit, Verbraucherschutz, Umweltschutz, Kulturpolitik, Aufrechterhaltung der Medienvielfalt, Schutz von Arbeitnehmern, Verkehrssicherheit.[452]

Klausurhinweis: *In einer Klausur sollten Sie sich nicht an der Weiterentwicklung beteiligen, sondern ausschließlich auf bereits anerkannte Ausprägungen zurückgreifen! Achten Sie besonders auf den Sachverhalt: Der eingreifende Hoheitsträger wird i.d.R. etwas zur Rechtfertigung seines Eingriffs vortragen und dabei Hinweise auf die einschlägige Fallgruppe geben.*

Um die ungeschriebenen Rechtfertigungsgründe rankt sich ein **Dogmatik- bzw. Aufbaustreit**. Der Gerichtshof hat zwar die zwingenden Gründe des Allgemeininteresses ins Spiel gebracht, um eine Verletzung der betroffenen Grundfreiheit verneinen zu können. Allerdings prüft er sie im Rahmen des Schutzbereichs bzw. des Eingriffs als eine Art **tatbestandsimmanente Schranke**. Greifen zwingende Gründe des Allgemeininteresses ein, ist danach bereits der Eingriff in den Schutzbereich zu verneinen. Die Lit. ordnet die zwingenden Gründe des Allgemeininteresses hingegen als ungeschriebene Rechtfertigungsgründe ein.[453] Dies erscheint auch konsequent: Die zwingenden Gründe des Allgemeininteresses spielen nur dort eine Rolle, wo eine Rechtfertigung kraft der geschriebenen Rechtfertigungsgründe ausscheidet. Zum Teil stellt der Gerichtshof die zwingenden Gründe des Gemeinwohls inzwischen aufbautechnisch ebenfalls neben die Rechtfertigungsgründe des Art. 36 AEUV.[454]

435

3. EU-Grundrechtecharta

Über die genannten geschriebenen und ungeschriebenen Rechtfertigungsgründe hinaus hat der Gerichtshof auch auf die **EU-Grundrechte** als Schranke zurückgegriffen. Aus ihnen folge, dass in der Union keine Maßnahmen als rechtens anerkannt werden könnten, die mit der Beachtung der Grundrechte unvereinbar seien.[455] Da die Grundrechte nicht nur von der Union, sondern auch von den Mitgliedstaaten bei der Anwendung und Umsetzung von Unionsrecht zu beachten seien, erwachse eine Verpflichtung zum **Schutz** der Grundrechte. Dementsprechend ist ein Eingriff in die Grundfreiheiten gerechtfertigt, soweit er dem Schutz der EU-Grundrechte dient.

436

Allerdings wird auch in Bezug auf die Grundrechte schlussendlich nicht deutlich, an welcher Stelle der Gerichtshof sie einordnet. Teilweise bezeichnet er die EU-Grundrechte als „berechtigtes Interesse",[456] was für eine eigenständige Kategorie spricht. Gleichwohl ordnet er die EU-Grundrechte auch als Unterfall der öffentlichen Ordnung und damit als Teil der zwingenden Gründe des Allgemeininteresses

437

---

450 EuGH Slg. 1997, I-3689 Rn. 18 *Familiapress*; NJW 1979, 1766 Rn. 8 *Cassis de Dijon*.
451 EuGH NVwZ 2000, 303 Rn. 36 *Konle*; Urt. v. 24.07.2003 – C-208/00, EuR 2003, 1037 Rn. 92 *Überseering*.
452 So die Aufzählung bei Cremer Jura 2015, 39, 52.
453 Becker in: Schwarze, Art. 34 AEUV Rn. 108 f.; Haratsch/Koenig/Pechstein, Rn. 841; Cremer Jura 2015, 39, 53.
454 EuGH EuZW 2004, 600 Rn. 42 *Schreiber*; Urt. v. 24.11.2005 – C-366/04 Rn. 30 *Schwarz*; Leible/T. Streinz in: Grabitz/Hilf/Nettesheim, Art. 34 AEUV Rn. 108.
455 EuGH EuZW 1991, 507 *ERT*; EuZW 2014, 597 *Pfleger* m.Anm. Ogorek JA 2014, 954; EuGH Slg. 1997, I-2629 Rn. 14 *Kremzow*.
456 EuGH EuZW 2003, 592, 596 Rn. 74 *Schmidtberger*.

ein.[457] In letzterem Fall wären die EU-Grundrechte wiederum als tatbestandsimmanente Schranke, nach der hier vertretenen Auffassung als eigenständiger Rechtfertigungsgrund zu prüfen.

Auch die Lit. ist insoweit uneinheitlich. Zwar steht man der Einschränkung der Grundfreiheiten zum Schutze der EU-Grundrechte wie der Gerichtshof offen und positiv gegenüber, streitet aber über den Prüfungsstandort und damit die dogmatische Einordnung. Auch hier schwanken die Ansichten von einer Kategorie des zwingenden Interesses[458] bis zu einem eigenständigen Rechtfertigungsgrund.[459] Angesichts des Gleichlaufs mit den zwingenden Gründen des Allgemeininteresses und der herausragenden Bedeutung der Grundrechte erscheint es sachgerecht, den Schutz der EU-Grundrechte als **eigenständigen Rechtfertigungsgrund** anzusehen.

4. Schranken-Schranke: Verhältnismäßigkeit

438 Auch wenn die Grundfreiheiten eingeschränkt werden können, sind den Gesetzgebern bei der Rechtfertigung **Grenzen** gesetzt. Dies hat zur Folge, dass nicht jeder Eingriff gerechtfertigt werden kann. Die wichtigste Grenze markiert der **Grundsatz der Verhältnismäßigkeit**. Diesen hat die Union im Rahmen ihrer Zuständigkeit zu beachten (vgl. Art. 5 Abs. 1 S. 2 EUV), also auch bei der Ausgestaltung der Rechtfertigungsgründe. Eine Maßnahme ist danach verhältnismäßig, wenn ihre Anwendung geeignet ist, die Verwirklichung des mit ihr verfolgten Zwecks zu gewährleisten, und sie nicht über das hinausgeht, was zur Erreichung dieses Zwecks erforderlich ist.[460]

439 Auch wenn die Definition an diejenige der Verhältnismäßigkeit im deutschen Recht erinnert, kann die deutsche Verhältnismäßigkeits-Dogmatik nicht ohne Weiteres übertragen werden. Denn die Rspr. des Gerichtshofs zeigt, dass dieser abweichend vorgeht – und dabei letztlich auch nicht immer die letzte Konsequenz walten lässt.[461] Wie sich aus der obigen Definition bereits erahnen lässt, gliedert der Gerichtshof die Verhältnismäßigkeitsprüfung in **drei Schritte** auf: legitimer Zweck, Geeignetheit, Erforderlichkeit. Die Prüfung der „Angemessenheit" wird nicht als solche bezeichnet und taucht auch grundsätzlich nicht als eigenständiger Prüfungspunkt auf. Wichtige Aspekte, wie die Wichtigkeit des betroffenen Schutzgutes und die Intensität der konkreten Bedrohung oder die Besonderheiten des Einzelfalls fließen deshalb mit in die Prüfung der Erforderlichkeit ein.[462]

Klausurhinweis: Vermeiden Sie es deshalb, in der Klausur den Begriff „Angemessenheit" auch nur zu erwähnen! Dieser Begriff erweckt den Eindruck, dass Sie die deutsche Dogmatik derjenigen des Unionsrechts überstülpen oder sich jedenfalls nicht mit der europäischen Dogmatik vertraut gemacht haben.

C. Warenverkehrsfreiheit

440 Die **Warenverkehrsfreiheit** aus Art. 34 ff. AEUV erweist sich als **zentrale Garantie** des Binnenmarktes.

---

[457] EuGH NVwZ 2004, 1471, 1472 Rn. 36 *Omega*.
[458] Streinz Rn. 832.
[459] Haratsch/Koenig/Pechstein Rn. 842.
[460] EuGH NJW 1992, 2407 Rn. 29 f. *Ramrath*; NVwZ 1993, 661, 663 Rn. 32 *Kraus*.
[461] EuGH Slg. 1990, I-4023 Rn. 13 *FEDESA*; Slg. 1991, I-4151 Rn. 17 f. *Aragonesa*.
[462] Leible/T. Streinz in: Grabitz/Hilf/Nettesheim, Art. 34 AEUV Rn. 127.

Diese herausragende Stellung hat dazu geführt, dass die Dogmatik der Grundfreiheiten in der Rspr. des Gerichtshofs vorrangig an der Warenverkehrsfreiheit entwickelt und dann auf die übrigen Grundfreiheiten übertragen worden ist.[463]

Verwirklicht ist der Binnenmarkt bzgl. der sog. **Zollunion**. Den Mitgliedstaaten ist es nach Art. 28 Abs. 1, 30 AEUV untersagt, Einfuhr-, Ausfuhr- und Binnenzölle zu erheben. Ferner unterwerfen sich die Mitgliedstaaten einem gemeinsamen Zolltarif gegenüber Drittstaaten, aus denen Waren in den Binnenmarkt importiert werden. Dadurch umfasst die Union ein **einheitliches Zollgebiet mit einer gemeinsamen Außenzollgrenze**.[464]

441

Außerhalb der Zollunion prallen das Interesse der Union an einem Binnenmarkt mit völlig freiem Warenverkehr und die **nationalen wirtschaftlichen Interessen der Mitgliedstaaten** aufeinander (s.o. Rn. 413). Da die Mitgliedstaaten wegen Art. 34 AEUV den freien Import ausländischer Erzeugnisse in ihren Wirtschaftskreislauf dulden müssen, sind wirtschaftliche Nachteile denkbar. Die Warenverkehrsfreiheit soll verhindern, dass die Mitgliedstaaten Gegenaktivitäten zum Schutz ihrer Produzenten ergreifen.

442

I. Sachlicher Schutzbereich: Ware

Der Begriff der geschützten Ware wird **weit ausgelegt**: Waren i.S.d. Art. 28 Abs. 2 AEUV sind alle körperlichen Gegenstände, die einen Geldwert haben und Gegenstand rechtmäßiger Handelsgeschäfte sein können.[465] Ausgeschlossen sind Münzen, die gesetzliche Zahlungsmittel sind oder sich sonst im freien Verkehr befinden (z.B. Krügerrand);[466] für diese kommen Art. 63 ff. AEUV zur Anwendung.

443

Das weite Verständnis wird dadurch belegt, dass einige Gegenstände unter den Warenbegriff fallen, welche die Begriffsmerkmale nicht erfüllen.[467] **Beispiele:** Strom/Elektrizität (obwohl unkörperlich),[468] Abfall (obwohl nicht immer Geldwert vorhanden)[469]

Wie sich weiterhin dem Wortlaut des Art. 28 Abs. 2 AEUV entnehmen lässt, erstreckt sich der Schutz der Warenverkehrsfreiheit zum einen auf solche Waren, die **aus den Mitgliedstaaten stammen**, d.h. in diesen produziert werden, und zum anderen auf Waren **aus Drittländern**, die sich **in den Mitgliedstaaten im freien Verkehr** befinden. Letzteres ist der Fall, wenn für sie die in dem betreffenden Mitgliedstaat geltenden Einfuhrförmlichkeiten erfüllt und die vorgeschriebenen Zölle und Abgaben erhoben und weder ganz noch teilweise rückvergütet worden sind, Art. 29 AEUV.[470] Dementsprechend werden Waren durch Produktion oder Handel in dem Unionsgebiet zur EU-Ware.

444

Für die **Abgrenzung zur Dienstleistungsfreiheit** ist maßgebend, dass der freie Warenverkehr den Handel mit körperlichen Gegenständen umfasst, der freie Dienstleistungsverkehr hingegen die Vermittlung von Know-how zum Gegenstand hat.

445

---

463 Oppermann/Classen/Nettesheim § 22 Rn. 17.
464 Haratsch/Koenig/Pechstein Rn. 856.
465 EuGH Slg. 1968, 633 *Kommission/Italien*; Leible/T. Streinz in: Grabitz/Hilf/Nettesheim, Art. 34 Rn. 28; Oppermann/Classen/Nettesheim § 22 Rn. 18.
466 EuGH, Urt. v. 23.11.1978 – 7/78; Urt. v. 23.02.1995 – C-358/93.
467 Mit dieser Kritik auch Leible/T. Streinz in: Grabitz/Hilf/Nettesheim, Art. 34 Rn. 28.
468 EuGH Slg. 1994, I-1477 *Almelo*; Slg. 2001, I-2099 *Preussen Elektra*.
469 EuGH Slg. 1992, I-4431 Rn. 26 ff. *Kommission/Belgien*; Slg. 1995, I-563 Rn. 20 *Evans*.
470 Haratsch/Koenig/Pechstein Rn. 863.

II. Eingriff und Rechtfertigung

446 Zum Schutze des freien Warenverkehrs sind nach Art. 34, 35 AEUV **mengenmäßige Ein- und Ausfuhrbeschränkungen** von Waren untersagt. Gleiches gilt für **Maßnahmen, welche die gleiche Wirkung entfalten**. Damit soll sichergestellt werden, dass der Marktzugang für alle Produzenten, gleich in welchem Mitgliedstaat sie ansässig sind, gewährleistet ist. Nach Art. 36 S. 1 AEUV können solche Eingriffe allerdings aus den dort genannten Gründen **gerechtfertigt** werden. Die absolute Grenze bildet die willkürliche Diskriminierung bestimmter Waren oder die verschleierte Beschränkung des Handels zwischen den Mitgliedstaaten. Sie sind nach Art. 36 S. 2 AEUV absolut untersagt. Noch wichtiger sind die **ungeschriebenen Rechtfertigungsgründe**, die der Gerichtshof in seiner Rspr. entwickelt hat.

> **Fall 5: Deutsches Reinheitsgebot**
>
> Bei der Überprüfung nationaler Handelsvorschriften wird die EU-Kommission auf die §§ 9, 10 Biersteuergesetz (BStG) aufmerksam, nach denen nur solche Getränke in Deutschland unter der Bezeichnung „Bier" gehandelt und eingeführt werden dürfen, die ausschließlich aus Gerstenmalz, Hopfen, Hefe und Wasser hergestellt worden sind und somit dem deutschen Reinheitsgebot von 1516 entsprechen. Die Regelung hat zur Folge, dass auch in anderen Mitgliedstaaten hergestellte Getränke, die weitere Inhaltsstoffe enthalten, zwar in Deutschland verkauft, aber dabei nicht als „Bier" bezeichnet werden dürfen. Die EU-Kommission sieht hierin einen Verstoß gegen die Warenverkehrsfreiheit, weshalb sie ein Mahnschreiben an die Bundesrepublik Deutschland richtet.
>
> Diese tritt der Einschätzung der EU-Kommission entgegen: Sie hält die enge Bestimmung der Inhaltsstoffe der als „Bier" verkauften Getränke zum einen zum Schutze der Gesundheit der Verbraucher für erforderlich, da außerhalb der kodifizierten Inhaltsstoffe häufig Zusatzstoffe in der Produktion Verwendung fänden, die sich negativ auf die Gesundheit auswirken könnten. Zum anderen sei eine genaue Bezeichnung zum Schutze der Verbraucher notwendig, da diese mit der Bezeichnung „Bier" ein Getränk verbinden, das nur aus den zugelassenen Grundstoffen hergestellt sei.
>
> Die Kommission hält an ihrer Auffassung fest, da auch in den übrigen Mitgliedstaaten nur solche Zusatzstoffe verwendet würden, deren Verträglichkeit nachgewiesen ist. Im Übrigen könne der Vorstellung des Verbrauchers durch eine Etikettierung der Getränke entgegengewirkt werden.
>
> Sind die §§ 9, 10 BStG mit der Warenverkehrsfreiheit vereinbar?

Das Reinheitsgebot aus den §§ 9, 10 BStG ist mit der Warenverkehrsfreiheit unvereinbar, wenn sie anwendbar sowie ihr Schutzbereich betroffen ist, das Reinheitsgebot einen Eingriff darstellt und dieser nicht gerechtfertigt ist.

447 I. Dazu müsste Art. 34 AEUV **anwendbar** sein. Der Warenverkehrsfreiheit gehen als speziellere Vorschriften diejenigen über den **Handel mit landwirtschaftlichen Erzeugnissen aus Art. 38 ff. AEUV** sowie die **Harmonisierungsmaßnahmen nach Art. 114 AEUV** vor. Zwar sind im vorliegenden Fall keine Harmonisierungsmaßnahmen in Form unionsrechtlicher Richtlinien oder Verordnungen einschlägig, aber der Handel und Verkauf von Bier könnte den Art. 38 ff. AEUV unterfallen. Nach der Legaldefinition in Art. 38 Abs. 1 UAbs. 2 S. 2 AEUV sind unter landwirtschaftlichen Erzeugnissen die Erzeugnisse des Bodens, der Tierzucht und der Fischerei sowie die mit diesen in unmittelbarem Zusammenhang stehenden Erzeugnisse der ersten Verarbeitungsstufe zu verstehen. Konkretisiert wird dies durch Art. 38 Abs. 2, 3 AEUV, der auf die im **Anhang I zum AEUV** enumerativ gelisteten **Agrarprodukte** verweist. Dort sind zwar Getreide und Pflanzen, die zu Ernährungszwecken genutzt werden können, genannt. Die Einschränkungen der §§ 9, 10 BStG betreffen jedoch nicht diese Agrarprodukte, sondern das mit ihnen hergestellte Produkt „Bier". Dieses ist im Anhang I zum AEUV hingegen nicht genannt. Zudem handelt es sich um ein Produkt auf der zweiten Verarbeitungsstufe, die ohnehin nicht mehr als Agrarprodukte anzusehen sind. Demzufolge sind die Art. 38 ff. AEUV nicht einschlägig und die Warenverkehrsfreiheit anwendbar.

II. Weiterhin müsste der **Schutzbereich** der Warenverkehrsfreiheit **eröffnet** sein.

1. Dies ist für den **sachlichen Schutzbereich** der Fall, wenn sich das BStG auf **EU-Waren** auswirkt. EU-Waren i.S.d. Art. 28 Abs. 2 AEUV sind alle körperlichen Gegenstände, die einen Geldwert haben und Gegenstand rechtmäßiger Handelsgeschäfte sein können. Sie müssen zudem aus den Mitgliedstaaten stammen oder sich in den Mitgliedstaaten im freien Verkehr befinden. **448**

   Dabei müssen sich die Maßnahmen nicht unmittelbar auf die Waren auswirken. Der Schutzbereich erstreckt sich z.B. auch auf Werbemaßnahmen für ausländische Produkte, die durch nationale Werberegelungen behindert werden.[471]

   Bier ist als Flüssigkeit ein körperlicher Gegenstand, für dessen Handel keine gesetzlichen Verbote eingreifen. Ihm kommt auch ein Geldwert zu. Da die Bezeichnungs- und Inhaltsstoffregelungen der §§ 9, 10 BStG nicht nur in Deutschland produziertes, sondern auch in den hiesigen Wirtschaftskreislauf eingeführtes und in Verkehr gebrachtes Bier betreffen, liegt auch der erforderliche grenzüberschreitende Bezug vor. Die Vorschriften betreffen somit EU-Waren, der sachliche Schutzbereich ist eröffnet.

2. Nach h.M. stellt die Warenverkehrsfreiheit eine **Produktverkehrsfreiheit** dar, sodass eine Prüfung oder Einschränkung des **persönlichen Schutzbereichs** nicht erforderlich ist. Folglich können sich neben Unionsbürgern auch Drittstaatsangehörige und juristische Personen auf die Warenverkehrsfreiheit berufen.[472] **449**

III. Die Regelungen des Biersteuergesetzes müssten ferner einen **Eingriff** in den Schutzbereich der Warenverkehrsfreiheit darstellen.

   Für die Warenverkehrsfreiheit gilt wegen Art. 34 AEUV ein **besonderer Eingriffsbegriff**, der nicht mit den o.g. Kategorien „Diskriminierung" oder „Beschränkung" beschrieben werden kann.

---

471 EuGH Slg. 1982, 4575 Rn. 15 *Oosthoek's*; Haratsch/Koenig/Pechstein Rn. 868; Deja Jura 2004, 807.
472 Leible/T. Streinz in: Grabitz/Hilf/Nettesheim, Art. 34 AEUV Rn. 31; Haratsch/Koenig/Pechstein Rn. 870; Röhl Jura 2006, 323; a.A. Kingreen in: Calliess/Ruffert, Art. 36 AEUV Rn. 124.

450 1. Eine **mengenmäßige Einfuhrbeschränkung** i.S.d. Art. 34 Alt. 1 AEUV liegt vor, wenn die Einfuhr einer Ware vollständig verboten (sog. **Verbringungsverbot**)[473] oder nach Menge, Wert oder Zeitraum begrenzt wird (sog. **Kontingentierung**).[474] Eine solche Beschränkung scheidet hier aus, da die im Ausland hergestellten oder gehandelten und nach Deutschland importierten Getränke, die nicht oder nicht ausschließlich über die in § 9 BStG festgesetzten Inhaltsstoffe verfügen, gleichwohl eingeführt und gehandelt werden dürfen.

451 2. Bei den Regelungen könnte es sich jedoch um **Maßnahmen gleicher Wirkung** wie mengenmäßige Einfuhrbeschränkungen i.S.d. Art. 34 Alt. 2 AEUV handeln.

452 a) Als Maßnahme gleicher Wirkung ist nach der **Dassonville-Formel** des Gerichtshofs jede Maßnahme oder Regelung der Mitgliedstaaten anzusehen, die geeignet ist, den unionsinternen Handel unmittelbar oder mittelbar, tatsächlich oder potenziell zu behindern.[475]

453 Auch wenn diese Formel auch heute noch der Ausgangspunkt einer jeden Entscheidung des Gerichtshofs zu Art. 34 AEUV ist, wird deutlich, wie **weit** die Formel gefasst ist. Da nicht einmal eine tatsächliche Beeinträchtigung nachgewiesen werden muss, sondern eine mögliche Behinderung genügt,[476] stellt beinahe jede mitgliedstaatliche Maßnahme mit Warenbezug eine Beeinträchtigung der Warenverkehrsfreiheit dar. Da sie alle Beschränkungen in- wie ausländischer Waren erfasst („jede Maßnahme oder Regelung"), wird Art. 34 AEUV als **allgemeines Beschränkungsverbot** bezeichnet.

Ferner entwickeln sich aus der Warenverkehrsfreiheit **Schutzpflichten** der Mitgliedstaaten, sodass auch ein **Eingriff durch Unterlassen** staatlicher Schutzmaßnahmen denkbar ist. **Beispiel:** Blockade der Brenner-Autobahn durch Privatpersonen zur Verhinderung der Einfuhr italienischer Waren nach Österreich ohne Einschreiten österreichischer Behörden[477]

Durch die Regelungen in §§ 9, 10 BStG wird ausländischen Produzenten oder Importeuren ein Vertrieb von Getränken, die über eine – ggf. nur geringfügig abweichende – Rezeptur verfügen, in Deutschland nicht unter der Bezeichnung „Bier" gestattet, obwohl diese Bezeichnung in anderen EU-Mitgliedstaaten verwendet werden könnte. Damit ist es zumindest möglich und nicht ausgeschlossen, dass derartige Getränke in Deutschland nicht den Absatz finden, den sie finden könnten, würden sie als „Bier" in den Handel gelangen. Demzufolge beeinträchtigt das deutsche Reinheitsgebot den Binnenhandel, sodass es grundsätzlich einen Eingriff in Form einer Maßnahme gleicher Wirkung wie eine mengenmäßige Einfuhrbeschränkung darstellt.

454 b) Um die Reichweite der Dassonville-Formel einzuschränken, grenzt der Gerichtshof nach dem **Keck-Urteil** nationale Bestimmungen, die **bestimmte Verkaufsmodalitäten** beschränken oder verbieten, aus dem Eingriffsbegriff aus. Enthalten die mitgliedstaatlichen Vorschriften hingegen **produktbezogene Regelungen**, soll weiterhin eine Beschränkung vorliegen.

---

[473] EuGH Slg. 1979, 3812 Rn. 12 *Henn u. Darby*.
[474] EuGH Slg. 1973, 865, 879 Rn. 7 *Geddo*; Leible/T. Streinz in: Grabitz/Hilf/Nettesheim, Art. 34 AEUV Rn. 55.
[475] EuGH Slg. 1974, 837 Rn. 5 *Dassonville*.
[476] EuGH NJW 1983, 2775 *Buy Irish*.
[477] EuGH EuZW 2003, 592, 596 *Schmidtberger*; vgl. auch EuGH Slg. 1997, I-6959 *Kommission/Frankreich*; Oppermann/Classen/Nettesheim, § 22 Rn. 49; Schwarze EuR 1998, 53.

- **Verkaufsmodalitäten** sind solche Vorschriften, welche die Art und Weise des Vertriebs eines Produkts bestimmen (Ladenöffnungszeiten, Vertriebswege, Preisgestaltung, etc.). Sie stellen jedenfalls dann keine Beschränkung dar, wenn sie unterschiedslos gelten und auch nicht versteckt zulasten ausländischer Erzeugnisse wirken, sondern die inländischen wie die ausländischen Erzeugnisse rechtlich wie tatsächlich in der gleichen Weise berühren[478] (sog. **diskriminierungsfreie Verkaufsmodalitäten**).[479]

  Hierdurch wird deutlich, dass auch die Warenverkehrsfreiheit eine spezielle Ausprägung des Diskriminierungsverbotes ist.

- Abzugrenzen sind die Verkaufsmodalitäten von den sog. **produktbezogenen Regelungen**, die an die Merkmale oder den Inhalt der Ware selbst anknüpfen. Zu den produktbezogenen Regelungen sind die Vorschriften zu zählen, die Bezeichnung, Form, Abmessungen, Gewicht, Zusammensetzung, Aufmachung, Etikettierung und Verpackung von Waren betreffen.[480]

  Dahinter steht die Idee, dass eine in irgendeinem Mitgliedstaat der Union rechtmäßig in Verkehr gebrachte Ware grundsätzlich überall frei zirkulieren können soll.[481]

Fraglich ist, ob die §§ 9, 10 BStG als Verkaufsmodalität oder produktbezogene Regelung anzusehen sind.

aa) Die Keck-Ausnahme greift nur für den Fall, dass es sich bei den Vorschriften des BStG um eine **unterschiedslos anwendbare Maßnahme** handelt. Dies ist nur zu bejahen, wenn die Regelung nicht den Warenverkehr zwischen den Mitgliedstaaten zum Gegenstand hat, sondern in allgemeiner Weise die **Wirtschaftstätigkeit im Inland** betrifft.[482]   **455**

Betrifft die Vorschrift hingegen den grenzüberschreitenden Warenverkehr, liegt eine unterschiedlich anwendbare Maßnahme vor. Stellt diese die eingeführten Waren schlechter als die inländischen Waren, enthält sie doch eine **offene Diskriminierung**, die stets eine Maßnahme gleicher Wirkung darstellt.[483]

Die Vorschriften des BStG reglementieren nicht den Import, sondern schreiben lediglich vor, dass alle in Deutschland im Verkehr befindlichen Produkte nur bei Einhaltung der Voraussetzungen aus dem BStG die Bezeichnung „Bier" führen dürfen. Damit liegt grundsätzlich eine unterschiedslos anwendbare Maßnahme vor.

bb) Allerdings bestimmen die Vorschriften, dass nur solche Getränke die **Bezeichnung** „Bier" tragen dürfen, die ausschließlich aus den bezeichneten **Inhaltsstoffen** bestehen. Diese Vorschriften betreffen ausschließlich das Getränk und damit das Produkt selbst und beziehen sich nicht auf seinen   **456**

---

478 EuGH Slg. 1994, I-6097 Rn. 16 *Keck u. Mithouard*.
479 Vgl. dazu Streinz EuZW 2003, 37.
480 EuGH Slg. 1993, I-6097 Rn. 15 *Keck u. Mithouard*; Schroeder in: Streinz, Art. 34 AEUV Rn. 51.
481 Vgl. EuGH Slg. 1979, 649 *Cassis de Dijon*; Oppermann/Classen/Nettesheim § 22 Rn. 31; Möschel NJW 1994, 429, 430.
482 Leible/T. Streinz in: Grabitz/Hilf/Nettesheim, Art. 34 AEUV Rn. 77.
483 Leible/T. Streinz in: Grabitz/Hilf/Nettesheim, Art. 34 AEUV Rn. 77.

Vertrieb. Es handelt sich damit um produktbezogene Regelungen, sodass hier keine Ausnahme nach der Keck-Formel eingreift.

Ein Eingriff in den Schutzbereich der Warenverkehrsfreiheit liegt somit vor.

457 Die Unterscheidung zwischen Verkaufsmodalitäten und produktbezogenen Regelungen wird oftmals als unscharf kritisiert. **Beispiel Werbung:** Das Verbot, eine bestimmte Werbung auf die Ware aufzudrucken (z.B. „+10%" auf Schokoriegeln), ist als produktbezogene Regelung anzusehen und stellt einen Eingriff dar. Das Verbot bestimmter Werbung im Fernsehen hingegen ist als Verkaufsmodalität nach der Keck-Formel kein Eingriff.

Deshalb lässt sich in der Rspr. des Gerichtshofs die Tendenz erkennen, den letzten Teil der Keck-Formel zu betonen, wonach nur solche Maßnahmen keinen rechtfertigungsbedürftigen Eingriff darstellen, die in- wie ausländische Waren rechtlich und tatsächlich gleichermaßen berühren. Daraus ist das Kriterium des **Marktzugangs** entstanden. Danach wendet der Gerichtshof Art. 34 AEUV auch auf solche Verkaufsmodalitäten an, die bezwecken oder bewirken, dass ausländische Waren weniger günstig behandelt werden als inländische Waren oder wenn anderweitig der Marktzugang behindert wird.[484]

458 IV. Der Eingriff ist jedoch **gerechtfertigt**, wenn ein Rechtfertigungsgrund eingreift und die hierauf gestützte Maßnahme verhältnismäßig ist.

459 1. **Ausdrückliche Rechtfertigungsgründe** für den Eingriff in die Warenverkehrsfreiheit enthält **Art. 36 AEUV**. Danach sind solche Eingriffe gerechtfertigt, die von den Mitgliedstaaten aus folgenden **Gründen des Allgemeininteresses**[485] erlassen wurden:

460 ■ aus Gründen der öffentlichen Sittlichkeit, Ordnung und Sicherheit;

Auch wenn Ihnen diese Begriffe aus dem deutschen Polizei- und Ordnungsrecht geläufig sind, dürfen Sie nicht auf dieses Verständnis zurückgreifen![486] Denn anders als dort ist der Begriff weder der Auffangbegriff gegenüber den anderen in Art. 36 S. 1 AEUV genannten Allgemeininteressen, noch ist hierin die Gesamtheit der zwingend zum gedeihlichen Zusammenleben erforderlichen ungeschriebenen Normen gemeint.

■ Eine Rechtfertigung aus Gründen der **öffentlichen Ordnung** kommt vielmehr in Betracht, wenn eine tatsächliche und hinreichend schwere Gefährdung vorliegt, die ein Grundinteresse der Gesellschaft berührt. **Beispiele:** zum Schutz der Menschenwürde aus Art. 1 GRCh bei einem Tötungshandlungen simulierenden Computerspiel,[487] Aufdeckung und Verfolgung von Geschäften mit gestohlenen Fahrzeugen.[488]

■ Aus Gründen der **öffentlichen Sicherheit** können die Mitgliedstaaten Beschränkungen verfügen, wenn es um die für die Existenz eines Staates wesentlichen Fragen der inneren oder äußeren Sicherheit geht, insbes. das Funktionieren seiner Wirtschaft, das seiner Einrichtungen und seiner wichtigen öffentlichen Dienste und das Überleben der Bevölkerung. **Beispiel:** Regelung zur Sicherung der Erdölversorgung[489]

■ Der Begriff der **öffentlichen Sittlichkeit** wird hingegen vom Gerichtshof nicht allgemeingültig definiert. Es ist vielmehr Sache der Mitgliedstaaten, diesen Begriff für ihr Gebiet im

---

484 EuGH EuZW 2009, 652 *Kommission/Italien*; Oppermann/Classen/Nettesheim, § 22 Rn. 32; Streinz JuS 2009, 652.
485 EuGH, Urt. v. 05.02.2004 – C-270/02 Rn. 21 *Komm./Italien*; Urt. v. 20.09.2007 – C297/05 Rn. 75 *Komm./Niederlande*; Urt. v. 11.12.2008 – C-524/07 Rn. 54 *Komm./Österreich*; Leible/T. Streinz in: Grabitz/Hilf/Nettesheim, Art. 36 AEUV Rn. 16.
486 Vgl. Kingreen in: Calliess/Ruffert Art. 36 AEUV Rn. 197.
487 EuGH EuZW 2004, 753 Rn. 39 *Omega*; vgl. auch Kingreen in: Calliess/Ruffert, Art. 36 AEUV Rn. 198.
488 EuGH Slg. 1987, 2717 Rn. 13 f. *Kommission/Italien*; Slg. 1991, I-2023 Rn. 23 *Boscher*.
489 EuGH Slg. 1984, 2727 Rn. 34 *Campus Oil Ltd.*; vgl. auch Kingreen in: Calliess/Ruffert Art. 36 AEUV Rn. 197.

Einklang mit ihrer Wertordnung und in der von ihnen gewählten Form auszufüllen. **Beispiel:** Beschränkung des Imports pornografischer Waren[490]

- **zum Schutze der Gesundheit und des Lebens von Menschen, Tieren und Pflanzen;**   461

   Diesem Rechtfertigungsgrund misst der Gerichtshof den **ersten Rang** unter den Allgemeininteressen des Art. 36 S. 1 AEUV zu.[491] Deshalb überlässt er es der Entscheidung der Mitgliedstaaten, in den durch den Vertrag gesetzten Grenzen zu bestimmen, auf welchem Niveau sie den Schutz dieser Rechtsgüter gewährleisten wollen und wie streng die Kontrollen sein sollen.[492] Das Vorbringen schlichter Vermutungen und Behauptungen genügt zur Rechtfertigung nicht; vielmehr sind bei schwerwiegenden Eingriffen wissenschaftlich fundierte Beweise vorzuweisen.[493] **Beispiel:** Bekämpfung des Alkoholmissbrauchs[494]

- **zum Schutze des nationalen Kulturgutes von künstlerischem, geschichtlichem oder archäologischen Wert;**   462

   Dieser Rechtfertigungsgrund zielt auf das – legitime – Bedürfnis der Mitgliedstaaten, Kunstwerke und sonstige Zeugnisse aus früheren Zeiten, die in dem jeweiligen Mitgliedstaat entstanden sind, im Besitz zu behalten.[495] Deshalb verfügen viele Mitgliedstaaten über normierte Ausfuhrverbote oder Vorkaufsrechte staatlicher Stellen. Diese sind als Handelsbeschränkungen i.S.d. Art. 35 AEUV anzusehen und nach Art. 36 S. 1 AEUV gerechtfertigt. Hinsichtlich welcher Kulturschätze derartige Regelungen getroffen werden, obliegt dem Beurteilungsspielraum der Mitgliedstaaten.[496]

- **zum Schutze des gewerblichen und kommerziellen Eigentums.**   463

   Hierunter fallen alle Rechte an der Ware, die ihrem Inhaber eine nicht nur privatrechtliche, sondern durch den Staat oder durch seine Mitwirkung verliehene abwehrfähige Ausschließlichkeitsposition einräumen.[497] **Beispiele:** Patentrecht,[498] Markenrecht.[499] **Gegenbeispiel:** Verhinderung des unlauteren Wettbewerbs[500]

Bei den Rechtfertigungsgründen des Art. 36 S. 1 AEUV handelt es sich um Möglichkeiten, den freien Warenverkehr entgegen der Grundregel aus Art. 34 AEUV einzuschränken. Dies hat eine **enge Auslegung** der einzelnen Rechtfertigungsgründe[501] zur Folge, um die Einschränkungen des Warenverkehrs auf das notwendige Minimum zu reduzieren.

a) Anders als von der Bundesregierung vorgetragen, scheidet eine Rechtfertigung **zum Schutze der Gesundheit von Menschen** aus, unabhängig davon, ob man unter Anwendung des Vorsorgeprinzips hierfür den Nachweis möglicher Gefahren und Risiken ausreichen lässt oder Erkenntnisse über unmittel-   464

---

490 EuGH Slg. 1979, 3795 Rn. 15 *Henn u. Darby*; vgl. auch Kingreen in: Calliess/Ruffert Art. 36 AEUV Rn. 196.
491 EuGH EuZW 2011, 188 Rn. 33 *Humanplasma*; EuZW 2014, 307 Rn. 26 *Sokoll-Seebacher*.
492 EuGH EuZW 2004, 21 Rn. 103 *Doc Morris I*; EuZW 2016, 230 Rn. 35 *The Scotch Whisky Association*; Kingreen in: Calliess/Ruffert, Art. 36 AEUV Rn. 199 m.w.N.
493 EuGH, Urt. v. 19.10.2016 – C-148/15, RÜ 2016, 794 *Doc Morris III*; Kingreen in: Calliess/Ruffert, Art. 36 AEUV Rn. 199.
494 EuGH EuZW 2007, 401 Rn. 50 ff. *Rosengren*; vgl. Urt. v. 23.12.2015 – C-333/14, RÜ 2016, 177 *Scotch Whisky Association*.
495 Vgl. Müller-Graff in: von der Groeben/Schwarze/Hatje, Art. 36 AEUV Rn. 62.
496 Leible/T. Streinz in: Grabitz/Hilf/Nettesheim, Art. 36 AEUV Rn. 31.
497 Kingreen in: Calliess/Ruffert, Art. 36 AEUV Rn. 207.
498 EuGH Slg. 1974, 1147 Rn. 9 *Centrafarm/Sterling Drug*.
499 EuGH Slg. 1974, 1183 Rn. 8 *Centrafarm/Winthrop*.
500 Kingreen in: Calliess/Ruffert, Art. 36 AEUV Rn. 207.
501 EuGH Slg. 1961, 695, 720 *Kommission/Italien*; Slg. 1972, 1309, 1318 *Bauhuis*; Slg. 1991, I-1361, 1377 Rn. 9 *Kommission/Griechenland*; Müller-Graff in: von der Groeben/Schwarze/Hatje, Art. 36 AEUV Rn. 23 m.w.N.

bare und konkrete, von bestimmten Waren ausgehende Gefährdungen fordert.[502] Denn bei der Produktion von Bier dürfen auch in anderen Mitgliedstaaten nur solche Inhaltsstoffe verwendet werden, die hinsichtlich ihrer Unbedenklichkeit für den menschlichen Organismus überprüft worden sind. Gleiches gilt für Biere, die außerhalb der Union hergestellt, aber innerhalb ihres Wirtschaftsraumes gehandelt werden. Es liegen keinerlei Anhaltspunkte dafür vor, dass es bei einer Abweichung von den kodifizierten Zutaten zwangsläufig zu einer Verwendung gesundheitsgefährdender Zusatzstoffe kommen muss.

b) Die deutschen Regelungen könnten aber gegebenenfalls aufgrund der öffentlichen Sittlichkeit, Ordnung und Sicherheit gemäß Art. 36 S. 1 AEUV gerechtfertigt sein. Von der Bundesrepublik Deutschland wurde zur Rechtfertigung des Reinheitsgebotes zusätzlich der **Schutz der Verbraucher vor Irreführungen** oder Fehlvorstellungen in Bezug auf die Inhaltsstoffe von Bier angeführt. Dieser Aspekt lässt sich weder der öffentlichen Sittlichkeit noch der öffentlichen Sicherheit zuordnen. Da der Begriff der öffentlichen Ordnung zudem nicht als Auffang-Rechtfertigungsgrund fungiert, kann auch dieser zur Rechtfertigung nicht fruchtbar gemacht werden.

Folglich scheidet eine Rechtfertigung nach Art. 36 S. 1 AEUV aus.

465 Ist ein Rechtfertigungsgrund aus Art. 36 S. 1 AEUV einschlägig, führt dies nicht automatisch zu einer Rechtfertigung der jeweiligen Beschränkung. Die Maßnahme muss sich überdies als **verhältnismäßig** erweisen. Dieses Erfordernis leitet der Gerichtshof aus Art. 36 S. 2 AEUV ab,[503] sodass dem dort ausdrücklich geregelten Diskriminierungsverbot sowie dem Verbot der verschleiernden Beschränkung zum Teil keine eigenständige Wirkung zuerkannt wird.[504] Gleichwohl greift der Gerichtshof in besonderen Fällen auf die ausdrücklich in Art. 36 S. 2 AEUV normierten Grenzen zurück, sodass ihnen jedenfalls ein – wenngleich geringer – Anwendungsbereich verbleibt. Eine **willkürliche Diskriminierung** i.S.d. Art. 36 S. 2 AEUV ist nur bei einer eindeutigen Ungleichbehandlung ausländischer Waren gegeben, z.B. bei einem Werbeverbot für importierte alkoholische Getränke, wenn gleichartige heimische Erzeugnisse beworben werden dürfen.[505] Eine **verschleierte Beschränkung** ist gegeben, wenn der betreffende Mitgliedstaat durch vorgeschobene Gründe protektionistische Ziele verfolgte.[506]

466 2. Allerdings könnte ein **ungeschriebener Rechtfertigungsgrund** eingreifen. Dieser lässt sich aus der **Cassis-de-Dijon-Entscheidung** des Gerichtshofs ableiten, mit welcher er den weiten Beschränkungsbegriff der Dassonville-Formel mit einem ebenso weiten Verständnis der Rechtfertigungsmöglichkeiten zu kompensieren versuchte. Danach sind Hemmnisse für den freien Binnenhandel der Union gerechtfertigt, soweit die nationalen Regelungen unterschiedslos für in- und ausländische Waren gelten und **notwendig** sind, um **zwingenden Erfordernissen** gerecht zu werden **(Cassis-Formel)**.[507]

---

502 Vgl. m.w.N. aus der Rspr. Schroeder in: Streinz, Art. 36 AEUV Rn. 14.
503 EuGH Slg. 1984, 2445 Rn. 18 *Sandoz*; Slg. 2000, I-11499 Rn. 29 *Kommission/Frankreich*; Urt. v. 19.06.2008 – C-219/07, Slg. 2008, I-4475 Rn. 30 *Nationale Raad van Dierenkwekers en Liefhebbers u. Andibel*.
504 So beispielsweise Cremer Jura 2015, 39, 54.
505 Vgl. EuGH Slg. 1980, 2299 Rn. 18 *Kommission/Frankreich*; Leible/T. Streinz in: Grabitz/Hilf/Nettesheim, Art. 36 AEUV Rn. 52.
506 Vgl. EuGH Slg. 1982, 2793, 2826 *Kommission/Großbritannien*; Leible/T. Streinz in: Grabitz/Hilf/Nettesheim, Art. 36 AEUV Rn. 53; Becker in: Schwarze, Art. 36 AEUV Rn. 84.
507 EuGH NJW 1979, 1766 *Cassis-de-Dijon*; vgl. auch Haratsch/Koenig/Pechstein Rn. 901.

Umstritten ist dabei, ob die zwingenden Erfordernisse als ungeschriebener Rechtfertigungsgrund oder als Schutzbereichsbeschränkung einzuordnen sind (s.o. Rn. 435).

a) Zunächst müsste es sich bei den Vorschriften des BStG um **unterschiedslos geltende Maßnahmen** handeln. Dies ist der Fall, wenn durch die nationalen Vorschriften ausländische Waren gegenüber inländischen Waren nicht diskriminiert werden.[508]

> In der Lit. wird dieses Erfordernis zum Teil nicht explizit benannt. Denn durch diesen Passus in der Cassis-Entscheidung erweiterte der Gerichtshof zugleich den Eingriffsbegriff bei Art. 34 AEUV. Dieser stand nunmehr nicht nur diskriminierenden nationalen Maßnahmen entgegen, sondern auch solchen, die nationale wie ausländische Waren gleichermaßen betrafen. Die Formulierung bildet somit den Grundstein für das heutige Verständnis des Art. 34 AEUV als allgemeines Beschränkungsverbot. Dieses Verständnis macht es erforderlich, für eben diese Beschränkungen einen Rechtfertigungsgrund wie die Cassis-Formel zu entwickeln. Eine Ausdehnung auf diskriminierende Maßnahmen kommt ausschließlich bei der Verfolgung sonstiger Vertragspflichten in Betracht,[509] eine generelle Übertragung der Formel muss unterbleiben.[510]

Die §§ 9, 10 BStG knüpfen nicht an die Herkunft des jeweiligen Produkts an. Ob die Bezeichnung „Bier" von den Produkten geführt werden darf, hängt allein von den jeweiligen Inhaltsstoffen ab. Folglich handelt es sich um eine unterschiedslos geltende Maßnahme.

b) Zu den ferner erforderlichen **zwingenden Erfordernissen** gehören insbes. eine wirksame steuerliche Kontrolle, der Schutz der öffentlichen Gesundheit, die Lauterkeit des Handelsverkehrs und der Verbraucherschutz.[511]

467

> Diese zwingenden Erfordernisse nannte der Gerichtshof bereits in der ursprünglichen Cassis- Formel. Wie aber der Zusatz „insbesondere" andeutet, ist die Aufzählung dieser zwingenden Erfordernisse **nicht abschließend**. Der Gerichtshof hält sich mit dieser durch richterliche Rechtfortbildung entwickelten Figur und der Verwendung eines unbestimmten Rechtsbegriffs die Möglichkeit offen, zukünftig weitere zwingende Erfordernisse anzuerkennen.
>
> **Beispiele:** Umweltschutz,[512] geistiges Eigentum,[513] Schutz von Arbeitnehmern,[514] Schutz sozialer Sicherungssysteme,[515] Sicherheit des Straßenverkehrs[516]

aa) Hier kommt der **Verbraucherschutz** als zwingendes Erfordernis in Betracht. Die Vorschriften der §§ 9, 10 BStG schützen die **Vorstellung der deutschen Verbraucher**, dass als „Bier" bezeichnete Getränke ausschließlich aus den in § 9 BStG genannten Zutaten bestehen. Aufgrund der **historischen Entwicklung** und der häufigen Bezugnahme auf das **deutsche Reinheitsgebot** hat sich eine entsprechende **Vorstellung der Verbraucher gefestigt**. Mit den Regelungen will die Bundesrepublik der Irreführung der Verbraucher entgegenwirken, die entstehen könnte, wenn Ge-

468

---

508 EuGH NVwZ 1992, 871 Rn. 33 *Kommission/Belgien*; Haratsch/Koenig/Pechstein Rn. 901.
509 Vgl. EuGH NVwZ 1992, 871 *Kommission/Belgien*; EuZW 2001, 242 *PreussenElektra*.
510 Oppermann/Classen/Nettesheim § 22 Rn. 42; Haratsch/Koenig/Pechstein Rn. 902.
511 EuGH NJW 1979, 1766 Rn. 8 *Cassis-de-Dijon*; EuZW 2012, 820 Rn. 23 *HIT hoteli*.
512 EuGH NVwZ 1989, 849 Rn. 8 f. *Kommission/Dänemark*; EuZW 2001, 242 Rn. 76 *PreussenElektra*.
513 EuGH EuZW 2012, 466 Rn. 94 *Football Association Premier League Ldt. u.a.*; m.Anm. Streinz JuS 2012, 371.
514 EuGH Slg. 1981, 3305 Rn. 19 *Webb*; EuR 2003, 1037 Rn. 92 *Übersering*.
515 EuGH Slg. 1984, 523 Rn. 16 *Duphar/Niederlande*; EuZW 2003, 466 Rn. 73 *Müller-Faué u.a.*
516 EuGH Slg. 2000, I-8633 Rn. 55 *Snellers*; Urt. v. 20.03.2014 – C-61/12 Rn. 59 *Kommission/Litauen*.

tränke als „Bier" veräußert werden, die nicht den nationalen Vorgaben des Reinheitsgebotes entsprechen. Aufgrund dieser potenziellen Fehlvorstellung wird das Kaufverhalten der Verbraucher beeinflusst, die Bier entsprechend des Reinheitsgebotes zu kaufen glauben, aber Produkte erwerben, die aus anderen Inhaltsstoffen bestehen.

Hierauf hat sich die Bundesregierung im Originalfall – vergeblich – tatsächlich berufen.

469 bb) Gegen diese Einordnung spricht jedoch, dass sich die **Vorstellungen der Verbraucher**, die von einem Mitgliedstaat zum anderen unterschiedlich sein können, auch innerhalb ein und desselben Mitgliedstaates im Laufe der Zeit **fortentwickeln**. Hierzu trägt insbes. die Schaffung eines gemeinsamen Marktes innerhalb der Union bei, der einen Warenaustausch zwischen den Mitgliedstaaten begünstigt. Regelungen wie das BStG stehen diesem Warenaustausch und auch der Fortentwicklung der Verbrauchervorstellung entgegen und können dazu führen, die **Verbrauchsgewohnheiten zu zementieren, um einer mit deren Befriedigung befassten inländischen Industrie einen erworbenen Vorteil zu bewahren**.[517]

470 cc) Das deutsche Reinheitsgebot dient jedoch nicht ausschließlich der Verhinderung von Wettbewerb gegen die deutsche Brauereiindustrie. Es soll auch Verbrauchern, die aus bestimmten Grundstoffen hergestelltem Bier besondere Eigenschaften zuschreiben, die Möglichkeit geben, **ihre Wahl unter diesem Gesichtspunkt zu treffen**. Dies kann grundsätzlich dadurch ermöglicht werden, dass nur dem Produkt mit den vorher festgelegten Inhaltsstoffen die Bezeichnung mit dem Begriff „Bier" erlaubt wird. Eine solche Regelung enthält das BStG, sodass es dem Verbraucherschutz dient.[518]

471 c) Allerdings müssen die Regelungen **verhältnismäßig** sein. Der Grundsatz der Verhältnismäßigkeit gelangt nicht nur bei den geschriebenen, sondern auch bei den ungeschriebenen Rechtfertigungsgründen zur Anwendung, wie sich hier aus dem Kriterium der **Notwendigkeit** des zwingenden Erfordernisses ergibt.[519] Die nationale Maßnahme ist verhältnismäßig, wenn sie geeignet ist, die Erreichung des verfolgten Ziels zu gewährleisten, und dabei nicht über das hinausgeht, was zur Erreichung des Ziels erforderlich ist.[520]

472 aa) **Legitimes Ziel** ist der Schutz der in den grundfreiheitlichen Rechtfertigungsgründen, den ungeschriebenen zwingenden Erfordernissen und den Grundrechten enthaltenen Güter.[521] Hier diente die Festschreibung des deutschen Reinheitsgebotes dem Verbraucherschutz, indem es die Erwartungen der Verbraucher erfüllte, und verfolgte somit ein legitimes Ziel.

---

517 EuGH NJW 1987, 1133, 1134 Rn. 32 *Kommission/Deutschland*.
518 Mit diesem Zwischenergebnis EuGH NJW 1987, 1133, 1135 Rn. 36 *Kommission/Deutschland*.
519 Kingreen in: Calliess/Ruffert, Art. 36 AEUV Rn. 88.
520 EuGH EuZW 2009, 173 Rn. 59 *Kommission/Italien*; NVwZ 2013, 202 Rn. 26 *Elenca*.
521 Kingreen in: Calliess/Ruffert, Art. 36 AEUV Rn. 90.

bb) Die Maßnahme ist **geeignet**, wenn sie ein brauchbares Mittel zur Erreichung des angestrebten Ziels ist. Das ist der Fall, wenn sie tatsächlich dem Anliegen gerecht wird, das Ziel in kohärenter und systematischer Weise zu erreichen.[522] Eine Zielerreichung ist dabei indes nicht erforderlich, es genügt die Förderung des Ziels.[523] Indem die Bezeichnung „Bier" nur von den Produkten geführt werden darf, die das deutsche Reinheitsgebot einhalten, wird die Verbrauchererwartung an das Produkt „Bier" vollumfänglich erfüllt. Die Maßnahme ist folglich auch geeignet.

473

cc) Fraglich ist indes, ob die Maßnahme **erforderlich** ist. Insoweit sind die Mitgliedstaaten der Union verpflichtet, von mehreren verschiedenen zur Erreichung desselben Ziels geeigneten Mitteln dasjenige zu wählen, das den freien Warenverkehr am wenigsten behindert.[524]

474

Als milderes, aber zum Verbraucherschutz gleichsam geeignetes Mittel kommen Vorgaben bzgl. einer genauen **Etikettierung** in Betracht. Durch die Angabe der bei der Bierbereitung verwendeten Grundstoffe wird der Verbraucher in die Lage versetzt, seine Wahl in Kenntnis aller Umstände zu treffen. Auch die Transparenz der Handelsgeschäfte und der Angebote an die Verbraucher würde sichergestellt. Eine solche Regelung ist praktikabel, da eine entsprechende Kennzeichnung auf allen verwendeten Behältnissen – Flaschen wie Fässern – angebracht werden kann.[525] Das Bezeichnungsverbot ist nicht erforderlich, der Eingriff nicht gerechtfertigt.

Ergebnis: Die Vorschriften des BStG sind mit der Warenverkehrsfreiheit unvereinbar.

III. Weiterentwicklung der Dassonville- und Keck-Formel

Der Gerichtshof tendiert dazu, die Dassonville- und Keck-Formel zu einer **einheitlichen Formel** zusammenzuführen. Eine **Maßnahme gleicher Wirkung** liegt danach vor bei:

475

- Maßnahmen eines Mitgliedstaates, mit denen bezweckt oder bewirkt wird, Waren aus anderen Mitgliedstaaten weniger günstig zu behandeln (**Diskriminierung**);

- **produktbezogenen Regelungen**, selbst wenn diese unterschiedslos für alle Erzeugnisse gelten;

- jeder **sonstigen Maßnahme**, die den **Zugang zum Markt** eines Mitgliedstaates für Erzeugnisse aus anderen Mitgliedstaaten **behindert**.[526]

Hierin liegt **kein grundsätzlicher Paradigmenwechsel**, denn diese Aufzählung fasst nur die bereits in einzelnen Entscheidungen vorhandenen Fallgruppen zusammen.[527]

---

522 EuGH EuZW 2011, 219 Rn. 70 *Josemans*; EuZW 2012, 820 Rn. 22 *HIT hoteli*; Kingreen in: Calliess/Ruffert Art. 36 Rn. 92.
523 EuGH Slg. 1980, 2299 Rn. 15 ff. *Kommission/Frankreich*.
524 EuGH Slg. 1988, 4489 Rn. 15 *Smanor*; Slg. 1992, I-3351 Rn. 31 *Ramrath*; Slg. 1998, I-8033 Rn. 35 *Bluhme*.
525 EuGH NJW 1987, 1133, 1135 Rn. 35 *Kommission/Deutschland*.
526 EuGH, Urt. v. 26.04.2012 – C-456/10, EuZW 2012, 508 Rn. 33-35 *ANETT*; dazu Streinz JuS 2012, 759.
527 Mit dieser Einschätzung auch Haratsch/Koenig/Pechstein Rn. 890.

3. Teil — Zusammenfassende Übersicht

Warenverkehrsfreiheit, Art. 34 AEUV

I. Anwendbarkeit

1. Keine Sondervorschriften, z.B. Art. 38 ff. AEUV für Agrarprodukte
2. Keine Harmonisierungsmaßnahme, Art. 114 AEUV

II. Schutzbereich

1. Sachlicher Schutzbereich: EU-Ware i.S.d. Art. 28 Abs. 2 AEUV
   a) Körperliche Gegenstände, die einen Geldwert haben und Gegenstand rechtmäßiger Handelsgeschäfte sein können
   b) Herstellung im Unionsgebiet oder Handlung von Waren aus Drittstaaten im Unionsgebiet, Art. 29 AEUV
   c) Grenzüberschreitender Bezug
2. Persönlicher Schutzbereich: nach h.M. keine Einschränkung

III. Eingriff

1. Mengenmäßige Einfuhrbeschränkung, Art. 34 Alt. 1 AEUV
   - Verbringungsverbot: Verbot der Einfuhr einer bestimmten Ware
   - Kontingentierung: Beschränkung der Einfuhr nach Menge, Wert oder Zeitraum

   Beachte: Mengenmäßige Einfuhrbeschränkungen enthalten eine offene Diskriminierung, deshalb Rechtfertigung grundsätzlich nur über Art. 36 AEUV möglich!

2. Maßnahme gleicher Wirkung, Art. 34 Alt. 2 AEUV
   a) Dassonville-Formel: unmittelbare, mittelbare, tatsächliche, potenzielle Behinderung
   b) Einschränkung nach Keck-Formel
      - Ausschluss der Maßnahme gleicher Wirkung bei **diskriminierungsfreien allgemeinen Verkaufsmodalitäten** (z.B. Ladenöffnungszeiten, Vertriebswege)
      - Kein Ausschluss bei **produktbezogenen Regelungen** (z.B. Bezeichnung, Form, Abmessung, Gewicht, Aufmachung, Etikettierung, Verpackung)

   Beachte: Sofern Maßnahme gleicher Wirkung unterschiedslos für in- wie ausländische Waren gilt, ist Rechtfertigung nach Art. 36 AEUV und nach Cassis-Formel möglich

IV. Rechtfertigung

1. Ausdrücklicher geschriebener Rechtfertigungsgrund, Art. 36 AEUV
   a) Grund des Allgemeininteresses einschlägig (öffentliche Sittlichkeit, Ordnung, Sicherheit; Gesundheit und Leben von Menschen, Tieren, Pflanzen; usw.)
   b) Grundsatz der Verhältnismäßigkeit: legitimes Ziel, geeignet, erforderlich
   c) Keine willkürliche Diskriminierung oder verschleierte Beschränkung, Art. 36 S. 2 AEUV
2. Cassis-Formel (ungeschriebener Rechtfertigungsgrund, h.M.)
   a) Unterschiedslos geltende Maßnahme, keine Diskriminierung
   b) Zwingender Grund des Gemeinwohls
   c) Grundsatz der Verhältnismäßigkeit: legitimes Ziel, geeignet, erforderlich
3. EU-Grundrechte

D. Arbeitnehmerfreizügigkeit

Die Arbeitnehmerfreizügigkeit aus den Art. 45 ff. AEUV gehört zur Gruppe der **Personenfreiheiten** und stellt eine besondere Ausprägung der Unionsbürgerrechte wie z.B. der allgemeinen Freizügigkeit aus Art. 21 AEUV dar. Sie garantiert allen Arbeitnehmern, zum Zwecke der Aufnahme von Arbeit in die Mitgliedstaaten einzureisen, sich dort aufzuhalten und dort zu arbeiten. Als Sicherung des freien Verkehrs von Personen i.S.d. Art. 26 Abs. 2 AEUV ist die Arbeitnehmerfreizügigkeit eine wichtige Stütze für den Binnenmarkt. Allerdings zieht diese Grundfreiheit auch grundlegende Fragen nach sich: Da den Arbeitnehmern ein dauerhafter Verbleib im Aufnahmestaat erlaubt ist, holen diese ihre Familien nach. Auch diese müssen sodann dauerhaft sozial und politisch integriert werden, was vielschichtige Probleme nach sich zieht.[528]

476

Besonders die Gleichstellung mit inländischen Arbeitnehmern im Hinblick auf soziale und steuerliche Vergünstigungen sowie den Zugang auf Sozialhilfe führen immer wieder zu Streitigkeiten.[529]

I. Anwendbarkeit

Art. 46 AEUV ermächtigt das Europäische Parlament und den Rat, durch im ordentlichen Gesetzgebungsverfahren erlassene Richtlinien oder Verordnungen Maßnahmen zur Erreichung der Arbeitnehmerfreizügigkeit, aber auch zu ihrer Sicherung oder Verbesserung[530] speziell zu regeln. Soweit ein bestimmtes Verhalten in den Anwendungsbereich der auf Grundlage des Art. 46 AEUV erlassenen Vorschriften fällt, ist die Arbeitnehmerfreizügigkeit nach Art. 45 AEUV nicht einschlägig.

477

Beispiele: VO (EU) Nr. 492/2011 über die Freizügigkeit der Arbeitnehmer innerhalb der Union; RL 2004/38/EG über das Recht der Unionsbürger und ihrer Familienangehörigen, sich im Hoheitsgebiet der Mitgliedstaaten frei zu bewegen und aufzuhalten (umgesetzt durch FreizügG/EU, s.o. Rn. 192), RL 2014/54/EU über Maßnahmen zur Erleichterung der Ausübung der Rechte, die Arbeitnehmern im Rahmen der Freizügigkeit zustehen (z.B. Gleichstellung bzgl. Entlohnung und Kündigungsschutz)

Systematisch inkonsequent agiert der Gerichtshof in diesem Bereich: Selbst wenn eine Richtlinie oder Verordnung einschlägig ist, misst er die beschränkende Maßnahme teilweise kommentarlos an Art. 45 AEUV.

478

Klausurhinweis: Achten Sie besonders auf den Bearbeitungsvermerk: Dort wird häufig der Hinweis enthalten sein, dass keine aufgrund Art. 46 AEUV erlassene Vorschrift einschlägig ist.

II. Schutzbereich

a) Persönlicher Schutzbereich

Auf die Arbeitnehmerfreizügigkeit können sich nur **Arbeitnehmer** berufen, die zugleich **Unionsbürger** sind. Der Begriff des Arbeitnehmers ist dabei nicht nach den nationalen Gepflogenheiten, sondern **unionsrechtlich** zu bestimmen. Arbeitnehmer ist deshalb jeder, der während einer bestimmten Zeit für einen anderen nach dessen Weisung Leistungen erbringt, für die er als Gegenleistung eine Vergütung erhält.[531]

479

Damit fallen nicht nur Arbeiter und Angestellte, sondern auch Beamte unter den Arbeitnehmerbegriff.

---

528 Vgl. Oppermann/Classen/Nettesheim § 27 Rn. 2.
529 Vgl. Brechmann in: Calliess/Ruffert, Art. 45 Rn. 62 ff.
530 Kreuschitz in: Grabitz/Hilf/Nettesheim, Art. 46 Rn. 13.
531 EuGH EuZW 2014, 946 Rn. 28 *Haralambidis*; m. Anm. Streinz JuS 2015, 469; Slg. 1986, 212 Rn. 12 *Lawrie-Blum*; Forsthoff in: Grabitz/Hilf/Nettesheim, Art. 45 Rn. 68 m.w.N.

480 ■ Der Begriff wird vom Gerichtshof seit jeher **weit ausgelegt**,[532] um eine möglichst große Reichweite der Arbeitnehmerfreizügigkeit zu erzielen. Besonders deutlich wird dies am Kriterium der erbrachten **Leistung**: Diese muss zwar einen gewissen wirtschaftlichen Wert haben, worunter jedoch auch geringfügige Tätigkeiten fallen, es sei denn, diese sind völlig untergeordnet oder unwesentlich.[533]

Beispiel: Arbeitnehmereigenschaft haben Referendare im Lehramt[534] sowie Rechtsreferendare[535]

Dem liegt das Verständnis zugrunde, dass grundsätzlich jede Tätigkeit für einen Arbeitgeber einen messbaren wirtschaftlichen Wert besitzt. Dies gilt nach der Rspr. des Gerichtshofs aber nicht für Berufssportler bei Spielen in Auswahlmannschaften wie der Nationalmannschaft. Der spezifische Charakter solcher Begegnungen erlaube es, hier nicht von einer Teilnahme am Wirtschaftsleben zu sprechen.[536]

481 ■ Von besonderer Bedeutung ist das Merkmal der **Weisungsgebundenheit**. Als Arbeitnehmer ist danach nur anzusehen, wer unter der Weisung oder Aufsicht eines Dritten steht, der ihm die zu erbringenden Leistungen und die Arbeitszeit vorschreibt und dessen Anordnung oder Vorschriften der Arbeitnehmer zu befolgen hat.[537] Durch dieses **Abhängigkeitsverhältnis** gelingt die **Abgrenzung zur Dienstleistungs- und Niederlassungsfreiheit**. Während die Einordnung als Arbeitnehmer eine Abhängigkeit voraussetzt, werden im Rahmen der Dienstleistungs- oder Niederlassungsfreiheit **selbstständige Tätigkeiten** erbracht. Die Abgrenzung ist erforderlich, da diese Grundfreiheiten **nicht nebeneinander anwendbar** sind.[538]

482 Der **Verlust des Arbeitsplatzes** führt primärrechtlich dazu, dass die Person nicht mehr als Arbeitnehmer i.S.d. Art. 45 AEUV angesehen werden kann.

Etwas anderes gilt im Sekundärrecht: Dies erweitert das Aufenthaltsrecht der (ehemaligen) Arbeitnehmer auf den Zeitraum nach Beendigung der Beschäftigung. Arbeitsuchende oder aus dem Erwerbsleben ausgeschiedene Personen genießen danach einen arbeitnehmerähnlichen Sonderstatus.[539]

483 Der persönliche Schutzbereich ist trotz des grundsätzlich weiten Verständnisses des Arbeitnehmerbegriffs nur für **Unionsbürger** eröffnet. Drittstaatsangehörige können sich dementsprechend nicht auf Art. 45 AEUV berufen.[540] Etwas anderes gilt nur für den Fall, dass die Union mit den Drittstaaten **Assoziierungsabkommen** geschlossen hat, durch welche der Anwendungsbereich auch auf die Staatsangehörigen der Vertragspartnerstaaten erstreckt wird.

Beispiele: Assoziierungsabkommen mit der Schweiz bzw. der Türkei

484 Auf die Freizügigkeitsrechte können sich zudem auch die **Familienangehörigen** der Arbeitnehmer berufen, selbst wenn diese nicht Unionsbürger oder Arbeitnehmer sind.

---

532 EuGH Slg. 1964, 379, 396 f. *Unger*; Slg. 1986, 2121 Rn. 16 *Lawrie-Blum*; Slg. 1999, I-3289 Rn. 13 *Meeusen*; Forsthoff in: Grabitz/Hilf/Nettesheim, Art. 45 Rn. 68.
533 EuGH Slg. 1982, 1035 Rn. 16 *Levin*; Slg. 1986, 2121 Rn. 18 *Lawrie-Blum*; Brechmann in: Calliess/Ruffert, Art. 45 Rr. 15.
534 EuGH Slg. 1986, 2121 Rn. 21 *Lawrie-Blum*.
535 EuGH NJW 2005, 1481 Rn. 12-18 *Kranemann*; EuZW 2010, 97 Rn. 26 f. *Pesla*.
536 EuGH NJW 1996, 505 *Bosman*; EuZW 2006, 593 *Meca-Medina*.
537 EuGH Slg. 1986, 2121 Rn. 18 *Lawrie-Blum*; EuZW 2014, 946 Rn.30 *Haralambidis*.
538 EuGH Slg. 1992, I-3351 Rn. 16 *Ramrath*; Slg. 1995, I-4165 Rn. 20 *Gebhard*.
539 Mit dieser Differenzierung auch Forsthoff in: Grabitz/Hilf/Nettesheim, Art. 45 AUEV Rn. 102.
540 EuGH Slg. 1984, 2631 Rn. 7 *Meade*; Slg. 1998, I-6781 Rn. 29 *Awoyemi*; Brechmann in: Calliess/Ruffert, Art. 45 AEUV Rn. 32.

Dies ergibt sich jedoch nicht aus Art. 45 AEUV, sondern aus der **RL 2004/38/EG**, die durch die Mitgliedstaaten in nationales Recht transformiert wurde (vgl. **§ 3 FreizügG/EU**). Nur ausnahmsweise erkennt der Gerichtshof ein **abgeleitetes Aufenthaltsrecht** aus Art. 45 AEUV an, wenn aus einer Verweigerung des Aufenthaltsrechts der Familienangehörigen die Ausübung der im AEUV garantierten Grundfreiheiten beeinträchtigt werden könnte.[541] Die sog. Freizügigkeitsrichtlinie gewährt den Ehegatten und Kindern von EU-Arbeitnehmern neben dem Recht auf Aufenthalt und dem Reiserecht auch das Recht zur Aufnahme selbstständiger und unselbstständiger Tätigkeiten. Die Kinder der Arbeitnehmer sollen das Recht haben, am allgemeinen Unterricht sowie an der Berufsausbildung unter den Bedingungen teilzunehmen, die auch für die Angehörigen des Aufnahmestaates gelten. Zur Sicherung dieses Rechts werden ausbildungsfördernde Maßnahmen gewährleistet. Hierin liegt eine beachtliche Eigendynamik: Das einmal begründete Recht eines Kindes zur Teilnahme an der Ausbildung ist von der dauernden Erwerbstätigkeit des das Aufnahmerecht vermittelnden Elternteils unabhängig.[542]

Letztlich kann sich auch der **Arbeitgeber** auf die Freizügigkeitsrechte nach Art. 45 AEUV berufen, wenn er im Mitgliedstaat seiner Niederlassung einen Angehörigen aus einem anderen Mitgliedstaat mangels Wohnsitz im Inland nicht oder nur unter schlechteren Bedingungen wie Inländer beschäftigen darf.[543]   485

b) Sachlicher Schutzbereich

Der **sachliche Schutzbereich** der Arbeitnehmerfreizügigkeit setzt sich aus den unterschiedlichen, in Art. 45 Abs. 2 und Abs. 3 AEUV näher benannten Rechten zusammen.   486

- Aus Art. 45 Abs. 2 AEUV folgt ein **Gleichbehandlungsanspruch** in Bezug auf die Rechte inländischer Arbeitnehmer hinsichtlich Beschäftigung, Entlohnung und sonstige Arbeitsbedingungen. Damit sind alle unterschiedlichen Behandlungen, die ausschließlich auf der Staatsangehörigkeit beruhen, untersagt, weshalb Art. 45 Abs. 2 AEUV als **Diskriminierungsverbot** bezeichnet wird.   487

- Aus der Vorschrift lässt sich weiterhin ableiten, dass die Arbeitnehmerfreizügigkeit nur für **grenzüberschreitende Sachverhalte** gilt.[544] Erfasst wird der Zuzug von Arbeitnehmern sowie die sog. Grenzgängersituation, in welcher der Wohnsitz in einem, der Arbeitsplatz aber in einem anderen Mitgliedstaat liegt.[545] Der grenzüberschreitende Bezug hat aber auch zur Folge, dass die Mitgliedstaaten ihre **eigenen Staatsangehörigen** schlechter stellen und behandeln können als die Unionsbürger, sofern von den Vorschriften und Maßnahmen nur Fallgestaltungen betroffen sind, die sich ausschließlich innerhalb eines Mitgliedstaates abspielen und dessen Merkmale mit keinem relevanten Element über die Grenzen eines Mitgliedstaates hinausweisen. Diese sog. **Inländerdiskriminierung** oder **umgekehrte Diskriminierung** wird nach st.Rspr. des Gerichtshofs nicht von Art. 45 AEUV erfasst, da dieser nicht bezwecke,   488

---

541 EuGH NVwZ-RR 2014, 404 Rn. 40 *S./Minister voor Immigratie*; Brechmann in: Calliess/Ruffert, Art. 45 AEUV Rn. 28.
542 Vgl. EuGH EuZW 2002, 761 *Baumbast*.
543 EuGH Slg. 1998, I-2521 Rn. 20, 25 *Clean Car*; Brechmann in: Calliess/Ruffert, Art. 45 AEUV Rn. 21 m.w.N.
544 EuGH Slg. 1979, 1129 Rn. 11 *Saunders*; Brechmann in: Calliess/Ruffert, Art. 45 Rn. 41 m.w.N.
545 Haratsch/Koenig/Pechstein Rn. 918.

den sachlichen Anwendungsbereich des Vertrages auf rein interne Sachverhalte auszudehnen, die keinerlei Bezug zum Unionsrecht aufweisen.[546] Der im Schrifttum zuweilen mit dem Verweis auf den einheitlichen Binnenmarkt und die gleichmäßige Behandlung aller Arbeitnehmer vertretenen Gegenauffassung[547] ist schon allein aufgrund des Wortlauts des Art. 45 Abs. 2 AEUV nicht zuzustimmen. Überdies würde eine Erstreckung auf inländische Sachverhalte dazu führen, dass der Anwendungsbereich der Arbeitnehmerfreizügigkeit unverhältnismäßig überdehnt würde.[548]

489 ▪ Jeder Arbeitnehmer hat das Recht, sich in anderen Mitgliedstaaten auf eine Stelle **zu bewerben** (Art. 45 Abs. 3 lit. a AEUV). Dabei gestattet das Bewerbungsrecht nicht nur das Recht zur Bewerbung, sondern auch das Recht der Arbeitgeber, Stellen grenzüberschreitend anzubieten.[549] Die Bewerbung muss nicht schriftlich oder fernmündlich geschehen. Das Bewerbungsrecht wäre schließlich nur unvollständig verwirklicht, wenn der Interessent nicht zum Zweck der Bewerbung ohne bereits ein Angebot zu besitzen in den betreffenden Mitgliedstaat **einreisen** und sich **zumindest vorübergehend dort aufhalten** dürfte.[550] Dies folgt nicht nur aus dem Sinn und Zweck der Vorschrift, sondern auch aus der Vorschrift des Art. 45 Abs. 3 lit. b AEUV, welcher den Bewerbern das Recht gibt, sich zu diesem Zweck – also zum Zwecke der Bewerbung – in den Mitgliedstaaten **frei zu bewegen**. Dieses Recht wäre ohne das Recht zur Einreise und zum Aufenthalt kaum denkbar.

490 ▪ Aus Art. 45 Abs. 3 lit. c AEUV ergeben sich gleich mehrere Rechte. Der Arbeitnehmer kann in allen Mitgliedstaaten **Beschäftigungen aufnehmen**, ohne dass er dazu einer gesonderten Arbeitserlaubnis bedürfte. Er ist zudem nicht gezwungen, im Anschluss an seine tägliche Arbeit in seinen Herkunftsstaat zurückzukehren, sondern genießt das Recht, sich in dem Staat seiner Arbeitstätigkeit **aufhalten** zu dürfen. Aus diesem Recht wiederum lässt sich ein **Recht zur Ein- und Ausreise** ableiten, ohne welche das Aufenthaltsrecht undenkbar wäre.[551]

491 ▪ Über den Zeitraum der Beschäftigung hinaus geht das sog. **Verbleiberecht** aus Art. 45 Abs. 3 lit. d AEUV. Hiernach dürfen Arbeitnehmer auch nach dem Ende ihrer Beschäftigung in dem Mitgliedstaat dauerhaft verbleiben, in dem sie ihrer Beschäftigung nachgegangen sind. Voraussetzung hierfür ist allerdings, dass sie sich zuvor **fünf Jahre** lang **rechtmäßig** in diesem Mitgliedstaat aufgehalten haben.[552] Dieses Recht trägt dem elementaren sozialen Bedürfnis Rechnung, nach dem Ausscheiden aus dem Arbeitsprozess dort bleiben zu dürfen, wo der Lebensmittelpunkt liegt.[553]

Die vorgenannten einzelnen Gewährleistungen umschreiben den sachlichen Schutzbereich eines **einheitlichen Rechts auf Arbeitnehmerfreizügigkeit**, sodass eine ausgie-

---

[546] EuGH Slg. 1997, I-3171 Rn. 23 *Uecker u. Jacquet*; Urt. v. 22.05.2008 – C-499/06, Slg. 2008, I-03993 Rn. 25 *Nerkowska*.
[547] Vgl. Kämmerer EuR 2008, 45, 49; Epiney EuR 2008, 840, 849 ff.
[548] Brechmann in: Calliess/Ruffert, Art. 45 AEUV Rn. 42; Fortshoff in: Grabitz/Hilf/Nettesheim, Art. 45 AEUV Rn. 55 f.; Haratsch/Koenig/Pechstein Rn. 918.
[549] Kreuschitz in: von der Groeben/Schwarze/Hatje, Art. 45 AEUV Rn. 62.
[550] EuGH Slg. 1991, I-745 Rn. 13 *Antonissen*; Slg. 1997, I-1035 Rn. 15 *Kommission/Belgien*; Kreuschitz in: von der Groeben/Schwarze/Hatje, Art. 45 Rn. 73.
[551] Vgl. Kreuschitz in: von der Groeben/Schwarze/Hatje, Art. 45 AEUV Rn. 35.
[552] Kreuschitz in: von der Groeben/Schwarze/Hatje, Art. 45 AEUV Rn. 57.
[553] Kreuschitz in: von der Groeben/Schwarze/Hatje, Art. 45 AEUV Rn. 56.

bige Differenzierung und Abgrenzung der einzelnen Gewährleistungsinhalte nicht erforderlich ist.[554]

c) Bereichsausnahme, Art. 45 Abs. 4 AEUV

Vom Schutzbereich ausgenommen sind die **Beschäftigungen in der öffentlichen Verwaltung** nach Art. 45 Abs. 4 AEUV.

492

Die dogmatische Einordnung ist umstritten. Teile der Lit. sehen Art. 45 Abs. 4 AEUV als **Rechtfertigungsgrund** an.[555] Dagegen spricht der Wortlaut des Art. 45 Abs. 4 AEUV, der die Anwendung des Art. 45 AEUV ausschließt und damit die in der öffentlichen Verwaltung Beschäftigten aus dem Schutzbereich ausgrenzt. Deshalb ordnet die h.M. die Vorschrift als Schutzbereichsbeschränkung ein.[556]

> **Fall 6: Studienreferendarin**
>
> Die belgische Studentin B wechselt an eine deutsche Universität im Bundesland L. Sie will ihre Sprachkenntnisse vertiefen, da sie u.a. Deutsch unterrichten will. Am Ende des Austauschsemesters beschließt sie, ihr Lehramtsstudium in Deutschland abzuschließen und im Anschluss daran auch in Deutschland zu unterrichten.
>
> Nachdem sie erfolgreich die erste Staatsprüfung abgelegt hat, bewirbt sie sich bei der Bezirksregierung M, die im Land L für die Einstellung der Studienreferendare zuständig ist, um Aufnahme in den Vorbereitungsdienst. Die angehenden Lehrer werden nach den Vorschriften des Lehrerausbildungsgesetzes (LABG) als Beamte auf Widerruf in den Vorbereitungsdienst übernommen, der sie auf ihre spätere Lehrtätigkeit praktisch vorbereiten soll. Sie werden einer Schule zugewiesen und unterstehen den Weisungen der dortigen Lehrkräfte. An der Schule unterrichten sie – wenngleich in geringfügigem Umfang – selbst und erhalten hierfür eine Besoldung.
>
> Das Einstellungsgesuch der B wird von der Bezirksregierung M mit der Begründung abgelehnt, dass ihre belgische Staatsangehörigkeit der Einstellung entgegenstehe. Nach § 9 LABG dürfe den Vorbereitungsdienst nur ableisten, wer die deutsche Staatsangehörigkeit besitze. Zur Rechtfertigung beruft sich die Bezirksregierung auf Art. 45 Abs. 4 AEUV. Ist der Schutzbereich der Arbeitnehmerfreizügigkeit eröffnet?

Der Schutzbereich der Arbeitnehmerfreizügigkeit ist eröffnet, wenn es sich bei B um eine Unionsbürgerin mit Arbeitnehmerstatus handelt, der sachliche Schutzbereich betroffen ist und keine Bereichsausnahme eingreift.

1. Der **persönliche Schutzbereich** des Art. 45 AEUV ist eröffnet, wenn es sich bei B um eine Unionsbürgerin handelt, die als Arbeitnehmerin angesehen werden kann.

493

Klausurhinweis: Da der Kernbegriff der Arbeitnehmerfreizügigkeit der Status des Arbeitnehmers ist, sollten Sie bei Art. 45 AEUV unter Abweichung von dem generellen Aufbauschema immer mit dem persönlichen Schutzbereich beginnen!

   a) Als belgische Staatsangehörige ist B **Unionsbürgerin**.

---

554 Forsthoff in: Grabitz/Hilf/Nettesheim, Art. 45 AEUV Rn. 235.
555 Jarass EuR 1995, 202, 221 ff.
556 Forsthoff in: Grabitz/Hilf/Nettesheim, Art. 45 AEUV Rn. 423.

b) B ist **Arbeitnehmerin** i.S.d. Art. 45 AEUV. Sie erbringt Leistungen in Form von Unterricht, während sie den Weisungen des Lehrpersonals der ausbildenden Schule untersteht. Ihr werden zudem Bezüge gezahlt, die als Gegenleistung u.a. für den erteilten Unterricht auch dessen wirtschaftlichen Wert belegen. Auch der Umstand, dass nur in **geringem Umfang** Unterricht durch die Studienreferendare erteilt wird, steht der Einordnung nicht entgegen, da es grundsätzlich nicht auf den Umfang der Tätigkeit ankommt. Da der Unterricht selbstständig erfolgt, ist er jedenfalls nicht völlig untergeordneter oder unerheblicher Natur.[557] Die Kriterien für das Bestehen eines Arbeitsverhältnisses sind folglich erfüllt.

c) Dieser Einordnung steht nicht entgegen, dass sich die Arbeit der Studienreferendare als **praktische Vorbereitung** auf die spätere Berufstätigkeit darstellt. Jeder Dienst, der unter den Bedingungen der Tätigkeit im Lohn- und Geschäftsverhältnis abgeleistet wird, qualifiziert den Dienstleistenden zum Arbeitnehmer, unabhängig davon, ob er bereits voll ausgebildet seinen Beruf ausübt oder die Tätigkeit der Berufsausbildung dient.

2. Auch der **sachliche Schutzbereich** ist erfüllt, da B den Vorbereitungsdienst aufnehmen und damit eine **Beschäftigung ausüben** will (Art. 45 Abs. 3 lit. c AEUV). Da die Arbeitsstätte in Deutschland liegt, ist ein **grenzüberschreitender Bezug** gegeben.

494 3. Fraglich ist allerdings, ob die **Bereichsausnahme aus Art. 45 Abs. 4 AEUV** eingreift.

a) Von einer **Beschäftigung in der öffentlichen Verwaltung** könnte bereits deshalb auszugehen sein, weil die Studienreferendare für den Vorbereitungsdienst in ein **Beamtenverhältnis auf Widerruf** im Dienst des Bundeslandes L berufen werden. Dagegen spricht jedoch, dass Bereichsausnahmen wie Art. 45 Abs. 4 AEUV **eng auszulegen** sind, damit sich ihre Tragweite auf das beschränkt, was zur Wahrung der Interessen, die diese Bestimmung den Mitgliedstaaten zu schützen erlaubt, unbedingt erforderlich ist.[558] Würde man den formalen Akt der Verbeamtung ausreichen lassen, gäbe man den Mitgliedstaaten die Möglichkeit, nach Belieben die Beschäftigungen zu bestimmen, die unter diese Ausnahmegenehmigung fallen. Denn die Mitgliedstaaten haben das Recht zu entscheiden, welche Personen- oder Beschäftigungsgruppen in ein Beamtenverhältnis berufen werden sollen. Demnach ist die **rechtliche Ausgestaltung des Beschäftigungsverhältnisses**, also ob jemand nach nationalem Recht als angestellter Arbeitnehmer oder Beamter beschäftigt wird oder ob sein Beschäftigungsverhältnis öffentlichem oder privatem Recht unterliegt, **ohne Bedeutung**.[559]

Diese sog. organisationsrechtliche Sichtweise konnte sich demnach nicht durchsetzen.

495 b) Unter welchen Umständen von einer Beschäftigung in der öffentlichen Verwaltung ausgegangen werden kann, ist aus diesem Grund nach **rein materiellen Kriterien** zu bestimmen. Voraussetzung ist ein Verhältnis besonderer Verbun-

---

[557] Vgl. EuGH Slg. 1986, 2121 Rn. 21 *Lawrie-Blum*.
[558] EuGH Slg. 19974, 153 Rn. 4 *Sotgiu*; Slg. 1986, 2121 Rn. 26 *Lawrie-Bloom*; Slg. 2003, I-10391 Rn. 38 *Colegio de Officiales*; Forsthoff in: Grabitz/Hilf/Nettesheim, Art. 45 AEUV Rn. 424.
[559] EuGH Slg. 1974, 153 Rn. 4 *Sotgiu*; EuGH Slg. 1986, 2121 Rn. 22 *Lawrie-Blum*; EuZW 2014, 945 Rn. 40 *Haralambidis*; Brechmann in: Calliess/Ruffert, Art. 45 AEUV Rn. 107.

denheit des jeweiligen Stelleninhabers zum Staat. Dieses Verhältnis muss dabei von einer **Gegenseitigkeit von Rechten und Pflichten** geprägt sein, die dem **Staatsangehörigkeitsband** zugrunde liegen. Hiervon wird dann ausgegangen, wenn die **Tätigkeit die unmittelbare oder mittelbare Teilnahme an der Ausübung hoheitlicher Befugnisse beinhaltet** und die Aufgaben mit sich bringen, die auf die **Wahrung der allgemeinen Belange des Staates** oder anderer öffentlich-rechtlicher Körperschaften gerichtet sind (sog. funktionelle Sichtweise).[560]

Die Studienreferendare nehmen im Rahmen ihrer Unterrichtstätigkeit keine spezifischen Hoheitsrechte wahr und üben keine Hoheitsgewalt aus. Ihre Tätigkeit ist ausschließlich durch den Unterricht geprägt und bringt keine besondere Verbundenheit zum Staat zum Ausdruck. Obwohl die Tätigkeit formal für den Staat und in einem Beamtenverhältnis erbracht wird, zählt die spezifische Tätigkeit des Studienreferendars nicht zur Beschäftigung in der öffentlichen Verwaltung i.S.d. Art. 45 Abs. 4 AEUV. Die Bereichsausnahme greift folglich nicht ein.[561]

Ergebnis: Der Schutzbereich der Arbeitnehmerfreizügigkeit ist eröffnet.

Art. 45 Abs. 4 AEUV schließt nur das Recht auf **Zugang zur Beschäftigung** aus (vgl. § 7 Abs. 2 BBG). Ist eine Person zu einer Beschäftigung in der öffentlichen Verwaltung zugelassen worden, steht Art. 45 Abs. 4 AEUV dem Gleichbehandlungsanspruch in Bezug auf Entlohnung und sonstige Arbeitsbedingungen nicht mehr entgegen.[562]

496

III. Eingriff

Ein **spezifischer Eingriffsbegriff** besteht für die Arbeitnehmerfreizügigkeit nicht, sodass auf die allgemeine Begriffsbestimmung zurückzugreifen ist (s.o. Rn. 422 ff.). Art. 45 Abs. 2 AEUV verbietet nicht nur alle **offenen und versteckten Diskriminierungen**, die sich gegen die Aufnahme und die Ausübung einer unselbstständigen Erwerbstätigkeit richten, sondern auch alle Diskriminierungen mit unmittelbarem oder mittelbarem Einfluss auf die Erwerbstätigkeit.[563]

497

Beispiele: Führerschein,[564] Zugang zu Sozialwohnungen als Voraussetzung für die Ausübung einer Tätigkeit,[565] Studienfinanzierung der Kinder[566]

Das Diskriminierungsverbot aus Art. 45 Abs. 2 AEUV erlangt jedoch vor dem Hintergrund des **allgemeinen Diskriminierungsverbotes** aus Art. 18 AEUV immer geringere Bedeutung, da Art. 18 AEUV die Diskriminierung aufgrund der Staatsangehörigkeit grundsätzlich in allen Lebenslagen verbietet.[567]

---

[560] EuGH Slg. 1980, 3881 Rn. 10 f. *Kommission/Belgien*; Slg. 1996, I-3285 Rn. 2 *Kommission/Griechenland*; Slg. 2003, I-10391 Rn. 39 ff. *Colegio de Oficiales*; Forsthoff in: Grabitz/Hilf/Nettesheim, Art. 45 AEUV Rn. 425.
[561] EuGH Slg. 1986, 2121 Rn. 28 *Lawrie-Bloom*.
[562] EuGH Slg. 1974, 153 Rn. 4 *Sotgiu*; EuZW 2001, 413 Rn. 37 *Öster. Gewerkschaftsbund*; Slg. 2007, I-3505, Rn. 70 *Alevizos*; Brechmann in: Calliess/Ruffert, Art. 45 AEUV Rn. 108; Franzen in: Streinz, Art. 45 AEUV Rn. 153.
[563] Forsthoff in: Grabitz/Hilf/Nettesheim, Art. 45 AEUV Rn. 242.
[564] EuGH Slg. 1978, 2293 Rn. 4 *Choquet*; Slg. 1996, I-929 Rn. 23 *Skanavi*; Slg. 1998, I-2133 Rn. 12 ff. *Kommission/Deutschland*.
[565] EuGH Slg. 1988, 29 Rn. 15 f. *Kommission/Italien*.
[566] EuGH Slg. 1999, I-3289 Rn. 25, 27 *Meussen*.
[567] EuGH Slg. 1998, I-2691 *Sala*; Forsthoff in: Grabitz/Hilf/Nettesheim, Art. 45 AEUV Rn. 243; Borchardt NJW 2000, 2057, 2058.

498 Ein Eingriff ist zudem in sonstigen Regelungen zu sehen, die zwar unabhängig von der Staatsangehörigkeit der betroffenen Arbeitnehmer (unterschiedslos) anwendbar sind, aber deren Freizügigkeit **beeinträchtigen**.[568] Dabei stellt der Gerichtshof spezifisch für die Arbeitnehmerfreizügigkeit klar, dass das **Beschränkungsverbot** ausschließlich im Hinblick auf den **Zugang** zur Berufstätigkeit und damit die freien

Wahl des Arbeitsortes gilt und im Übrigen am Diskriminierungsverbot festgehalten werden soll.[569] Diese Begrenzung ist sinnvoll, als das die freie Wahl des Arbeitsortes notwendig ist, um überhaupt von der Arbeitnehmerfreizügigkeit Gebrauch machen zu können. Die im Anschluss daran garantierte Inländergleichbehandlung ist dem zugezogenen Arbeitnehmer insofern zuzumuten, weil er sich ohnehin der Rechtsordnung des Aufnahmestaates anpassen muss und der Wortlaut des Art. 45 AEUV nur eine Gleichstellung mit inländischen Arbeitskräften gebietet.

Aus dogmatischer Sicht übernimmt der Gerichtshof die zur Warenverkehrsfreiheit entwickelten Formeln, um den Eingriff zu definieren. Die Lit. geht in der Übernahme der Dogmatik noch weiter und erwägt eine Übertragung der Einschränkung durch die Keck-Formel auf das Beschränkungsverbot. Danach sollen Ausübungs- oder Aufenthaltsmodalitäten aus dem Beschränkungsverbot herausfallen und dieses auf Marktzugangsbeschränkungen eingegrenzt werden.[570] Dieser Eingrenzung ist der Gerichtshof bislang nicht gefolgt.[571]

IV. Rechtfertigung

499 Zur Rechtfertigung der Diskriminierungen dient der **geschriebene Rechtfertigungsgrund** des Art. 45 Abs. 3 AEUV.[572] Danach sind offene Diskriminierungen gerechtfertigt, wenn sie aus Gründen der öffentlichen Ordnung, Sicherheit und Gesundheit erfolgen.

- Der Begriff der **öffentlichen Ordnung** entspricht demjenigen in Art. 36 AEUV.

- Die **öffentliche Sicherheit** umfasst sowohl die innere als auch die äußere Sicherheit des jeweiligen Mitgliedstaates.[573] Eingriffe können zur Erhaltung des staatlichen Gewaltmonopols, zum Schutz der Existenz des Mitgliedstaates sowie seiner zentralen Einrichtungen vor inneren wie äußeren Bedrohungen gerechtfertigt werden.[574]

- Die **öffentliche Gesundheit** kann eine die Freizügigkeit beschränkende Maßnahme nur rechtfertigen, wenn **Krankheiten mit epidemischen Potenzial** i.S.d WHO-Bestimmungen und sonstige übertragbare, durch Infektionserreger oder Parasiten verursachte Krankheiten zum Anlass genommen werden und Maßnahmen zum Schutz der Staatsangehörigen des Aufnahmemitgliedstaates getroffen werden.[575]

---

568 EuGH Slg. 1995, I-4165 Rn. 37 *Gebhard*; EuGH NJW 1996, 505 Rn. 96 *Bosman*; EuZW 2000, 252 Rn. 18 *Graf*; Forsthoff in: Grabitz/Hilf/Nettesheim, Art. 45 AEUV Rn.272; Franzen in: Streinz, Art. 45 AEUV Rn. 86.
569 EuGH EuZW 2000, 252 Rn. 23 *Graf*.
570 Schroeder JZ 1996, 254, 255 f.; Nettesheim NVwZ 1996, 342, 344; vgl. auch Franzen in: Streinz, Art. 45 AEUV Rn. 90.
571 EuGH NJW 1996, 505 Rn. 103 *Bosman*; EuZW 2000, 252 Rn. 24 *Graf*; Haratsch/Koenig/Pechstein Rn. 941.
572 EuGH, Urt. v. 04.09.2014 – C-474/12 Rn. 32 ff. *Schiebel*; Forsthoff in: Grabitz/Hilf/Nettesheim, Art. 45 AEUV Rn. 246; Brechmann in: Calliess/Ruffert, Art. 45 AEUV Rn. 45.
573 EuGH Slg. 1991, I-4621 Rn. 22 *Richardt*.
574 EuGH Slg. 1984, 2727 Rn. 34 f.; Haratsch/Koenig/Pechstein Rn. 944.
575 Vgl. Art. 29 Abs. 1 RL 2004/38/EG; Brechmann in: Calliess/Ruffert, Art. 45 Rn. 105.

V. Unmittelbare Drittwirkung und ungeschriebene Rechtfertigung

Adressat der Arbeitnehmerfreizügigkeit sind grundsätzlich die **Mitgliedstaaten**.[576] Allerdings hat der Gerichtshof den Adressatenkreis in seiner Rspr. deutlich erweitert.

500

> **Fall 7: Unmittelbare Drittwirkung der Arbeitnehmerfreizügigkeit**
>
> Der Scout des F e.V., dessen erste Mannschaft in der deutschen Bundesliga spielt, beobachtet Jugendmannschaften in der deutschen Provinz. Nach längerer Beobachtung entschließt sich die Vereinsführung von F, den 16-jährigen G, der deutscher Staatsangehöriger ist, in seine Jugendmannschaft aufzunehmen und zum Profispieler auszubilden. Der Verein schließt mit G, der von seinen Eltern vertreten wird, einen Vertrag, der auf zwei Jahre befristet ist, G als „Hoffnungsspieler" bezeichnet und diesem ein Ausbildungshonorar für Trainings- und Spielleistungen gewährt. In dem Vertrag findet sich u.a. eine Klausel, die auf die Reglements der Deutschen Fußball-Union (DFU) und dem Europäischen Fußball-Verband (EuFV) verweist und diese zum Inhalt des Vertrages macht. Die Reglements von DFU und EuFV sehen vor, dass sog. „Hoffnungsspieler" – vielversprechende Spieler im Alter von 16 bis 22 Jahren – die bei einem professionellen Verein mit einem befristeten Vertrag als Auszubildende beschäftigt sind, einen ihnen vom Ausbildungsverein angebotenen Profivertrag annehmen müssen. Wer ein solches Angebot ablehnt, darf innerhalb von drei Jahren ohne Zustimmung des Ausbildungsvereins zu keinem anderen Verein wechseln.
>
> Am Ende des zweijährigen Ausbildungsvertrages bietet der F e.V. dem G den Abschluss eines Profivertrages an. G lehnt diesen ab und schließt stattdessen einen Vertrag mit einem Profiverein in Frankreich. Daraufhin nahm der F e.V. den G auf Schadensersatz i.H.v. 55.000 € in Anspruch. F beruft sich auf die Reglements von DFU und EuFV. Verstieße der Hoffnungsspieler gegen den Kontrahierungszwang, müsse es F als Ausbildungsverein zumindest möglich sein, Schadensersatz für die teure Ausbildung zum Profispieler zu verlangen. G verweigert die Zahlung unter Verweis auf Art. 45 AEUV und den Umstand, dass zur Berechnung des Schadensersatzanspruchs – was zutrifft – nicht nur die Ausbildungskosten, sondern weitere Posten wie beispielsweise entgangener Gewinn berücksichtigt wurden.
>
> Ist die Schadensersatzforderung mit der Arbeitnehmerfreizügigkeit vereinbar?

Die Schadensersatzforderung ist mit der Arbeitnehmerfreizügigkeit unvereinbar, wenn diese anwendbar ist, die Vorschriften den Schutzbereich beschränken oder Arbeitnehmer diskriminieren und die Beschränkung oder Diskriminierung nicht gerechtfertigt ist.

I. Mangels vorrangiger Profifußball-Verordnungen ist Art. 45 AEUV **anwendbar**.

II. Weiterhin müsste der **Schutzbereich** des Art. 45 AEUV **eröffnet** sein.

1. Der **persönliche Schutzbereich** des Art. 45 AEUV ist eröffnet, wenn es sich bei G um einen Unionsbürger handelt, der als Arbeitnehmer angesehen werden kann.

501

a) Als deutscher Staatsangehöriger ist G **Unionsbürger**.

---

576 Brechmann in: Calliess/Ruffert, Art. 45 Rn. 53.

b) Die Vorschriften des Reglements betreffen „Hoffnungsspieler", die von einem professionellen Fußballverein zum Zwecke der Ausbildung zum Profispieler unter Vertrag genommen werden. Wie bei G wirken sich die Regelungen auf Ausbildungsverträge aus, die es zum Inhalt haben, dass Trainings- und Spielleistungen von den unter Vertrag genommenen Spielern nach Weisung des Trainings- und sonstigen Ausbildungspersonals vorgenommen werden. Hierfür erhalten die Spieler ein Ausbildungsgehalt. G ist folglich **Arbeitnehmer**.

502 c) Dieser Einordnung könnte entgegenstehen, dass G keine Dienst- oder Arbeitsleistung im klassischen Sinne erbringt, sondern sich als **Profisportler** in der Ausbildung betätigt. Hat die sportliche Betätigung den Charakter einer entgeltlichen Arbeits- oder Dienstleistung, gehört sie zum Wirtschaftsleben und unterfällt der Arbeitnehmerfreizügigkeit. Dies trifft auf die Tätigkeit von Fußballprofis oder -halbprofis zu, da diese eine unselbstständige Tätigkeit ausüben oder entgeltliche Dienstleistungen erbringen.[577] Die Reglements von DFU und EuFV sowie der bei Verletzung der Reglements drohende Schadensersatzanspruch wirken sich auf „Hoffnungsspieler" aus, die sich noch in der Ausbildung zum Fußballprofi befinden. Auch wenn es nicht alle in diese Verträge aufgenommenen Auszubilden tatsächlich später in den Profibereich schaffen, sind sie zumindest als Halbprofis anzusehen. Dementsprechend ist **nicht nur der unwirtschaftliche Freizeitbereich des Fußballs** betroffen.

2. Der geltend gemachte Schadensersatz stellt zumindest angesichts der Höhe der Forderung eine Erschwernis hinsichtlich des Starts in das Berufsleben dar. Somit ist die Geltendmachung der Forderung geeignet, den G bei der Aufnahme einer Beschäftigung zu behindern (Art. 45 Abs. 3 lit. c AEUV), sodass auch der **sachliche Schutzbereich** eröffnet ist.

3. Trotz der Streitigkeit zwischen einem deutschen Staatsangehörigen und einem deutschen Fußballverein liegt kein reiner Inlandssachverhalt, sondern ein **grenzüberschreitender Bezug** vor, da die Forderung den G daran hindern kann, zu einem französischen Fußballverein zu wechseln.

503 4. Allerdings könnte der Schutzbereich deshalb nicht eröffnet sein, da sich G gegenüber einem Schadensersatzanspruch aus einem **privatrechtlichen Vertrag** bzw. aus **Regularien privater Fußballverbände** auf die Arbeitnehmerfreizügigkeit beruft. Fraglich ist, ob diese in derartigen Fällen Schutz entfaltet. Da die Grundfreiheiten grundsätzlich nur die **Mitgliedstaaten** binden, kann sich G nur auf die Arbeitnehmerfreizügigkeit berufen, wenn diese **unmittelbare Drittwirkung** entfaltet.

504 a) Der **Gerichtshof** erkennt eine unmittelbare Drittwirkung der Arbeitnehmerfreizügigkeit an. Das Diskriminierungsverbot gelte nicht nur für Akte staatlicher Behörden, sondern auch für Maßnahmen, die eine **kollektive Regelung im Arbeits- und Dienstleistungsbereich** enthalten (z.B. Verbandsregeln oder Tarifvertragsregeln). Die Arbeitnehmerfreizügigkeit wäre gefährdet, wenn die Abschaffung der Schranken staatlichen Ursprungs durch Hindernisse zunichte

---

577 EuGH NJW 1996, 505, 508 *Bosman*; EuZW 2010, 342, 343 *Bernard*.

gemacht werden könnte, die sich daraus ergeben, dass nicht dem öffentlichen Recht unterliegende Vereinigungen und Einrichtungen von ihrer rechtlichen Autonomie Gebrauch machen.[578] Zudem seien die Arbeitsbedingungen in den Mitgliedstaaten nicht nur durch Gesetze oder Verordnungen, sondern auch durch von Privatpersonen geschlossene oder vorgenommene Verträge oder sonstige Akte geregelt. Würde man den Schutz des Art. 45 AEUV nur behördlichen Maßnahmen entgegenstellen, könnten sich daraus **Ungleichheiten** für die Arbeitnehmer ergeben.[579]

Darüber hinaus erkennt der Gerichtshof eine unmittelbare Drittwirkung **zwischen Privatpersonen** aufgrund der Verbindung des ebenfalls unmittelbar geltenden allgemeinen Diskriminierungsverbotes aus Art. 18 AEUV und demjenigen aus Art. 45 Abs. 2 AEUV an, um Ungleichheiten bei der Anwendung der Arbeitnehmerfreizügigkeit zu verhindern.[580]

Nach dieser Ansicht ist der Schutzbereich auch hinsichtlich Beeinträchtigungen aus privatrechtlichen Verbandsregelungen anwendbar.

b) Die **Lit.** spricht sich **gegen eine unbeschränkte unmittelbare Drittwirkung** aus. Der Wortlaut des Art. 45 AEUV nehme keinen Bezug auf Privatpersonen, sondern richte sich ausschließlich an die Mitgliedstaaten.[581] Die unmittelbare Drittwirkung könne ausnahmsweise anerkannt werden, wenn private Verbände **anstelle des Staates** oder **mit vergleichbarer Wirkung** tätig werden.[582] 505

Dies ist hier jedoch der Fall, da die Fußballverbände aus einer herausgehobenen Stellung operieren und kein Fall der unmittelbaren Drittwirkung zwischen natürlichen Personen betroffen ist. Insbes. können die von den Verbänden herausgegebenen Regularien zumindest als verordnungsähnlich beschrieben werden, da sich sämtliche Vereine diesen Regularien unterworfen haben und sie in der täglichen Vereinsarbeit und im Rahmen des Vertragsabschlusses mit Profispielern berücksichtigen.

Nach beiden Ansichten ist eine unmittelbare Drittwirkung anzuerkennen.

Die Lit. hat sich immer mehr der Position des Gerichtshofs angenähert und protestiert heute beinahe ausschließlich gegen die Erweiterung aus der Angonese-Entscheidung, wonach eine unmittelbare Drittwirkung auch zwischen Privatpersonen in Betracht kommen soll.

5. Die **Bereichsausnahme des Art. 45 Abs. 4 AEUV** greift ebenfalls nicht ein, sodass der Schutzbereich eröffnet ist. 506

III. In der Schadensersatzforderung könnte eine **Diskriminierung** oder eine **Beschränkung** der Arbeitnehmerfreizügigkeit zu sehen sein. 507

1. Die Regularien und der Vertrag knüpfen nicht an die **Staatsangehörigkeit** an und wirken sich nicht sonst benachteiligend auf ausländische Staatsangehörige aus, sodass weder eine direkte noch eine indirekte Diskriminierung vorliegt. 508

---

578 EuGH NJW 1996, 505 Rn. 83 *Bosman*; NJW 1975, 1093 Rn. 18 *Walrave*.
579 EuGH NJW 1996, 505 Rn. 84 *Bosman*; NJW 1975, 1093 Rn. 19 *Walrave*.
580 EuGH EuZW 2000, 468 Rn. 33 ff. *Angonese*.
581 Streinz/Leible EuZW 2000, 459, 464.
582 Franzen in: Streinz, Art. 45 AEUV Rn. 93; Streinz/Leible EuZW 2000, 459, 465; vgl. auch Röthel EuZW 2000, 378 ff.; Remmert Jura 2003, 13.

509 2. Allerdings hat der Gerichtshof die Arbeitnehmerfreizügigkeit über ein Diskriminierungsverbot hinaus hin zu einem allgemeinen **Beschränkungsverbot** entwickelt. Dies steht einer nationalen Regelung entgegen, die, auch wenn sie unabhängig von der Staatsangehörigkeit der betroffenen Arbeitnehmer (unterschiedslos) anwendbar ist, deren Freizügigkeit beeinträchtigt.

Der Kontrahierungszwang mit dem Ausbildungsverein bewirkt, dass der Ausbildungsspieler zwangsläufig an eine weitere Tätigkeit im Sitzland des Ausbildungsvereins gebunden ist. Zwar stehen die Reglements der Fußballverbände der Wirksamkeit eines gleichwohl mit einem anderen Verein unter Umgehung des Kontrahierungszwanges oder des Wechselverbotes abgeschlossenem Profivertrag nicht entgegen, sodass G für den französischen Verein auflaufen und seinem Vertrag diesem gegenüber erfüllen kann. Jedoch sehen sich die Spieler dann Schadensersatzforderungen der ausbildenden Vereine ausgesetzt, da der Vertragsabschluss unter Verletzung der sich aus den Regularien ergebenden Pflichten der Spieler erfolgt ist. Die Reglements sowie deren Folgen sind daher geeignet, die Ausbildungsspieler von einem Wechsel zu einem Verein in einem anderen Mitgliedstaat und damit vom Gebrauch ihres Rechts auf Freizügigkeit abzuhalten. Zumindest wird die Ausübung des Freizügigkeitsrechts aufgrund der zu erwartenden Schadensersatzforderung weniger attraktiv, sodass eine Beschränkung vorliegt.

IV. Die Beschränkung könnte jedoch **gerechtfertigt** sein.

510 1. Gründe der **öffentlichen Ordnung, Sicherheit oder Gesundheit** als in Art. 45 Abs. 3 AEUV ausdrücklich niedergelegte Rechtfertigungsgründe greifen nicht ein.

511 2. Allerdings erkennt der Gerichtshof – angelehnt an die Cassis-Formel zu Art. 34 AEUV – auch im Hinblick auf die Arbeitnehmerfreizügigkeit **ungeschriebene Rechtfertigungsgründe** für den Fall an, dass keine offene Diskriminierung vorliegt. Danach sind Beschränkungen gerechtfertigt, wenn sie einen mit dem Vertrag zu vereinbarenden berechtigten Zweck verfolgen, **aus zwingenden Gründen des Allgemeininteresses** gerechtfertigt und **verhältnismäßig** sind.[583]

512 a) Zunächst müsste damit ein **zwingender Grund des Allgemeininteresses** für die Rechtfertigung eingreifen. Wie im Rahmen der Warenverkehrsfreiheit verwendet der Gerichtshof einen unbestimmten Rechtsbegriff, um offen für die Anerkennung einzelner Schutzanliegen zu sein.[584]

Beispiele: Verbraucherschutz, Schutz des Arbeitsmarktes, Schutz vor dem Missbrauch akademischer Grade[585]

Hier kommt die **Förderung der Einstellung und Ausbildung junger Spieler** in Betracht. Angesichts der sozialen Bedeutung, die dem Sport im Allgemeinen und dem Fußball im Besonderen in der Union zukommt, ist es legitim, Anreize zu setzen, durch die entsprechende Aktivitäten der Fußballvereine in den ein-

---

583 EuGH NJW 1996, 505 Rn. 104 ff. *Bosman*; EuZW 1996, 92 Rn. 37 *Gebhard*; EuZW 2010, 342 Rn. 38 ff. *Olympique Lyonnais*; Brechmann in: Calliess/Ruffert, Art. 45 Rn. 50 m.w.N.
584 Forsthoff in: Grabitz/Hilf/Nettesheim, Art. 45 AEUV Rn. 379.
585 EuGH NVwZ 2010, 1422 Rn. 45 *Carmen Media*; Slg. 1981, 3305 Rn. 18 f. *Webb*; Slg. 1993, 1663 Rn. 35 *Kraus*; Forsthoff in: Grabitz/Hilf/Nettesheim Art. 45 AEUV Rn. 379 m.w.N.

zelnen Mitgliedstaaten gefördert werden. Darüber hinaus sollen die Vorschriften des Reglements das **Gleichgewicht und die Chancengleichheit zwischen den Vereinen** bewahren helfen, die anderenfalls von der ungewissen Ausbildung Abstand nehmen oder sich gegenseitig Talente nach erfolgter Ausbildung abspenstig machen könnten.[586] Ein zwingender Grund des Allgemeinwohls liegt somit vor.

b) Die Aussicht auf den Verbleib der Spieler oder zumindest auf einen Schadensersatzanspruch müssten darüber hinaus **verhältnismäßig** sein.

aa) Fraglich ist bereits, ob die Maßnahme zur Zweckförderung **geeignet** ist. Die Ausbildung von Nachwuchsspielern ist durch erhebliche Aufwendungen gekennzeichnet, die der Ausbildungsverein oftmals über mehrere Jahre erbringt. Könnten die Spieler unmittelbar nach Ablauf ihres Ausbildungsvertrages ohne eine Ablöse oder eine Ausbildungsentschädigung zu einem anderen Verein wechseln, könnten die Vereine davon abgehalten werden, überhaupt neue Spieler auszubilden. Dies ist insbesondere bei kleinen Vereinen der Fall, deren Investitionen in die Anwerbung und Ausbildung von Nachwuchsspielern auf lokaler Ebene aber **von erheblicher Bedeutung für die Erfüllung der sozialen und erzieherischen Funktionen** des Sports sind. Demnach ist die Aussicht auf die Erlangung von Ausbildungsentschädigungen geeignet, die Fußballvereine zu ermutigen, nach Talenten zu suchen und für die Ausbildung der Spieler zu sorgen.[587]

513

bb) Allerdings könnten die Maßnahmen **nicht erforderlich** sein. Dies ist der Fall, wenn die Einstellung und Ausbildung von Nachwuchsspielern genauso wirksam durch Maßnahmen gefördert werden könnten, welche die Freizügigkeit der einzelnen Spieler weniger beeinträchtigen. Als milderes Mittel kommt ein **genau bezifferter Schadensersatzanspruch** in Betracht, der ausschließlich die Kosten berücksichtigt, die den Vereinen durch die Ausbildung entstehen. Bislang ist nicht festgelegt, an welchen **Kriterien** der eingeforderte Schaden überhaupt bemessen wird. Dementsprechend ist es für den einzelnen Nachwuchsspieler nicht von vornherein erkennbar, welchem konkret bezifferten Risiko er sich aussetzt, wenn er bei einem anderen Verein unterschreibt. Auch durch einen eingeschränkten Schadensersatzanspruch würde die Ausbildungsbereitschaft der Vereine weiterhin befördert und sie in die Lage versetzt, etwaig entstandene Nachteile abzufedern. Ein unbeschränkter Anspruch ist demnach nicht erforderlich.[588]

514

Ergebnis: Die Schadensersatzforderung ist mit Art. 45 AEUV unvereinbar.

---

[586] EuGH NJW 1996, 505 Rn. 105 *Bosman*.
[587] EuGH, Urt. v. 16.03.2010 – C-325/08, RÜ 2010, 447, 449 Rn. 41 *Bernard*.
[588] EuGH, Urt. v. 16.03.2010 – C-325/08, RÜ 2010, 447, 449 Rn. 48 *Bernard*.

VI. Rechtfertigung zum Schutz der Grundrechte

515 Der Gerichtshof erkennt weiterhin die Möglichkeit an, die Freizügigkeit zum Schutz der unionsrechtlichen Grundrechte Dritter einzuschränken.[589] Kollidiert die grundfreiheitliche Pflicht, die Freizügigkeit der Arbeitnehmer nicht zu behindern, mit der staatlichen Schutzpflicht zugunsten der Grundrechte oder der privaten Ausübung einer grundrechtlichen Freiheit, ist diese Kollision mittels einer umfassenden Abwägung der betroffenen Rechtspositionen aufzulösen, wobei nach Möglichkeit alle betroffenen Rechte zur optimalen Wirkung gebracht werden sollen (Herstellung **praktischer Konkordanz**).[590]

Arbeitnehmerfreizügigkeit, Art. 45 AEUV

I. Anwendbarkeit

Kein aufgrund von Art. 45 Abs. 6 AEUV erlassenes Sekundärrecht

II. Schutzbereich

1. Persönlicher Schutzbereich
   a) Arbeitnehmer = jeder, der während einer bestimmten Zeit für einen anderen nach dessen Weisung Leistungen erbringt, für die er als Gegenleistung eine Vergütung erhält
   b) Unionsbürger
2. Sachlicher Schutzbereich: Recht auf Gleichbehandlung, Bewerbung, Aufenthalt, Beschäftigung, Verbleib (einheitliches Recht der Arbeitnehmerfreizügigkeit)
3. Grenzüberschreitender Bezug
4. Keine Bereichsausnahme für Beschäftigte der öffentlichen Verwaltung, Art. 45 Abs. 4 AEUV: nur bei unmittelbarer/mittelbarer Teilnahme an Ausübung hoheitlicher Befugnisse

III. Diskriminierung oder Beschränkung

1. Direkte oder indirekte Diskriminierung wegen der Staatsangehörigkeit
   Beachte: Rechtfertigung dann nur nach Art. 45 Abs. 3 AEUV möglich!
2. Beschränkung der Arbeitnehmerfreizügigkeit = Maßnahme geeignet, den Zugang zum Arbeitsmarkt und somit die Nutzung der Freizügigkeit zu beeinträchtigen

IV. Rechtfertigung

1. Ausdrücklicher geschriebener Rechtfertigungsgrund, Art. 45 Abs. 3 AEUV
   a) Öffentliche Ordnung, Sicherheit oder Gesundheit
   b) Grundsatz der Verhältnismäßigkeit: legitimes Ziel, geeignet, erforderlich
2. Ungeschriebener Rechtfertigungsgrund
   a) Zwingender Grund des Allgemeininteresses
   c) Grundsatz der Verhältnismäßigkeit: legitimes Ziel, geeignet, erforderlich
3. EU-Grundrechte

---

589 EuGH, Urt. v. 16.04.2013 – C-202/11 Rn. 23 ff. *Las*; Haratsch/Koenig/Pechstein Rn. 950.
590 Haratsch/Koenig/Pechstein Rn. 952.

E. Niederlassungsfreiheit

Die Niederlassungsfreiheit dehnt die Personalfreiheiten des AEUV auf den Bereich der **selbstständigen Tätigkeit** aus. Alle Unionsbürger sollen nach Art. 49 Abs. 1 AEUV die Möglichkeit besitzen, sich in den Mitgliedstaaten zur Durchführung selbstständiger Tätigkeiten niederzulassen, also einen Unternehmensstandort zu gründen. 516

I. Anwendbarkeit

Allerdings ist auch Art. 49 AEUV nur anwendbar, sofern keine besondere sekundärrechtliche Regelung einschlägig ist. Art. 50 AEUV lässt es insoweit zu, im ordentlichen Gesetzgebungsverfahren sekundärrechtliche Regelungen für die Verwirklichung der Niederlassungsfreiheit für bestimmte Tätigkeitsbereiche zu betreiben. 517

Von besonderer Bedeutung ist dabei die Richtlinie 2005/36/EG über die Anerkennung von Berufsqualifikationen. Hiermit sollen zum einen die erworbenen Abschlüsse, zum anderen die erlangten Berufserfahrungen mitgliedstaatsübergreifend Anerkennung finden.

II. Schutzbereich

1. Sachlicher Schutzbereich

a) Begriff der Niederlassung

Art. 49 Abs. 1 AEUV schützt in sachlicher Hinsicht die **Niederlassung**. Hierunter fällt jede feste Einrichtung, die der tatsächlichen Ausübung einer selbständigen Erwerbstätigkeit auf unbestimmte Zeit zu dienen bestimmt ist.[591] Die einzelnen Bestandteile des Niederlassungsbegriffs werden **weit ausgelegt**. 518

- Eine **feste Einrichtung** ist vorhanden, wenn die Niederlassung es dem Wirtschaftsteilnehmer erlaubt, tatsächliche und echte Tätigkeiten im Hoheitsgebiet des Niederlassungsstaates auszuüben.[592] 519

- **Selbstständig** ist die Tätigkeit, welche die handelnde Person **weisungsfrei** erbringt. Hinzu kommen muss – zur Abgrenzung von der Dienstleistungsfreiheit – dass die Person das **unternehmerische Risiko** trägt, also unter eigenem Namen und für eigene Rechnung handelt.[593] Durch das Kriterium der Selbstständigkeit ist zugleich die Abgrenzung zur Arbeitnehmerfreizügigkeit möglich. 520

- Die **Erwerbstätigkeit** umfasst potenziell alle Lebensbereiche. Der Gerichtshof hat Tätigkeiten unter Art. 49 AEUV erfasst, die den kulturellen Bereich, den Bildungsbereich, aber auch Religionsgemeinschaften, soziale Bereiche und den Sport betrafen.[594] Die jeweilige Tätigkeit muss jedenfalls, um dem Kontext des Binnenmarktes zugeordnet werden zu können, einen **wirtschaftlichen Bezug** haben. Auf welche 521

---

591 EuGH Slg. 1991, I-3905 Rn. 20 *Factortame II*; Forsthoff in: Grabitz/Hilf/Nettesheim, Art. 49 Rn. 16 m.w.N.
592 EuGH Slg. 1991, I-3905 Rn. 20 *Factortame II*; EuZW 2009, 689; Forsthoff in: Grabitz/Hilf/Nettesheim, Art. 49 Rn. 36.
593 Korte in: Calliess/Ruffert, Art. 49 AEUV Rn. 16; Tiedje in: von der Groeben/Schwarze/Hatje, Art. 49 AEUV Rn. 55.
594 Forsthoff in: Grabitz/Hilf/Nettesheim, Art. 49 AEUV Rn. 19.

Weise dieser Bezug hergestellt wird, ist unerheblich, sodass sowohl freie Berufe als auch gewerbliche Tätigkeit in den Schutzbereich fallen.[595]

522 ■ Auf **unbestimmte Dauer** muss die Tätigkeit angelegt sein, um sie von der punktuellen Dienstleistung abgrenzen zu können. Aus dem Schutzbereich fallen die Tätigkeiten heraus, die nur gelegentlichen Charakter haben oder zeitlich befristet sind.[596]

b) Primäre oder sekundäre Niederlassungsfreiheit

Bereits der Wortlaut von Art. 49 Abs. 1 S. 1 und S. 2 AEUV differenziert zwischen der **primären** und der **sekundären Niederlassung**.

523 ■ Gründet der Selbstständige, der die Staatsangehörigkeit eines Mitgliedstaates besitzt, erstmals eine Niederlassung in einem anderen Mitgliedstaat oder verlegt er seine Niederlassung innerhalb der Union bzw. von einem Drittstaat in die Union, handelt es sich um eine **primäre Niederlassung** i.S.d. Art. 49 Abs. 1 S. 1 AEUV.

524 ■ Werden dagegen unter Beibehaltung der primären Niederlassung (sog. **Hauptniederlassung**) weitere Niederlassungen, namentlich Agenturen, Zweigniederlassungen oder Tochtergesellschaften eingerichtet, bezeichnet man diese als **sekundäre Niederlassungen** nach Art. 49 Abs. 1 S. 2 AEUV.

525 Welche Niederlassung eines Unternehmens die Haupt- und welche die Zweigniederlassung ist, hängt wiederum davon ab, wo der **wirtschaftliche Schwerpunkt** der Tätigkeit liegt. Bei Gesellschaften kommt es – anders als bei natürlichen Personen – darauf an, wie der Träger der Niederlassungsfreiheit das gesellschaftsrechtliche Band zwischen seinen Unternehmungen in den Mitgliedstaaten geknüpft hat. Herrscht eine Gesellschaft über die andere, ist der Ort der Niederlassung der herrschenden Gesellschaft als primäre Niederlassung anzusehen. Der Ort der Niederlassung der beherrschten Gesellschaft ist selbst dann als sekundäre Niederlassung einzuordnen, wenn von dieser fast sämtliche Aktivitäten nach außen ausgehen.[597]

526 Zugleich wird hiermit deutlich, dass ein **grenzüberschreitender Bezug** erforderlich ist; auf rein mitgliedstaatsinterne Maßnahmen ist die Niederlassungsfreiheit nicht anwendbar.[598] Eine Schlechterstellung der eigenen Staatsangehörigen durch einen Mitgliedstaat (sog. Inländerdiskriminierung) ist somit grundsätzlich unionsrechtlich zulässig.[599] Eine Ausnahme besteht im Rahmen der sog. **Wegzugsfreiheit**: Die Mitgliedstaaten dürfen den Wegzug ihrer eigenen Staatsangehörigen nicht behindern, wenn das Ziel des Wegzuges die Verlegung einer primären Niederlassung in einen anderen Mitgliedstaat ist.[600]

---

595 Haratsch/Koenig/Pechstein Rn. 960.
596 EuGH Slg. 1986, 3717 Rn. 13 *Kommission/Dänemark*; Slg. 1991, I-709 Rn. 6 *Kommission/Italien*.
597 Forsthoff in: Grabitz/Hilf/Nettesheim, Art. 49 AEUV Rn. 55 unter Verweis auf EuGH Slg. 1999, I-1459 *Centros*.
598 EuGH Slg. 1997, I-195, Rn. 12 ff. *USSL No. 47 die Biella*; Haratsch/Koenig/Pechstein Rn. 963.
599 EuGH Slg. 1993, I-6621 Rn. 41 *Ligur Carni*.
600 Vgl. EuGH Slg. 2004, I-2409 Rn. 42 *Hughes de Lasteyrie du Saillant*.

2. Persönlicher Schutzbereich

a) Natürliche Personen

Alle natürlichen Personen, welche die Staatsangehörigkeit eines Mitgliedstaates besitzen und damit **Unionsbürger** sind, können sich gemäß Art. 49 Abs. 1 S. 1 AEUV auf die Niederlassungsfreiheit berufen. Dagegen können sich Drittstaatsangehörige überhaupt nicht auf die Niederlassungsfreiheit berufen, auch dann nicht, wenn sie eine Niederlassung im Unionsgebiet gründen.[601]

527

Die **Ansässigkeit** in einem Mitgliedstaat ist nicht erforderlich, da eine primäre Niederlassung auch von einem Drittstaat aus begründet werden kann.[602] Etwas anderes gilt für die Gründung einer sekundären Niederlassung. Diese können nur dann in der Union gegründet werden, wenn sich auch die Hauptniederlassung im Unionsgebiet befindet.

528

b) Juristische Personen

Nach Art. 54 Abs. 1 AEUV gilt die Niederlassungsfreiheit zudem für **juristische Personen**. Dabei werden, wie sich aus der Erweiterung des Art. 54 Abs. 2 AEUV ergibt, nicht nur Gesellschaftsformen mit eigener Rechtspersönlichkeit, sondern auch (sonstige) Gesellschaften des bürgerlichen Rechts und des Handelsrechts sowie Genossenschaften und die sonstigen juristischen Personen des öffentlichen und privaten Rechts erfasst. Lediglich solche Gesellschaften, die keinen erwerbswirtschaftlichen Zweck verfolgen, sind vom persönlichen Schutzbereich ausgeschlossen.

529

- Der Begriff der Gesellschaft wird **weit ausgelegt**. Dabei ist kein am nationalen Gesellschaftsrecht orientiertes, sondern ein europäisches Verständnis zugrunde zu legen. Auch offene Handelsgesellschaften, Kommanditgesellschaften und Gesellschaften bürgerlichen Rechts sind deshalb juristischen Person i.S.d. Art. 54 AEUV.[603]

530

- Auch **öffentlich-rechtliche Stiftungen oder Anstalten** können sich auf die Niederlassungsfreiheit berufen.

531

  Anders als im Rahmen der deutschen Grundrechte spielt das sog. **Konfusionsargument**[604] keine Rolle. Auch wenn die Mitgliedstaaten Verpflichtete der Grundfreiheiten sind und somit in erster Linie die Ausübung der Niederlassungsfreiheit durch ihre Bürger und die in ihrem Bereich gegründeten Gesellschaften zu garantieren haben, können Sie sich ausweislich des insofern eindeutigen Wortlauts auch selbst auf die Niederlassungsfreiheit berufen.[605]

- Voraussetzung ist aber, dass die Gesellschaften **nach den Rechtsvorschriften eines Mitgliedstaates gegründet** worden sind und ihren satzungsmäßigen **Sitz**, ihre **Hauptverwaltung** oder ihre **Hauptniederlassung innerhalb der Union** haben. Durch dieses Merkmal wird die Zugehörigkeit der Gesellschaft zur Rechtsordnung eines Mitgliedstaates sichergestellt, um die bei natürlichen Personen herangezogene

532

---

601 EuGH Slg. 1992, I-4097 Rn 8 f. *Ferrer Laderer*; vgl. aber HessVGH, Beschl. v. 04.02.2014 – 7 B 39/14, RÜ 2014, 730.
602 Haratsch/Koenig/Pechstein Rn. 965.
603 Haratsch/Koenig/Pechstein Rn. 968.
604 Siehe hierzu AS-Skript Grundrechte (2015), Rn. 43 f.
605 Vgl. dazu Weiß EuR 2003, 165, 173 ff.

Staatsangehörigkeit, welche die juristische Person von Natur aus nicht besitzen kann, zu kompensieren.[606]

> Hauptverwaltung bezeichnet dabei den Ort, an dem die Willensbildung und die eigentliche unternehmerische Leistung innerhalb der Gesellschaft erfolgen; dies ist regelmäßig der Sitz der Geschäftsleitung. Hauptniederlassung ist z.B. bei einem Industrieunternehmen die zentrale Produktionsstätte oder Fabrik, ansonsten der Ort, an dem die wesentlichen Sach- und Personalmittel der Gesellschaft, also der Gesellschaftsschwerpunkt konzentriert sind.

533 Die Feststellung, ob eine Gesellschaft nach den Vorschriften des Rechts eines Mitgliedstaates gegründet wurde, bereitet besondere Probleme bei der **Sitzverlegung**. Denn als juristische Person ist eine Gesellschaft jenseits der Rechtsordnung, die ihre Gründung und Existenz regelt, nicht existent.

Fall 8: Sitzverlegung

Die Firma C wurde am 20.05.2009 in Form einer „betéti tarsaság", einer Kommanditgesellschaft nach ungarischem Recht, gegründet. Als ihr Verwaltungssitz wurde die Stadt B in Ungarn festgelegt. Die Firma wurde am 11.06.2009 im Handelsregister eingetragen. Nachdem das Unternehmen mehrere Jahre in Ungarn tätig war, entschloss sich die Geschäftsleitung, den Verwaltungssitz von Ungarn nach Italien zu verlegen. Gleichwohl sollte die Rechtsform der Kommanditgesellschaft nach ungarischem Recht beibehalten werden.

Am 11.11.2015 stellte C beim zuständigen Handelsregistergericht den Antrag, die Verlegung ihres Sitzes nach Italien zu bestätigen und die Sitzangabe im Handelsregister entsprechend zu ändern. Der Antrag wurde am 25.01.2016 mit der Begründung abgelehnt, dass eine in Ungarn gegründete Gesellschaft nach geltendem ungarischen Recht – was zutrifft – ihren Sitz nicht unter Beibehaltung des ungarischen Personalstatuts ins Ausland verlegen könne. Vielmehr müsse sich die Gesellschaft auflösen und im Zielland nach dem dort geltenden Gesellschaftsrecht neu gründen.

Gegen diese Entscheidung legte C Berufung mit der Begründung ein, das ungarische Recht verstoße gegen Art. 49, 54 AEUV, wenn es Handelsgesellschaften unterschiedlich danach behandele, in welchem Mitgliedstaat sich ihr Sitz befinde. Das ungarische Recht könne den ungarischen Gesellschaften nicht vorschreiben, Ungarn als Sitzland zu wählen, nur um die ungarische Gesellschaftsform nutzen zu können.

Fällt die Sitzverlegung in den Schutzbereich der Niederlassungsfreiheit?

Die Verlegung fällt in den Schutzbereich der Niederlassungsfreiheit, wenn der sachliche und der persönliche Schutzbereich eröffnet sind und keine Bereichsausnahme eingreift.

534 I. In **sachlicher Hinsicht** garantiert Art. 49 Abs. 1 AEUV den Unionsbürgern die Freiheit, sich mit ihren Unternehmungen in einem Mitgliedstaat niederzulassen. Die C plant, ihren Hauptsitz nach Italien zu verlegen, um dort von dieser festen Einrichtung aus tatsächlich einer selbstständigen Erwerbstätigkeit nachzugehen. Die Ausübung der Tätigkeit ist auf unbestimmte Zeit geplant, sodass grundsätzlich eine Niederlassung vorliegt.

---

606 EuGH Slg. 1993, I-4017 Rn. 13 *Commerzbank*; Haratsch/Koenig/Pechstein Rn. 968.

II. Der **persönliche Schutzbereich** umfasst zunächst alle **natürlichen Personen**, welche die Staatsangehörigkeit eines Mitgliedstaates besitzen und damit **Unionsbürger** sind. Der Anwendungsbereich der Niederlassungsfreiheit wird durch die Regelung in Art. 54 Abs. 1 AEUV auf **Gesellschaften** ausgedehnt, die nach dem Recht eines Mitgliedstaates gegründet wurden und ihren satzungsmäßigen Sitz, ihre Hauptverwaltung oder ihre Hauptniederlassung innerhalb der Union haben.

535

1. Als **Gesellschaften** sind dabei nicht nur Kapitalgesellschaften anzusehen, sondern alle Gesellschaften des bürgerlichen Rechts und des Handelsrechts einschließlich der Genossenschaften, vgl. Art. 54 Abs. 2 AEUV. Damit werden **alle Gesellschaftsformen des nationalen Rechts** erfasst, unabhängig davon, ob sie als juristische Personen ausgestaltet sind oder nicht.[607] Dementsprechend ist auch die als Kommanditgesellschaft gegründete C eine Gesellschaft in diesem Sinne.

536

2. Sie wurde zudem in Ungarn nach ungarischem Recht und damit **nach dem Recht eines Mitgliedstaates gegründet**.

537

3. Zudem hatte die C ihren **satzungsmäßigen Sitz** zunächst in der ungarischen Stadt B und damit **im Gebiet der Union**. Selbst nach der Sitzverlegung nach Italien hätte die C ihren satzungsmäßigen Sitz immer noch im Unionsgebiet.

538

Folglich liegen grundsätzlich alle Voraussetzungen des Art. 54 AEUV vor.

III. Allerdings beabsichtigt C nicht, in Italien Zweigniederlassungen oder Tochtergesellschaften (vgl. Art. 49 Abs. 1 S. 2 AEUV) oder sich selbst dort neu zu gründen (vgl. Art. 49 Abs. 2 AEUV), sondern **ihren Sitz unter Beibehaltung ihrer ungarischen Rechtspersönlichkeit** nach Italien **zu verlegen**. Fraglich ist, ob auch diese konkrete Vorgehensweise in den Schutzbereich der Niederlassungsfreiheit fällt.

539

1. Dafür spricht eine **rechtsvergleichende Betrachtung mit Art. 54 AEUV**: Danach werden die Gesellschaften grundsätzlich den natürlichen Personen gleichgestellt, sodass ihnen – ebenso wie den natürlichen Personen – das Recht zur beeinträchtigungsfreien Primärniederlassung eingeräumt werden müsste.

540

2. Hiergegen spricht jedoch, dass eine vollständige Gleichstellung von Gesellschaften mit natürlichen Personen unmöglich ist.

541

Im Gegensatz zu den natürlichen Personen **existiert eine Gesellschaft ausschließlich als Produkt des nationalen Gesellschaftsrechts**. Die gesellschaftsrechtlichen Vorschriften sind innerhalb der Union noch nicht harmonisiert, sodass in den Rechtsordnungen der Mitgliedstaaten unterschiedliche Voraussetzungen an die Existenz und die Qualität der Existenz gestellt werden. Diese Erkenntnis hat in der Formulierung des Art. 54 AEUV Niederschlag gefunden: Die Vorschrift erwähnt spricht nur von „Gesellschaften" und nicht etwa von „juristischen Personen". Zudem nimmt Art. 54 AEUV als Anknüpfungspunkt den satzungsmäßigen Sitz, die Hauptverwaltung oder die Hauptniederlassung in Bezug, da die nationalen Rechtsordnungen an diese Kriterien anknüpfen, um in einer Gesellschaft eine

---

[607] Forsthoff in: Grabitz/Hilf/Nettesheim, Art. 54 AEUV Rn. 3.

solche des jeweiligen nationalen Rechts zu sehen. Dementsprechend geht auch das Unionsrecht davon aus, dass **eine aufgrund einer nationalen Rechtsordnung gegründete Gesellschaft jenseits der Rechtsordnung, die ihre Gründung und ihre Existenz regelt, keine Realität hat**.

Diese Probleme könnten ausschließlich im Wege einer **Harmonisierung des Gesellschaftsrechts** erreicht werden. Zu einer solchen ist es allerdings bislang nicht gekommen. Eine problemlose Sitzverlegung in der Union kann vielmehr nur durch die Wahl der – auch zu diesem Zweck – geschaffenen europäischen Gesellschaftsformen der Societas Europea (SE) und der Europäischen wirtschaftlichen Interessenvereinigung (EWIV) erreicht werden.

Ob eine Sitzverlegung unter Beibehaltung der Rechtsform überhaupt möglich ist, ergibt sich dementsprechend nicht aus unionsrechtlichen Vorschriften, sondern ist **nach den nationalen Rechtsvorschriften zu beurteilen, nach denen die Gesellschaft gegründet worden ist**. Die Mitgliedstaaten können somit sowohl die Anknüpfung bestimmen, die eine Gesellschaft aufweisen muss, um als nach seinem innerstaatlichen Recht gegründet angesehen zu werden, als auch die Anknüpfung, die für den Erhalt dieser Eigenschaft verlangt wird. Diese Befugnis umfasst die Möglichkeit für die Mitgliedstaaten, es einer Gesellschaft seines nationalen Rechts nicht zu gestatten, diese Eigenschaft zu behalten, wenn sie sich durch die Verlegung ihres Sitzes in einem anderen Mitgliedstaat neu organisieren möchte und damit die Anknüpfung löst, die das nationale Recht des Mitgliedstaates vorsieht.[608] Dies spricht dafür, dass eine Sitzverlegung in einen anderen Mitgliedstaat unter Beibehaltung der vormaligen Rechtspersönlichkeit nicht vom Schutzbereich der Niederlassungsfreiheit umfasst ist.

542 3. Etwas anderes könnte sich allerdings aus der bisherigen Rspr. des Gerichtshofs zum **Zuzug von Gesellschaften** ergeben. Sofern eine Gesellschaft ihren Sitz von einem Mitgliedstaat in den anderen verlegt, ist der aufnehmende Staat verpflichtet, dies zu dulden. Zudem ist er grundsätzlich verpflichtet, die **ausländischen Gesellschaften anzuerkennen**.[609] Ist der Wegzug aus dem Gründungsstaat der Gesellschaft nach dessen nationalen Recht möglich, ohne dass die Rechtspersönlichkeit verloren geht, können die aufnehmenden Mitgliedstaaten dies nicht verhindern. Eine Regelung, welche die zwangsweise Neugründung der Gesellschaft nach dem Recht des aufnehmenden Mitgliedstaates bei einem Zuzug vorschreibt, kann nur zum Schutz der öffentlichen Sicherheit oder Ordnung sowie bei Vorliegen zwingender Gründe des Allgemeinwohls vorgesehen werden. Würde man diese Rspr. auf den – hier vorliegenden – **Wegzug von Gesellschaften** übertragen, würde die Niederlassungsfreiheit allen Regelungen entgegenstehen, die an den Wegzug zwangsweise das Erlöschen des Personalstatuts knüpfen. Hierfür ließe sich beispielsweise anführen, dass es anderenfalls die Mitgliedstaaten in der Hand hätten, das Ende einer Gesellschaft festzulegen, nur weil diese von dem in den Grundfreiheiten des AEUV niedergelegten Recht der Wahl der freien Niederlassung Gebrauch machen.[610]

---

608 EuGH, Urt. v. 16.12.2008 – C-210/06, RÜ 2009, 179, 182 *Cartesio*.
609 EuGH EuZW 1999, 216 *Centros*; EuZW 2002, 754 *Überseering*; EuZW 2003, 687 *Inspire Art*.
610 So Pießkalla EuZW 2009, 81, 82 unter Bezug auf den Schlussvortrag des Generalanwalts Maduro; vgl. auch Mörsdorf EuZW 2009, 97.

543 Gegen die Übertragung spricht jedoch, dass die nationale Hoheit über die Regelung der Existenz von Gesellschaften geschützt werden muss. Nur der Mitgliedstaat, nach dessen nationalen Vorschriften die Gesellschaft gegründet wurde und innerhalb dessen Rechtsordnung sie existiert, ist berechtigt, Regelungen darüber zu treffen, wann oder aufgrund welcher Handlungen die Gesellschaft aufzulösen bzw. neu zu gründen ist. Durch die Reglementierung der Voraussetzungen des Zuzugs könnte der aufnehmende Mitgliedstaat in diese Regelungshoheit eingreifen. Solange keine Harmonisierung der Gesellschaftsrechtsordnungen innerhalb der Union erfolgt ist, liegt es deshalb näher, den einzelnen Mitgliedstaaten die ausschließliche Berechtigung dafür zuzuerkennen, nicht nur die Voraussetzungen für die Gründung einer Gesellschaft aufzustellen, sondern auch die Voraussetzungen, die für den Erhalt dieser Eigenschaft verlangt werden.

Ergebnis: Die Verlegung des Sitzes in einen anderen Mitgliedstaat unter Beibehaltung der ausschließlich in dem Gründungsstaat anerkannten Rechtsform wird daher nicht von der Niederlassungsfreiheit garantiert. Der Schutzbereich ist nicht eröffnet.

544 Die Sitzverlegung einer Gesellschaft ist deshalb nur von der Niederlassungsfreiheit erfasst, wenn eine **Neugründung der Gesellschaft** im Aufnahmemitgliedstaat erfolgt. Dies kann in Form einer **Umwandlung** geschehen, die dann aber ihrerseits Probleme mit sich bringt: Denn vor ihrer Umwandlung leitet die Gesellschaft ihre rechtliche Existenz (noch) aus dem Recht des Herkunftmitgliedstaates ab. Nach ihrer Umwandlung sollen Existenz und Funktionsweise hingegen durch das Gesellschaftsrecht des Aufnahmemitgliedstaates bestimmt sein, da eine grenzüberschreitende Umwandlung im Aufnahmemitgliedstaat stets zur Gründung einer Gesellschaft nach dem Recht dieses Mitgliedstaates führt.[611] Dabei ist der Mitgliedstaat befugt, die Bestimmungen des nationalen Rechts über die innerstaatliche Umwandlung anzuwenden. Diese Vorschriften dürfen dabei allerdings nicht ungünstiger sein als diejenigen, die gleichartige innerstaatliche Sachverhalte regeln (sog. **Äquivalenzgrundsatz**). Ferner dürfen die Vorschriften die Ausübung der durch die Unionsrechtsordnung verliehenen Rechte nicht praktisch unmöglich machen oder übermäßig erschweren (sog. **Effektivitätsgrundsatz**).[612]

3. Bereichsausnahme

545 Wie bei der Arbeitnehmerfreizügigkeit besteht bei der Niederlassungsfreiheit eine **Bereichsausnahme** für solche Tätigkeiten, die in einem Mitgliedstaat dauernd oder zeitweise mit der **Ausübung öffentlicher Gewalt** verbunden sind, Art. 51 AEUV. Hierunter fallen aber nicht ganze Berufsgruppen, sondern nur **bestimmte Tätigkeiten**. Diese gehen mit der Ausübung öffentlicher Gewalt einher, wenn sie die unmittelbare und spezifische Teilnahme an der Ausübung der öffentlichen Gewalt darstellen.[613]

---

611 EuGH EuZW 2012, 621 Rn. 51 *Vale*.
612 EuGH EuZW 2012, 621 Rn. 47, 48 *Vale*; Streinz NJW 2012, 1142, 1145.
613 EuGH EuZW 2010, 543; Korte in: Calliess/Ruffert, Art. 51 AEUV Rn. 12.

Hierzu hat der Gerichtshof entschieden, dass auch die Tätigkeit der deutschen **Notare** nicht als Ausübung der öffentlichen Gewalt qualifiziert werden kann – obwohl § 1 BNotO bis heute vorschreibt, dass die Notare ein „öffentliches Amt" ausüben. Ausschlaggebend war insbesondere, dass die Tätigkeit auf die Beurkundung bereits abgeschlossener Verträge ohne wesentliche Einflussnahme erfolgt und selbst die Ausfertigung einer vollstreckbaren Urkunde (vgl. § 794 Abs. 1 Nr. 5 ZPO) auf der freiwilligen Entschließung der Beurkundenden beruht. Letztlich hafte der Notar zudem für seine Pflichtverletzungen selbst, eine Amtshaftung vergleichbar Art. 34 GG, § 839 BGB findet nicht statt.[614]

III. Diskriminierung oder Beschränkung

1. Begriffsbestimmung für die Niederlassungsfreiheit

546 Mangels spezifischen Eingriffsbegriffs steht die Niederlassungsfreiheit grundsätzlich **Diskriminierungen** und **Beschränkungen** entgegen. Die Diskriminierungsbegriffe werden geringfügig abgewandelt und an die Niederlassungsfreiheit angepasst:

- **Offene Diskriminierungen** liegen danach vor, wenn EU-ausländische Unternehmer nur aufgrund ihrer Staatsangehörigkeit strengeren Anforderungen bei der Niederlassung unterworfen werden als inländische Unternehmer.[615]

    Beispiel: Erfordernis der deutschen Staatsangehörigkeit für den Zugang zum Notarberuf[616]

- **Versteckte Diskriminierungen** sind solche Belastungen oder Schlechterstellungen, die zwar nicht unmittelbar an das Kriterium der Staatsangehörigkeit anknüpfen, aber regelmäßig nur Schlechterstellungen von Ausländern bewirken.[617]

    Beispiel: Erteilung einer Genehmigung hängt vom Wohnsitz im Inland ab[618]

547 Eine **Beschränkung** liegt in solchen mitgliedstaatlichen Regelungen oder Maßnahmen, die weder offen noch versteckt an die Staatsangehörigkeit anknüpfen (sog. unterschiedslose Maßnahmen), aber die Ausübung einer selbstständigen Erwerbstätigkeit **behindern oder weniger attraktiv machen** (sog. **Gebhard-Formel**).[619]

Beispiele: Beschränkungen beim Führen eines akademischen Grades,[620] Verlangen von Berufserfahrung,[621] Qualifikations- und Spracherfordernisse[622]

Unklar ist bislang, ob der Gerichtshof im Sinne eines Gleichlaufs der Grundfreiheiten die Keck-Rspr. zur Warenverkehrsfreiheit auf die Niederlassungsfreiheit übertragen will. Bis dato ist dies nicht erfolgt. Vielmehr grenzt der Gerichtshof Maßnahmen aus dem weiten Beschränkungsbegriff aus, denen eine hinreichende Spürbarkeit oder eine abschreckende Wirkung fehlt.[623] Dieses Kriterium wird zu Recht als zu unscharf kritisiert.[624] Allerdings hat der Gerichtshof in einem Fall eine Marktzugangsbehinderung im

---

614 Vgl. EuGH, Urt. v. 24.05.2011 – C-54/08, RÜ 2011, 444, 446 ff. *Kommission/Deutschland*.
615 EuGH Slg. 2001, I-541 Rn. 31 *Kommission/Italien*; Haratsch/Koenig/Pechstein Rn. 984.
616 EuGH, Urt. v. 24.05.2011 – C-54/08, RÜ 2011, 444 *Kommission/Deutschland*.
617 EuGH Slg. 1996, I-3089, Rn. 38, 49 *Asscher*; Haratsch/Koenig/Pechstein Rn. 987.
618 EuGH Slg. 1999, I-4899, Rn. 13, 15 *Kommission/Belgien*.
619 EuGH Slg. 1995, I-4165 Rn. 37 *Gebhard*; EuZW 2013, 664 Rn. 33 *Impacto Azul*; Haratsch/Koenig/Pechtsein Rn. 988.
620 EuGH NVwZ 1993, 661 *Kraus*.
621 EuGH Slg. 2005, I-3747 *Kommission/Italien*.
622 EuGH EuZW 2006, 658 *Wilson*.
623 EuGH EuZW 2011, 149 *Idryma*; Slg. 2008, I-1683 *Flämische Pflegeversicherung*.
624 So beispielsweise bei Oppermann/Classen/Nettesheim, § 28 Rn. 34.

Sinne der Keck-Rspr. als Beschränkung der Niederlassungsfreiheit angesehen,[625] sodass zumindest der Grund für die Übertragung der Keck-Formel bereitet scheint.

2. Adressaten der Niederlassungsfreiheit

Adressaten sind grundsätzlich – wie bei allen Grundfreiheiten – die Mitgliedstaaten sowie die Union und ihre Organe. Eine unmittelbare Drittwirkung gegenüber Privaten ist bei der Niederlassungsfreiheit – anders als bei der Arbeitnehmerfreizügigkeit – nicht anerkannt. Eine Ausnahme gilt nur für den Fall, dass sich **privatrechtliche Organisationen** wie beispielsweise Verbände aufgrund einer ihnen eingeräumten rechtlichen Autonomie in staatsähnlicher Weise Rechtsvorschriften erlassen und damit die selbstständige Tätigkeit regeln.[626] Darüber hinaus sind auch **Gewerkschaften** im Rahmen des Arbeitskampfes unmittelbar an die Niederlassungsfreiheit gebunden.[627]

548

IV. Rechtfertigung

1. Geschriebener Rechtfertigungsgrund, Art. 52 AEUV

Mitgliedstaatliche Vorschriften, die Sonderregeln für Ausländer und damit offene Diskriminierungen beinhalten, können nach Art. 52 Abs. 1 AEUV nur aus Gründen der **öffentlichen Ordnung, Sicherheit oder Gesundheit** gerechtfertigt werden. Hierbei handelt es sich wiederum um unionsrechtliche Begriffe,[628] die eng auszulegen sind. Die Definitionen entsprechen denjenigen zu Art. 45 Abs. 3 AEUV, der dieselben Schranken enthält (s.o. Rn. 499). Darüber hinaus muss die offene Diskriminierung den Grundsatz der Verhältnismäßigkeit wahren.[629]

549

2. Rechtfertigung durch zwingende Gründe des Allgemeinwohls

Versteckte Diskriminierungen sowie sonstige Beschränkungen sind gerechtfertigt, wenn sie in nicht-diskriminierender Weise angewandt werden, aus zwingenden Gründen des Allgemeininteresses gerechtfertigt und geeignet sind, die Verwirklichung des mit ihnen verfolgten Zieles zu gewährleisten, und nicht über das hinausgehen, was zur Erreichung dieses Zieles erforderlich ist.[630] Der Gerichtshof hat insoweit die Grundsätze seiner Cassis-Rspr. zur Warenverkehrsfreiheit auch auf die Niederlassungsfreiheit übertragen.

550

Beispiele: Schutz der Öffentlichkeit vor irreführender oder missbräuchlicher Führung akademischer Titel,[631] Gläubigerschutz[632]

---

625 EuGH, Urt. v. 07.03.2013 – C-577/11 *DKV*.
626 Haratsch/Koenig/Pechstein Rn. 982 unter Verweis auf EuGH Slg. 2002, I-1577 Rn. 120 *Wouters*.
627 EuGH EuZW 2008, 246 Rn. 90 *Viking*.
628 Korte in: Calliess/Ruffert, Art. 52 AEUV Rn. 7; Oppermann/Classen/Nettesheim, § 28 Rn. 35; a.A. (nationales Verständnis) Forsthoff in: Grabitz/Hilf/Nettesheim, Art. 52 AEUV Rn. 23.
629 EuGH Slg. 1996, I-2691 Rn. 26 *Kommission/Italien*; Haratsch/Koenig/Pechstein Rn. 990.
630 EuGH Slg. 1995, I-4165 Rn. 37 *Gebhard*; Forsthoff in: Grabitz/Hilf/Nettesheim, Art. 49 AEUV Rn. 95.
631 EuGH Slg. 1993, I-1663 Rn. 28 *Kraus*.
632 EuGH Slg. 1999, I-1459 Rn. 32 *Centros*; EuZW 2003, 687 Rn. 132 *Inspire Art*.

3. Rechtfertigung aus Grundrechten

551 Grundsätzlich ist – wie bereits zu den übrigen Grundfreiheiten ausgeführt – auch eine Rechtfertigung gestützt auf kollidierende Grundrechte der GrCh denkbar. Zum Bereich der Niederlassungsfreiheit fehlt es bislang allerdings an einer entsprechenden Bestätigung durch die Rechtsprechung des Gerichtshofs.[633]

Niederlassungsfreiheit, Art. 49 AEUV

I. Anwendbarkeit

Kein aufgrund von Art. 50 AEUV erlassenes Sekundärrecht

II. Schutzbereich

1. Sachlicher Schutzbereich
   a) Niederlassung = jede feste Einrichtung, die der tatsächlichen Ausübung einer selbstständigen Erwerbstätigkeit auf unbestimmte Zeit zu dienen bestimmt ist
   b) Grenzüberschreitender Bezug
   c) Unterscheidung primäre / sekundäre Niederlassungsfreiheit
2. Persönlicher Schutzbereich
   a) Unionsbürger
   b) Juristische Personen, Art. 54 AEUV i.V.m. Art. 49 AEUV
3. Grenzüberschreitender Bezug
4. Keine Bereichsausnahme für Tätigkeiten, die in einem Mitgliedstaat dauernd oder zeitweise mit der Ausübung öffentlicher Gewalt verbunden sind, Art. 51 AEUV

III. Diskriminierung oder Beschränkung

1. Direkte oder indirekte Diskriminierung wegen der Staatsangehörigkeit

   Beachte: Rechtfertigung dann nur nach Art. 52 AEUV möglich!
2. Beschränkung der Niederlassungsfreiheit = jede mitgliedstaatliche Regelung oder Maßnahme, die weder offen noch versteckt an die Staatsangehörigkeit anknüpft, aber die Ausübung einer selbstständigen Erwerbstätigkeit behindern oder weniger attraktiv machen

IV. Rechtfertigung

1. Ausdrücklicher geschriebener Rechtfertigungsgrund, Art. 52 AEUV
   a) Öffentliche Ordnung, Sicherheit oder Gesundheit
   b) Grundsatz der Verhältnismäßigkeit: legitimes Ziel, geeignet, erforderlich
2. Ungeschriebener Rechtfertigungsgrund
   a) Beschränkung wird in nicht-diskriminierender Weise angewendet
   b) Zwingender Grund des Allgemeinwohls
   c) Grundsatz der Verhältnismäßigkeit: legitimes Ziel, geeignet, erforderlich
3. EU-Grundrechte

---

[633] Vgl. dazu Haratsch/Koenig/Pechstein Rn. 995.

F. Dienstleistungsfreiheit

Die von den Art. 56 ff. AEUV geschützte **Dienstleistung** ist ein unternehmerisches Produkt, das im Gegensatz zur Ware i.S.d. Art. 28 Abs. 2 AEUV eine geldwerte nichtkörperliche Leistung oder einen Leistungserfolg zum Gegenstand hat. Der Dienstleistende verkauft sein „Know How", d.h. sein Wissen, seine Ideen, Fähigkeiten oder Fertigkeiten. Damit vervollständigt die Dienstleistungsfreiheit den Schutz wirtschaftlicher Austauschvorgänge im Binnenmarkt durch den Schutz unkörperlich erbrachter, aber wirtschaftlich relevanter Leistungen.[634]

552

I. Anwendbarkeit

1. Keine generelle Subsidiarität

Anders als die Begriffsbestimmung der Dienstleistung in Art. 57 Abs. 1 AEUV vermuten lässt, besteht **keine generelle Subsidiarität** der Dienstleistungsfreiheit gegenüber der Warenverkehrs- und Kapitalverkehrsfreiheit sowie der Personenfreiheiten.[635] Betrifft aber eine staatliche Maßnahme sowohl die Dienstleistungsfreiheit als auch eine der anderen in Art. 57 Abs. 1 a.E. AEUV genannten Grundfreiheiten, prüft der Gerichtshof, inwieweit diese Maßnahme die Ausübung dieser Grundfreiheiten berührt und ob unter den gegebenen Umständen eine von ihnen hinter die andere zurücktritt. Dies ist der Fall, wenn eine der beiden Freiheiten gegenüber der anderen völlig zweitrangig ist und ihr zugeordnet werden kann.[636]

553

Dieses Kriterium ist mit der **Einzelfallspezialität** vergleichbar, die zur Auflösung einer Kollision von Grundrechten aus dem deutschen Grundgesetz angewendet wird.

2. Vorrangiges Sekundärrecht

Art. 59 AEUV erlaubt es den Organen der Union, im ordentlichen Gesetzgebungsverfahren ggü. der Dienstleistungsfreiheit vorrangige sekundärrechtliche Spezialregelungen zu erlassen. Hier erlangt die Richtlinie 2006/123/EG über Dienstleistung im Binnenmarkt (sog. Dienstleistungsrichtlinie) besondere Bedeutung. Diese beinhaltet Vorschriften, welche der Dienstleistungsfreiheit nicht nur vor-, sondern auch über sie hinausgehen.

554

II. Schutzbereich

1. Sachlicher Schutzbereich

a) Dienstleistungsbegriff

Anders als die Konzeption vermuten lässt, wird Art. 57 AEUV nicht als Legaldefinition der geschützten Dienstleistung angesehen.[637] Die darin aufgezählten Fälle stellen vielmehr in jedem Fall eine geschützte Dienstleistung dar, während aber auch Leistungen, die

555

---

634 Vgl. Haratsch/Koenig/Pechstein Rn. 1002.
635 EuGH EuZW 2006, 689 Rn. 32 *Fidium Finanz*; Kluth in: Calliess/Ruffert, Art. 57 AEUV Rn. 15.
636 EuGH EuZW 2006, 689 Rn. 34 *Fidium Finanz*; EuZW 2004, 753 Rn. 26 *Omega*; EuZW 2005, 497 Rn. 35 *Burmanjer*.
637 Vgl. Haratsch/Koenig/Pechstein Rn. 1004.

nicht in den ausdrücklich umschriebenen Bereich fallen, als Dienstleistung anzusehen sein können. **Dienstleistung** ist demnach jede selbständig und vorübergehend ausgeführte Leistung nicht-körperlicher Art, die in der Regel gegen ein Entgelt erbracht wird.

556 ■ Wie sich aus Art. 57 Abs. 1 AEUV ergibt, muss die Leistung in der Regel **gegen Entgelt** erbracht werden. Entgelt ist jede wirtschaftliche Gegenleistung.[638] Das Merkmal dient lediglich dazu, nicht zum (Erwerbs-)Wirtschaftsleben zuzuordnende Leistungen auszuschließen. Denn anderweitige Leistungen verfügen nicht über den erforderlichen Bezug zum Binnenmarkt, welchen die Grundfreiheiten schützen.

557 ■ Dass die Leistung zudem **nicht-körperlich** sein muss, dient der Abgrenzung der Dienstleistungsfreiheit zur **Warenverkehrsfreiheit**. Diese Unterscheidung bereitet naturgemäß besondere Schwierigkeiten, da im Bereich der Herstellung von Waren zugleich Dienstleistungen erbracht werden. Erfolgen nicht-körperliche und körperliche Leistungen zeitlich nacheinander, sind die jeweiligen Leistungen getrennt voneinander der jeweils einschlägigen Freiheit zu unterwerfen.[639]

Beispiel: Ausstrahlung einer Fernsehsendung an der Dienstleistungsfreiheit, Handel mit Tonträgern und Filmen, die bei der Sendung verwendet wurden, an der Warenverkehrsfreiheit[640]

Geht die nicht-körperlich erbrachte Leistung in dem späteren Gegenstand auf, richtet sich die Zuordnung danach, welcher Teil den **Schwerpunkt** bildet.[641]

Beispiel: Obwohl Drucken die Erbringung einer Dienstleistung beinhaltet, ist das dadurch geschaffene Druckerzeugnis ausschließlich an der Warenverkehrsfreiheit zu messen.[642]

558 ■ Die Leistung erfolgt **selbstständig**, wenn sie vom Leistungserbringer außerhalb eines Arbeitsverhältnisses erbracht wird.[643] Anderenfalls wäre der Schutzbereich der **Arbeitnehmerfreizügigkeit** betroffen.

559 ■ Letztlich erfasst die Dienstleistung – in Abgrenzung zur **Niederlassungsfreiheit** – nur solche Leistungen, die **vorübergehend** erbracht werden. Dieses Merkmal ist jedenfalls dann erforderlich, wenn nicht nur die Leistung, sondern auch der Leistungserbringer die Grenze zu einem anderen Mitgliedstaat überschreitet. Nimmt er dauerhaft selbstständige Tätigkeiten im Aufnahmestaat wahr, kann er sich auf die Niederlassungsfreiheit berufen, bei vorübergehenden Tätigkeiten ist die Dienstleistungsfreiheit einschlägig. Ob die Tätigkeit vorübergehend ist, bemisst sich nicht nur an der Dauer ihrer Erbringung, sondern auch an ihrer Häufigkeit, regelmäßigen Wiederkehr oder Kontinuität.[644] Allerdings können auch langfristig erbrachte Leistungen noch als Dienstleistung einzuordnen sein, sofern sie im Rahmen eines einheitlichen, auf einen längeren Zeitraum erstreckten Großprojektes erbracht werden.[645]

---

[638] EuGH Slg. 1988, 5365 Rn. 15 ff. *Humbel*.
[639] Randelzhofer/Forsthoff in: Grabitz/Hilf/Nettesheim, Art. 57 AEUV Rn. 37.
[640] EuGH Slg. 1974, 408 Rn. 6 ff. *Sacchi*.
[641] EuGH EuZW 2011, 219 Rn. 49 f. *Josemans*; Randelzhofer/Forsthoff in: Grabitz/Hilf/Nettesheim, Art. 57 AEUV Rn. 38.
[642] EuGH Slg. 1985, 1339 Rn. 12 *Kommission/Frankreich*.
[643] Müller-Graff in: Streinz, Art. 56 AEUV Rn. 26.
[644] EuGH Slg. 1995, I-4165 Rn. 27 *Gebhard*; Müller-Graff in: Streinz, Art. 56 Rn. 27 m.w.N.; Haratsch/Koenig/Pechstein Rn. 1008; generell gegen dieses Merkmal Randelzhofer/Forsthoff in: Grabitz/Hilf/Nettesheim, Art. 57 AEUV Rn. 43.
[645] EuGH EuZW 2004, 94 Rn. 30 *Schnitzer*; Slg. 2004, I-5645 Rn. 26 *Kommission/Portugal*.

b) Grenzüberschreitender Bezug

Wie bei allen Grundfreiheiten wird auch bei der Dienstleistungsfreiheit ein **grenzüberschreitender Bezug** vorausgesetzt, damit der Schutzbereich überhaupt eröffnet ist. Da die Dienstleistungen nicht-körperlich und auch nicht zwangsläufig ortsgebunden erbracht werden müssen, existieren unterschiedliche **Ausprägungen** der Grenzüberschreitung. Eine ausreichende Grenzüberschreitung liegt vor, wenn

560

- sich der Dienstleister zum Zwecke der Erbringung der Leistung zum Dienstleistungsempfänger begibt und dabei bzw. dazu die Grenze zu einem anderen Mitgliedstaat überschreitet (sog. **aktive Dienstleistungsfreiheit**, Regelfall der Dienstleistungsfreiheit, vgl. Art. 57 Abs. 3 AEUV),[646]

- sich der Dienstleistungsempfänger zum Dienstleister in einen anderen Mitgliedstaat der Union begibt (sog. **passive Dienstleistungsfreiheit**),[647]

- sich sowohl der Dienstleister als auch der Dienstleistungsempfänger zum Zwecke der Dienstleistung in einem Drittstaat zusammenfinden, wo sodann die Dienstleistung erbracht wird (sog. **auslandsbedingte Dienstleistung**)[648] und

    Beispiel: mitreisender Fremdenführer[649]

- lediglich die Dienstleistung die Grenze überschreitet und sowohl der Dienstleistungsempfänger als auch der Dienstleister in ihren jeweiligen Mitgliedstaaten verbleiben (sog. **Korrespondenzdienstleistung**).

    Beispiel: Banken- und Versicherungsdienste[650]

2. Persönlicher Schutzbereich

Als Dienstleister und Dienstleistungsempfänger kommen zunächst alle **natürlichen Personen** in Betracht, die die Staatsangehörigkeit eines Mitgliedstaates besitzen (Unionsbürger). Ihnen gleichgestellt sind nach Art. 62 i.V.m. Art. 54 AEUV die **juristischen Personen**, die ihren satzungsmäßigen Sitz, ihre Hauptverwaltung oder ihre Hauptniederlassung innerhalb der Union haben (ausführlich oben Rn. 532).

561

3. Bereichsausnahme

Aufgrund der Verweisung in Art. 62 AEUV gilt für die Dienstleistungsfreiheit Art. 51 AEUV entsprechend. Damit sind solche Dienstleistungen aus dem Schutzbereich der Dienstleistungsfreiheit ausgegrenzt, die mit der Ausübung öffentlicher Gewalt verbunden sind (ausführlich dazu oben Rn. 545).

562

---

646 Randelzhofer/Forsthoff in: Grabitz/Hilf/Nettesheim, Art. 57 AEUV Rn. 52; Haratsch/Koenig/Pechstein Rn.1012.
647 EuGH Slg. 1984, 377 Rn. 10 *Luisi u. Carbone*; Slg. 1989, 195 Rn. 15 *Cowan*; Oppermann/Classen/Nettesheim, § 25 Rn. 9.
648 Haratsch/Koenig/Pechstein Rn. 1012.
649 EuGH Slg. 1991, I-659 Rn. 9 ff. *Kommission/Frankreich*.
650 EuGH Slg. 1995, I-1141 Rn. 1 ff. *Alpine Investments*.

III. Beschränkung oder Diskriminierung

563 Auch die Dienstleistungsfreiheit verfügt über keinen spezifischen Eingriffsbegriff. Ein solcher liegt also in jeder **offenen**[651] oder **versteckten Diskriminierung**[652] wegen der Staatsangehörigkeit bzw. in jeder **sonstigen Beschränkung** des Schutzbereichs. Die Dienstleistungsfreiheit untersagt dabei solche Beschränkungen die geeignet sind, die Tätigkeit des Dienstleistenden, der in einem anderen Mitgliedstaat ansässig ist und dort rechtmäßig ähnliche Dienstleistungen erbringt, zu unterbinden oder zu behindern. Dies gilt selbst für den Fall, dass sie unterschiedslos für einheimische Dienstleistende wie für Dienstleistende anderer Mitgliedstaaten gelten.[653]

Teilweise wird in der Lit. vorgeschlagen, solche Beschränkungen auszuscheiden, die den Marktzugang des Dienstleisters nur in einem unerheblichen Umfang behindern (Übertragung der Keck-Rspr. zur Warenverkehrsfreiheit).[654] Eine wegweisende Entscheidung des Gerichtshofs zu diesem Bereich fehlt. Allerdings hat er in einer Entscheidung das bloße Entstehen zusätzlicher Kosten für den Zugang zum Markt nicht als ausreichende Beschränkung angesehen.[655]

IV. Rechtfertigung

564 Ebenfalls aufgrund der Verweisung in Art. 62 AEUV greift – insbesondere für offene Diskriminierungen – der Rechtfertigungsgrund aus **Art. 52 AEUV** ein, sodass diskriminierende nationale Vorschriften aus Gründen der öffentlichen Sicherheit, Ordnung und Gesundheit gerechtfertigt werden können, wenn sie zugleich den Grundsatz der Verhältnismäßigkeit wahren (zu Einzelheiten s.o. Rn. 549).

565 Im Rahmen der ungeschriebenen Rechtfertigungsgründe erkennt der Gerichtshof nicht nur eine Rechtfertigung aus **zwingenden Gründen des Allgemeininteresses** an, die rechtlich wie tatsächlich diskriminierungsfrei für alle im betreffenden Staat tätigen Personen und Unternehmen gelten.[656]

Beispiel: Lauterkeit des Handelsverkehrs und Schutz der Verbraucher[657]

566 Aber auch eine Rechtfertigung zugunsten **kollidierender Grundrechte** ist denkbar.

> **Fall 9: Rechtfertigung zugunsten kollidierender Grundrechte**
> Die D-GmbH betreibt in der deutschen Stadt M einen sog. „Laserdrome". Hierbei handelt es sich um ein in einer großen Halle mithilfe von Leichtbauwänden aufgebautes Labyrinth, in dem einzelne Spieler gegeneinander antreten. Die Spieler werden mit Laserzielgeräten ausgestattet, die dem Erscheinungsbild von Maschinengewehren ähneln, und tragen Stoffwesten mit Empfängern am Brust und Rücken, mit denen die Treffer aufgezeichnet werden. Für jeden Treffer werden dem Schützen Punkte gutge-

---

651 EuGH Slg. 1982, 223 Rn. 8 *Seco*; EuGH Slg. 1998, I-6717 Rn. 31 f. *Kommission/Spanien*.
652 EuGH EuZW 2003, 186 *Dogenpalast*; Slg. 2002, I-787 Rn. 34 *Portugaia Constucoes*; Oppermann/Classen/Nettesheim, § 25 Rn. 13; Haratsch/Koenig/Pechstein Rn. 1023.
653 EuGH Slg. 1991, I-4221 Rn. 12 *Säger*; Randelzhofer/Forsthoff in: Grabitz/Hilf/Nettesheim, Art. 57 AEUV Rn. 100.
654 Vgl. Randelzhofer/Forsthoff in: Grabitz/Hilf/Nettesheim, Art. 57 AEUV Rn. 106 ff.
655 EuGH Slg. 2005, I-7723 Rn. 31 ff. *Mobistar*.
656 Oppermann/Classen/Nettesheim, § 25 Rn. 19.
657 EuGH Slg. 1997, I-3843 *De Agostini*.

> schrieben, dem Getroffenen Punkte abgezogen. Die Spielzeit ist auf 15 Minuten beschränkt. Sieger ist, wer die meisten Punkte durch „Abschüsse" erzielt. Das Spielen ist für jeden Interessenten gegen ein Entgelt möglich.
>
> Als die zuständige Ordnungsbehörde von dem Angebot der D-GmbH erfährt, erlässt sie – gestützt auf die ordnungsbehördliche Generalklausel – eine Verfügung, mit der sie der D-GmbH die Durchführung des Spiels untersagt. Zur Begründung verweist sie auf die mit der Durchführung einhergehende Gefahr für die öffentliche Ordnung, weil die simulierten Tötungshandlungen und die damit einhergehende Verharmlosung von Gewalt gegen die grundlegenden Wertvorstellungen der Allgemeinheit verstießen. Zudem verletze das spielerische Töten die Menschenwürde aus Art. 1 Abs. 1 S. 1 GG, da es die Spieler zu einem Objekt des Spiels herabwürdige. Die D-GmbH sieht sich durch diese Entscheidung in ihrer Dienstleistungsfreiheit verletzt, da sie das Spiel aufgrund eines Franchisevertrags mit der B Ltd. mit Sitz in Großbritannien betreibe und auch von dieser die Ausrüstungsgegenstände für das Spiel käuflich erworben habe. Nationale Werteentscheidungen, selbst solche des Grundgesetzes, müssten hinter den Vorschriften des Unionsrechts zurücktreten. Schließlich vermarkte die B Ltd. das Spiel auch in andere Mitgliedstaaten der Union, ohne dass es dort bislang Schwierigkeiten gegeben habe. Insbesondere die Behörden in Großbritannien hätten – was zutrifft – ausdrücklich die Vereinbarkeit des Angebots mit nationalen Vorschriften erklärt. Verletzt das Verbot Grundfreiheiten?
>
> Hinweis: Die Dienstleistungsrichtlinie und Art. 34 AEUV sind nicht zu prüfen.

Die Ordnungsverfügung könnte die **Dienstleistungsfreiheit** verletzen. Dies ist der Fall, wenn diese anwendbar ist, die Ordnungsverfügung Dienstleistungswillige diskriminiert oder den Schutzbereich des Art. 56 AEUV anderweitig beschränkt und die Diskriminierung bzw. die Beschränkung nicht gerechtfertigt ist.

I. Da die Dienstleistungsrichtlinie nicht einschlägig ist und auch keine Kollision mit anderen Grundfreiheiten vorliegt, ist die Dienstleistungsfreiheit **anwendbar**.

II. Ferner müsste der **Schutzbereich** der Dienstleistungsfreiheit eröffnet sein.

567

1. In **sachlicher Hinsicht** erfasst Art. 56 AEUV die Freiheit der Dienstleistungserbringung. **Dienstleistung** ist jede selbstständig und vorübergehend ausgeführte Leistung nicht körperlicher Art, die in der Regel gegen ein Entgelt erbracht wird.

   Die B Ltd. stellt der D-GmbH im Rahmen eines Franchise-Regelwerk Ausrüstung und die Spielidee zur Verfügung, um in Deutschland das in Großbritannien entwickelte Spiel „Laserdrome" anzubieten. Hierfür entrichtet die D-GmbH ein Entgelt an die B Ltd., die selbstständig tätig wird. Die Spielidee sowie etwaige zukünftige Veränderungen werden zudem im Rahmen eines einmaligen oder zukünftig auf kurze Zeiträume befristeten Kontakts übermittelt, sodass die Leistungserbringung auch vorübergehend erfolgt. Demzufolge liegt eine Dienstleistung vor.

   Klausurhinweis: Der richtige Bezugspunkt ist an dieser Stelle entscheidend!

2. Die Dienstleistung muss **grenzüberschreitend** angeboten werden. Die B Ltd. als Dienstleistungserbringer behält ihren Sitz in Großbritannien bei und erbringt die

Dienstleistung von dort aus. Die D-GmbH als Dienstleistungsempfängerin hat ihren Sitz in Deutschland und nimmt die Dienstleistung hier in Empfang. Damit überschreitet nur die Dienstleistung die Grenze, was von der Dienstleistungsfreiheit in der Form der sog. **Korrespondenzdienstleistungsfreiheit** erfasst wird. Der erforderliche grenzüberschreitende Bezug ist damit gegeben.

3. In **persönlicher Hinsicht** wird nicht nur die Erbringung von Dienstleistungen durch natürliche Personen geschützt, sondern auch die Erbringung durch **Gesellschaften**, Art. 62 i.V.m. Art. 54 Abs. 1 AEUV. Hierunter fallen nach Art. 54 Abs. 2 AEUV u.a. die Gesellschaften bürgerlichen Rechts und des Handelsrechts, zu denen die GmbH sowie die Ltd. gehören. Diese haben zudem jeweils ihren satzungsmäßigen Sitz in Mitgliedstaaten der Union, sodass auch der persönliche Schutzbereich eröffnet ist.

4. Da die **Ausübung öffentlicher Gewalt** nicht Gegenstand des Franchisevertrages ist, greift die Bereichsausnahme des Art. 62 i.V.m. Art. 51 AEUV nicht ein.

Der Schutzbereich der Dienstleistungsfreiheit ist eröffnet.

568 III. Die Ordnungsverfügung könnte eine **Diskriminierung** oder **Beschränkung** der Dienstleistungsfreiheit darstellen.

1. Da die Ordnungsverfügung nicht an die Staatsangehörigkeit bzw. den Sitz der Gesellschaften anknüpft, scheidet eine **Diskriminierung** von vornherein aus.

2. Allerdings steht die Dienstleistungsfreiheit auch **sonstigen Beschränkungen** entgegen, die nicht aufgrund der Staatsangehörigkeit ergangen sind, wenn diese geeignet sind, die Tätigkeit des Dienstleistenden, der in einem anderen Mitgliedstaat ansässig ist und dort rechtmäßig ähnliche Dienstleistungen erbringt, zu unterbinden oder zu behindern. Die B Ltd. unterhält Franchiseverträge mit Vertragspartnern in anderen Mitgliedstaaten, ohne dass die Ordnungsbehörden dort gegen die Dienstleistung eingeschritten wären. Dies gilt insbes. für den Sitzstaat Großbritannien, sodass die B Ltd. die Dienstleistung im Staat ihres Sitzes rechtmäßig erbringt. Die Ordnungsverfügung untersagt der D-GmbH die Nutzung der Dienstleistung mit der Folge, dass die B Ltd. ihre Dienstleistung im Zuständigkeitsbereich der Ordnungsbehörde nicht erbringen kann. Folglich liegt eine Beschränkung der Dienstleistungsfreiheit vor.

IV. Diese Beschränkung könnte allerdings **gerechtfertigt** sein.

569 1. Eine Rechtfertigung nach **Art. 62 i.V.m. Art. 52 Abs. 1 AEUV** scheidet grundsätzlich aus, da diese Vorschrift lediglich **Sonderregeln für Ausländer** aus Gründen der öffentlichen Ordnung, Sicherheit oder Gesundheit rechtfertigt. Wie bereits oben dargelegt, handelt es sich bei der Ordnungsverfügung jedoch nicht um eine Beschränkung, die aufgrund der Staatsangehörigkeit ergangen ist.

2. Fraglich ist, ob die in Art. 62 i.V.m. Art. 52 Abs. 1 AEUV genannten Gründe **entsprechend** zur Rechtfertigung herangezogen werden können.

570 a) Dagegen spricht zwar der **Wortlaut** des Art. 52 Abs. 1 AEUV. Wenn aber die Gründe bereits geeignet sind, eine Diskriminierung ausländischer Bürger zu gestatten, die in ihren Auswirkungen schwerer wiegt als eine unterschiedslose Maßnahme des Mitgliedstaates, müssen sie **erst recht zu einer Rechtfertigung sonstiger Beschränkungen** herangezogen werden dürfen.[658] Folglich kann die Beschränkung auf Art. 62 i.V.m. Art. 52 Abs. 1 AEUV gestützt werden.

Es ist ebenfalls vertretbar, die Anwendbarkeit des Art. 52 AEUV unter Verweis auf den Wortlaut abzulehnen und die relevanten Grundrechte den zwingenden Gründen des Allgemeininteresses zuzuordnen[659] oder gar als eigenen Rechtfertigungsgrund anzuerkennen. In der zugrunde liegenden Entscheidung des Gerichtshofs ordnet dieser die Grundrechte dem Begriff der öffentlichen Ordnung unter, ohne die unterschiedlichen Möglichkeiten der dogmatischen Einordnung anzusprechen.[660]

b) Die Ordnungsbehörde führte zur Begründung ihrer Ordnungsverfügung an, diese zum **Schutz der öffentlichen Ordnung** erlassen zu haben. Der Begriff der öffentlichen Ordnung in Art. 52 Abs. 1 AEUV wird unionsrechtlich und eng ausgelegt. Hierauf können sich mitgliedstaatliche Behörden nur berufen, wenn eine **tatsächliche und hinreichend schwere Gefährdung vorliegt, die ein Grundinteresse der Gesellschaft berührt**. Dabei ist zu berücksichtigen, dass die konkreten Umstände, die möglicherweise die Berufung auf den Begriff der öffentlichen Ordnung rechtfertigen, von Land zu Land und im zeitlichen Wechsel verschieden sein können. Insoweit ist den innerstaatlichen Behörden daher ein **Beurteilungsspielraum** innerhalb der durch die unionsrechtlichen Verträge gesetzten Grenzen zuzubilligen. 571

aa) Die Gefährdung eines Grundinteresses könnte vorliegend in einer **Verletzung der Menschenwürde** als grundlegende Wertvorstellung vorliegen. Trotz des zuerkannten Beurteilungsspielraums der Mitgliedstaaten und der Verankerung der Menschenwürde in Art. 1 Abs. 1 GG lässt sich die Menschenwürde zur Einschränkung der Dienstleistungsfreiheit insbesondere dann heranziehen, wenn es sich um einen Rechtsgrundsatz handelt, der auch im Unionsrecht verankert ist. 572

Ähnlich wie im deutschen Grundgesetz ist der **Charta der Grundrechte der Europäischen Union (GrCh)** der Schutz der Menschenwürde in Art. 1 GrCh vorangestellt. Die GrCh ist ihrerseits gemäß **Art. 6 Abs. 1 EUV** verbindliches Primärrecht, da sie den Verträgen über die Europäische Union und die Arbeitsweise der Europäischen Union gleichgestellt ist. Demzufolge hat die Menschenwürde ihren Niederschlag im Unionsrecht gefunden. Es handelt sich damit nicht nur um ein nationales Prinzip, sondern um ein solches, das unionsweit – in erster Linie von den Organen der Europäischen Union, vgl. Art. 51 Abs. 1 GrCh – berücksichtigt werden muss. Ferner kommt es als **allgemeiner Rechtsgrundsatz** in den Verfassungen der einzelnen Mitgliedstaaten zum Ausdruck, sodass es sich bei der Menschenwürde um ein schützenswertes Grundinteresse der Gesellschaft handelt.

bb) Auch eine hinreichend schwere **Gefährdung** des Grundinteresses liegt vor. Durch das Spiel, dass durch die Punktevergabe die spielerische Tötung 573

---

658 Mit diesem Argument auch Streinz Rn. 924.
659 So Oppermann/Classen/Nettesheim § 25 Rn. 20.
660 EuGH EuZW 2004, 753 Rn. 29 ff. *Omega*.

der Mit- bzw. Gegenspieler belohnt, wird das menschliche Leben zum bloßen Objekt des Spiels degradiert. Das Töten wird in einer Art und Weise verharmlost, die mit den Grundinteressen der Gesellschaft nicht in Einklang zu bringen ist.

574   cc) Jedoch können Maßnahmen, durch die der freie Dienstleistungsverkehr beschränkt wird, nur dann durch Gründe der öffentlichen Ordnung gerechtfertigt werden, wenn sie zum Schutz der Belange, die sie gewährleisten sollen, **erforderlich** sind, und auch nur insoweit, als diese Ziele nicht mit Maßnahmen erreicht werden können, die den freien Dienstleistungsverkehr weniger einschränken.

(1) Gegen die **Verhältnismäßigkeit** der Maßnahme spricht nicht von vornherein, dass dieselbe Dienstleistung **in anderen Mitgliedstaaten der Europäischen Union erlaubt** ist. Denn aufgrund der unterschiedlichen sittlichen, religiösen und kulturellen Erwägungen können die einzelnen Werte in den unterschiedlichen Rechtsordnungen voneinander abweichend gewichtet werden. Vielmehr sind die Mitgliedstaaten im Rahmen des ihnen bereits oben zuerkannten Beurteilungsspielraums berechtigt festzulegen, welchen **Grad des Schutzes** sie auf ihrem Gebiet sicherstellen wollen. Diesen Beurteilungsspielraum haben die Behörden der Bundesrepublik Deutschland durch die streitbefangene Maßnahme jedoch nicht überschritten.

(2) Fraglich ist, ob ein **milderes Mittel** als das Spielverbot in Betracht kommt, um die Menschenwürde gleichsam zu schützen. Dagegen spricht jedoch, dass die deutsche Ordnungsbehörde **lediglich die besondere Art des Spiels untersagt** hat. Andere Spielvarianten, in denen beispielsweise der Punktgewinn nicht ausschließlich durch das fingierte Töten der Mitspieler erreicht wird, sondern auch andere Zwecke verfolgt werden, bleiben gleichsam erlaubt. Dies gilt auch, wenn die vorliegend verwendete Technik in die andere Spielvariante eingebunden werden würde. Folglich beschränkt sich das Verbot auf dasjenige Mittel, das zur Wahrung der Menschenwürde tatsächlich erforderlich ist. Das Verbot erweist sich folglich als verhältnismäßige Beschränkung der Dienstleistungsfreiheit, sodass diese gerechtfertigt ist.[661]

Demgegenüber werden Paintball-Spiele nicht als verbotene Spielarten angesehen, da sie nicht nur ein simuliertes Töten des Gegenspielers, sondern die Erreichung zusätzlicher und vorrangiger Ziele (wie z.B. die Eroberung einer neutralen Fahne, sog. capture the flag) verlangen.[662]

Die Dienstleistungsfreiheit ist nicht verletzt.

Ergebnis: Durch das behördliche Verbot werden keine Grundfreiheiten verletzt.

---

[661] So im Ergebnis auch EuGH EuZW 2004, 753 *Omega*.
[662] Vgl. BayVGH ZfBR 2013, 271.

Dienstleistungsfreiheit, Art. 56 AEUV

I. Anwendbarkeit

Kein aufgrund von Art. 59 AEUV erlassenes Sekundärrecht

II. Schutzbereich

1. Sachlicher Schutzbereich

    a) Dienstleistung = jede selbstständig und vorübergehend ausgeführte Leistung nicht körperlicher Art, die in der Regel gegen ein Entgelt erbracht wird

    b) Grenzüberschreitender Bezug

    - Aktive Dienstleistungsfreiheit
    - Passive Dienstleistungsfreiheit
    - Auslandsbedingte Dienstleistungen
    - Korrespondenzdienstleistung

2. Persönlicher Schutzbereich

    a) Unionsbürger

    b) Juristische Personen, Art. 62 i.V.m. Art. 54 AEUV

3. Keine Bereichsausnahme für Tätigkeiten, die in einem Mitgliedstaat dauernd oder zeitweise mit der Ausübung öffentlicher Gewalt verbunden sind, Art. 62 i.V.m. Art. 51 AEUV

III. Beschränkung

1. Direkte oder indirekte Diskriminierung wegen der Staatsangehörigkeit

    Beachte: Rechtfertigung dann nur nach Art. 62 i.V.m. Art. 52 AEUV möglich!

2. Beschränkung der Dienstleistungsfreiheit = jede Beschränkung, die geeignet sind, die Tätigkeit des Dienstleistenden, der in einem anderen Mitgliedstaat ansässig ist und dort rechtmäßig ähnliche Dienstleistungen erbringt, zu unterbinden oder zu behindern, selbst wenn sie unterschiedslos für einheimische Dienstleistende sowie für Dienstleistende anderer Mitgliedstaaten gilt

IV. Rechtfertigung

1. Ausdrücklicher geschriebener Rechtfertigungsgrund, Art. 62 i.V.m. Art. 52 AEUV

    a) Öffentliche Ordnung, Sicherheit oder Gesundheit

    b) Grundsatz der Verhältnismäßigkeit: legitimes Ziel, geeignet, erforderlich

2. Ungeschriebener Rechtfertigungsgrund

    a) Beschränkung wird in nicht-diskriminierender Weise angewendet

    b) Zwingender Grund des Allgemeinwohls

    c) Grundsatz der Verhältnismäßigkeit: legitimes Ziel, geeignet, erforderlich

3. EU-Grundrechte

G. Kapital- und Zahlungsverkehrsfreiheit

575 Art. 63 AEUV enthält zwei für das Funktionieren der Wirtschafts- und Währungsunion maßgebliche Grundfreiheiten: die Kapitalverkehrsfreiheit (Art. 63 Abs. 1 AEUV) und die Zahlungsverkehrsfreiheit (Art. 63 Abs. 2 AEUV).

Klausurhinweis: Kenntnisse dieser beiden Grundfreiheiten sind indes nur im Überblick erforderlich, spielten sie doch (bislang) in den Klausuren eine stark untergeordnete Rolle.

I. Freiheit des Kapitalverkehrs

576 Ziel und Zweck der Aufhebung aller Beschränkungen des Kapitalflusses innerhalb der Union ist es, durch die weitestgehende Mobilität des Produktionsfaktors Kapital eine kostenorientierte Standortverteilung der Produktion in der Union zu gewährleisten. In diesem Sinne soll es möglich sein, das Kapital dort dem Wirtschaftsprozess zuzuführen, wo die höchste Rendite und die besten Erträge zu erzielen sind.[663]

1. Begriff und Umfang der Freiheit des Kapitalverkehrs

577 Eine Definition des Kapitalverkehrs sehen die Verträge nicht vor. Um die Kapitalverkehrsfreiheit zu den anderen Freiheiten – insbes. dem freien Zahlungsverkehr i.S.d. Art. 63 Abs. 2 AEUV abzugrenzen, kann der **Kapitalverkehr** als die im Wesentlichen einseitige, d.h. nicht Zug um Zug gegen eine andere Leistung erfolgende, Wertübertragung von einem Mitgliedstaat in einen anderen bezeichnet werden, die regelmäßig auch zugleich eine Vermögensanlage darstellt.[664] Diese Wertübertragung kann in Form von Sachkapital (Direktinvestitionen, wie z.B. Immobilienerwerb, Unternehmensbeteiligungen) oder Geldkapital (Erwerb von Anleihen, Bürgschaften, Wertpapieren etc.) erfolgen. Beim Kapitalverkehr handelt es sich somit in erster Linie um **Finanzgeschäfte**. Auch der Transfer von Banknoten, also das tatsächliche Verbringen des Geldes über die Staatsgrenze, ist grundsätzlich als Kapitalverkehr anzusehen. Insoweit ergeben sich allerdings besondere Abgrenzungsschwierigkeiten zur Zahlungsverkehrsfreiheit. Die Abgrenzung kann ohnehin nicht immer vollumfänglich gelingen, da beide Freiheiten in einer **symbiotischen Beziehung** zueinander stehen.[665]

578 Art. 63 Abs. 1 AEUV enthält ein **umfassendes Beschränkungsverbot** für den Kapitalverkehr. Es gilt sowohl für devisenrechtliche Regelungen, also direkte Eingriffe in grenzüberschreitende Kapitalbewegungen, als auch für nicht devisenrechtliche Bestimmungen, d.h. spezielle Anlage- und Verwendungsvorschriften, Vorschriften zur Stellung von Bardepots oder Emissions- und Börsenzulassungsvorschriften.[666]

2. Abgrenzung zur Niederlassungsfreiheit

579 Besondere Schwierigkeiten bereitet die Abgrenzung zur **Niederlassungsfreiheit**, wenn Maßnahmen an die Beteiligung in den Mitgliedstaaten niedergelassener und tätiger ju-

---
663 Oppermann/Classen/Nettesheim, § 30 Rn. 6 f.
664 Vgl. EuGH Slg. 1984, 377 Rn. 21 *Luisi u. Carbone*; Bleckmann Rn. 1702.
665 Oppermann/Classen/Nettesheim § 30 Rn. 5.
666 Streinz Rn. 925 ff.

ristischer Personen geknüpft werden. Der Gerichtshof gibt in seiner Rspr. der Niederlassungsfreiheit den Vorzug, welche die Kapitalverkehrsfreiheit in diesen Fällen verdrängen soll. Beispielsweise hat der Gerichtshof mitgliedstaatliche Maßnahmen, welche die kontrollierende Stellung eines Anteilseigners zum Gegenstand haben (sog. „Golden Shares", z.B. im sog. „VW-Gesetz"), selbst dann nur an Art. 49 AEUV gemessen, wenn sie sich auf den grenzüberschreitenden Kapitalfluss auswirken.[667] Solange die Maßnahmen allerdings nur die Investitionen unterhalb der Schwelle zum bestimmenden Einfluss behindern, ist die Kapitalverkehrsfreiheit einschlägig.[668]

3. Begünstigte der Kapitalverkehrsfreiheit

Ein **persönlicher Schutzbereich** ist bei der Kapitalverkehrsfreiheit **nicht vorgesehen**, sodass sich nicht nur Staatsangehörige der Mitgliedstaaten, sondern auch natürliche und juristische Personen aus Drittstaaten auf Art. 63 AEUV berufen können.[669]

580

4. Beschränkungen und ihre Rechtfertigung

Grundsätzlich sind alle Beschränkungen des Kapitalverkehrs durch die Vorschrift in Art. 63 Abs. 1 AEUV verboten, unabhängig davon, ob sie diskriminierend sind oder unterschiedslos angewendet werden. Allerdings sind die Beschränkungen gerechtfertigt, wenn sie aus den in Art. 65 AEUV genannten Gründen (z.B. steuerrechtliche Ungleichbehandlung) oder aus zwingenden Erfordernissen des Allgemeininteresses (z.B. Bekämpfung der Geldwäsche) angeordnet werden, die unerlässlich sind.[670] Insoweit folgt die Struktur der Kapitalverkehrs derjenigen der übrigen Grundfreiheiten.

581

II. Freiheit des Zahlungsverkehrs

Bei der Freiheit des Zahlungsverkehrs aus Art. 63 Abs. 2 AEUV handelt es sich zwar um eine selbstständige Grundfreiheit des AEUV. Allerdings wird sie i.d.R. als **Annexfreiheit** zu den anderen Grundfreiheiten angesehen.[671] Sie garantiert, dass der Schuldner, der eine Geldleistung für eine Warenlieferung oder eine Dienstleistung schuldet, seine vertraglichen Pflichten freiwillig und ohne unzulässige Beschränkung erfüllen und der Gläubiger eine solche Zahlung frei empfangen kann.[672]

582

6. Abschnitt: EU-Grundrechte

A. Grundlagen

I. Entstehungsgeschichte

Den größten Bedeutungszuwachs innerhalb des Unionsrechts können die **Grundrechte** aus der **EU-Grundrechtecharta (GRCh)** für sich verzeichnen. Während Grundrechte

583

---

667 EuGH EuZW 2015, 61 *Kronos*; EuZW 2009, 458 *Kommission/Italien*; Oppermann/Classen/Nettesheim § 30 Rn. 8.
668 Vgl. EuGH EuZW 2011, 17 *Kommission/Portugal*; GWR 2012, 572 *Test Claimants in the FII Group Litigation*.
669 Ress/Ukrow in: Grabitz/Hilf/Nettesheim, Art. 63 AEUV Rn. 120; Oppermann/Classen/Nettesheim, § 30 Rn. 11.
670 Vgl. EuGH Slg. 1993, I-487 *Veronica*; EuZW 2002, 437 *Kommission/Portugal*; Oppermann/Classen/Nettesheim, § 30 Rn. 22.
671 Bröhmer in: Calliess/Ruffert, Art. 63 Rn. 77 f.; Ress/Ukrow in: Grabitz/Hilf/Nettesheim, Art. 63 AEUV Rn. 331 ff.
672 EuGH Slg. 1999, I-3845 Rn. 17 *ED Srl*; Bröhmer in: Calliess/Ruffert, Art. 63 Rn. 78.

bei der Entstehung der Union keine Rolle spielten und dementsprechend in den Verträgen überhaupt keine Erwähnung fanden, etablierte der Gerichtshof solche Grundrechte in seiner Rspr. als **allgemeine Rechtsgrundsätze**, welche dem europäischen Primärrecht zuzuordnen waren. Die einzelnen Grundrechte leitete der Gerichtshof teilweise aus der EMRK, teilweise aus den Verfassungsüberlieferungen der einzelnen Mitgliedstaaten ab (vgl. Art. 6 Abs. 3 EUV). Allerdings führte das Fehlen eines kodifizierten Grundrechtskatalogs zum Streit mit nationalen Gerichten (u.a. dem BVerfG), welche die durch die nationalen Verfassungen gewährleisteten Grundrechte ihrer Staatsangehörigen auch auf der europäischen Ebene geschützt wissen wollten (s. dazu Rn. 378 ff.).

584 Obschon das BVerfG nach einer gewissen Rechtsprechungsentwicklung des Gerichtshofs einräumte, dass ein ausreichender Grundrechtsschutz auf der Ebene des Unionsrechts gewährleistet sei, wurden die Grundrechte in der GRCh im Jahr 2000 **kodifiziert**. Allerdings **fehlte** zu Beginn in den Europäischen Verträgen **eine dem Art. 1 Abs. 3 GG entsprechende Rechtsgrundlage**, welche die Union, ihre Organe sowie die Mitgliedstaaten zwingend auf die Einhaltung der GRCh verpflichtet hätte. Dies wurde mit dem Vertrag von Lissabon nachgeholt: Nach **Art. 6 Abs. 1 EUV** steht die GRCh den Europäischen Verträgen gleich und gehört folglich zum **europäischen Primärrecht**. Demnach muss sich das gesamte europäische Sekundärrecht an den GRCh messen lassen.

Allerdings soll die GRCh die bisherige Grundrechtsherleitung des Gerichtshofs über die EMRK bzw. die Verfassungen der Mitgliedstaaten nicht ersetzen oder verdrängen, sondern diese dem 4. Erwägungsgrund der GRCh nach vielmehr „sichtbarer" machen und „stärken".

585 Darüber hinaus verpflichtet Art. 6 Abs. 2 EUV die Union, der **Europäischen Menschenrechtskonvention (EMRK)** beizutreten (dazu unten Rn. 622).

II. Abgrenzung zu Grundfreiheiten

586 Ebenso wie die Grundrechte enthalten auch die **Grundfreiheiten** i.S.d. Art. 28 ff. AEUV subjektive Rechte der einzelnen Unionsbürger. Allerdings unterscheiden sich die Grundrechte hinsichtlich des prinzipiellen Adressaten und dem Bezugspunkt. Die **Grundfreiheiten** beinhalten in erster Linie **Pflichten der Mitgliedstaaten** und nur als eine Art Regelungsreflex ein mit der Verpflichtung korrespondierendes subjektives Recht. Die **Grundrechte** hingegen sind **Rechte von Privatpersonen gegenüber der Union und den Mitgliedstaaten**. Zudem dienen die Grundfreiheiten der Errichtung und dem Schutz des gemeinsamen Binnenmarkts, sind damit primär **Wirtschafts- und Marktrechte**. Die Grundrechte schützen demgegenüber die persönlichen Freiheiten der Grundrechtsberechtigten.[673] Da sowohl die Grundrechte als auch die Grundfreiheiten zum europäischen Primärrecht gehören, sind sie formal und dogmatisch gleichrangig. Dies hat zur Folge, dass die Grundrechte als Grund für eine Einschränkung der Grundfreiheiten herangezogen werden können. Aber auch der umgekehrte Fall (Grundrechtsbeschränkung zum Schutze der Grundfreiheiten) ist grundsätzlich denkbar.

Hinweis: Unterschätzen Sie die Bedeutung derartiger systematischer Fragen nicht! Sie wurden bereits verschiedentlich als abstrakte Zusatzfragen zu Examensklausuren gestellt.

---

[673] Vgl. Jarass Einl. Rn. 23.

EU-Grundrechte 6. Abschnitt

III. Adressaten und Anwendungsbereich der GRCh

Mit Art. 51 Abs. 1 GRCh verfügt die GRCh über eine dem Art. 1 Abs. 3 GG entsprechende Vorschrift, welche primär die **Organe der Europäischen Union** auf die Einhaltung der Grundrechte verpflichtet, Art. 51 Abs. 1 S. 1 Hs. 1 GRCh. Ausweislich der Klarstellung in Art. 51 Abs. 1 S. 2 GRCh haben sie die Grundrechte bei der Ausübung der ihnen zustehenden Kompetenzen zu wahren, sind folglich im vertikalen Verhältnis gegenüber den Mitgliedstaaten und Unionsbürgern unmittelbar an die Grundrechte gebunden. **587**

Die Grundrechtsbindung wird über Art. 51 Abs. 1 S. 1 Hs. 2 GRCh auf die **Mitgliedstaaten** erstreckt. Allerdings folgt aus dem Wortlaut die Einschränkung, dass die Bindung der Mitgliedstaaten nur gelten soll, soweit diese Recht der Union „durchführen". Was hierunter zu verstehen ist, wird unterschiedlich beurteilt. **588**

> **Fall 10: Adressaten der GRCh**
>
> Mit Verkündung am 22.12.2006 trat in Deutschland das Antiterrordateigesetz (ATDG) in Kraft. Es schafft für den Bereich der Bekämpfung des internationalen Terrorismus die Rechtsgrundlage für eine Verbunddatei von Polizeibehörden und Nachrichtendiensten von Bund und Ländern. Das ATDG konstruiert die Antiterrordatei als ein System, mit dem Behörden in Erfahrung bringen können, welche weitere Behörde Daten über die verdächtige Person bereithält. Daneben enthält die Antiterrordatei aber auch sog. Klardaten: Hierbei handelt es sich um personenbezogene Daten der verdächtigen Personen, wobei zwischen Grunddaten (z.B. Name, Anschrift, Geschlecht, körperliche Merkmale) und erweiterten Grunddaten (z.B. Bankverbindungen, Telekommunikationsanschlüsse, Religionszugehörigkeit, Waffenbesitz und Gewaltbereitschaft) unterschieden wird. Zu den Grundaten erhalten die beteiligten Behörden stets unmittelbaren Zugriff, zu den erweiterten Grunddaten nur im Eilfall oder sonst nach Freischaltung durch die einstellende Behörde.
>
> Zu den von der Speicherung betroffenen Personen gehören insbesondere Mitglieder oder Unterstützer einer inländischen terroristischen Vereinigung mit internationalem Bezug oder einer ausländischen terroristischen Vereinigung mit Bezug zur Bundesrepublik Deutschland, aber auch deren sonstige Kontaktpersonen.
>
> R, der kurzfristig mit Unterstützern einer terroristischen Vereinigung in Kontakt geraten ist, ist der Auffassung, dass das ATDG gegen die GRCh verstößt. Auch wenn das ATDG ein nationales Gesetz ohne europarechtlichen Einfluss sei, käme der GrCh Anwendungsvorrang zu. Hätte er nicht durch Zufall im Rahmen einer polizeilichen Vernehmung davon erfahren, dass seine Daten gespeichert worden seien, hätte er nicht um Rechtsschutz nachsuchen können. Nach den Vorschriften des ATDG erfolge – was zutrifft – von Amts wegen keine Benachrichtigung über die Speicherung der Daten. Verstößt das ATDG gegen die GrCh?

Das ATDG verstößt gegen die GrCh, wenn diese anwendbar ist, das ATDG in den Schutzbereich der Grundrechte eingreift und dieser Eingriff nicht gerechtfertigt ist.

Fraglich ist bereits, ob die GrCh überhaupt **anwendbar** ist. **589**

I. Nach **Art. 51 Abs. 1 S. 1 Hs. 1 GRCh** gilt die GRCh in erster Linie für die Organe, Einrichtungen und sonstigen Stellen der Europäischen Union. Hieraus folgt dementsprechend keine Grundrechtsbindung der Bundesrepublik Deutschland.

II. Allerdings gilt die GRCh nach **Art. 51 Abs. 1 S. 1 Hs. 2 GRCh** bei der **Durchführung von Unionsrecht** auch für die **Mitgliedstaaten** der Europäischen Union.

590 1. Zum **Unionsrecht** in diesem Sinne gehören neben dem Primärrecht alle in Art. 288 AEUV vorgesehenen Handlungsformen, also Richtlinien, Verordnungen, Beschlüsse, Empfehlungen und Stellungnahmen, aber auch untypische Handlungsformen wie etwa Fördermaßnahmen und Verträge. Die **Durchführung** des Unionsrechts betrifft in erster Linie die Umsetzung und den Vollzug des Unionsrechts. Erfasst sind damit zum einen legislative Maßnahmen wie z.B. die Umsetzung einer EU-Richtlinie in nationales Recht sowie der administrative Vollzug von EU-Verordnungen und unmittelbar geltenden Richtlinien.[674]

Das ATDG beruht jedoch auf dem autonomen Entschluss des deutschen Gesetzgebers, eine Antiterrordatei zum Zwecke der Zentralisierung von Informationen im Bereich des nationalen oder internationalen Terrorismus vorrätig zu halten. Damit liegt grundsätzlich keine Durchführung von Unionsrecht vor.

591 2. Fraglich ist allerdings, ob die Vorschrift des Art. 51 Abs. 1 S. 1 Hs. 2 GRCh **weiter ausgelegt** werden kann oder muss, um auch andere nationale Maßnahmen, die nicht unmittelbar durch das Unionsrecht beeinflusst werden, aber mittelbar die Interessen und Vorschriften der Union betreffen, an der GRCh messen zu können.

592 a) Der **Gerichtshof** vertritt eine **weite Auslegung** des Art. 51 Abs. 1 S. 1 Hs. 2 GRCh. Während die Vorschrift bislang im Sinne der klassischen Vollzugs- und Umsetzungskonstellation verstanden wurde, bejaht der EuGH die Bindung der Mitgliedstaaten an die EU-Grundrechte über den Wortlaut der GRCh hinaus für sonstige Fälle, in denen die Maßnahmen der Mitgliedstaaten in den **Geltungsbereich des Unionsrechts** fallen. Es dürfe keine Fallgestaltungen geben, die vom Unionsrecht erfasst würden, ohne dass die GRCh anwendbar wäre.[675]

Demzufolge wäre die GRCh bereits dann anwendbar und von der Bundesrepublik Deutschland auch beim Erlass nationaler Rechtsvorschriften zu beachten, wenn sein Inhalt **Berührungspunkte mit dem Unionsrecht aufweist**. Dafür spricht zum einen die Regelung in **Art. 16 Abs. 1 AEUV**: Danach hat jede Person in der Europäischen Union das **Recht auf Schutz der sie betreffenden personenbezogenen Daten**. Aufgrund des Anwendungsvorrangs des Unionsrechts müsste der deutsche Gesetzgeber dieses Recht beim Erlass nationaler Rechtsvorschriften berücksichtigen. Darüber hinaus ist die Vorratsdatenspeicherung von Kommunikations- und Verbindungsdaten auf europäischer Ebene durch die **Richtlinie 2006/24/EG** geregelt. Die Union verfügt damit ebenfalls über Kompetenzen auf dem Gebiet der Datenspeicherung zur Ab-

---

674 Kingreen in: Calliess/Ruffert Art. 51 GRCh Rn. 8.
675 Vgl. EuGH, Urt. v. 26.02.2013 – Rs. C-617/10, RÜ 2013, 315, 316 *Åkerberg Fransson*.

wehr des internationalen Terrorismus, sodass ausreichend Berührungspunkte mit dem Unionsrecht vorhanden sind. Hiernach wäre die GRCh einschlägig.

b) Das **BVerfG** hingegen vertritt eine **enge Auslegung** des Art. 51 GRCh. **593**

aa) Zwar stehe das ATDG aufgrund der darin erstrebten Effektivierung der Zusammenarbeit der Sicherheitsbehörden in unionsrechtlichen Bezügen und wirke sich, wenn im Wege des durch das ATDG abgestoßenen Informationsaustauschs weitergehende Ergebnisse gewonnen werden, mittelbar auch auf den Umfang der unionsrechtlichen Berichtspflichten aus. Dieser mittelbare unionsrechtliche Bezug genüge aber nicht, um die Anwendbarkeit der GRCh zu bejahen.

bb) Die Grundrechte seien von den Mitgliedstaaten vielmehr nur in den Bereichen zu berücksichtigen, die **durch das Unionsrecht determiniert** sind. Dies sei nur dann der Fall, wenn die Einrichtung und Ausgestaltung der jeweiligen nationalen Rechtsvorschriften beispielsweise durch Verordnungen oder Richtlinien vorgegeben und geregelt seien. Dies treffe auf die Antiterrordatei jedoch nicht zu. Es existiere keine unionsrechtliche Bestimmung, welche die Bundesrepublik Deutschland zur Einrichtung einer solchen Datei verpflichte, sie daran hindere oder ihr diesbezüglich inhaltliche Vorgaben mache. Das ATDG verfolge vielmehr **innerstaatlich bestimmte Ziele**, die das Funktionieren unionsrechtlich geordneter Rechtsbeziehungen nur mittelbar beeinflussen können, was für eine Prüfung am Maßstab unionsrechtlicher Grundrechtsverbürgungen nicht ausreiche.

cc) Darüber hinaus wendet sich das BVerfG ausdrücklich gegen das weite Verständnis des EuGH: Im Sinne eines kooperativen Miteinanders zwischen dem BVerfG und dem EuGH dürfe dessen Entscheidung keine Lesart unterlegt werden, nach der diese offensichtlich als **Ultra-vires-Akt** zu beurteilen wäre oder Schutz und Durchsetzung der mitgliedstaatlichen Grundrechte in einer Weise gefährdete, dass dies die Identität der durch das Grundgesetz errichteten Verfassungsordnung infrage stelle. Insofern dürfe die Rspr. des EuGH nicht in einer Art und Weise verstanden und herangezogen werden, nach der für eine Bindung der Mitgliedstaaten durch die in der GRCh niedergelegten Grundrechte der Europäischen Union jeder sachliche Bezug einer Regelung zum bloß abstrakten Anwendungsbereich des Unionsrechts oder rein tatsächliche Auswirkungen auf dieses ausreiche.[676] Nach Auffassung des BVerfG ist die GRCh nicht anwendbar.

c) Stellungnahme: Der Auffassung des BVerfG ist zu folgen. Trotz des Anwendungsvorrangs des Unionsrechts und der unionsrechtlichen Durchdringung vieler Teile der nationalen Rechtsordnungen existieren immer noch Spielräume und Bereiche für die nationalen Rechtsetzungsorgane, die nicht unmittelbar vom Unionsrecht beeinflusst sind. Mit dem weiten Verständnis liefe man Gefahr, die nationalen Grundrechtsordnungen zu unterlaufen. Damit bliebe **594**

---

676 BVerfG, Urt. v. 24.04.2013 – 1 BvR 1215/07, RÜ 2013, 386.

unberücksichtigt, dass Grundrechte in den Mitgliedstaaten häufig auf besondere historische Erfahrungen eines Volkes oder auf Ursachen beruhen, die nur auf dem Territorium eines bestimmten Staates gegeben seien. Eine allzu weite Erstreckung der Grundrechte auch in den Bereich der nicht determinierten nationalen Gesetzgebung würde damit besondere nationale Gefährdungslagen und historische Erfahrungen übergehen und damit nationale Spezifika unberücksichtigt lassen.[677] Darüber hinaus besteht für den nicht durch Unionsrecht determinierten Bereich keinerlei Veranlassung, eine einheitliche Anwendung von Unionsrecht herbeizuführen und über die GRCh abzusichern. Rein nationale Maßnahmen sind auch an den nationalen Grundrechten zu messen.

Hierfür spricht auch das bisherige Umsetzungsverständnis hinsichtlich der Richtlinien: Die Mitgliedstaaten führen nur dort Unionsrecht durch, wo tatsächliche Vorgaben bestehen, wie beispielsweise bei der Transformation einer Richtlinie in nationales Recht. Wo aber die Richtlinie keine expliziten Vorgaben macht, wird ein Spielraum für den nationalen Gesetzgeber geschaffen. Die Ausgestaltung dieses Spielraums unterliegt rein nationalen Interessen und ist nicht durch das Unionsrecht vorgegeben, sodass weder ein Bedürfnis nach einem unionsweit einheitlichen Lückenschluss noch an einer einheitlichen Anwendung des Rechts besteht. Auch in diesem Bereich agiert der nationale Gesetzgeber außerhalb der Grundrechtsbindung.[678] Dasselbe muss für den vollständig aus eigenem Antrieb tätig werdenden Gesetzgeber gelten.

Folglich ist die GRCh im vorliegenden Fall nicht anwendbar.

Ergebnis: Das ATDG verletzt die Grundrechte der GRCh mangels Anwendbarkeit nicht.

---

595 Ob die Grundrechte der GRCh allerdings auch **horizontal** zwischen Unionsbürgern unmittelbare Anwendung finden, ist noch nicht hinreichend geklärt. Bisher hat der Gerichtshof in diesem Zusammenhang nur sehr vereinzelt auf Grundrechte zurückgegriffen und diese zugleich mit einschlägigen Richtlinienbestimmungen kombiniert.[679] Eine endgültige Aussage steckt hierin noch nicht, vielmehr bleibt die weitere Entwicklung in der Rspr. des Gerichtshofs abzuwarten.

B. Prüfungsaufbau

596 Hinsichtlich der Prüfungssystematik ähneln die Grundrechte der GRCh sowohl der Prüfung der Grundfreiheiten als auch der Prüfung der deutschen Grundrechte.

---

677 Kirchhoff NVwZ 2014, 1537 ff., zusammengefasst bei Hansen RÜ 2015, 128 ff.
678 So Kingreen in: Calliess/Ruffert Art. 51 GRCh Rn. 12 unter Berufung auf EuGH Slg. 1996, I-2909, Rn. 12 *Maurin*.
679 EuGH EuZW 2010, 177 *Kücükdeveci*; Oppermann/Classen/Nettesheim, § 17 Rn. 17; vgl. auch Haratsch/Koenig/Pechstein Rn. 688; gegen eine horizontale Geltung Ladenburger/Vondung in: Stern/Sachs, Art. 51 Rn. 16.

Aufbauschema EU-Grundrechte

I. Anwendbarkeit der GRCh

  1. Bindung der Organe der EU

  2. Bindung der Mitgliedstaaten bei der Durchführung von Unionsrecht

II. Schutzbereich

  Freiheits-, Gleichheits- oder Justizgrundrecht, je nach Wortlaut des Grundrechts; keine persönlichen oder räumlichen Einschränkungen

III. Eingriff

  Verkürzung des grundrechtlichen Schutzbereichs durch ein grundrechtsgebundenes Organ

IV. Rechtfertigung

  1. Gesetzesvorbehalt, Art. 51 Abs. 1 S. 1 GRCh

  2. Wesensgehaltsgarantie, Art. 51 Abs. 1 S. 2 GRCh

  3. Verhältnismäßigkeit, Art. 51 Abs. 1 S. 2 GRCh

I. Schutzbereich

Im **Schutzbereich** wird wie im Rahmen der deutschen Grundrechte geklärt, welche Individualrechtsgüter durch die Union und die Mitgliedstaaten zu achten sind. Je nach Inhalt erfassen die Grundrechte unmittelbare Freiheiten (Versammlung, Art. 12 GRCh), aber auch Rechtsbündel (Eigentum, Art. 17 GRCh), Zustände (Leben, Art. 2 GRCh) oder auch soziale Beziehungen (Familie, Art. 7 GRCh).[680] Diese aus der Menschenwürde abgeleiteten Rechte und Freiheitsrechte bilden die ersten beiden Titel der GRCh. Darüber hinaus werden Gleichheitsrechte (Titel III, Art. 20 ff. GRCh) sowie Solidaritätsrechte (Titel IX, Art. 27 ff. GRCh), Bürgerrechte (Titel V, Art. 39 ff. GRCh, z.B. aktives und passives Wahlrecht) und Justizgrundrechte (Titel VI, Art. 47 ff. GRCh) gewährleistet.

597

II. Eingriff

Ein **Eingriff** liegt vor, wenn eine Maßnahme von Organen der Union oder der Mitgliedstaaten zu einer Verkürzung des grundrechtlich gewährleisteten Schutzbereichs führt.[681] Dies ist der Fall, wenn eine solche Verkürzung aus einem an einen Grundrechtsträger gerichteten Ge- oder Verbot folgt. Allerdings vertritt der Gerichtshof einen **weiten Eingriffsbegriff**, sodass auch mittelbare Auswirkungen eines Aktes ebenfalls Eingriffsqualität besitzen, wenn sie hinreichend und direkt sind.[682]

598

Klausurhinweis: *Zum Teil wird der Begriff „Beschränkung" verwendet. Allerdings sollten Sie mit dem Gerichtshof von einem „Eingriff" sprechen, um diesen Punkt zu beschreiben.*[683]

---

680 Oppermann/Classen/Nettesheim, § 17 Rn. 20.
681 Haratsch/Koenig/Pechstein Rn. 701; vgl. auch Streinz/Michl in: Streinz, Art. 52 GRCh Rn. 20.
682 EuGH EuZW 2004, 764 Rn. 47, 49 *Springer*; vgl. auch EuGH Slg. 1994. I-4973 *Deutschland/Rat*; Slg. 1996, I-3953 *Bosphorus*.
683 EuGH EuR 2004, 276 Rn. 21 *Österreichischer Rundfunk*; Jarass, Art. 52 GRCh Rn. 12.

III. Rechtfertigung

Der Eingriff in den grundrechtlichen Schutzbereich ist gerechtfertigt, sofern das Grundrecht einschränkbar ist und die konkrete Maßnahme des grundrechtsgebundenen Organs eine ordnungsgemäße Konkretisierung der Einschränkungsmöglichkeit darstellt.

1. Einschränkungsmöglichkeit: Gesetzesvorbehalt

599 Für alle Grundrechte der GRCh gilt grundsätzlich eine **einheitliche Einschränkungsmöglichkeit**: Nach Art. 52 Abs. 1 S. 1 GRCh muss jede Einschränkung der in der Charta anerkannten Rechte **gesetzlich vorgesehen** sein, sodass die Grundrechte faktisch unter einem **einfachen Gesetzesvorbehalt** stehen. Schwierigkeiten bereitet allerdings die Definition des Begriffs „Gesetz".

600 ■ Folgt der Eingriff aus der Maßnahme eines **Organs der Union**, ist „Gesetz" i.S.d. Art. 52 Abs. 1 S. 1 GRCh jede abstrakt-generelle Regelung, die für den Bürger hinreichend zugänglich, bestimmt und vorhersehbar ist.[684] Somit kommt sowohl primäres als auch sekundäres Unionsrecht in Betracht, sofern es unmittelbar anwendbar ist und nicht erst durch nationales Recht umgesetzt oder konkretisiert werden muss.[685] Dementsprechend können insbesondere **Verordnungen** als Grundlage für die Rechtfertigung eines Eingriffs herangezogen werden.

> Ob darüber hinaus auch sonstige Rechtsakte mit Rechtsnormqualität gleich welcher Urheberschaft oder Rangstufe herangezogen werden dürfen oder ob die Rechtfertigungsgrundlage im ordentlichen Gesetzgebungsverfahren geschaffen worden sein muss, wird unterschiedlich beurteilt und ist noch nicht durch die Rspr. des Gerichtshofs geklärt.[686] Teilweise wird in diesem Zusammenhang eine zurückhaltende Übertragung der deutschen **Wesentlichkeitstheorie** befürwortet, sodass für wesentliche und damit schwerwiegende Eingriffe ein im ordentlichen Gesetzgebungsverfahren erlassener Rechtsakt und für sonstige Eingriffe auch sonstige Rechtsakte erforderlich sein sollen.[687]

601 ■ Folgt der Eingriff aus einer Maßnahme eines Mitgliedstaates im Bereich dessen Bindung an die GRCh, ist ein **nationales Gesetz** zur Rechtfertigung des Eingriffs erforderlich, aber auch ausreichend. Der Gesetzesvorbehalt wird weit ausgelegt, sodass nicht nur formelle, sondern auch materielle Gesetze ausreichend sind, sofern sie mit dem übrigen nationalen Recht in Einklang stehen, zugänglich, vorhersehbar und hinreichend bestimmt sind sowie dem Willkürverbot standhalten.[688]

2. Schranken-Schranken

602 Der jeweilige Gesetzgeber ist indes bei der Ausgestaltung der Einschränkungsmöglichkeit seinerseits gewissen Restriktionen unterworfen, damit der Schutzbereich der Grundrechte nicht über Gebühr eingeschränkt wird. Diese als **Schranken-Schranken** bezeichneten Grenzen des Gesetzgebers bestehen nach Art. 52 Abs. 1 S. 1, 2 GRCh in der **Wesensgehaltsgarantie** sowie dem **Grundsatz der Verhältnismäßigkeit**.

---

684 Streinz/Michl in: Streinz, Art. 52 GRCh Rn. 24.
685 Haratsch/Koenig/Pechstein Rn. 705; Ennuschat JuS 1998, 905, 906.
686 Vgl. zu der Diskussion Streinz/Michl in: Streinz, Art. 52 GRCh Rn. 25 m.w.N.
687 Borowsky in: Meyer, Art. 52 GRCh Rn. 20 a.
688 Jarass, Art. 52 GRCh Rn. 28 m.w.N.; Borowsky in: Meyer, Art. 52 GRCh Rn. 20 a

a) Wesensgehaltsgarantie

603 Jede Einschränkung grundrechtlich geschützter Freiheiten muss nach Art. 51 Abs. 1 S. 1 a.E. GRCh den **Wesensgehalt** des jeweiligen Grundrechts achten. Wann dieser Grundsatz verletzt ist, lässt sich nicht allgemeingültig umschreiben, sondern ist unter Berücksichtigung der Besonderheiten des jeweiligen Grundrechts zu bestimmen.[689]

Beispiele: Verletzung des Menschenwürdegehalts eines Grundrechts,[690] Ausschluss des Rechtsschutzes gegen Beeinträchtigungen[691]

Klausurhinweis: *Teilweise wird die Auffassung vertreten, die Wesensgehaltsgarantie könne nicht weiter reichen als der Grundsatz der Verhältnismäßigkeit.[692] Dagegen prüft der Gerichtshof beide Grundsätze nebeneinander,[693] weshalb Sie in der Klausur ebenfalls beide Prüfungspunkte separat ansprechen sollten.*

b) Grundsatz der Verhältnismäßigkeit

604 Der **Grundsatz der Verhältnismäßigkeit** aus Art. 52 Abs. 1 S. 2 GRCh ist gewahrt, wenn ein **legitimer Zweck** verfolgt wird und die gewählte Beeinträchtigung hinsichtlich dieses Zwecks **geeignet** und **erforderlich** ist.

- Hinsichtlich des **legitimen Zwecks** gibt Art. 52 Abs. 1 S. 2 GRCh selbst ausdrücklich **605** vor, dass es sich hierbei entweder um eine **dem Gemeinwohl dienende Zielsetzung** oder um eine Maßnahme **zum Schutz der Rechte und Freiheiten anderer** handeln muss. Hinsichtlich der dem Gemeinwohl dienenden Zielsetzungen kommen solche Interessen der Allgemeinheit und der Privatpersonen in Betracht, die in den Verträgen oder in der GRCh selbst ihren Niederschlag gefunden haben.[694] Unter den Schutz der Rechte und Freiheiten anderer fallen hingegen **kollidierende Grundrechte anderer** als faktisch verfassungsimmanente Schranke.[695]

- Hinsichtlich der **Geeignetheit** billigt der Gerichtshof den handelnden Organen einen **weiten Beurteilungsspielraum** zu, sodass eine Förderung des legitimen Zwecks nur ausscheidet, wenn die Maßnahme offensichtlich ungeeignet ist.[696] **606**

- Die einschränkende Maßnahme ist **erforderlich**, wenn von mehreren zur Auswahl stehenden geeigneten Maßnahmen diejenige gewählt wird, welche die geringste Belastung enthält.[697] Darüber hinaus nimmt der Gerichtshof erforderlichenfalls an dieser Stelle eine ausgewogene Gewichtung der verschiedenen beteiligten Interessen vor,[698] ohne diesen Punkt als **„Angemessenheit"** zu bezeichnen. **607**

---

689 Jarass, Art. 52 GRCh Rn. 46; vgl. EuGH, Urt. v. 08.04.2014 – C-594/12, RÜ 2014, 383 Rn. 39 *Digital Rights*.
690 Borowsky in: Meyer, Art. 52 GRCh Rn. 23; Jarass, Art. 52 GRCh Rn. 46;
691 EuGH EuZW 2006, 410 Rn. 55 ff. *Kommission/Belgien*; Jarass, Art. 52 GRCh Rn. 46.
692 So beispielsweise Haratsch/Koenig/Pechstein Rn. 709.
693 EuGH EuZW 2013, 347 *Sky Österreich*.
694 Jarass, Art. 52 GRCh Rn. 31; Streinz/Michl in: Streinz, Art. 52 GRCh Rn. 28.
695 Borowsky in: Meyer, Art. 52 GRCh Rn. 22; Krämer in: Stern/Sachs, Art. 52 Rn. 47
696 EuGH EuR 2003, 80 Rn. 123 *British American Tobacco*; Urt. v. 06.12.2005 – C-453/03, Slg. 2005, I-10423 Rn. 69 *ABNA*.
697 Streinz/Michl in: Streinz, Art. 52 GRCh Rn. 30 m.w.N.
698 EuGH EuZW 2010, 939 Rn. 74 ff. *Volker und Markus Schecke GbR*; Streinz/Michl in: Streinz, Art. 52 GRCh Rn. 30.

Klausurhinweis: Aus diesem Grund sollten Sie den Begriff der „Angemessenheit" nie verwenden, sondern nur den „unionsrechtlichen Verhältnismäßigkeitsbegriff" zugrunde legen.

C. Beispielhafte Grundrechtsprüfung

608 Wie bereits dargestellt, unterscheidet die GRCh in den unterschiedlichen Teilen der Charta unterschiedliche Arten von Grundrechten, unterwirft diese aber einem einheitlichen Regime der Schranken und Schranken-Schranken, sodass der Prüfungsaufbau stets einheitlich erfolgen kann. Auch hinsichtlich der Bestimmung der **Schutzbereiche** können Sie sich weitestgehend an den nationalen Grundrechten orientieren. Dies folgt aus Art. 52 Abs. 4 GRCh, nach dem diejenigen Grundrechte, die in Übereinstimmung mit den nationalen Grundrechten aus den mitgliedstaatlichen Verfassungen gewährleistet werden, **in Einklang mit den nationalen Grundrechten auszulegen** sind. Sie sollten sich an den Begrifflichkeiten des deutschen Rechts orientieren, soweit Sie Grundrechte prüfen, die ebenso im Grundrechtskatalog des Grundgesetzes vorgesehen sind.

Fall 11: Kurzberichterstattung

Durch die am 19.07.2007 in Kraft getretene Richtlinie 2007/65/EG über die Ausübung der Fernsehtätigkeit sind die Inhaber von exklusiven Übertragungsrechten – z.B. bei sportlichen Großereignissen – dazu verpflichtet worden, anderen Fernsehveranstaltern die Möglichkeit einer kostenlosen Kurzberichterstattung einzuräumen. Die Richtlinie wurde durch die Richtlinie 2010/13/EU über die Bereitstellung audiovisueller Mediendienste ersetzt. Darin wurde die Pflicht, eine Kurzberichterstattung zu gewährleisten, bestätigt. Die Richtlinie untersagt eine Vergütung mit Ausnahme der Erstattung der Kosten, die bei der Gewährung des Zugangs anfallen.

Der österreichische Pay-TV-Sender S-GmbH (S) erwarb am 21.08.2009 die Exklusivrechte für die Ausstrahlung der Fußballspiele um den Ligapokal in Österreich für 2009 bis 2012. Nach eigenen Angaben wendet S jährlich mehrere Millionen Euro für Lizenz- und Produktionskosten auf. Am 11.09.2009 schlossen die S und der Erste Österreichische Rundfunk (EÖR) eine Vereinbarung, mit der dem EÖR das Recht zur Kurzberichterstattung gegen Zahlung von 700 € pro Minute gestattet wurde.

Die zuständige Aufsichtsbehörde untersagte im November 2010 die Durchführung der Vereinbarung. Ferner stellte sie fest, dass die S als Inhaberin exklusiver Fernsehübertragungsrechte verpflichtet sei, dem EÖR das Kurzberichterstattungsrecht unentgeltlich einzuräumen. Es bestünde lediglich ein Anspruch auf Ersatz der Kosten, welche die unmittelbar mit der Gewährung des Zugangs zum Satellitensignal verbundenen Kosten übersteigen. Da für die Zugangsgewährung tatsächlich keine Kosten anfielen, hätte die S-GmbH den Zugang kostenfrei zur Verfügung stellen müssen.

Die S-GmbH ist der Auffassung, dass es sich bei dem unentgeltlichen Kurzberichterstattungsrecht um einen unverhältnismäßigen Eingriff in das durch Art. 17 GRCh verbürgte Eigentumsrecht und in ihre durch Art. 16 GRCh verbürgte unternehmerische Freiheit handelt. Trifft diese Auffassung zu?

Die Auffassung trifft zu, wenn die Verpflichtung zur Gewährung unentgeltlichen Zugangs zum Zwecke der Kurzberichterstattung die genannten Grundrechte der GRCh verletzt. Dies ist wiederum dann der Fall, wenn die Grundrechte anwendbar sind, die Entscheidung der österreichischen Aufsichtsbehörde einen Eingriff in den Schutzbereich der Grundrechte darstellt und der Eingriff nicht gerechtfertigt ist.

I. Zunächst müsste die GRCh **anwendbar** sein.   609

1. Die Anwendbarkeit folgt nicht aus Art. 51 Abs. 1 S. 1 GRCh, da es sich um die Maßnahme einer nationalen Aufsichtsbehörde handelt.

2. Allerdings gilt die GRCh auch für die **Mitgliedstaaten** der Europäischen Union, sofern diese **Unionsrecht durchführen**, Art. 51 Abs. 1 S. 1 Hs. 2 GRCh. Zum Unionsrecht in diesem Sinne gehören neben dem Primärrecht alle in Art. 288 AEUV vorgesehenen Handlungsformen, also Richtlinien, Verordnungen, Beschlüsse, Empfehlungen und Stellungnahmen, aber auch untypische Handlungsformen wie etwa Fördermaßnahmen und Verträge. Die Durchführung des Unionsrechts betrifft in erster Linie die Umsetzung und den Vollzug des Unionsrechts. Erfasst sind damit legislative Maßnahmen sowie der administrative Vollzug des Unionsrechts.[699] Die aufsichtsbehördliche Maßnahme findet ihre ursprüngliche Grundlage in der EU-Richtlinie über die Bereitstellung audiovisueller Mediendienste, die Teil des Unionsrechts ist. Damit führt die österreichische Aufsichtsbehörde Unionsrecht im Rahmen einer administrativen Maßnahme durch. Folglich ist die GRCh auf diese Maßnahme anwendbar.

II. Darüber hinaus müsste der **Schutzbereich** der Art. 16 und 17 AEUV eröffnet sein.   610

Klausurhinweis: Da alle Grundrechte der einheitlichen Einschränkungsmöglichkeit aus Art. 52 Abs. 1 S. 1 GRCh unterliegen, können alle in Betracht kommenden Schutzbereiche zusammen geprüft und dann Eingriff und Rechtfertigung angeschlossen werden.

1. Der Schutzbereich des **Eigentumsgrundrechts aus Art. 17 AEUV** umfasst das   611
Recht jeder Person, ihr rechtmäßig erworbenes Eigentum zu besitzen und darüber zu verfügen. Eigentum in diesem Sinne erfasst **jede gesicherte vermögenswerte Rechtsposition**, die der Berechtigte **rechtmäßig erworben** hat.[700] Damit erstreckt sich der Schutz nicht auf bloße kaufmännische Interessen oder Aussichten, deren Ungewissheit zum Wesen der wirtschaftlichen Tätigkeit gehört, sondern auf vermögenswerte Rechte, aus denen sich im Hinblick auf die Rechtsordnung eine gesicherte Rechtsposition ergibt, die eine selbstständige Ausübung dieser Rechte durch und zugunsten ihres Inhabers ermöglicht.

a) Die **exklusiven Fernsehübertragungsrechte** werden Fernsehveranstaltern gegen Entgelt durch eine vertragliche Bestimmung eingeräumt und ermöglichen es den Anbietern, bestimmte Ereignisse exklusiv zu übertragen. Jede Übertragung dieser Ereignisse durch andere Fernsehveranstalter ist ausgeschlossen. Deshalb sind diese Rechte als vermögenswerte Rechte anzusehen.

---

699 Kingreen in: Calliess/Ruffert Art. 51 GRCh Rn. 8.
700 Jarass, Art. 17 GRCh Rn. 6 f.

b) Fraglich ist jedoch, ob die exklusiven Fernsehübertragungsrechte eine **gesicherte Rechtsposition** darstellen. Denn bereits der vor der hier zugrunde liegenden Richtlinie 2010/13/EU über die Bereitstellung audiovisueller Mediendienste sah deren Vorgängerregelung in Form der Richtlinie 2007/65/EG vor, dass anderen Fernsehveranstaltern unentgeltlich eine Kurzberichterstattung einzuräumen war. Diese Vorgaben würden unterlaufen, wenn man die erst am 21.08.2009 und damit nach Inkrafttreten der Richtlinie vertraglich zugesicherte Exklusivität der Übertragungsrechte als gesicherte Rechtsposition einordnet. Die Vereinbarung verschafft deshalb keine durch Art. 17 Abs. 1 GRCh geschützte Rechtsposition, vermöge derer die S eine Erstattung fordern könnte, welche die unmittelbar mit der Gewährung des Zugangs zum Signal verbundenen zusätzlichen Kosten übersteigt.[701]

Der Schutzbereich des Art. 17 Abs. 1 GRCh ist folglich nicht eröffnet.

612 2. Allerdings könnte der Schutzbereich des Grundrechts auf **unternehmerische Freiheit aus Art. 16 Abs. 1 GRCh** eröffnet sein.

a) Der Schutzbereich umfasst **in sachlicher Hinsicht** die Freiheit, eine Wirtschafts- oder Geschäftstätigkeit auszuüben, die Vertragsfreiheit und den freien Wettbewerb sowie als besondere Ausprägung der Vertragsfreiheit die freie Wahl des Geschäftspartners und die Freiheit, den Preis für eine Leistung festzulegen.[702] Gerade die besondere Ausprägung der unternehmerischen Freiheit in Form der **Vertragsfreiheit** spricht dafür, die exklusiven Übertragungsrechte dem Schutzbereich des Art. 16 Abs. 1 GRCh zuzuordnen. Die Anbieter von Pay-TV lassen sich vertraglich das Recht zusichern, bestimmte Sportereignisse exklusiv zu übertragen. So geschah es auch im Rahmen der Vereinbarung, mit der sich S die exklusiven Übertragungsrechte für den Ligapokal zusichern ließ. Als Ausfluss dieses vertraglich eingeräumten Rechts steht es S als Rechteinhaberin nunmehr grundsätzlich auch zu, andere Fernsehveranstalter zwecks Einräumung eines Kurzberichterstattungsrechts auszuwählen und ein entsprechendes Entgelt für die Einräumung zu vereinbaren. Der sachliche Schutzbereich des Art. 16 Abs. 1 GRCh ist damit eröffnet.

b) Der **persönliche Schutzbereich** der unternehmerischen Freiheit umfasst alle Selbstständigen. Damit ist es sowohl natürlichen als auch juristischen Personen möglich, sich auf den Gewährleistungsgehalt des Art. 16 Abs. 1 GRCh zu berufen.[703] Damit fällt auch die S-GmbH in den Schutzbereich.

Der Schutzbereich des Art. 16 Abs. 1 GRCh ist damit eröffnet.

613 III. Die Entscheidung der österreichischen Aufsichtsbehörde stellt zudem einen **Eingriff** in den Schutzbereich des Art. 16 Abs. 1 GRCh dar. Mit der Umsetzung der Vorgaben aus der EU-Richtlinie über die Kurzberichterstattung ist es S nicht möglich, freie Entscheidungen über die Vertragspartner und den zu entrichtenden Preis zu treffen.

---

701 Vgl. EuGH, Urt. v. 22.01.2013 – Rs. C-283/11, RÜ 2013, 179, 180 *Sky Österreich*.
702 EuGH, Urt. v. 22.01.2013 – Rs. C-283/11, RÜ 2013, 179, 180 *Sky Österreich*.; Blanke in: Stern/Sachs, Art. 16 Rn. 6.
703 Streinz in: Streinz, Art. 16 GRCh Rn. 7; Ruffert in: Calliess/Ruffert Art. 16 GRCh Rn. 3.

IV. Der Eingriff könnte jedoch **gerechtfertigt** sein.

1. Mit der Richtlinie 2010/13/EU liegt die erforderliche **gesetzliche Grundlage** vor, sodass der **Gesetzesvorbehalt** aus Art. 52 Abs. 1 S. 1 Hs. 1 GRCh gewahrt ist. 614

2. Der **Wesensgehalt** wird gewährleistet (Art. 52 Abs. 1 S. 1 Hs. 2 GRCh). Die Verpflichtung zur unentgeltlichen Kurzberichterstattung steht der sonstigen unternehmerischen Verwertung der Rechte nicht entgegen. Der Rechteinhaber kann das Ereignis entgeltlich übertragen oder das Übertragungsrecht gegen ein frei zu verhandelndes Entgelt an einen Dritten weiterveräußern. 615

3. Nach Art. 52 Abs. 1 S. 2 GRCh dürfen Beschränkungen der EU-Grundrechte nur unter Wahrung des **Grundsatzes der Verhältnismäßigkeit** vorgenommen werden. Verhältnismäßig ist eine Beschränkung dann, wenn sie entweder zur Erreichung der von der Union anerkannten, dem Gemeinwohl dienenden Zielsetzungen oder den Erfordernissen des Schutzes der Rechte und Freiheiten anderer entspricht und zur Erreichung dieser Ziele geeignet und erforderlich ist. Dabei ist, wenn mehrere geeignete Maßnahmen zur Verfügung stehen, die am wenigsten belastende zu wählen. Letztlich müssen die auferlegten Belastungen in einem angemessenen Verhältnis zu den erstrebten Zielen stehen.[704] 616

   a) Der Eingriff müsste ein **im Allgemeininteresse liegendes Ziel** verfolgen. In Bezug auf die Fernsehberichterstattung ist in den vergangenen Jahren zu beobachten, dass die exklusive Vermarktung von Großereignissen zunimmt und geeignet ist, den **Zugang der Öffentlichkeit zu Informationen** über diese Ereignisse einzuschränken. Durch die Gewährung eines unentgeltlichen Kurzberichterstattungsrechts soll daher das durch Art. 11 Abs. 1 GRCh garantierte **Grundrecht auf Information** gesichert und der durch Art. 11 Abs. 2 GRCh geschützte Pluralismus durch die Vielfalt der Nachrichten und Programme gefördert werden. Dies stellt ein im Allgemeininteresse liegendes Ziel dar. 617

   b) Die Bestimmung der Richtlinie über die Unentgeltlichkeit versetzt jeden Fernsehveranstalter dadurch, dass sie ihm einen Zugang zu den genannten Ereignissen garantiert, in die Lage, Kurzberichte zu senden und damit die Öffentlichkeit über exklusiv vermarktete Ereignisse, die für sie von großem Interesse sind, zu informieren.[705] Die Regelung fördert den Schutz des Grundrechts auf Information und gewährleistet den notwendigen Pluralismus im Angebot der Information. Die Regelung ist folglich **geeignet**. 618

   c) Die Regelung ist auch **erforderlich**, wenn kein weniger eingriffsintensives Mittel in Betracht kommt, das die Förderung des Ziels nicht genauso wirksam sicherstellen kann. Als solches Mittel kommt hier ein Zugang **mit Kostenerstattung** in Betracht. Dann hätte der Inhaber der Exklusivrechte die Möglichkeit, die anderen Fernsehveranstalter, die Kurzberichte senden, an den Kosten für den Erwerb dieser Exklusivrechte zu beteiligen. Allerdings steht infolge einer solchen Regelung zu besorgen, dass bestimmte Fernsehveranstalter von der 619

---

704 Vgl. EuGH Slg. 1989, 2237; Oppermann/Classen/Nettesheim § 17 Rn. 29; vgl. auch Trstenjak/Beysen EuR 2012, 265.
705 EuGH, Urt. v. 22.01.2013 – Rs. C-283/11, RÜ 2013, 179, 182 *Sky Österreich*.

Kurzberichterstattung abgehalten oder sogar daran gehindert werden. Denn insbes. der **Preis**, zu dem das Material angeboten wird, wird im Zusammenhang mit der **Finanzkraft** des Fernsehveranstalters den Ausschlag darüber geben, in welchem Umfang und ob überhaupt eine Kurzberichterstattung stattfindet. Diese Unwägbarkeit verhindert jedoch die angestrebte Pluralität der Informationsquellen. Das Kurzberichterstattungsrecht ist somit erforderlich.

620 d) Allerdings könnte sich die Regelung als **unverhältnismäßig** erweisen, wenn die Nachteile, die sich aus der unionsrechtlichen Bestimmung ergeben, im Hinblick auf die mit ihr verfolgten Ziele nicht geeignet sind, ein angemessenes Gleichgewicht zwischen den verschiedenen grundrechtlich geschützten Rechten und Freiheiten herzustellen.[706]

> Der Gerichtshof leitet die Prüfung mit dem Begriff „Unverhältnismäßigkeit" ein, ohne allerdings den Begriff der **„Angemessenheit"** oder „Verhältnismäßigkeit i.e.S." zu benutzen. Auch eine klare Zuordnung zur Erforderlichkeit fehlt. Allerdings sollte hieraus nicht zwangsläufig geschlossen werden, dass der Gerichtshof nunmehr zur Prüfung der Angemessenheit als eigenständigem Prüfungspunkt übergeht!

Durch die Festlegung der Anforderungen an die Nutzung der Kurzberichte hat der Unionsgesetzgeber dafür gesorgt, dass der Umfang des Eingriffs in die unternehmerische Freiheit sowie der mögliche wirtschaftliche Vorteil, den die Fernsehveranstalter aus der Kurzberichterstattung ziehen können, genau eingegrenzt sind. Die Kurzberichterstattung darf nur für die allgemeinen Nachrichtensendungen und nicht für jede Art von Fernsehsendung erfolgen. Ferner wird durch die Richtlinie nicht ausgeschlossen, dass die Inhaber exklusiver Fernsehübertragungsrechte ihre Rechte im Übrigen exklusiv verwerten. Es ist z.B. denkbar, dass sie ihr Bildmaterial für versetzt ausgestrahlte Spielzusammenfassungen in einem Umfang, der über eine bloße Kurzberichterstattung hinausgeht, gegen ein Entgelt zur Verfügung stellen. Die Richtlinie beinhaltet damit keinen schwerwiegenden Eingriff in die unternehmerische Freiheit.

Darüber hinaus ist zu berücksichtigen, dass die exklusive Vermarktung von Großereignissen den Zugang der Öffentlichkeit zu Informationen über diese Ereignisse erheblich einschränkt. Ein angemessener Ausgleich zwischen diesen Interessen lässt sich nur erreichen, in dem zum Schutze des Informationsrechts eine Möglichkeit geschaffen wird, dass der nicht an den exklusiven Informationen teilhabende Bürger auf unentgeltlichem Wege zumindest eine Art Basisinformation erhalten kann. Diese Möglichkeit schafft die Verpflichtung zur Ermöglichung der Kurzberichterstattung. Die Regelung in der Richtlinie erweist sich demzufolge als angemessen und ist verhältnismäßig. Der Eingriff ist gerechtfertigt.

Ergebnis: Die Art. 16, 17 GRCh werden durch die Verpflichtung zur Ermöglichung der unentgeltlichen Kurzberichterstattung nicht verletzt. Die Auffassung der S trifft nicht zu.

---

[706] EuGH, Urt. v. 22.01.2013 – Rs. C-283/11, RÜ 2013, 179, 182 *Sky Österreich*.

EU-Grundrechtecharta (GRCh)

Anwendbarkeit

- Unmittelbare Bindung der Union und ihrer Organe, Art. 52 Abs. 1 S. 1 GRCh
- Bindung auch der Mitgliedstaaten bei der Durchführung von Unionsrecht, Art. 52 Abs. 1 S. 2 GRCh, Reichweite str.
  - Gerichtshof: weite Auslegung, sobald Geltungsbereich des Unionsrechts tangiert
  - BVerfG: enge Auslegung, nur wenn nationales Recht durch Unionsrecht determiniert

Aufbau der Grundrechtsprüfung

I. Anwendbarkeit, s.o.
II. Schutzbereich
   1. Leitbegriff
   2. Ggf. persönlicher Schutzbereich bei juristischen Personen
III. Eingriff
IV. Rechtfertigung
   1. Einfacher Gesetzesvorbehalt, Art. 51 Abs. 1 S. 1 GRCh
   2. Wesensgehaltsgarantie, Art. 51 Abs. 1 S. 1 GRCh
   3. Verhältnismäßigkeit, Art. 51 Abs. 1 S. 2 GRCh

Arten der Grundrechte

Menschenwürde

- Titel I, Art. 1–5 GRCh
- Insbes. Menschenwürde, Recht auf Leben und körperliche/geistige Unversehrheit, Folterverbot

Freiheitsrechte

- Titel II, Art. 6–19 GRCh
- Insbes. Recht auf Freiheit/Sicherheit/Achtung des Privatlebens, Datenschutz, Meinungs- und Religionsfreiheit, Versammlungsfreiheit, Berufsfreiheit, Eigentum

Gleichheit

- Titel III, Art. 20–26 GRCh
- Insbes. Gleichheitsrecht, Diskriminierungsverbot, Kinderrechte, Integrationsrecht

Solidarität

- Titel IV, Art. 27–38 GRCh
- Insbes. soziale Sicherheit, Umweltschutz, Verbraucherschutz

Bürgerrechte

- Titel V, Art. 39–46 GRCh
- Insbes. Wahlrecht, Recht auf gute Verwaltung, Zugang zu Dokumenten, Freizügigkeit

Justizgrundrechte

- Titel VI, Art. 47–50 GRCh
- Insbes. Zugang zu Gerichten, Unschuldsvermutung, Gesetzmäßigkeitsprinzip

7. Abschnitt: EMRK

A. Geltung der EMRK für die Union

621 Die **Europäische Konvention zum Schutz der Menschenrechte (EMRK)** ist eine durch den Europarat im Jahr 1950 verabschiedete Konvention. Sie hat den Status eines völkerrechtlichen Vertrages und steht in keiner unmittelbaren Verbindung zur Europäischen Union. Der Europarat ist vielmehr eine eigenständige – und bereits vor der Union existente – Vereinigung von Staaten, zu der auch solche gehören, die heute nicht Mitgliedstaaten der Europäischen Union sind (z.B. Russland). Allerdings haben alle Mitgliedstaaten der Europäischen Union die EMRK ratifiziert, sodass sie innerhalb der **Mitgliedstaaten** jeweils **unmittelbare Wirkung** entfaltet.

> Dies folgt in Deutschland aus dem Zustimmungsgesetz zum Abschluss des Vertrages bzw. dem Beitritt der EMRK nach Art. 59 Abs. 2 GG. Aus diesem Grund hat die EMRK in Deutschland den Rang eines **einfachen Bundesgesetzes**.

622 Die **Union selbst und ihre Organe** sind hingegen (noch) **nicht an die EMRK gebunden**. Dies soll sich jedoch ändern: Durch den Vertrag von Lissabon wurde Art. 6 Abs. 2 EUV eingefügt, der die **Union verpflichtet**, der **EMRK beizutreten**. Dies gestaltete sich zunächst bereits aufgrund des Status der Union als Staatenverbund schwierig, da grundsätzlich nur Staaten dem Europarat angehören und deshalb auch nur Staaten der EMRK beitreten können. Um gleichwohl den Beitritt der Union zu ermöglichen, wurde Art. 59 Abs. 2 EMRK ergänzt, welcher den Beitritt der Union als Staatenverbund als möglich erklärt. Zwischen 2010 und 2014 fanden Verhandlungen über einen Beitritt der Union statt. Im Anschluss wurde dem Gerichtshof der Entwurf eines Beitrittsvertrages zur Begutachtung vorgelegt. Hierbei gelangte der Gerichtshof zu dem Schluss, dass der **Beitritt der Union zur EMRK** in der derzeit ausgehandelten Form **mit dem Unionsrecht unvereinbar** ist.

Einen Verstoß hat der Gerichtshof u.a. darin gesehen, dass im Falle eines Beitritts sowohl der Gerichtshof als auch die sonstigen Organe der Union den Entscheidungen des EGMR unterliegen und an diese gebunden seien. Darüber hinaus werde die zu sichernde Autonomie der Unionsrechtsordnung dadurch beeinträchtigt, dass das Schutzniveau und die Geltungskraft der GRCh beeinträchtigt werden könne sowie aufgrund der in der EMRK vorgesehenen gegenseitigen Kontrolle der beigetretenen Staaten untereinander der dem Unionsrecht immanente Grundsatz des gegenseitigen Vertrauens der Mitgliedstaaten unterminiert werde. Letztlich sah der Gerichtshof auch einen unzulässigen Eingriff in seine eigenen Kompetenzen, da im Unionsrecht kein Verfahren zur Kontrolle von GASP-Maßnahmen existiere, der EGMR aber auch diese anhand der EMRK überprüfen könne. Damit wären diese Maßnahmen ausschließlich von einem außerhalb des institutionellen und gerichtlichen Rahmens der Union stehenden Gericht übertragen, was sich mit dem Unionsrecht nicht vereinbaren lasse.[707]

---

[707] EuGH, Gutachten v. 18.12.2014 – C-2/13, RÜ 2015, 242 *EMRK*; m.Anm. Streinz JuS 2015, 567.

Die Verhandlungen über einen Beitritt ruhen seitdem. Die Union ist folglich (noch) nicht der EMRK beigetreten, sodass diese zum jetzigen Zeitpunkt für die Union und ihre Organe **keine unmittelbare Bindung** entfaltet.[708]

B. Einfluss auf die GRCh

Allerdings darf der **mittelbare Einfluss der EMRK** nicht unterschätzt werden. Dies folgt u.a. aus Art. 52 Abs. 3 GRCh. Danach sind alle Grundrechte, die in Übereinstimmung mit den Menschenrechten aus der EMRK garantiert werden, mit der gleichen Bedeutung und Tragweite versehen, welche die Menschenrechte aus der EMRK besitzen. Dies hat zur Folge, dass sowohl die Organe der Union bei ihren Maßnahmen als auch der Gerichtshof im Rahmen seiner Rspr. häufig auf die Rspr. des **Europäischen Gerichtshof für Menschenrechte (EGMR)** Bezug nimmt, der über die Einhaltung der EMRK wacht.

Zudem bringt der **Gerichtshof** zum Ausdruck, dass er sich bei seiner Rspr. nicht nur von den Verfassungstraditionen der Mitgliedstaaten, sondern auch **von der EMRK leiten lässt**, da sie in allen Mitgliedstaaten verbindlich ist.[709] Somit erhalten die Vorschriften der EMRK Eingang in die Unionsrechtsordnung als **allgemeine Grundsätze**, sind aber bis zu einem Beitritt nicht formal verbindlich.

---

708 Oppermann/Classen/Nettesheim, § 17 Rn. 26.
709 EuGH, Gutachten v. 18.12.2014 – C-2/13, RÜ 2015, 242 Rn. 37 *EMRK*.

4. Teil: Prozessrecht

626 Die Verträge beinhalten nicht nur organisations- und materiell-rechtliche Regelungen, sondern schaffen zugleich einen **Rechtsweg**, auf dem etwaige Verstöße gerügt werden können. Damit kommt die Staatsähnlichkeit der Union erneut zum Ausdruck, da in den Verträgen nicht nur die gesetzgebende und die ausführende Gewalt, sondern auch die Recht sprechende Gewalt vorgesehen ist.

Hinweis: Neben dem materiellen Unionsrecht erfreut sich deshalb auch das Prozessrecht der Union erheblicher Beliebtheit in Examensklausuren. Ähnlich wie auch in den anderen Rechtsgebieten (Verwaltungsrecht, Grundrechte, Staatsorganisationsrecht) wird häufig ein verfahrensrechtlicher Einstieg gewählt.

1. Abschnitt: Gerichtsorganisation

A. Gerichtshof der Europäischen Union als Organ

627 Nach Art. 13 Abs. 1 UAbs. 2 EUV gehört der **Gerichtshof der Europäischen Union** zu den **Organen der Union** (zu den übrigen Organen s.o. Rn. 54 ff.). Er umfasst nach Art. 19 Abs. 1 UAbs. 1 S. 1 EUV den **Gerichtshof**, das **Gericht** sowie die **Fachgerichte** und sichert nach Art. 19 Abs. 1 UAbs. 1 S. 2 EUV die **Wahrung des Rechts bei der Auslegung und Anwendung der Verträge**. Seit der Zuordnung der **GRCh** zum europäischen Primärrecht gehört auch diese neben den Verträgen zu dem vom Gerichtshof der Europäischen Union zu schützenden Recht.

Diese Bezeichnungen sind im Rahmen des Vertrags von Lissabon angepasst worden. Zuvor wurde der Gerichtshof als „Europäischer Gerichtshof (EuGH)", das Gericht als „Europäisches Gericht (EuG)" bezeichnet. Eine Sammelbezeichnung für das gesamte Gerichtswesen der Union existierte nicht. Die Abkürzungen ziehen sich heute noch durch einige Lehrbücher und finden in Fußnoten Verwendung.

Klausurhinweis: Sie sollten sich gleichwohl an den heutigen Begrifflichkeiten orientieren und die alten Begriffe „EuGH" und „EuG" nicht mehr verwenden!

628 Die Judikative der Union umfasst damit **drei einzelne Gerichte** mit unterschiedlichen Zuständigkeiten und unterschiedlichem Aufbau. Die Bezeichnung „Gerichtshof der Europäischen Union" fungiert insofern als Sammelbegriff aller europäischen Gerichte. Der **Sitz** der Gerichte ist **Luxemburg**.

629 Ihre **Regelung** erfährt die europäische Judikative nicht nur durch **Art. 19 EUV**. Weiterführende Vorschriften finden sich in den **Art. 251 ff. AEUV** sowie in der **Satzung über den Gerichtshof der Europäischen Union (EuGH-Satzung)**. Letztere ist nach Art. 281 AEUV in einem besonderen Protokoll festgelegt worden und kann im ordentlichen Gesetzgebungsverfahren geändert werden. Sie enthält neben dem Organisationsrecht auch Zulässigkeitsvoraussetzungen für einzelne Verfahren, sodass sie bei der Klausurbearbeitung eine nicht unerhebliche Rolle spielt.

B. Gerichtshof

Der Gerichtshof war bereits im Gründungsvertrag der EGKS vorgesehen und damit lange Zeit das **einzige europäische Gericht**. Mit dem Ausbau der europäischen Gerichtsbarkeit ist beabsichtigt, dem Gerichtshof die Rolle eines **Rechtsmittelgerichts** zuzudenken. Aufgrund der in vielen Fällen immer noch vorgesehenen primären Zuständigkeit des Gerichtshofs ist dieses Ziel allerdings noch lange nicht erreicht.

630

Der Gerichtshof besteht nach Art. 19 Abs. 2 UAbs. 1 S. 1 EUV aus **einem Richter je Mitgliedstaat**. Gemäß Art. 252 AEUV werden sie von **elf Generalanwälten** unterstützt. Richter und Generalanwälte werden gemäß Art. 19 Abs. 2 UAbs. 3 EUV von den Regierungen der Mitgliedstaaten im Einvernehmen für eine **Amtszeit** von 6 Jahren ernannt. In Betracht kommen Personen, welche die Gewähr für Unabhängigkeit bieten und die in dem jeweiligen Mitgliedstaat geltenden Voraussetzungen für die höchsten richterlichen Ämter erfüllen oder Juristen von anerkannt hervorragender Befähigung sind (Art. 19 Abs. 2 UAbs. 3 S. 1 EUV, Art. 253 AEUV). Nach Ende ihrer Amtszeit können die Richter erneut zu Richtern am Gerichtshof ernannt werden. Während ihrer Amtszeit genießen die Richter Immunität (Art. 3 EuGH-Satzung), können aber für den Fall, dass sie die Voraussetzungen für ihre Tätigkeit nicht mehr erfüllen oder ihren Verpflichtungen nicht nachkommen, ihres Amtes enthoben werden (Art. 6 EuGH-Satzung).

631

Den **Generalanwälten** kommt gemäß Art. 252 Abs. 2 AEUV die Aufgabe zu, in den Verfahren in der Satzung bestimmten Verfahren vor dem Gerichtshof **Schlussanträge** zu stellen. Hierbei handelt es sich weniger um ein Plädoyer als mehr um eine Art **gutachterliche Stellungnahme** zu der zu entscheidenden Rechtsfrage.[710] Da die Generalanwälte die Schlussanträge unparteilich und unabhängig zu stellen haben, kommt es häufig vor, dass der Gerichtshof ihrem Votum in seiner Entscheidung folgt.

632

Aus der Mitte der Richter werden sowohl der **Präsident** des Gerichtshofs als auch ein **Kanzler** gewählt, Art. 253 Abs. 3, 5 AEUV. Der Präsident leitet die rechtsprechende Tätigkeit des Gerichtshofs. Er vertritt den Gerichtshof nach außen und führt den Vorsitz bei Beratungen des Plenums und der Großen Kammer, wie sich aus Art. 9 der **Verfahrensordnung des Gerichtshofs (EuGHVfO)** ergibt. Der Kanzler hingegen leitet die allgemeine Verwaltung des Gerichtshofs unter der Aufsicht des Präsidenten und ist zugleich oberster Urkundsbeamter des Gerichtshofs, Art. 20 EuGHVfO.

633

Die neu eingehenden Verfahren werden durch den Präsidenten einem Richter als Berichterstatter zugewiesen. Hieran wurde Kritik aus Deutschland geübt, da das hierzulande verbürgte **Recht auf den gesetzlichen Richter** (Art. 101 Abs. 1 S. 2 GG) nicht gewährleistet ist. Allerdings konnte sich Deutschland mit dieser Kritik nicht durchsetzen; ein Geschäftsverteilungsplan existiert für den Gerichtshof nicht. Die endgültige Beratung und Entscheidung findet dann i.d.R. in einer **Kammer** als Untergliederung des Gerichtshofs statt, die gemäß Art. 16 Abs. 1 EuGH-Satzung mit drei bis fünf Richtern besetzt ist. Nur bei Fällen mit Rechtsfragen von besonderer Bedeutung entscheidet der Gerichtshof im **Plenum** mit allen 28 Richtern (vgl. Art. 16 Abs. 4, 5 EuGH-Satzung). Die Aufteilung ist aufgrund der Menge der Verfahren erforderlich: Im Jahr 2015 wurden beim Gerichtshof 713 neue Verfahren anhängig gemacht.[711]

634

---

710 Haratsch/Koenig/Pechstein Rn. 293.
711 Offizielle Angabe in der Rubrik „Der Gerichtshof in Zahlen", abrufbar über http://curia.europa.eu.

C. Gericht

635 Das **Gericht** (vor dem Vertrag von Lissabon „Gericht erster Instanz") befindet sich derzeit in einer Phase der Umstrukturierung. Art. 19 Abs. 2 UAbs. 2 EUV bestimmt, dass es aus mindestens einem Richter je Mitgliedstaat bestehen soll. Da das Gericht eine stetig steigende Anzahl von Verfahren bewältigen muss (2015: 831 neue Verfahren), wird nun die Anzahl der Richter erhöht. Nach Art. 254 Abs. 1 S. 1 AEUV i.V.m. Art. 48 EuGH-Satzung soll das Gericht ab dem 01.09.2019 aus **zwei Richtern je Mitgliedstaat** bestehen.[712] Für die **Berufung der Richter** und die von diesen zu erfüllenden Voraussetzungen gilt das zum Gerichtshof Ausgeführte entsprechend (vgl. Art. 47 EuGH-Satzung).

636 In den Verfahren wird das Gericht sowohl als **Rechtsmittelinstanz** für die Entscheidungen der Fachgerichte (vgl. Art. 256 Abs. 2 AEUV) als auch als **erste Instanz** in bestimmten Verfahren tätig.

637 Anders als der Gerichtshof wird das Gericht grundsätzlich **nicht von Generalanwälten unterstützt**. Allerdings sieht Art. 49 EuGH-Satzung vor, dass sich die Richter des Gerichts zu Generalanwälten für die Entscheidungen des Gerichts bestellen lassen können. Für diesen Fall dürfen sie allerdings an der entsprechenden Entscheidung des Gerichts nicht mitwirken, insoweit besteht Inkompatibilität.

D. Fachgerichte

638 Art. 257 AEUV sieht vor, dass im ordentlichen Gesetzgebungsverfahren **Fachgerichte** geschaffen werden können. Diese sollen für Klagen aus bestimmten Sachgebieten zuständig sein. Durch sie soll nicht nur eine europäische Fachgerichtsbarkeit, sondern auch eine dreigliedrige Struktur innerhalb des Gerichtshofs geschaffen werden.[713] Zudem sollen die Fachgerichte Entlastungen des Gerichtshofs und des Gerichts möglich machen. Die **Richter** des Fachgerichtes müssen ebenso wie die Richter des Gerichts und des Gerichtshofs die Gewähr für Unabhängigkeit bieten und über die Befähigung zur Ausübung richterlicher Tätigkeiten verfügen. Ihre Ernennung erfolgt durch den Rat.

639 Allerdings ist es bislang nur gelungen, ein einziges Fachgericht zu installieren. Das **Fachgericht für den öffentlichen Dienst** ist seit 2004 für alle Streitigkeiten zwischen der Union und ihren Bediensteten zuständig und verzeichnet eine im Vergleich zum Gericht und Gerichtshof übersichtliche Anzahl an Verfahrenseingängen (2015: 167 neue Verfahren). Da sich die Mitgliedstaaten über die Einführung weiterer Fachgerichte bislang nicht einigen konnten, mehren sich die Anzeichen, dass die Fachgerichtsbarkeit nicht weiter ausgebaut, sondern den einzelnen Kammern des Gerichts Fachzuständigkeiten zugewiesen werden. Eine entsprechende Verordnung befindet sich derzeit im Gesetzgebungsverfahren und wurde bereits von der Kommission gebilligt.[714]

---

[712] Zu der Neuregelung auch Hoffmann EuR 2016, 197.
[713] Karpenstein/B. Eggers in: Grabitz/Hilf/Nettesheim, Art. 257 AEUV Rn. 2.
[714] Vgl. dazu Hoffmann EuR 2016, 197, 201; vgl. auch Karpenstein/B. Eggers in: Grabitz/Hilf/Nettesheim, Art. 257 AEUV Rn. 8.

2. Abschnitt: Verfahren vor dem EuGH

A. Überblick

640 Eine dem § 40 VwGO vergleichbare, generalklauselartige **Rechtswegeröffnung** hin zum Gerichtshof der Europäischen Union existiert im Unionsrecht nicht. Aus Art. 19 Abs. 3 EUV folgt vielmehr das **Prinzip der begrenzten Einzelermächtigung**:[715] Die europäische Gerichtsbarkeit entscheidet **nach Maßgabe der Verträge** über Klagen von Organen, Mitgliedstaaten sowie allen natürlichen und juristischen Personen (lit. a), über von mitgliedstaatlichen Gerichten eingeleitete Vorabentscheidungsverfahren (lit. b) sowie in allen anderen von den Verträgen vorgesehenen Fällen (lit. c). Aufgrund der Verweisung ergeben sich die einzelnen Verfahrensarten aus den **Art. 258 ff. AEUV**.

Eine zusammenfassende Aufzählung der Verfahren entsprechend Art. 93 GG, § 13 BVerfGG für die Verfahren vor dem BVerfG existiert im Unionsrecht nicht.

641 *Klausurhinweis: Nicht alle vorgesehenen Verfahren besitzen auch **Klausurrelevanz**. Nur mit den folgenden Verfahren müssen Sie für die Klausuren zwingend vertraut sein:*

- *Vertragsverletzungsverfahren, Art. 258, 259 AEUV;*
- *Nichtigkeitsklage, Art. 263 AEUV;*
- *Vorabentscheidungsverfahren, Art. 267 AEUV.*

642 Im Rahmen der speziellen Vorschriften über das jeweilige Verfahren kommt zudem zum Ausdruck, ob das Gericht oder der Gerichtshof **zuständig** ist. Es genügt deshalb nicht, die Rechtswegeröffnung zum Gerichtshof der Europäischen Union festzustellen.

B. Vertragsverletzungsverfahren

643 Das **Vertragsverletzungsverfahren** nach Art. 258, 259 AEUV dient der **Feststellung** von **Verletzungen der Verträge durch die Mitgliedstaaten**. Es handelt sich um ein **Verfahren objektiver Rechtskontrolle**, sodass der Gerichtshof sowohl durch die Kommission nach Art. 258 AEUV als auch durch die Mitgliedstaaten nach Art. 259 AEUV angerufen werden kann, ohne dass eine eigene Rechtsverletzung geltend gemacht werden müsste.[716] Von dem Verfahren macht damit in erster Linie die Kommission aufgrund ihrer Aufgabe als „Hüterin der Verfassung" Gebrauch. Daneben ist aber auch eine Verfahrenseinleitung durch andere Mitgliedstaaten der Union denkbar, um die Vertragsverletzung durch einen anderen Mitgliedstaat zu rügen. Diese Konstellation bildet aber eher den Ausnahmefall.

I. Zulässigkeit

Die Voraussetzungen der Zulässigkeit des Vertragsverletzungsverfahrens unterscheiden sich in den beiden Konstellationen nur marginal im Hinblick auf das Vorverfahren.

---

[715] Gaitanides in: von der Groeben/Schwarze/Hatje, Art. 19 EUV Rn. 66; Huber in: Streinz, Art. 19 EUV Rn. 27.
[716] EuGH Slg. 1995, I-2189 Rn. 21 *Kommission/Deutschland*; Cremer in: Calliess/Ruffert, Art. 258 AEUV Rn. 2 m.w.N.

4. Teil — Prozessrecht

> **Aufbauschema: Zulässigkeit Vertragsverletzungsverfahren**
>
> - Zuständigkeit
> - Parteifähigkeit
>   - Aktiv: Kommission (Art. 258 AEUV) / Mitgliedstaat (Art. 259 AEUV)
>   - Passiv: betroffener Mitgliedstaat
> - Vorverfahren
>   - Bei Einleitung durch Mitgliedstaat: Vertragsverletzungsrüge ggü. Kommission
>   - Mahnschreiben/Anhörung des Mitgliedstaats durch die Kommission
>   - Begründete Stellungnahme der Kommission bei Nichtabhilfe
>   - Fruchtloser Fristablauf
> - Klagegegenstand
> - Rechtsschutzbedürfnis
> - Form

Fall 12: Vertragsverletzungsverfahren

Nach der deutschen Rechtsordnung üben die Notare ihre Tätigkeiten – außer in Baden-Württemberg – freiberuflich aus. Die Ausgestaltung der Tätigkeit findet sich in der Bundesnotarordnung (BNotO). Nach § 1 BNotO werden Notare in den Ländern als unabhängige Träger eines öffentlichen Amtes für die Beurkundung von Rechtsvorgängen und anderen Aufgaben auf dem Gebiet der vorsorgenden Rechtspflege bestellt. Nach § 5 BNotO darf nur ein deutscher Staatsangehöriger zum Notar bestellt werden. Zum Tätigkeitsbereich des Notars bestimmt § 20 Abs. 1 S. 1 BNotO, dass Notare zuständig sind, Beurkundungen jeder Art vorzunehmen sowie Unterschriften, Handzeichen und Abschriften zu beglaubigen. Dabei kann das Tätigwerden des Notars je nach Art des von ihm zu beurkundenden Aktes gesetzlich vorschrieben oder fakultativ sein. Durch sein Tätigwerden stellt der Notar das Vorliegen aller gesetzlich vorgeschriebenen Voraussetzungen für das Zustandekommen des fraglichen Akts sowie die Rechts- und Geschäftsfähigkeit der Beteiligten fest. Die notarielle Urkunde besitzt zudem eine erhöhte Beweiskraft und ist vollstreckbar.

Die Kommission sandte ein Mahnschreiben mit Fristsetzung an die Bundesrepublik Deutschland, in dem sie die Ansicht vertrat, dass das Staatsangehörigkeitserfordernis in § 5 BNotO mit der Niederlassungsfreiheit aus Art. 49 AEUV unvereinbar sei, da es eine nach dem AEUV verbotene Diskriminierung aufgrund der Staatsangehörigkeit darstelle. Auf das Mahnschreiben antwortete die Bundesrepublik Deutschland, dass die Ausübung des Notarberufs eine „Ausübung öffentlicher Gewalt" i.S.d. Art. 51 AEUV darstelle und die Niederlassungsfreiheit insofern nicht betroffen sei. Daraufhin übersandte die Kommission eine mit Gründen versehene Stellungnahme, mit der sie

> die Bundesrepublik Deutschland aufforderte, binnen zwei Monaten Maßnahmen zu ergreifen, um den Verstoß gegen die Niederlassungsfreiheit abzustellen. Da die Bundesrepublik Deutschland der Aufforderung nicht nachkam, leitete die Kommission beim Gerichtshof zwei Monate nach Fristablauf formgemäß ein Vertragsverletzungsverfahren ein. Ist das Vertragsverletzungsverfahren zulässig?

Klausurhinweis: Beachten Sie die Fallfrage! Oft wird in europarechtlichen Examensklausuren in einer gesonderten Frage oder in einem ersten Fallteil ausschließlich nach der Zulässigkeit des jeweiligen Verfahrens gefragt. Ausführungen zur Begründetheit verbieten sich dann.

Das Vertragsverletzungsverfahren ist **zulässig**, wenn der Rechtsweg zum Gerichtshof eröffnet ist und die sonstigen Zulässigkeitsvoraussetzungen vorliegen.

I. Der angerufene **Gerichtshof** müsste **zuständig** sein. 644

Klausurhinweis: Unter diesem Obersatz wird nicht nur die sachliche Zuständigkeit des Spruchkörpers (Gerichtshof, Gericht, Fachgericht) geprüft, sondern damit zugleich die Rechtswegeröffnung sowie der statthafte Rechtsbehelf. Damit entspricht die Prüfung derjenigen der Zuständigkeit des BVerfG in verfassungsprozessualen Klausuren.

Die Kommission rügt im vorliegenden Verfahren eine Verletzung der Niederlassungsfreiheit durch die deutschen Vorschriften der BNotO, sodass ein **Vertragsverletzungsverfahren gemäß Art. 258 AEUV** als **statthafter Rechtsbehelf** in Betracht kommt. Die **sachliche Zuständigkeit** für dieses Verfahren liegt beim **Gerichtshof**, sodass der Rechtsweg zum Gerichtshof eröffnet ist.

Gemäß Art. 256 Abs. 1 UAbs. 1 S. 2 AEUV kann durch die Satzung eine erstinstanzliche Zuständigkeit des **Gerichts** für das Vorabentscheidungsverfahren begründet werden. Eine solche Satzungsregelung existiert bis heute nicht, sodass weiterhin der Gerichtshof zuständig ist.

II. Die **aktive und passive Parteifähigkeit** folgt aus Art. 258 Abs. 1 AEUV. 645

1. Zur Einleitung des Verfahrens und damit **aktiv parteifähig** ist die Kommission.

   Gemäß Art. 259 AEUV ist auch ein (anderer) **Mitgliedstaat** aktiv parteifähig und damit zur Einleitung des Vertragsverletzungsverfahrens berechtigt. Zwar ist auch in dieser Konstellation ein von der Kommission durchzuführendes Vorverfahren der Klageerhebung vorgeschaltet. Aber das Vorabentscheidungsverfahren wird in der Konstellation der sog. **Staatenklage** nach erfolglosem Vorverfahren nicht von der Kommission, sondern von dem Mitgliedstaat eingeleitet.

2. **Passiv parteifähig** ist hingegen der Mitgliedstaat, dem die Verletzung des Unionsrechts zur Last gelegt wird. Dies ist hier die Bundesrepublik Deutschland.

III. Das Vertragsverletzungsverfahren ist ferner nur zulässig, wenn der Verfahrenseinleitung ein **erfolglos durchgeführtes Vorverfahren** vorausgegangen ist. 646

Nur in den Fällen der Art. 108 Abs. 2, 114 Abs. 9, 348 Abs. 2 AEUV ist ein Vorverfahren **ausnahmsweise entbehrlich**. Sofern es sich um eine Staatenklage handelt, wird das Vorverfahren durch eine Verletzungsrüge des anzeigenden Mitgliedstaates eingeleitet, die an die Kommission gerichtet ist.

1. Nach Art. 258 Abs. 1 Hs. 2 AEUV hat die Kommission dem betroffenen Mitgliedstaat die Gelegenheit zur Stellungnahme einzuräumen (sog. **erstes Mahnschreiben**). Dabei hat sie dem Mitgliedstaat die Tatsachen mitzuteilen, in denen sie den Vertragsverstoß sieht und die Einleitung eines Vertragsverletzungsverfahrens an- 647

zukündigen. Zudem muss die Kommission dem Mitgliedstaat eine Frist setzen, in der er sich zu den Vorwürfen äußern kann.[717]

Durch das erste Mahnschreiben soll in erster Linie der Anspruch des Mitgliedstaates auf **rechtliches Gehör** gewahrt werden.[718]

In dem ersten Schreiben der Kommission an die Bundesrepublik Deutschland hat die Kommission mitgeteilt, aus welchen Gründen sie in § 20 BNotO eine nicht gerechtfertigte Diskriminierung aufgrund der Staatsangehörigkeit erblickt und von einem Verstoß gegen die Niederlassungsfreiheit aus Art. 49 AEUV ausgeht. Auch eine Fristsetzung war beigefügt und die Verfahrenseinleitung angekündigt, sodass das Schreiben den Anforderungen an ein erstes Mahnschreiben genügte.

Wodurch die Kommission zur Rüge der Vertragsverletzung veranlasst wurde, ist unerheblich. Obwohl das Vertragsverletzungsverfahren ein **objektives Beanstandungsverfahren** ist, kann ihm eine individualschützende Komponente dadurch zukommen, dass es auch auf die Beschwerde von Unionsbürgern oder von Unternehmen eingeleitet wird.

648 2. Wird der Vertragsverstoß nicht innerhalb der im Mahnschreiben gesetzten Frist abgestellt und ist die Kommission auch nach Anhörung des Mitgliedstaates von der Vertragsverletzung überzeugt, gibt sie gemäß Art. 258 Abs. 1 Hs. 1 AEUV eine **begründete Stellungnahme** ab. In dieser hat nochmals eine klare Darstellung der Tatsachen und Gründe, die nach Ansicht der Kommission zu dem Vertragsverstoß führen, zu erfolgen. Auch diese Stellungnahme ist mit einer Frist zur Beseitigung der Vertragsverletzung zu versehen.

Die begründete Stellungnahme ist trotz der in ihr enthaltenen detaillierten tatsächlichen und rechtlichen Ausführungen unverbindlich und kann daher nicht isoliert angefochten werden.[719] Eine Mindestlänge der Frist ist nicht vorgeschrieben. I.d.R. werden zwei Monate als angemessene Frist erachtet.[720] Die konkrete Frist ist an den Umständen des Einzelfalls und realistisch zu bemessen, welche die Verteidigungsmöglichkeit des Mitgliedstaats nicht beeinträchtigt.[721]

Die Kommission hat sich mit der Stellungnahme der Bundesrepublik Deutschland auseinandergesetzt und mitgeteilt, dass sie in der nationalen Regelung gleichwohl einen Verstoß gegen die Niederlassungsfreiheit sieht. Die Kommission hat der Bundesrepublik Deutschland weiterhin eine Frist von zwei Monaten gesetzt, um den Verstoß zu beseitigen. Eine begründete Stellungnahme liegt somit vor.

649 3. Nach **fruchtlosem Fristablauf** ist die Kommission berechtigt, das Vertragsverletzungsverfahren bei dem Gerichtshof einzuleiten.

In der Lit. wird aus der Aufgabe der Kommission als „Hüterin der Verträge" eine **Klagepflicht** hergeleitet,[722] wobei nicht deutlich wird, ob die Pflicht sich insgesamt auf die Einleitung des Vertragsverletzungsverfahrens oder nur auf die Klageerhebung nach Durchführung des Vorverfahrens beziehen soll. Nach der wohl richtigen Ansicht des Gerichtshofs steht die Einleitung des Vertragsverletzungsverfahrens jedoch im **Ermessen** der Kommission.[723] Insbesondere bei geringfügigen Verstößen oder solchen von politischer Brisanz muss ihr ein Beurteilungsspielraum

---

717 Karpenstein in: Grabitz/Hilf/Nettesheim, Art. 258 AEUV Rn. 29.
718 EuGH EuZW 2007, 540 *Kommission/Deutschland*; Karpenstein in: Grabitz/Hilf/Nettesheim, Art. 258 AEUV Rn. 28 m.w.N.
719 Oppermann/Classen/Nettesheim, § 13 Rn. 34 f.
720 EuGH Slg. 1983, 467, 477 ff. *Kommission/Belgien*; Karpenstein in: Grabitz/Hilf/Nettesheim, Art. 258 AEUV Rn. 46.
721 EuGH Slg. 1988, 305 Rn. 20 *Kommission/Belgien*; Slg. 1996, I-3248 Rn. 20 *Kommission/Luxemburg*.
722 Oppermann/Classen/Nettesheim § 13 Rn. 30.
723 EuGH, Urt. v. 14.02.1989 – Rs. 247/87; EuGH, Urt. v. 06.12.1989 – Rs. C-329/88; EuGH NVwZ 1991, 1169.

hinsichtlich der Einleitung des Verfahrens zugebilligt werden.[724] Ein Individualanspruch auf Einleitung eines Vertragsverletzungsverfahrens besteht wegen des Ermessensspielraums nicht.[725]

Die Bundesrepublik Deutschland hat die ihr durch die Kommission gesetzte Frist von zwei Monaten verstreichen lassen, ohne die BNotO zu ändern. Demnach war die Kommission zur Einleitung des Vertragsverletzungsverfahrens berechtigt.

IV. Richtiger **Klagegegenstand** des Vertragsverletzungsverfahrens ist die Behauptung der Kommission, ein Mitgliedstaat habe gegen eine Verpflichtung aus den Verträgen verstoßen. Der Umfang der behaupteten Vertragsverletzung richtet sich dabei nach der begründeten Stellungnahme aus dem Vorverfahren, über die er nicht hinausgehen darf. Da die Stellungnahme ihrerseits nicht über das erste Mahnschreiben hinausgehen darf, erweist sich der Klagegegenstand als doppelt akzessorisch. **650**

Im vorliegenden Fall hat die Kommission im Rahmen der Einleitung des Vertragsverletzungsverfahrens die Argumentation aus der begründeten Stellungnahme wiederholt, sodass die Vereinbarkeit der Regelung der deutschen BNotO mit der Niederlassungsfreiheit aus Art. 49 AEUV den zulässigen Klagegegenstand bildet.

V. Weiterhin müsste ein **Rechtsschutzbedürfnis** für die Durchführung des Vertragsverletzungsverfahrens bestehen.

1. Hierfür ist zunächst Voraussetzung, dass die Kommission in tatsächlicher und rechtlicher Hinsicht von der Vertragsverletzung durch den Mitgliedstaat **überzeugt** ist. Zweifel über die Vereinbarkeit mit dem Unionsrecht genügen nicht. Mit ihrem Mahnschreiben, der abschließenden Stellungnahme und der Verfahrenseinleitung hat die Kommission zum Ausdruck gebracht, dass sie von einer Verletzung der Niederlassungsfreiheit durch die deutschen Vorschriften überzeugt ist. **651**

2. Darüber hinaus muss die **Vertragsverletzung** durch den Mitgliedstaat im Zeitpunkt der Verfahrenseinleitung noch **fortbestehen**. Auch dies ist hier der Fall, sodass das Rechtsschutzbedürfnis gegeben ist. **652**

   Hat der Mitgliedstaat die gerügte Verfahrensverletzung beseitigt, ist das Ziel des Verfahrens erreicht, sodass die Kommission das Verfahren einstellen müsste. Nur für den Fall, dass ein besonderes Rechtsschutzbedürfnis gegeben ist, könnte die Kommission gleichwohl ein Vertragsverletzungsverfahren gegen den Mitgliedstaat einleiten.[726]

3. Für die Einleitung des Vertragsverletzungsverfahrens ist **keine Frist** vorgesehen; vielmehr erstreckt sich das Ermessen der Kommission auch auf den Zeitpunkt der Klageerhebung. Allerdings kann die Kommission das Recht zur Verfahrenseinleitung **verwirken**, wenn sie nach Abschluss des Vorverfahrens unangemessen lange mit der Klageerhebung zuwartet, ohne das ein sachlicher Grund die Verzögerung der Verfahrenseinleitung rechtfertigt.[727] Im Falle der Verwirkung entfällt dann auch das Rechtsschutzbedürfnis. Dies ist hier nicht der Fall. **653**

VI. Die **Formanforderungen** des Art. 21 EuGH-Satzung sind erfüllt. **654**

Ergebnis: Das Vertragsverletzungsverfahren ist zulässig.

---

724 Oppermann/Classen/Nettesheim § 13 Rn. 30.
725 EuGH NJW 1998, 2809, 2810.
726 Karpenstein in: Grabitz/Hilf/Nettesheim, Art. 258 AEUV Rn. 52; Haratsch/Koenig/Pechstein Rn. 499.
727 EuGH, Rs. 324/82, Slg. 1984, S. 1861 *Kommission/Belgien*.

II. Begründetheit

655 Das Vertragsverletzungsverfahren ist **begründet**, wenn die von der Kommission behauptete Verletzung des Unionsrechts tatsächlich festgestellt werden kann. **Prüfungsmaßstab** sind hierbei entgegen dem Wortlaut des Art. 258 AEUV nicht nur die **Verträge** selbst, sondern auch das **abgeleitete Unionsrecht**.[728]

Die Begründung dafür ergibt sich aus der Aufgabe der Kommission als „Hüterin des Unionsrechts" gemäß Art. 17 Abs. 1 S. 2 und S. 3 EUV, womit auch das abgeleitete Unionsrecht erfasst wird. Aus der Wächterfunktion der Kommission leitet sich das Institut des Vertragsverletzungsverfahrens ab, sodass in diesem Verfahren auch die Verletzung von Sekundärrecht geltend gemacht werden kann.[729]

Eine **Vertragsverletzung** ist gegeben, wenn ein Mitgliedstaat durch sein Verhalten gegen eine Norm des Unionsrechts verstößt. Ein **Verschulden** ist nicht erforderlich. Gerügt werden muss ein konkreter Akt bzw. eine konkrete Unterlassung des Mitgliedstaats.[730] Für das Vorliegen der Verletzung ist die Kommission beweispflichtig und erhebt die erforderlichen Beweise selbst.[731]

III. Folgen der Entscheidung

656 Im Falle eines **erfolgreichen Vertragsverletzungsverfahrens** trifft der Gerichtshof die **Feststellung**, dass die staatliche Maßnahme Unionsrecht verletzt. Eine Verpflichtung des Mitgliedstaats oder gar eine Verurteilung zu einer konkreten Form der Beseitigung der Verletzung kann der Gerichtshof jedoch nicht aussprechen. Der betreffende Mitgliedstaat ist jedoch aus Art. 260 Abs. 1 AEUV verpflichtet, Abhilfe zu schaffen. Kommt er dieser Verpflichtung nicht nach, kann der Gerichtshof gemäß Art. 260 Abs. 2 AEUV die Zahlung eines Pauschalbetrages oder **Zwangsgeldes** verhängen.[732] Haben auch diese Sanktionen keine Wirkung, bleibt lediglich die Möglichkeit, ein erneutes Verfahren nach Art. 258 AEUV durchzuführen.[733] Eine unionsrechtswidrige Einzelmaßnahme eines Mitgliedstaats kann vom Gerichtshof durch eine Anordnung gemäß Art. 279 AEUV vorläufig außer Kraft gesetzt werden.[734]

C. Nichtigkeitsklage

657 Die Nichtigkeitsklage gemäß Art. 263 AEUV ermöglicht eine Überprüfung der Rechtmäßigkeit von Handlungen der Unionsorgane und sonstiger Einrichtungen und Stellen der EU (z.B. der Agenturen). Das Verfahren kann als Klage aufgrund **subjektiver, persönlicher Betroffenheit** oder als **objektives Beanstandungsverfahren** durchgeführt werden. Im ersten Fall ist die Klage im weitesten Sinne mit der Anfechtungsklage des deutschen Verwaltungsprozessrechts gemäß § 42 Abs. 1 Fall 1 VwGO zu vergleichen, d.h. grds. kann jede natürliche oder juristische Person die Klage mit dem Ziel der Aufhebung eines Rechtsakts erheben. Im zweiten Fall dient das Verfahren der allgemeinen Rechts-

---

[728] Ehricke in: Streinz Art. 258 AEUV Rn. 6.
[729] Vgl. Cremer in: Calliess/Ruffert, Art. 258 Rn. 33.
[730] Karpenstein in: Grabitz/Hilf/Nettesheim, Art. 258 Rn. 64 f.
[731] EuGH, Urt. v. 14.07.1988 – Rs. 298/86.
[732] Herdegen § 9 Rn. 6.
[733] Streinz Rn. 627.
[734] EuGH, Urt. v. 12.07.1990 – Rs. C-195/80R.

kontrolle und ist z.T. gleichzeitig Instrument zur Klärung zwischen den Organen bestehender Konflikte bzgl. der ihnen übertragenen Befugnisse (sog. **Organstreit**).[735]

I. Zulässigkeit

Die Zulässigkeitsvoraussetzungen der Nichtigkeitsklage sind in Art. 263 AEUV geregelt. 658

Aufbauschema: Zulässigkeit Nichtigkeitsklage
■ Zuständigkeit
■ Aktive Parteifähigkeit, Art. 263 Abs. 2-4 AEUV
■ Klagegegenstand: EU-Rechtsakte mit bindender Außenwirkung
■ Passive Parteifähigkeit
■ Klagebefugnis: je nach Kläger, Art. 263 Abs. 2-4 AEUV
■ Klagefrist, Art. 263 Abs. 6 AEUV
■ Form, insbes. Darlegung eines Klagegrundes

1. Zuständigkeit

Art. 263 Abs. 1 AEUV bestimmt lediglich, dass der **Gerichtshof der Europäischen Union** 659
für die Nichtigkeitsklage **zuständig** sei. Eine Aussage für die Zuständigkeit des jeweiligen Spruchkörpers ist dadurch nicht getroffen. Diese Zuständigkeit ergibt sich erst aus Art. 256 Abs. 1 UAbs. 1 AEUV. Danach ist das Gericht erstinstanzlich für solche Nichtigkeitsklagen zuständig, die nicht gemäß der EuGH-Satzung dem Gerichtshof vorbehalten sind (Art. 256 Abs. 1 UAbs. 1 S. 2 AEUV). Nach **Art. 51 EuGH-Satzung** ist der Gerichtshof für Nichtigkeitsklagen nur zuständig, wenn

- ein **Mitgliedstaat** die Klage gegen eine Handlung des Europäischen Parlaments oder des Rates oder wegen unterlassener Beschlussfassung der Organe erhebt oder
- ein **Unionsorgan** selbst als Kläger auftritt.

Für Nichtigkeitsklagen natürlicher und juristischer Personen ist das Gericht zuständig.

2. Aktive Parteifähigkeit

Aktiv parteifähig und damit taugliche Kläger der Nichtigkeitsklage sind 660

- die **Mitgliedstaaten**, das **Europäische Parlament**, der **Rat** und die **Kommission**, Art. 263 Abs. 2 AEUV,
- der **Rechnungshof**, die **Europäische Zentralbank** und der **Ausschuss der Regionen**, Art. 263 Abs. 3 AEUV sowie
- **natürliche** und **juristische Personen**, Art. 263 Abs. 4 AEUV.

---
735 Hailbronner JuS 1990, 439, 444.

Klausurhinweis: Zum Teil wird bereits an dieser Stelle auch die passive Parteifähigkeit überprüft. Dies hat aber den Nachteil, dass Sie auf den tauglichen Gegenstand der Nichtigkeitsklage vorgreifen müssten. Es bietet sich deshalb an, die passive Parteifähigkeit erst nach den Ausführungen des Verfahrensgegenstands zu prüfen.

3. Klagegegenstand

661 **Gegenstand der Nichtigkeitsklage** können nach Art. 263 Abs. 1 AEUV **alle Gesetzgebungsakte** sowie **Handlungen** des Rates, der Kommission und der Europäischen Zentralbank, soweit es sich nicht um Empfehlungen oder Stellungnahmen handelt, und Handlungen des Europäischen Parlaments und des Europäischen Rates sein, **die Rechtswirkungen gegenüber Dritten entfalten**. Hierzu gehören nicht nur die nach Art. 288 Abs. 2–4 AEUV verbindlichen Rechtsakte, sondern auch atypische Rechtsakte mit entsprechender Außenwirkung.

Nicht anfechtbar sind vorbereitende Maßnahmen, Zwischenmaßnahmen sowie bestätigende oder wiederholende Maßnahmen. Gleiches gilt für unverbindliche Kundgaben wie Dienstanweisungen, Meinungsäußerungen, innerbehördliche Akte oder Rechtsauskünfte.

4. Passive Parteifähigkeit

662 Die Nichtigkeitsklage ist gegen diejenige Einrichtung zu richten, welche den angegriffenen Rechtsakt erlassen oder die streitgegenständliche Handlung vorgenommen hat (**passive Parteifähigkeit**).[736]

5. Klagebefugnis

663 Welche Anforderungen an die **Klagebefugnis** bei der Nichtigkeitsklage zu stellen sind, hängt vom Kläger ab.

- Wird die Klage von **Unionsorganen** oder **Mitgliedstaaten** nach Art. 263 Abs. 2 AEUV erhoben, ist **keine Klagebefugnis** erforderlich. Man spricht insoweit von **privilegiert Klageberechtigten**, da sie die Klage erheben können, ohne ein individuelles oder unmittelbares Betroffensein oder die Verletzung eigener Befugnisse und Rechte geltend machen zu müssen.[737]

    In diesen Fällen ist die Nichtigkeitsklage als **objektives Beanstandungsverfahren** ausgestaltet, das mit der abstrakten Normenkontrolle i.S.d. Art. 93 Abs. 1 Nr. 2 GG.

- Die Europäische Zentralbank, der Rechnungshof und der Ausschuss der Regionen sind nach Art. 263 Abs. 3 AEUV sog. **teilprivilegierte Klageberechtigte** und nur zur **Wahrung ihrer Rechte** klagebefugt.

    Beispiele: mögliche Verletzung von Anhörungs-, Beteiligungs- und Informationsrechten[738]

- Die striktesten Anforderungen sind an die Klagebefugnis zu stellen, wenn **natürliche oder juristische Personen** die Nichtigkeitsklage erheben, Art. 263 Abs. 4 AEUV.

---

[736] EuG Slg. 2008, II-2771 Rn. 49 *Sogelma/EAR*; Dörr in: Grabitz/Hilf/Nettesheim, Art. 263 AEUV Rn. 23.
[737] Ehricke in: Streinz, Art. 263 Rn. 25; Cremer in: Calliess/Ruffert, Art. 263 Rn. 21.
[738] Cremer in: Calliess/Ruffert, Art. 263 AEUV Rn. 22.

Verfahren vor dem EuGH — 2. Abschnitt

Fall 13: Nichtigkeitsklage – Klagebefugnis

Im Rahmen der Währungspolitik verfolgt die von der Europäischen Zentralbank (EZB) durchgeführte Geldpolitik das primäre Ziel, die Preisstabilität zu bewahren. Als Reaktion auf die Finanzkrise in der Union fasste die EZB am 06.09.2012 den Beschluss, dass sie nötigenfalls zur Gewährleistung ihrer Geldpolitik selbst unbegrenzt Staatsanleihen solcher Mitgliedstaaten kaufen würde, die sich einem Kreditprogramm des Europäischen Stabilitätsmechanismus (ESM) unterwerfen (Outright Monetary Transactions – OMT). Zunächst würde die EZB derartige Anleihekäufe nur in Erwägung ziehen; sie würden später nach vorheriger gründlicher Beurteilung umgesetzt, um in die vorsorglichen Programme des ESM eingegliedert zu werden. Einer Abstimmung mit anderen Unionsorganen bedürfe es nicht. Die EZB entscheide im alleinigen Ermessen und im Einklang mit ihrem geldpolitischen Mandat aus den Verträgen.

K meint, der Ankauf von Staatsanleihen würde zu Verwerfungen auf den Finanzmärkten führen, was der Preisstabilität schaden und den Wert seines Vermögens vermindern würde. Er ist überzeugt, dass der Beschluss mit Art. 123-125 AEUV unvereinbar sei. K beantragt deshalb einen Monat nach dem Beschluss der EZB beim Gericht, dass dieses den Beschluss der EZB als mit den genannten Vorschriften für unvereinbar erklären und die Durchführung des Beschlusses verhindern solle. Ist die Klage zulässig?

Die von K erhobene Klage könnte als Nichtigkeitsklage zulässig sein.

I. Da K die Durchführung des Beschlusses verhindern will, ist die **Nichtigkeitsklage** gemäß Art. 263 AEUV der **statthafte Rechtsbehelf**, der auch den **Rechtsweg** zu den europäischen Gerichten eröffnet. Da K als natürliche Person Klage erhoben hat, ist zudem das **Gericht** gemäß Art. 256 Abs. 1 UAbs. 1 AEUV **zuständig**.

II. K als natürliche Person ist gemäß Art. 263 Abs. 4 AEUV **aktiv parteifähig**.

III. Er wendet sich gegen einen Beschluss der EZB und möchte eine Überprüfung von dessen Rechtmäßigkeit durch das Gericht erreichen. Die Handlungen der EZB werden von Art. 263 Abs. 1 S. 1 AEUV ausdrücklich als **Klagegegenstand** bezeichnet, soweit es sich nicht um Empfehlungen oder Stellungnahmen handelt. Dies ist bei dem angegriffenen Beschluss nicht der Fall. Ein tauglicher Klagegegenstand liegt vor.

IV. Der angegriffene Beschluss wurde von der EZB erlassen, sodass diese **passiv parteifähig** und damit richtige Beklagte ist.

V. Fraglich ist allerdings, ob K **klagebefugt** ist. Die Klagebefugnis natürlicher Personen ist nach Art. 263 Abs. 4 AEUV gegeben, wenn

- die angefochtene Maßnahme **an den Kläger gerichtet** ist,
- der Kläger durch sie **unmittelbar und individuell betroffen** ist oder
- der Klagegegenstand ein **Rechtsakt mit Verordnungscharakter** ist und den Kläger **unmittelbar betrifft** und keine Durchführungsmaßnahmen nach sich zieht.

1. Nach Art. 263 Abs. 4 Var. 1 AEUV ist die Klagebefugnis zu bejahen, wenn die Maßnahme an den Kläger gerichtet ist. Dies ist der Fall, wenn der Kläger **Adressat** der

jeweiligen Maßnahme ist; eine darüber hinausgehende subjektive Betroffenheit oder Rechtsverletzung ist in diesem Fall nicht erforderlich.[739]

Damit entspricht das Verständnis in etwa der deutschen Adressatentheorie zu § 42 Abs. 2 VwGO. Klagegegenstand ist hierbei ein adressatspezifischer Beschluss i.S.d. Art. 288 Abs. 4 S. 2 AEUV.

Der erste der beiden angegriffenen Beschlüsse der EZB richtete sich an die Mitgliedstaaten zwecks Gestattung der Ankäufe von Staatsanleihen bedrohter Staaten. Der zweite Beschluss gab die Absicht der EZB wieder, in Zukunft selbst Staatsanleihen unbegrenzt erwerben zu wollen. In beiden Fällen war K nicht Adressat.

666 2. K könnte jedoch **unmittelbar und individuell betroffen** sein, Art. 263 Abs. 4 Var. 2 AEUV. Dies ist nur dann der Fall, wenn zwei Kriterien kumulativ erfüllt sind: Zum einen muss sich die beanstandete Maßnahme auf die Rechtsstellung des Klägers unmittelbar auswirken, zum anderen muss sie ihren Adressaten, der mit ihrer Durchführung betraut ist, keinerlei Ermessensspielraum belassen. Ihre Umsetzung muss vielmehr rein automatisch erfolgen und sich allein aus der Unionsregelung ohne Anwendung anderer Durchführungsvorschriften ergeben.[740]

a) Es ist bereits zweifelhaft, ob sich der verfahrensgegenständliche Beschluss der EZB überhaupt unmittelbar auf die Rechtsstellung des Klägers auswirken kann. Der Beschluss schafft nämlich die Möglichkeit, dass die EZB Anleihen von in die Finanzkrise verstrickten Staaten erwirbt. Die EZB hat dabei noch keinerlei endgültige Entscheidung darüber getroffen, welche Staatsanleihen sie in welchem Umfang erwerben wird. Sie hat nur angekündigt, dass sie in dem Anleihekauf eine Möglichkeit der Stabilisierung des Geldmarktes erblickt. Damit eine Auswirkung auf den Geldmarkt ersichtlich wird, sind Durchführungsmaßnahmen erforderlich, die zumindest in der endgültigen Entscheidung über den Anleihekauf oder in diesem selbst bestehen. Jedenfalls haben noch keine Umsetzungsmaßnahmen stattgefunden, die K unmittelbar betreffen.

b) Auch eine unmittelbare Umsetzung erfolgt nicht. Der Rat der EZB betont in seinem Beschluss, dass die Entscheidung über den Anleihekauf im alleinigen Ermessen der EZB stehe. Damit hat der Beschluss keinen rechtsbindenden Charakter, sondern schafft die Voraussetzung für eine spätere Kaufentscheidung.

667 3. K ist jedoch gleichwohl klagebefugt, wenn es sich bei dem Beschluss um einen **Rechtsakt mit Verordnungscharakter** handelt, durch welchen er **unmittelbar betroffen** ist. Rechtsakte in diesem Sinne sind alle Handlungen einer Unionseinrichtung mit verbindlicher Rechtswirkung nach außen. Der Verordnungscharakter wird negativ bestimmt: Ihn besitzen alle Rechtsakte der Union, die keine Gesetzgebungsakte i.S.d. Art. 289 AEUV sind.[741] Die unmittelbare Betroffenheit ist – nicht zuletzt wegen des übereinstimmenden Wortlauts – ebenso zu verstehen wie in Art. 263 Abs. 4 Var. 2 AEUV.

---

739 EuG Slg. 1998, II-2289 Rn. 64 *Svenska Journalistförbundet/Rat* Dörr in: Grabitz/Hilf/Nettesheim, Art. 263 AEUV Rn. 57.
740 EuG, Beschl. v. 10.12.2013 – T-492/12, RÜ 2014, 179, 180 *von Stoch u.a./EZB*.
741 EuG EuZW 2012, 395 Rn. 43 ff. *Inuit Tapiriit Kanatami u.a.*; Dörr in: Grabitz/Hilf/Nettesheim, Art. 263 AEUV Rn. 82; Herrmann NVwZ 2011, 1353, 1356 f.; Thiele EuR 2010, 30, 44.

Selbst wenn man den Beschluss des Rates der EZB als Maßnahme mit Verordnungscharakter ansehen wollte, betrifft dieser den K jedoch aufgrund der zuvor dargestellten Umstände nicht unmittelbar. Folglich ist K nicht klagebefugt.

Ergebnis: Die Nichtigkeitsklage des K ist unzulässig.

6. Klagefrist

Die Nichtigkeitsklage ist **fristgebunden** und muss nach Art. 263 Abs. 6 AEUV binnen einer Frist von **zwei Monaten** erhoben werden.

668

- Für den **Fristbeginn** kommen nach Art. 263 Abs. 6 Hs. 2 AEUV die Bekanntgabe, die Mitteilung und die Kenntniserlangung in Betracht. Richtet sich die Nichtigkeitsklage gegen einen Rechtsakt, der nach Art. 297 Abs. 1 UAbs. 3 AEUV im Amtsblatt der Europäischen Union zu veröffentlichen ist, knüpft der Fristbeginn an den Tag dieser Veröffentlichung an.[742] Jedoch bestimmt **Art. 50 EuGH-VerfO**, dass die Frist nicht vom Tag der Veröffentlichung, sondern erst **vom Ablauf des vierzehnten Tages nach der Veröffentlichung** im Amtsblatt der Union an zu berechnen ist.

  Ursprünglich war diese Frist als Ausgleich für die unterschiedlichen Entfernungen der Mitgliedstaaten zum Gerichtshof der Europäischen Union und damit als Kompensation der Postlaufzeiten eingeführt worden. Nach der Vorgängerregelung galt bei Klagen aus Deutschland eine Fristverlängerung von sechs Tagen, bei Klagen aus Luxemburg gab es keine Fristverlängerung.

- Ist die Klagefrist – wie bei Art. 263 Abs. 6 AEUV – in Kalendermonaten ausgedrückt, so **endet** sie mit Ablauf des Tages, der in dem die Frist bezeichnenden Monat dieselbe Zahl trägt wie der Tag, an dem die Frist in Gang gesetzt worden ist, **Art. 49 Abs. 1 lit. b S. 1 EuGH-VerfO**.[743]

  Damit erfolgt die Berechnung des Fristendes hier ebenso wie in den §§ 186 ff. BGB, die für den Zivil- und Verwaltungsgerichtsprozess Anwendung finden.

7. Form

Die Nichtigkeitsklage muss nicht nur nach der allgemeinen Vorschrift des Art. 21 EuGH-Satzung in einer schriftlichen Klageschrift vorgebracht werden, sondern eine besondere Voraussetzung erfüllen: Nach Art. 38 § 1 EuGH-VerfO bzw. Art. 44 § 1 EuG-VerfO muss der Kläger Tatsachen vorbringen, auf welche er zumindest einen der **Nichtigkeitsgründe** nach Art. 263 Abs. 2 AEUV (siehe dazu unten Rn. 670 ff.) stützt.[744] Zwar ist das tatsächliche Vorliegen eines Nichtigkeitsgrundes eine Frage der Begründetheit, ihre Geltendmachung und kurze Begründung ist aber für die Zulässigkeit erforderlich.

669

Zum Teil wird in der Lit. gefordert, dass die Klage eine **schlüssige Begründung** der Nichtigkeitsgründe enthalten müsse.[745] Dies wird dann als gesonderter Prüfungspunkt außerhalb der Form erörtert.

---

[742] Dörr in: Grabitz/Hilf/Nettesheim, Art. 263 AEUV Rn. 119.
[743] Vgl. EuGH JuS 2002, 1116.
[744] EuG Slg. 1992, II-2417 Rn. 30 *Rendo*; Ehricke in: Streinz, Art. 263 AEUV Rn. 29.
[745] So beispielsweise Haratsch/Koenig/Pechstein Rn. 539.

II. Begründetheit

670 Die Nichtigkeitsklage ist begründet, wenn und soweit der angefochtene Rechtsakt mit einem oder mehreren der in Art. 263 Abs. 2 AEUV genannten **Rechtsmängel behaftet** ist und der Mangel entweder vom Kläger geltend gemacht wurde oder von Amts wegen zu beachten ist.[746]

Anders als es das Erfordernis der Klagebefugnis vermuten lässt, verfolgt der Gerichtshof im Rahmen der Nichtigkeitsklage einen **objektiv-rechtlichen Kontrollansatz**, sodass es nicht darauf ankommt, welche Normen verletzt sind und ob sie für den Kläger individualschützend sind.[747]

■ Klagegrund: Unzuständigkeit

671 **Absolute** Unzuständigkeit oder auch **Verbandsunzuständigkeit** sanktioniert das Prinzip der begrenzten Einzelermächtigung aus Art. 5 Abs. 2 EUV und liegt vor, wenn eine Handlung die Verbandskompetenz der Union insgesamt übersteigt, die Regelungsmaterie also nicht in den Zuständigkeitsbereich der Union fällt.[748] Die Wahl der Rechtsgrundlage muss sich dabei auf objektive, gerichtlich nachprüfbare Umstände gründen, zu denen insbesondere das Ziel und der Inhalt des Rechtsakts gehören.[749]

Relative Unzuständigkeit ist gegeben, wenn ein Organ im Zuständigkeitsbereich eines anderen tätig geworden ist. Möglich ist auch eine räumliche Unzuständigkeit, die vorliegt, wenn sich ein Unionshandeln auf das Gebiet außerhalb der Union auswirkt und dies im gegebenen Fall unzulässig ist. Letztlich ist auch ein Verstoß gegen die sachliche Zuständigkeit derart möglich, dass ein Organ eine Maßnahme erlässt, die von der einschlägigen Ermächtigungsnorm nicht gedeckt ist.[750]

■ Klagegrund: Verletzung wesentlicher Formvorschriften

672 Voraussetzung ist, dass Formvorschriften (= Vorschriften über **Verfahren** und **Form**) von einiger Bedeutung verletzt worden sind. Dies ist in der Regel der Fall, wenn unter Beachtung der betreffenden Vorschrift der Rechtsakt möglicherweise einen anderen Inhalt erhalten hätte.

Beispiele: Anhörung des Parlaments, Beachtung der Geschäftsordnung, Gewährung rechtlichen Gehörs für den Betroffenen, Beachtung von Mehrheitserfordernissen und Befolgung der Begründungspflicht des Art. 296 AEUV bei Erlass von Verordnungen, Richtlinien und Beschlüssen[751]

■ Klagegrund: Verletzung der Verträge oder einer bei deren Durchführung anzuwendenden Rechtsnorm

673 Dieser Auffangtatbestand umfasst neben der Verletzung der Verträge selbst die Verletzung von primärem Unionsrecht (z.B. dem AEUV, im Range gleichstehende allgemeine Rechtsgrundsätze, Unionsgrundrechte), von völkerrechtlichen Verträgen und abgeleitetem Unionsrecht (z.B. sekundärrechtliche Gesetzgebungsakte von Parlament und Rat nach Art. 289 AEUV oder tertiärrechtliche Rechtsetzungsakte, zu denen

---

[746] Dörr in: Grabitz/Hilf/Nettesheim, Art. 263 Rn. 159; Cremer in: Calliess/Ruffert, Art. 263 Rn. 82.
[747] Dörr in: Grabitz/Hilf/Nettesheim, Art. 263 Rn. 159.
[748] EuGH Slg. 1969, 523, 539 f.; Slg. 1986, 1339 Rn. 54 f.; Dörr in: Grabitz/Hilf/Nettesheim, Art. 263 AEUV Rn. 162.
[749] EuGH EuZW 2009, 212; NStZ 2008, 703.
[750] Erichsen/Weiß Jura 1990, 528, 533.
[751] EuGH, Urt. v. 26.03.1987 – Rs. 45/86; EuGH, Urt. v. 29.03.1990 – Rs. 62/88; Bleckmann Rn. 856 ff.; Streinz Rn. 642.

die Kommission in einem Gesetzgebungsakt ermächtigt worden ist, sog. delegierte Rechtsakte).[752] In der Sache werden alle Verstöße gegen Unionsrecht erfasst, die nicht unter einen speziellen Nichtigkeitstatbestand fallen.[753]

- **Klagegrund: Ermessensmissbrauch**

    Anders als im nationalen Recht setzt der Ermessensmissbrauch hier ein absichtliches Verfolgen rechtswidriger Ziele durch ein Organ mit Mitteln des Unionsrechts voraus. Er ist subsidiär gegenüber den anderen Nichtigkeitsgründen.[754]

674

III. Wirkungen der Entscheidung

In seinem Urteil erklärt der jeweils zuständige Spruchkörper, sofern die Klage zulässig und begründet ist, gemäß Art. 264 Abs. 1 AEUV die angefochtene Handlung für nichtig. Das Gestaltungsurteil **wirkt ex tunc und erga omnes**.[755] Gemäß Art. 264 Abs. 2 AEUV kann der Gerichtshof bestimmte Wirkungen einer Verordnung als fortgeltend bezeichnen. Aus Art. 266 AEUV ergibt sich schließlich die Verpflichtung des verurteilten Organs, die sich aus dem Urteil ergebenden Maßnahmen vorzunehmen.

675

D. Vorabentscheidungsverfahren

Das **Vorabentscheidungsverfahren** gemäß Art. 267 AEUV gibt den nationalen Gerichten der Mitgliedstaaten die Möglichkeit, dem Gerichtshof **Fragen über die Auslegung und Gültigkeit von Unionsrecht** vorzulegen. Durch die in diesem Verfahren ergehenden Entscheidungen soll verhindert werden, dass die Gerichte der einzelnen Mitgliedstaaten das Unionsrecht unterschiedlich auslegen und anwenden.[756] Funktionell ist es ein objektives prozessuales Zwischenverfahren zum Zwecke der Koordinierung der Rechtsprechung durch die europäische Gerichtsbarkeit[757] und ähnelt in seiner Ausgestaltung dem Verfahren der **konkreten Normenkontrolle** gemäß Art. 100 Abs. 1 GG.

676

In der Praxis machen die Vorabentscheidungen ca. 50% der gesamten Verfahren aus.

I. Zulässigkeit

Aufbauschema: Zulässigkeit Vorabentscheidungsverfahren
■ Zuständigkeit
■ Vorlageberechtigung: Gericht eines Mitgliedstaates
■ Zulässige Vorlagefrage (Verfahrensgegenstand)
■ Auslegungsfrage bzgl. primären/sekundären Unionsrechts
■ Gültigkeitsfrage bzgl. sekundären/tertiären Unionsrechts
■ Entscheidungserheblichkeit

---

752 Streinz Rn. 643; Erichsen/Weiß Jura 1990, 528, 533.
753 Vgl. Kremer in: Calliess/Ruffert, Art. 263 Rn. 95.
754 Erichsen/Weiß Jura 1990, 528, 533 f.
755 Streinz Rn. 657.
756 Oppermann/Classen/Nettesheim § 13 Rn. 68.
757 Oppermann/Classen/Nettesheim § 13 Rn. 69; Hailbronner JuS 1990, 439, 444.

1. Zuständigkeit

677 Art. 267 AEUV begründet für das Vorabentscheidungsverfahren die Zuständigkeit des **Gerichtshofs**. Nach Art. 256 Abs. 3 UAbs. 1 AEUV kann durch Regelung in der EuGH-Satzung eine Zuständigkeit des **Gerichts** begründet werden. Allerdings fehlt eine solche Ermächtigung bis heute, sodass der Gerichtshof ausschließlich zuständig ist.

2. Vorlageberechtigung

678 Der Gerichtshof kann über eine Vorlage eines **nationalen Gerichts** eines Mitgliedstaats mit Fragen über die Auslegung und Gültigkeit von Unionsrecht befasst werden. Der Begriff des Gerichts wird dabei **unionsrechtlich ausgelegt** und kann deshalb im Einzelfall auch solche Spruchkörper erfassen, die nach nationalem Recht die Gerichtseigenschaft nicht erfüllen.[758] Ob ein Gericht in diesem Sinne gegeben ist, hängt nach der Rechtsprechung des Gerichtshofs von organisatorischen und funktionalen Kriterien ab: **Gericht** ist danach jeder auf gesetzlicher Grundlage eingerichtete Spruchkörper, der eine ständige und obligatorische Gerichtsbarkeit ausübt und dazu berufen ist, auf der Grundlage eines rechtsstaatlich geordneten Verfahrens in richterlicher Unabhängigkeit Rechtsstreitigkeiten zu entscheiden.[759]

Keine Gerichtsqualität weisen **deutsche Schiedsgerichte** i.S.d. §§ 1025 ff. ZPO auf. Deren Entscheidungen bedürfen zu ihrer Vollstreckbarkeit einer Vollstreckbarkeitserklärung durch ein ordentliches Gericht (vgl. §§ 1042, 1045, 1046 ZPO), sodass die Schiedsgerichte nicht als unabhängige Instanz zur endgültigen Streitbeilegung befugt sind.[760]

3. Zulässige Vorlagefrage

Hinsichtlich der **Vorlagefrage** ist nach Art. 267 Abs. 1 AEUV zu unterscheiden:

679 ■ Nach Art. 267 Abs. 1 lit. a AEUV entscheidet der Gerichtshof über die **Auslegung der Verträge**. Hierdurch wird – über den Wortlaut hinaus – das gesamte **europäische Primärrecht** abgedeckt, sodass nicht nur Auslegungsfragen hinsichtlich der Vorschriften des EUV und des AEUV, sondern auch Auslegungsfragen betreffend die GRCh und die vom Gerichtshof selbst entwickelten allgemeinen Rechtsgrundsätze an den Gerichtshof gerichtet werden können.

Dies folgt aus einer rechtsvergleichenden Auslegung mit Art. 19 Abs. 3 lit. b EUV, der dem Gerichtshof Fragen über die Auslegung des „Unionsrechts" zur Entscheidung zuweist und damit eine weitere Formulierung enthält als Art. 267 AEUV.[761]

Verfahrensgegenstand kann somit nur Unionsrecht und nicht das nationale Recht sein. Allerdings können die Vorlagefragen so gestellt werden, dass mittelbar über die Anwendbarkeit des nationalen Rechts entschieden wird. **Beispiel:** Ist Art. 34 AEUV so auszulegen, dass eine unzulässige Maßnahme gleicher Wirkung wie eine mengenmäßige Beschränkung dann vorliegt, wenn eine nationale Vorschrift bestimmt, dass ein Getränk nur, wenn es mit bestimmten Zusatzstoffen (Hopfen, Gerstenmalz, Hefe und Wasser) gebraut worden ist, als Bier in den Verkehr gebracht werden darf?

---

758 Ehricke in: Streinz, Art. 267 AEUV Rn. 30; Boesen EuZW 1997, 713, 715 f.
759 Wegener in: Calliess/Ruffert, Art. 267 AEUV Rn. 19; Ehricke in: Streinz, Art. 267 AEUV Rn. 29.
760 EuGH Slg. 1982, 1095 Rn. 10 *Nordsee*; Ehricke in: Streinz, Art. 267 AEUV Rn. 33; Haratsch/Koenig/Pechstein Rn. 568.
761 Vgl. Wegener in: Calliess/Ruffert, Art. 267 AEUV Rn. 9.

- Nach Art. 267 Abs. 1 lit. b AEUV kann der Gerichtshof auch zur **Gültigkeit und Auslegung der Handlungen der Organe, Einrichtungen oder sonstigen Stellen der Union** befragt werden. Über diese weite Formulierung wird das **gesamte** restliche **Unionsrecht** tauglicher Gegenstand des Vorabentscheidungsverfahrens (insbesondere Sekundär- und Tertiärrecht).[762]

680

4. Entscheidungserheblichkeit

Aus dem Wortlaut des Art. 267 Abs. 2 AEUV ergibt sich weiterhin, dass nur solche Fragen zur Vorabentscheidung angenommen werden, bei denen das vorlegende Gericht die Entscheidung über die Vorlagefrage zum Erlass seines Urteils für erforderlich hält.

681

> **Fall 14: Vorabentscheidungsverfahren**
>
> Am 27.05.2008 erwarb F in der deutschen Stadt M einen gepflegten, nur ein Jahr alten Gebrauchtwagen beim Autohaus A. Für den Kaufvertrag wurde ein vorgedrucktes Formular des Autohauses mit der Überschrift „Kaufvertrag mit Privatpersonen" verwendet. Bereits kurz nach der Übergabe fing das Fahrzeug während einer Fahrt am 26.09.2008 Feuer und brannte vollständig aus. F wurde dabei nicht verletzt.
>
> F verlangt von A Schadensersatz in Höhe des Kaufpreises und des Wertes der in dem Fahrzeug zum Zeitpunkt des Ausbruchs des Brandes enthaltenen Gegenstände, insgesamt 10.828,55 €. A lehnt die Zahlung ab. Daraufhin erhebt F Klage vor dem zuständigen Landgericht. Im Rahmen der Klageerwiderung beruft sich A darauf, der Brand sei nicht auf einen Defekt am Fahrzeug, sondern auf ein Fehlverhalten der F zurückzuführen. Ursache für einen derartigen Brand könne nur durch F beim Nachfüllen verschüttetes Motoröl im Motorraum sein. F bestreitet dies.
>
> Durch eine Rechtsprechungsrecherche zum Thema stößt der für die Entscheidung zuständige Richter am Landgericht auf Rspr. des Bundesgerichtshofs, nach der die Vermutungsregel des § 476 BGB lediglich in zeitlicher Hinsicht gelten soll. Die Beweislast dafür, dass es sich bei der Schadensursache tatsächlich um einen Sachmangel handele, liege hingegen beim Anspruchsteller. Der Richter ist der Auffassung, diese Auslegung der Vorschrift stehe nicht mit der Verbrauchsgüterkaufrichtlinie (RL 1999/44) in Einklang. Er legt deshalb dem Gerichtshof formgemäß folgende Fragen zur Entscheidung vor: *„Stehen der Grundsatz der Effektivität, das mit der Richtlinie 1999/44 angestrebte hohe Verbraucherschutzniveau innerhalb der Union oder andere Bestimmungen oder Normen des Unionsrechts dem deutschen Recht in Bezug auf eine Darlegungs- und Beweislast des Verbrauchers/Käufers dafür, dass das Gut vertragswidrig ist und die Vertragswidrigkeit binnen sechs Monaten offenbar geworden ist, entgegen? In welchem Maße muss der Verbraucher/Käufer Tatsachen und Umstände darlegen, die die Vertragswidrigkeit (bzw. deren Ursache) betreffen?"*
>
> Der Prozessvertreter des Autohauses A ist über die Vorlage empört. Die Rechtsprechung des Bundesgerichtshof stütze sein Verständnis; hieran müsse sich das Landgericht halten. Jedenfalls hätte das Landgericht das Vorabentscheidungsverfahren nicht einleiten müssen, sodass es ohnehin unzulässig sei. Ist das Verfahren zulässig?

---

[762] Karpenstein in: Grabitz/Hilf/Nettesheim, Art. 267 AEUV Rn. 20; Ehricke in: Streinz, Art. 267 AEUV Rn. 19.

682 Das Verfahren könnte als **Vorabentscheidungsverfahren** zulässig sein.

I. Das Landgericht begehrt die Auslegung von Vorschriften aus der sog. Verbrauchsgüterkaufrichtlinie. Hierfür ist das Vorabentscheidungsverfahren nach Art. 267 AEUV der richtige Rechtsbehelf, der den Weg zu den Gerichten der Union eröffnet. Für die Entscheidung über die Vorlagefragen ist der **Gerichtshof zuständig**.

II. Hier kommt ein **Vorlagegegenstand** nach Art. 267 Abs. 1 lit. b AEUV in Betracht. Hierunter fallen u.a. sämtliche sekundäre Unionsrechtsakte. Damit können Auslegungsfragen zu allen in Art. 288 Abs. 1 AEUV genannten Rechtsakten, d.h. zu Verordnungen, Richtlinien, Beschlüssen, Empfehlungen und Stellungnahmen gestellt werden. Nicht zur Prüfung vorgelegt werden kann hingegen die Frage nach der Vereinbarkeit eines nationalen Rechtsaktes mit unionsrechtlichen Vorgaben. Die Anwendung des ausgelegten Rechts auf den konkret zur Entscheidung stehenden Einzelfall ist allein Aufgabe des innerstaatlichen Gerichts.[763]

In seiner Vorlagefrage hat das Landgericht weder Bezug auf die Rspr. des BGH genommen noch auf die zu entscheidende Schadensersatzklage der F gegen das Autohaus A abgestellt. Vielmehr hat das Landgericht abstrakt nach der Auslegung der Vorschriften der sog. Verbrauchsgüterkaufrichtlinie (Richtlinie 1999/44) im Hinblick auf die Vermutungswirkung bezüglich des Mangels gefragt. Damit hat es um die Auslegung einer Richtlinie i.S.d. Art. 288 Abs. 3 AEUV ersucht. Es liegt folglich ein tauglicher Antragsgegenstand des Sekundärrechts vor.

III. Bei dem vorlegenden Landgericht handelt es sich um einen aufgrund der Regelungen im GVG verfassten Spruchkörper, der nach §§ 13, 71 Abs. 1 GVG obligatorisch für alle bürgerlichen Rechtsstreitigkeiten zuständig ist, die nicht den Amtsgerichten zugewiesen sind. In dem Verfahren kommen Schadensersatznormen der §§ 280 ff., 437, 476 BGB in Betracht, die durch das Landgericht angewendet und zu einer für die Parteien des Prozesses bindenden Entscheidung in Form eines Urteils gebracht werden. Folglich handelt es sich bei dem Landgericht um ein **vorlageberechtigtes Gericht** im Sinne des Unionsrechts.

683 IV. Nach Art. 267 Abs. 2 AEUV steht mitgliedstaatlichen Gerichten das Recht zur Vorlage zu, wenn die Vorlagefrage für die Entscheidung des Ausgangsverfahrens **entscheidungserheblich** ist. Grundsätzlich geht der Gerichtshof dabei von einer **Vermutung für die Entscheidungserheblichkeit** aus; es kommt insoweit also auf die **Einschätzung des mitgliedstaatlichen Gerichts** an.[764] Ausnahmsweise zurückgewiesen wird das Vorabentscheidungsersuchen nur, wenn die Vorlagefrage offensichtlich in keinem Zusammenhang mit der Realität oder dem Gegenstand des Ausgangsverfahrens steht, die Vorlagefrage rein hypothetischer Natur ist oder wenn die zur Beantwortung der Vorlagefrage erforderlichen tatsächlichen oder rechtlichen Angaben unzureichend sind.[765]

---

[763] EuGH Slg. 1979, 1163 *ICAP*, st.Rspr.
[764] EuGH EuZW 2010, 550 Rn. 25 *Rosalba Alassini*; Ehricke in: Streinz, Art. 267 AEUV Rn. 35.
[765] EuGH NJW 2006, 2465 Rn. 42 f. *Adeneler*; EuZW 2004, 285 Rn. 28 *Strafverfahren gegen X*; Ehricke in: Streinz, Art. 267 AEUV Rn. 36; Haratsch/Koenig/Pechstein Rn. 569.

Im vorliegenden Fall ist keine dieser Ausnahmefallgruppen einschlägig. Vielmehr ist die Auslegung der verbraucherschützenden Vorschriften der Richtlinie 1999/44 maßgeblich, um die Vorschrift des § 476 BGB europarechtskonform auszulegen und anzuwenden. Die Vermutungsregelung und deren Verständnis wiederum sind maßgeblich für die Entscheidung des Landgerichts über die Schadensersatzklage der F. Denn nur, wenn die Vermutungswirkung nicht nur in zeitlicher, sondern auch in sachlicher Hinsicht greift, besteht der von ihr geltend gemachte Anspruch. Damit war die Vorlagefrage für das Landgericht entscheidungserheblich.

V. Fraglich ist, ob die Ausführungen des Prozessvertreters hinsichtlich der **fehlenden Vorlagepflicht** des Landgerichts Auswirkungen auf die Zulässigkeit haben. Art. 267 AEUV unterscheidet zwischen der **Vorlageberechtigung** (Abs. 2) und der **Vorlagepflicht** (Abs. 3). Eine Verpflichtung zur Vorlage der Auslegungs- oder Gültigkeitsfrage an den Gerichtshof besteht danach, wenn 684

- die Entscheidung des Gerichts nicht mehr mit Rechtsbehelfen des innerstaatlichen Rechts angegriffen werden kann,

  Dies trifft in Deutschland auf die Bundesgerichte (BGH, BVerwG, BFH, BAG) sowie auf das BVerfG und die Landesverfassungsgerichte zu.[766]

- wenn das nationale Gerichts einen Sekundärrechtsakt für unwirksam hält und ihn deshalb nicht anwenden will oder

  Um die einheitliche Anwendung des Unionsrechts sowie die Rechtssicherheit in der Union zu schützen und mit Rücksicht auf das im Rechtsschutzsystem des AEUV angelegte Verwerfungsmonopol des Gerichtshofs sind die nationalen Gerichte nicht befugt, selbst die Ungültigkeit von Handlungen der Unionsorgane festzustellen.[767] In diesen Fällen sind auch nicht-letztinstanzliche Gerichte zur Vorlage an den Gerichtshof verpflichtet.

- wenn das nationale Gericht beabsichtigt, einen mitgliedstaatlichen Akt, der Unionsrecht vollzieht, aufzuheben, nicht anzuwenden oder auszusetzen.

Keiner der Fälle traf auf das mit dem Schadensersatzprozess befasste Landgericht zu, es traf somit keine Vorlagepflicht. Gleichwohl ist es durch die Regelung in Art. 267 Abs. 2 AEUV zur Vorlage berechtigt und kann dementsprechend das Vorabentscheidungsverfahren einleiten. Die Frage nach der Vorlagepflicht ist deshalb ohne Bedeutung für die Zulässigkeit des Vorabentscheidungsverfahrens.

Verletzt das nationale Gericht seine Vorlageverpflichtung, verletzt es seine Pflichten aus dem AEUV. Hiergegen kann durch die Kommission oder einen Mitgliedstaat ein **Vertragsverletzungsverfahren** eingeleitet werden (siehe dazu oben Rn. 643 ff.). 685

Klausurhinweis: Ausführungen zur Vorlageverpflichtung sind nur für den Fall angezeigt, dass die Frage – wie hier – ausdrücklich im Sachverhalt thematisiert wird. Im Übrigen sollten Sie auf die Prüfung der Vorlagepflicht bei Instanzgerichten verzichten, da Sie hierdurch den Eindruck erwecken, die Vorlagepflicht sei eine Voraussetzung für die Zulässigkeit des Vorabentscheidungsverfahrens.

Ergebnis: Das Vorabentscheidungsverfahren wurde zulässig eingeleitet.

---

766 Ehricke in: Streinz, Art. 267 AEUV Rn. 43.
767 EuGH Slg. 1987, 4199 Rn. 11 ff. *Foto Frost*; Wegener in: Calliess/Ruffert, Art. 267 AEUV Rn. 29.

II. Vorlageentscheidung des Gerichtshofs

686 Der Inhalt der Entscheidung hängt wiederum von der Art der Vorlagefrage ab.

- Sofern eine **Auslegungsfrage** gestellt wird, ist die Auslegung des verfahrensgegenständlichen Primär-, Sekundär- oder sonstigen Unionsrechts zu bestimmen und darüber eine konkrete Antwort auf die gestellte Frage zu formulieren.

- Sofern eine **Gültigkeitsfrage** gestellt wird, ist die formelle und materielle Unionsrechtmäßigkeit des verfahrensgegenständlichen Rechts oder Akts zu prüfen.

*Klausurhinweis: Da es sich bei dem Vorabentscheidungsverfahren nicht um ein Klageverfahren im eigentlichen Sinne handelt, gibt es keine **Begründetheit**. Sie sollten den Prüfungspunkt deshalb mit „Vorlageentscheidung" überschreiben.*

III. Wirkungen der Entscheidung

687 Die **Vorabentscheidung** ist für das Gericht des Ausgangsverfahrens und alle mit der gleichen Rechtssache befassten Gerichte **bindend**.

Kommt der Gerichtshof (oder künftig auch das Gericht) im Rahmen einer **Gültigkeitsprüfung** zu dem Ergebnis, der abgeleitete Rechtsakt sei unionsrechtswidrig und daher **ungültig**, stellt das für jedes Gericht einen ausreichenden Grund dar, diesen ebenfalls als ungültig anzusehen (faktische erga omnes-Wirkung). Im Falle einer **Gültigkeitserklärung** sowie bei einem **Auslegungsurteil** beschränkt sich die Bindungswirkung im Interesse einer Innovation der Rechtsprechung darauf, dass bei einer geplanten Abweichung von der Rechtsprechung des Unionsrichters eine Vorlage geboten ist.[768]

---

[768] Streinz Rn. 690.

5. Teil: Haftung für unionsrechtswidriges Verhalten

Gegen Vorschriften des Unionsrechts kann sowohl durch Organe und Bedienstete der Union, als auch durch die Mitgliedstaaten und ihre Institutionen verstoßen werden. Sofern bei dem Einzelnen hierdurch ein Schaden entsteht, steht ihm ein Anspruch auf Ersatz dieses Schadens zu.

1. Abschnitt: Haftung für Organe und Bedienstete der Union

Gemäß **Art. 340 Abs. 2 AEUV** haftet die Union (bzw. die EZB selbst, Art. 340 Abs. 3 AEUV) für die **von ihren Organen oder Bediensteten verursachten Schäden**. Diese Form der Amtshaftung der Union ist von der Staatshaftung der Mitgliedstaaten wegen nicht ordnungsgemäßer Anwendung oder Umsetzung des Unionsrechts abzugrenzen. Letztere findet ihre Grundlagen unter anderem zwar auch in den allgemeinen Grundsätzen des Unionsrechts, die Geltendmachung des Anspruchs richtet sich jedoch materiell wie formell nach nationalem Staatshaftungsrecht.

Art. 340 Abs. 2 AEUV regelt die außervertragliche Haftung der Union. Die **vertragliche Haftung** der Union, z.B. aus Kaufverträgen oder Mietverträgen gemäß Art. 340 Abs. 1 AEUV richtet sich hingegen nach den Regeln des Internationalen Privatrechts und wird vor nationalen Gerichten auf der Grundlage nationaler Rechtsvorschriften verhandelt.[769]

Für die gerichtliche Durchsetzung des Amtshaftungsanspruchs steht mit Art. 268 AEUV ein besonderer Rechtsbehelf (sog. **Amtshaftungsklage**) zur Verfügung.

A. Voraussetzungen des unionsrechtlichen Amtshaftungsanspruchs

Gemäß Art. 340 Abs. 2 AEUV richten sich die Voraussetzungen des Amtshaftungsanspruchs nach den allgemeinen Rechtsgrundsätzen, die den Rechtsordnungen der Mitgliedstaaten gemeinsam sind. Damit enthält die Regelung eine Ermächtigung und Aufforderung an den Gerichtshof, im Wege richterlicher Rechtsfortbildung diese Voraussetzungen durch wertende Rechtsvergleichung zu entwickeln. Nach der Rspr. des Gerichtshofs[770] muss

- ein **rechtswidriges Verhalten** eines Organs oder Bediensteten der Union
- einen adäquat kausalen Schaden verursacht haben.

Ein **Verschulden** in Form von Vorsatz oder Fahrlässigkeit ist hingegen nicht erforderlich.[771]

I. Handeln des Organs oder der Bediensteten der Union

Das Handeln des Organs oder der Bediensteten der Union muss in Ausübung unionsrechtlicher Aufgaben, also nicht nur bei Gelegenheit dienstlicher Verrichtungen, erfolgt sein. Außer administrativem Handeln wird davon auch **normatives Handeln** in Form der Rechtsetzung durch Parlament und Rat oder auch der Kommission erfasst.[772]

---

769 Oppermann/Classen/Nettesheim § 14 Rn. 2.
770 EuGH, Urt. v. 28.04.1971 – Rs. 4/69 *Lütticke*; EuGH, Urt. v. 14.01.1987 – Rs. 281/84 *Bedburg*.
771 EuGH, Urt. v. 24.06.1986 – Rs. 267/82 *Clemessy*; EuZW 1996, 205 Rn. 42 *Brasserie du pecheur*; Streinz Rn. 677.
772 Vgl. EuGH, Urt. v. 02.12.1971 – Rs. 5/71 *Schöppenstedt*; Urt. v. 14.01.1987 – Rs. 281/84 *Bedburg*.

Das „Handeln" kann sowohl in einem **positiven Tun**, aber auch in einem **pflichtwidrigen Unterlassen** bestehen.[773] Die Tatbestandsmäßigkeit des Unterlassens setzt dabei, wie nach deutschem Recht, das Bestehen einer Handlungspflicht des Organs oder Bediensteten voraus. Das Verhalten muss jedoch dem Organ zuzurechnen sein.

II. Rechtswidrigkeit

692 Den **Schwerpunkt der Prüfung** des Schadensersatzanspruches bildet regelmäßig die Rechtswidrigkeit des Verhaltens. Diese liegt bei der Verletzung einer Norm des Unionsrechts vor, die zumindest auch den Schutz des Einzelnen zum Gegenstand hat.

- Im Zusammenhang mit **administrativem Handeln** legt der Gerichtshof dieses Merkmal weit aus. Es genügt ein Verstoß gegen die unionsrechtlich garantierten rechtsstaatlichen Grundsätze, z.B. gegen die Verhältnismäßigkeit oder den Vertrauensschutz.

693 - Besonderer Prüfung bedarf dieses Merkmal hingegen bei Ansprüchen, die auf **normatives Handeln** gestützt werden. Hier ist nach der Rechtsprechung des Gerichtshofs die **hinreichend qualifizierte Verletzung** einer höherrangigen Schutznorm erforderlich. Eine eindeutige Definition dieses Merkmals ist der Rspr. nicht zu entnehmen und daher im Einzelnen äußerst umstritten.[774]

Bei Rechtsetzungsakten, die das Ergebnis einer durch weites gesetzgeberisches Ermessen gekennzeichneten wirtschaftspolitischen Entscheidung sind, liegt eine hinreichend qualifizierte Verletzung nach der Rechtsprechung des EuGH nur vor, wenn das handelnde Organ die **Grenzen seiner Befugnisse offenkundig und erheblich überschritten** hat.[775] Wichtige Kriterien zur Beurteilung, ob diese Grenze überschritten ist, sind hierbei:

- die Bedeutung der verletzten Rechtsregel,
- die Unentschuldbarkeit und Erheblichkeit des Normenverstoßes ohne annehmbare Begründung,
- die Betroffenheit einer begrenzten und klar umrissenen Gruppe von Geschädigten (Gruppe muss nicht unbedingt zahlenmäßig beschränkt sein, es genügt ein „bestimmbarer" Personenkreis) und
- der Eintritt eines über die wirtschaftlichen Risiken hinausgehenden Schadens.

III. Umfang des Schadensersatzes

694 Der zu ersetzende Schaden umfasst den gesamten **Vermögensschaden**, einschließlich des entgangenen Gewinns.[776] Auch **immaterielle Schäden** sind ersatzfähig.[777] Die Kausalität wird nach einer weiten Adäquanztheorie bestimmt, der insbesondere dann Bedeutung zukommt, wenn die Vermögenseinbuße auf wirtschaftliche Risiken zurückzuführen ist, die der Tätigkeit immanent sind.[778]

---

773 EuGH Slg. 1984, 1589.
774 Vgl. v. Bogdandy in: Grabitz/Hilf/Nettesheim, Art. 340 AEUV Rn. 70.
775 EuGH NJW 1980, 1214, 1215 *Deutsche Getreideverwertung*; NVwZ 1992, 1077 *Mulder*.
776 EuGH Slg. 1967, 332 *Kampffmeyer*.
777 EuGH Slg. 1979, 2093 *V./Kommission*.
778 EuGH Slg. 1984, 4057 *Biovilac*.

B. Amtshaftungsklage

Der Schadensersatzanspruch ist im Wege der Amtshaftungsklage gemäß Art. 268 AEUV geltend zu machen. Innerhalb der europäischen Gerichtsbarkeit liegt die **sachliche Zuständigkeit** für Klagen gemäß Art. 256 Abs. 1 UAbs. 1 AEUV – vorbehaltlich einer (künftigen) Sonderzuweisung an ein Fachgericht – beim **Gericht**.

Nach der früher vom Gerichtshof vertretenen Auffassung fehlt das Rechtsschutzbedürfnis für eine Klage gemäß Art. 268 AEUV, wenn der Schadensersatz auf einen rechtswidrigen Normativakt gestützt wurde. Der Gerichtshof ging davon aus, dass insoweit die Nichtigkeits- und Untätigkeitsklage vorrangig seien[779] und Schadensersatz erst nach Feststellung der Nichtigkeit des Rechtsakts oder der Rechtswidrigkeit des Unterlassens in diesen Verfahren begehrt werden könne. Heute wird die Schadensersatzklage gemäß Art. 268 AEUV als selbstständiger Rechtsbehelf mit eigenen Funktionen im System der Klagearten verstanden, sodass sie auch auf einen rechtswidrigen Normativakt gestützt werden kann.[780]

Die Amtshaftungsklage ist bei Vorliegen der folgenden Voraussetzungen **zulässig**: 695

- **Klagebefugt** ist, wer behaupten kann, dass ihm aus eigenem Recht ein Schadensersatzanspruch gemäß Art. 340 Abs. 2 AEUV zusteht.

- **Klagegegner** ist die Europäische Union. Die Union wird durch das Organ vertreten, von dem die schadensbegründende Handlung ausgegangen sein soll.

- Die **Klagefrist** beträgt gemäß Art. 46 EuGH-Satzung fünf Jahre nach Eintritt des Ereignisses, welches der Klage zugrunde liegt. Die Klagefrist ist gleichzeitig auch materielle Verjährungsfrist für den Schadensersatzanspruch.[781]

2. Abschnitt: Ungeschriebene unionsrechtliche Staatshaftung

Ungeregelt ist hingegen der Fall, dass das Unionsrecht nicht durch Bedienstete der Union, sondern durch die **Mitgliedstaaten** verletzt wird.

A. Eigenständiges Haftungsinstitut

Für die Haftung der Mitgliedstaaten bei Verstößen gegen das primäre und sekundäre Unionsrecht hat der EuGH das eigenständige Rechtsinstitut der **unionsrechtlichen Staatshaftung** entwickelt. Der Grundsatz, dass der Staat für Schäden haftet, die dem Einzelnen durch dem Staat zuzurechnende Verstöße gegen das Unionsrecht entstehen, folgt „unmittelbar aus dem Wesen der europäischen Rechtsordnung".[782] 696

Während teilweise angenommen wird, dass hierdurch lediglich die nationalen Haftungsansprüche modifiziert würden,[783] geht die h.M. davon aus, dass es sich um ein **eigenständiges Haftungsinstitut des EU-Rechts** handelt, das ggf. neben den Anspruch aus Amtshaftung tritt.[784] Dafür spricht, dass es sich bei der unionsrechtlichen Haftung anders als bei der Amtshaftung **nicht um eine übergeleitete Haftung** für das Verhalten

---

779 EuGH NJW 1963, 2246 *Plaumann*.
780 EuGH NJW 2011, 2033 *Ruiz Zambrano*.
781 EuGH, Urt. v. 27.01.1982 – Rs. 267/80 *Birra Dreher SPA*.
782 Vgl. grundlegend EuGH NJW 1992, 165, 166 f. *Francovich*; NJW 1996, 1267, 1268 *Brasserie du Pecheur*.
783 MünchKomm-Papier BGB § 839 Rn. 103; Kluth DVBl. 2004, 393, 402.
784 BGH NJW 2008, 3558, 3559; Dörr DVBl. 2006, 598, 602; im Ergebnis auch BVerfG NJW 2012, 598, 599.

des Amtswalters handelt, sondern um eine **originäre Haftung des Mitgliedstaats**. Bedeutung hat der unionsrechtliche Staatshaftungsanspruch insbesondere dort, wo die nationalen Haftungsansprüche versagen (z.B. bei legislativem Unrecht).[785]

B. Haftungsvoraussetzungen

697 Die unionsrechtliche Staatshaftung hat **drei Voraussetzungen**:[786]

Unionsrechtliche Staatshaftung
■ Verletzung von **individualschützendem Unionsrecht**,
■ Vorliegen eines **hinreichend qualifizierten Verstoßes**,
■ **unmittelbarer Kausalzusammenhang** zwischen Pflichtverletzung und Schaden.

698 **1.** Es muss ein Verstoß gegen eine **individualschützende Vorschrift** des Unionsrechts vorliegen. Anders als das nationale Recht ist Unionsrecht nicht nur individualschützend, wenn der Schutz des Bürgers bezweckt ist (so die sog. Schutznormtheorie), sondern bereits dann, wenn eine hinreichend bestimmte und unmittelbar vollziehbare Norm **tatsächlich** den Schutz des Bürgers bewirkt.[787]

Unproblematisch individualschützend sind die EU-Grundrechte, die Grundfreiheiten, insbes. die Warenverkehrsfreiheit (Art. 34 AEUV), die Niederlassungsfreiheit (Art. 49 AEUV) und die Dienstleistungsfreiheit (Art. 56 AEUV).[788] Subjektive Rechte können sich zudem aus den Wettbewerbsregeln (Art. 101, 102 AEUV) und aus den unionsrechtlichen Beihilfevorschriften (Art. 107, 108 AEUV) ergeben. Auch unmittelbar anwendbare Richtlinien können individualschützend sein.

699 **2.** Der Verstoß gegen das Unionsrecht muss **hinreichend qualifiziert** sein. Das ist der Fall, wenn der Mitgliedstaat seine Befugnisse offenkundig und erheblich überschritten hat.[789] Diesem restriktiven Haftungsmaßstab liegt die Erwägung zugrunde, dass insbes. wirtschaftspolitische Entscheidungen nicht jedesmal durch die Möglichkeit von Schadensersatzansprüchen behindert werden dürfen, wenn Allgemeininteressen den Erlass von Maßnahmen gebieten, die die Interessen des Einzelnen beeinträchtigen können.[790]

Unproblematisch ist der hinreichend qualifizierte Verstoß i.d.R. bei nicht fristgerechter Umsetzung von Richtlinien.[791] Im Übrigen handelt es sich um eine **Wertungsfrage**, bei der alle Gesichtspunkte des Einzelfalls zu berücksichtigen sind,[792] insbesondere das Maß an Klarheit und Genauigkeit der verletzten Vorschrift, der Umfang des dem Mitgliedstaat verbleibenden Ermessensspielraums, ebenso die Frage, ob der Verstoß vorsätzlich begangen oder der Schaden zugefügt wurde, ob ein etwaiger Rechtsirrtum entschuldbar ist und ob das Verhalten eines Unionsorgans zum Rechtsverstoß beigetragen hat.[793]

---

[785] BGH, Urt. v. 16.04.2015– III ZR 204/13, RÜ 2015, 462, 463 f.
[786] Grundlegend EuGH NJW 1992, 165, 166 *Francovich*; EuGH, Urt. v. 24.03.2009 – C-445/06, RÜ 2009, 649, 650 *Danske Slagterier*; BGH NJW 2009, 2534, 2535; Schlick NJW 2011, 3137, 3139.
[787] EuGH, Urt. v. 24.03.2009 – C-445/06, RÜ 2009, 649, 650 *Danske Slagterier*.
[788] BGH NJW 2009, 2534, 2535.
[789] EuGH, Urt. v. 24.03.2009 – C-445/06, RÜ 2009, 649, 650 *Danske Slagterier*; BGH, Urt. v. 18.10.2012 – III ZR 196/11, RÜ 2013, 52, 55 f.
[790] BGH NJW 2013, 168, 169; Schlick NJW 2013, 3142, 3144.
[791] Dörr DVBl. 2006, 598, 599.
[792] BGH, Urt. v. 18.10.2012 – III ZR 196/11, RÜ 2013, 52, 54; NJW 2013, 168, 169; VersR 2013, 324, 326.
[793] EuGH NJW 2003, 3539, 3541 *Köbler*; BGH, Urt. v. 18.10.2012 – III ZR 196/11, RÜ 2013, 52, 53.

Beispiel: Aufgrund des erheblichen Gestaltungsspielraums, den das Unionsrecht den Mitgliedstaaten bei der Ausgestaltung des nationalen Glücksspielrechts belässt, durften die Behörden und Gerichte der Länder davon ausgehen, dass das staatliche Wettmonopol bis zu der vom BVerfG geforderten Neuregelung[794] mit dem Unionsrecht in Einklang stand. Auch soweit das staatliche Wettmonopol unionsrechtswidrig war,[795] lässt sich ein hinreichend qualifizierter Verstoß nicht feststellen.[796]

3. Schließlich muss ein **unmittelbarer Kausalzusammenhang** zwischen der Pflichtverletzung des Staates und dem eingetretenen Schaden bestehen.[797] Das ist der Fall, wenn die Handlung nach der allgemeinen Lebenserfahrung typischerweise geeignet ist, den eingetretenen Schaden zu verursachen (Adäquanztheorie).[798]

700

4. Ein **Verschulden**, wie es Art. 34 GG i.V.m. § 839 BGB voraussetzt, ist für die unionsrechtliche Haftung **nicht Voraussetzung**, aber ggf. im Rahmen der Qualifizierung des Rechtsverstoßes zu berücksichtigen.[799]

701

So ist z.B. das Maß der Vorwerfbarkeit, insbesondere die Frage, ob der Verstoß vorsätzlich erfolgte, für die Annahme eines hinreichend qualifizierten Verstoßes von Bedeutung (s.o.).

I. Fallgruppen

Die vom Gerichtshof entwickelten Grundsätze zur Haftung eines Mitgliedstaates für Verstöße gegen das Unionsrecht gelten **für alle drei Staatsgewalten** unabhängig davon, ob der schadensverursachende Verstoß dem Gesetzgeber, der Verwaltung oder den Gerichten des Mitgliedstaates anzulasten ist.[800]

702

Besondere Bedeutung hat der unionsrechtliche Staatshaftungsanspruch bei **normativem Unrecht**, wenn nationales Recht dem Unionsrecht widerspricht. Während es im nationalen Recht grundsätzlich keine Haftung **für Fehlverhalten des Gesetzgebers** gibt, kommt die unionsrechtliche Haftung auch hier zum Tragen.

703

Beispiele: Haftung des Staates bei Zahlungsunfähigkeit des Arbeitgebers wegen Nicht-Umsetzung der entsprechenden EU-Richtlinie;[801] bei nicht rechtzeitiger Umsetzung der Pauschalreiserichtlinie zum Insolvenzschutz von Urlaubsreisenden[802] und bei unzulässigen Einfuhrbeschränkungen[803]

Ebenso kommt eine Haftung bei der Verletzung von Unionsrecht durch **nationale Gerichte** in Betracht.[804] Daher können auch letztinstanzliche rechtskräftige Urteile eine unionsrechtliche Staatshaftung des Landes bzw. des Bundes begründen, wenn sie **offenkundig unionsrechtswidrig** sind.

704

---

794 Vgl. BGH, Beschl. v. 24.01.2013 – I ZR 171/10; EuZW 2013, 280 (Vorlage zum EuGH wegen des deutschen Internetverbots für Glücksspiele); dazu Pagenkopf NJW 2012, 2918 ff.; Möschel EuzW 2013, 252 ff.
795 Dazu EuGH, Urt. v. 08.09.2010 – C-316/07, RÜ 2010, 719, 722 *Stoß u.a.*; Streinz JuS 2011, 85 f.; zur Verfassungswidrigkeit des früheren Glücksspielstaatsvertrages BVerfGE 115, 276; dazu Sachs JuS 2006, 745 ff.
796 BGH, Urt. v. 16.04.2015 – III ZR 333/13 u. III ZR 204/13, RÜ 2015, 462, 463 f.; BGH, Urt. v. 18.10.2012 – III ZR 196/11, RÜ 2013, 52, 55 f.; dazu Unterreitmeier NJW 2013, 127, 129.
797 Vgl. z.B. BGH, Urt. v. 04.06.2009 – III ZR 144/05, EuZW 2009, 865, 872; ebenso EuGH, Urt. v. 18.03.2010 – C-419/08 *Trubowest Handel GmbH* zur Haftung nach § 340 Abs. 2 AEUV.
798 OLG Hamm, Urt. v. 03.05.2013 – 11 U 88/11; Kling Jura 2005, 298, 303.
799 Vgl. Graulich ZAP 2005, 185, 196; Kling Jura 2005, 298, 303; Ossenbühl/Cornils, S. 610.
800 BGH, Urt. v. 18.10.2012 – III ZR 196/11, RÜ 2013, 52, 53.
801 EuGH NJW 1992, 165 *Francovic*.
802 EuGH NJW 1996, 3141 *Dillenkofer u.a.*
803 EuGH NJW 1996, 1267, 1268 *Brasserie du Pecheur*; BGH NVwZ 2007, 362, 363; NJW 2009, 2534, 2536.
804 EuGH NVwZ 2004, 79 *Köbler*; NJW 2006, 3337 *Traghetti del Mediterraneo*; BGH NJW 2008, 3558; Ossenbühl/Cornils, S. 614 f.; Dörr DVBl. 2006, 598, 600; Hellwig/Moos JA 2011, 196, 197 f.

705 Während § 839 Abs. 2 BGB Amtshaftungsansprüche wegen **Richterunrecht** zum Schutz der Rechtskraft der richterlichen Entscheidung weitgehend ausschließt, hat der Gerichtshof einen entsprechenden Haftungsausschluss bei der unionsrechtlichen Staatshaftung ausdrücklich verneint. Allerdings sei ein „hinreichend qualifizierter Verstoß" nur gegeben, wenn die Gerichtsentscheidung offenkundig gegen das geltende Recht verstößt, z.B. die einschlägige Rspr. des Gerichtshofs offensichtlich verkennt.[805]

II. Ausgestaltung des Anspruchs

706 Während der **Haftungstatbestand** weitgehend durch das **Unionsrecht** geprägt ist, richten sich die **Haftungsfolgen** und die **Durchsetzung** des unionsrechtlichen Staatshaftungsanspruchs im Wesentlichen nach **nationalem Recht**. Dabei dürfen die Voraussetzungen aber nicht ungünstiger sein als bei Klagen, die nur das nationale Recht betreffen (**Äquivalenzgrundsatz**), und sie dürfen nicht so ausgestaltet sein, dass sie es praktisch unmöglich machen oder übermäßig erschweren, Schadensersatz bei Verstößen gegen das Unionsrecht zu erlangen (**Effektivitätsgrundsatz**),[806] das heißt:

707 ■ Die **Subsidiarität** (§ 839 Abs. 1 S. 2 BGB) ist **unanwendbar**, weil es sich bei der unionsrechtlichen Haftung um eine unmittelbare Staatshaftung handelt und das Verweisungsprivileg dem Effektivitätsgrundsatz widersprechen würde.[807] Dasselbe gilt für das **Richterprivileg** (§ 839 Abs. 2 BGB), das bei der unionsrechtlichen Haftung ebenfalls nicht anwendbar ist.[808]

708 ■ Dagegen ist der **Rechtsgedanke des § 839 Abs. 3 BGB** grundsätzlich auch auf den unionsrechtlichen Staatshaftungsanspruch anwendbar, allerdings muss der Gebrauch des fraglichen Rechtsmittels dem Geschädigten zumutbar sein.[809] Ein sonstiges **Mitverschulden** kann **analog § 254 BGB** berücksichtigt werden.[810]

■ Für die **Verjährung** gelten die allgemeinen Regeln in §§ 195 ff. BGB.[811]

709 ■ Der **Anspruchsgegner** des unionsrechtlichen Haftungsanspruchs bestimmt sich nach den gleichen Grundsätzen wie bei der Amtshaftung nach nationalem Recht.

Es haftet daher der Bund, wenn ihn die Verantwortlichkeit trifft. Die Länder haften dagegen, wenn sie innerstaatlich für die Umsetzung von Unionsrecht zuständig sind.[812] Bei administrativem Fehlverhalten kann auch eine Haftung der Gemeinde bestehen.[813]

710 ■ Zuständig zur Entscheidung über den **unionsrechtlichen Staatshaftungsanspruch** sind **streitwertunabhängig die Landgerichte** (Rechtsgedanke aus Art. 34 S. 3 GG, § 40 Abs. 2 S. 1 VwGO, § 71 Abs. 2 Nr. 2 GVG).[814]

---

805 EuGH NJW 2006, 3337, 3338 f. *Traghetti del Mediterraneo*; NVwZ 2004, 79, 81 *Köbler*; BGH NJW 2005, 747 f.; Brenner/Huber DVBl. 2004, 863, 866; Haratsch JZ 2006, 1176, 1177; Christensen/Lerch JA 2007, 427, 431.
806 EuGH, Urt. v. 24.03.2009 – C-445/06, RÜ 2009, 649, 651 *Köbler*.
807 Ossenbühl/Cornils, S. 622; Detterbeck/Windhorst/Sproll, S. 67 f.; Dörr DVBl. 2006, 598, 603.
808 EuGH NVwZ 2004, 79 *Köbler*; NJW 2006, 3337 *Traghetti del Mediterraneo*; Rinne/Schlick NJW 2005, 3541, 3548.
809 EuGH, Urt. v. 24.03.2009 – C-445/06, RÜ 2009, 649, 651 *Köbler*; BGH EuZW 2009, 865, 868; NVwZ 2007, 362, 366; Schlick NJW 2009, 3487, 3495.
810 BGH DVBl. 2004, 192, 193; Kling Jura 2005, 298, 305; Dörr DVBl. 2006, 598, 603.
811 Schlick NJW 2009, 3487, 3495; Armbrüster/Kämmerer NJW 2009, 3601, 3603.
812 BGH DVBl. 2005, 371, 372; Itzel MDR 2005, 545, 547; Dörr DVBl. 2006, 598, 604.
813 Dörr DVBl. 2006, 598, 603.
814 Graulich ZAP 2005, 849, 856; Schöndorf-Haubold JuS 2006, 112, 114.

Stichwortverzeichnis

Die Zahlen verweisen auf die Randnummern.

Adäquanztheorie 694, 700
Adressat 665
Adressatengerichteter Beschluss 665
Adressatspezifische Beschlüsse .... 311 ff., 345
Agenturen 354
Allgemeine Rechtsgrundsätze 583
Allgemeines Beschränkungsverbot 453
Amts- und Vollzugshilfe 362
Amtshaftungsanspruch
    Voraussetzungen .... 690 ff.
Amtshaftungsklage 689, 695
    Zulässigkeit 695
Amtssprache 230
Angemessenheit 607, 620
Angonese-Entscheidung 505
Anhörungsverfahren 330
Anwendungsvorrang 376
Anwendungsvorrang des Unionsrechts 400
    Durchbrechung 401
Äquivalenzgrundsatz 360, 544, 706
Arbeitnehmer 479
Arbeitnehmerfreizügigkeit .... 476 ff.
    Abgrenzung 481
    Anwendbarkeit 477
    Arbeitgeber 485
    Bereichsausnahme .... 492 ff.
    Diskriminierungsverbot 487
    Familienangehörige 484
    Gleichbehandlungsanspruch 487
    Grundrechte 515
    Inländerdiskriminierung 488
    persönlicher Schutzbereich .... 479 ff.
    Rechtfertigung 499
    sachlicher Schutzbereich .... 486 ff.
    unmittelbare Drittwirkung 500
    zwingende Gründe des Allgemein-
      interesses .... 511 ff.
Auslandsbedingte Dienstleistung 560
Ausschließliche Unionskompetenz 36
Ausschuss der Regionen 183, 185
Austritt aus der Europäischen Union .... 244 ff.
    Voraussetzungen 245
Ausübung hoheitlicher Befugnisse 495
Ausübung öffentlicher Gewalt 567

Bananenmarktbeschluss .... 383 ff.
Beihilfe 158
Beitritt zur Europäischen Union .... 234 ff.
    Beitrittsverfahren .... 238 ff.
    Voraussetzungen .... 235 ff.
Bekanntgabe 346
Beschluss .... 310 ff

    adressatenloser 314
    adressatspezifisch .... 311 ff.
    Bekanntgabe 346
Besonderes Gesetzgebungsverfahren .... 329 ff.
Beurteilungsspielraum 606
Binnenmarkt 412
Brexit 21, 233
Bürgerbeauftragten 230
Bürgerbegehren 227

Cassis-de-Dijon-Entscheidung 446
Charta der Grundrechte der Europäischen
    Union 12

Dassonville-Formel 430, 452
Delegierte Rechtsakte 333, 673
Demokratiedefizit 63
Dienstleistung 552, 555
Dienstleistungsfreiheit 552
    Abgrenzung .... 557 ff.
    aktive 560
    auslandsbedingte Dienstleistung 560
    Bereichsausnahme 562
    Beschränkung 563
    Dienstleistung 555
    Diskriminierung 563
    grenzüberschreitender Bezug 560
    Korrespondenzdienstleistung 560
    passive 560
    persönlicher Schutzbereich 561
    Rechtfertigung .... 564 ff.
    Rechtfertigung zugunsten kollidierender
      Grundrechte 566
    sachlicher Schutzbereich .... 555 ff.
    Schutz der öffentlichen Ordnung 571
    Subsidiarität 553
    Verhältnismäßigkeit 574
    zwingende Gründe des Allgemein-
      interesses 565
Dienstleistungsrichtlinie 554
Diskontinuität 66
Diskriminierung
    offene 216
    versteckte 217
Diskriminierungsverbot .... 198 ff., 428 ff.
    allgemein 212
    Verkehrsunternehmer 203
Doppelhutlösung 147
Durchführung des Unionsrechts 590
Durchführungsrechtsakte .... 337 f.

Effektivitätsgrundsatz 544, 706

Stichworte

effet utile 217, 275, 288
Effizienzgrundsatz 360
Eigentumsgrundrecht 611
Eingriff durch Unterlassen 453
Einheitliche Europäische Akte .... 9 f.
Empfehlung 315
EMRK .... 585, 621 ff.
Erfolgswert 64
ESM .... 177 f.
EU-Gipfel 96
EU-Grundrechtecharta .... 386, 436 f., 572, 583 f.
    Anwendungsbereich .... 587 ff.
    Determinierung durch Unionsrecht 593
    Eigentum 611
    Geltung für Mitgliedstaaten 609
    Grundsatz der Verhältnismäßigkeit 616
    unternehmerische Freiheit 612
Europäische Atomgemeinschaft 8
Europäische Gemeinschaft für Kohle und
    Stahl 7
Europäische Kommission .... 130 ff.
Europäische Wirtschaftsgemeinschaft 8
Europäische Zentralbank
    Direktorium 172
    Rat 171
    Sitz 169
    Zusammensetzung .... 170 ff.
Europäischer Gerichtshof für Menschen-
    rechte 624
Europäischer Rat
    Aufgaben .... 104 ff.
    Außen- und Sicherheitspolitik 99
    Beschlussfassung .... 110 f.
    Konsensverfahren 110
    politische Revisionsinstanz 109
    Präsident .... 102 f.
    Sitz 97
    Vorschlagsrecht 134
    Zusammensetzung 98
Europäischer Stabilitätsmechanismus 177
Europäisches Parlament .... 60 ff.
    Aufgaben 83
    Auflösungsmöglichkeit 66
    Geschäftsordnung 84
    Haushalt 87
    Initiativrecht 86
    Klagerechte 94
    Kreationsfunktion .... 88 ff.
    Legislaturperiode 66
    Sitz 61
    Sperrklausel 70
    Untersuchungsausschuss 93
    Wahlrechtsgrundsätze 67
    Wahlsystem .... 69 f.
Europarat 18, 621
Europarecht 1

    im engeren Sinne 1
    im weiteren Sinne 1
Europarechtliche Theorie 372
Europawahlgesetz 70
Ewigkeitsgarantie 369

Fachgericht für den öffentlichen Dienst 639
Fachgerichte 638
Fernsehübertragungsrechte .... 611 f.
Finanzgeschäfte 577
Finanzkrise 177
Francovich 309
Freizügigkeit .... 190 ff.
Freizügigkeitsrichtlinie 192, 484

Gebhard-Formel 547
Geltungsvorrang 376
Gemeinsame Außen- und Sicherheitspolitik 47
Generalanwälte 631
Gericht .... 635 ff.
    Generalanwälte 637
    Richter 635
    Zuständigkeit 642
Gerichtshof .... 630 ff.
    Generalanwälte .... 631 f.
    Kammer 634
    Kanzler 633
    Plenum 634
    Präsident 633
    Richter 631
    Zuständigkeit 642
Gerichtshof der Europäischen Union ..... 627 ff.
    Fachgerichte 638
    Gericht .... 635 ff.
    Gerichtshof .... 630 ff.
    Rechtswegeröffnung 640
    Sitz 628
Gesetzesvorbehalt 599, 614
Gesetzgeber .... 85 f., 120
Gesetzgebungsakte 268, 673
Gesetzgebungsverfahren 321
    Abschlussverfahren 339
    Anhörungsverfahren 330
    Begründung .... 340 ff.
    Bekanntgabe 346
    besonderes 329
    Initiativrecht .... 319 f.
    Lesungen .... 324 ff.
    ordentliches .... 318 ff.
    Stellungnahme 323
    Unterzeichnung 345
    Vermittlungsausschuss 327
    Veröffentlichung 346
    Zustimmungsverfahren 331
Gesundheitsschutz 461
Geteilte Unionskompetenz .... 39 ff.

Gleichheit der Wahl .... 71 ff.
Grenzgängersituation 488
Grundfreiheiten .... 411 ff., 586
   Adressaten .... 424 ff.
   Beschränkung 430
   Bindung juristischer Personen des
      Zivilrechts 425
   Diskriminierungsverbot 428
   Eingriff .... 422 ff.
   Eingriff durch Unterlassen 431
   grenzüberschreitender Bezug 421
   Harmonisierungsmaßnahme 418
   offene Diskriminierung 429
   persönlicher Schutzbereich 420
   Prüfungsaufbau 416
   räumlicher Schutzbereich 421
   Rechtfertigung .... 432 ff.
   sachlicher Schutzbereich 419
   Schutzfunktion 431
   versteckte Diskriminierung 429
Grundrechte 566
Grundrechtecharta .... 583 ff.
   Abgrenzung zu den Grundfreiheiten 586
   Adressaten .... 587 ff.
   Anwendbarkeit .... 587 ff., 609
   Eingriff 598
   Einschränkungsmöglichkeit .... 599 ff.
   Entstehungsgeschichte .... 583 f.
   horizontale Wirkung 595
   Prüfungsaufbau 596
   Rechtfertigung .... 599 ff.
   Schranken-Schranken .... 602 ff.
   Schutzbereich 597
   Verhältnismäßigkeit .... 604 ff.
   Wesensgehaltsgarantie 603
Grundsatz der degressiven Proportionalität 62
Grundsatz der Verhältnismäßigkeit .... 438 f.
Gubernative 130
Gültigkeitsprüfung 687

Haftung der Union .... 689 ff.
Handel mit landwirtschaftlichen Erzeug-
   nissen 447
Harmonisierungsmaßnahmen 414, 447
Harmonisierungsverbot 43
Herren der Verträge 28
Hinreichend qualifizierte Verletzung 693
Hoheitsgebiet 26
Hoher Vertreter der gemeinsamen Außen-
   und Sicherheitspolitik 47, 99
Hoher Vertreter für die Außen- und Sicher-
   heitspolitik 147
   Aufgaben und Funktionen .... 152 ff.
   Ernennung .... 148 f.
Hüterin der Verträge 649
Hüterin des Unionsrechts 164

Identitätskontrolle 389, 394, 396, 403
Immaterielle Schäden 694
implied-powers-Theorie 44
Informationsaustausch 363
Initiativmonopol 162
Inkompatibilität 102
Inländerdiskriminierung 526
Institutionelles Gleichgewicht der Organe 57
Integration
   aktive 414
   negative 414
Integrationsfeste Verfassungsidentität 389
Integrationsgrenzen 388
Integrationshebel 368

Jumbo-Rat 116

Kadi-Rechtsprechung 53
Kapitalverkehrsfreiheit 576
   Abgrenzung 579
   Beschränkungsverbot 578
   persönlicher Schutzbereich 580
   Rechtfertigung 581
Keck-Urteil 454
Klagegründe
   Ermessensmissbrauch 674
   Unzuständigkeit 671
   Verletzung der Verträge 673
   Verletzung wesentlicher Form-
      vorschriften 672
Kohärenzgebot 50
Kommission .... 130 ff.
   Abberufung 138
   Amtsenthebung 138
   Amtszeit 137
   Aufgaben 156
   Außenvertretung 165
   Beschlussfassung 166
   Ernennungsvoraussetzungen 134
   Exekutivfunktion .... 157 ff.
   Folgen frühzeitigen Ausscheidens 139
   Initiativrecht 162
   Kollegialitätsprinzip 142
   Misstrauensvotum 138
   Präsident .... 90, 140 ff.
   Rücktritt eines Kommissars 138
   Sitz 131
   Unabhängigkeit 136
   Vizepräsident .... 144 f.
   Wächterfunktion 164
   Wahl der Kommissare 135
   Wahl des Präsidenten 134
   Zusammensetzung .... 132 f.
Kompetenz-Kompetenz 390
Konfusionsargument 531

Stichworte

Kontingentierung 450
Konvergenz der Grundfreiheiten 416
Kopenhagener Kriterien 237
Korrespondenzdienstleistung 560
Korrespondenzdienstleistungsfreiheit 567
Kurzberichterstattung .... 608 ff.

Laserdrome .... 566 ff.
Letztentscheidungskompetenz 365
Lex-posterior-Formel 373

Maastricht-Entscheidung 382
Mangold 305
Marktzugang 457
Maut .... 201 ff.
Menschenwürde 572
Ministerrat 114
Mitgliedschaft qua Amt 101
Motor der Integration 162

Nachschieben von Gründen 342
Nichtigkeitsklage .... 657 ff.
   Begründetheit .... 670 ff.
   Form 669
   Klagebefugnis 663
   Klagefrist 668
   Klagegegenstand 661
   Klagegründe .... 671 ff.
   Parteifähigkeit 660, 662
   privilegiert Klageberechtigte 663
   teilprivilegiert Klageberechtigte 663
   Zulässigkeit 658
   Zuständigkeit 659
Niederlassungsfreiheit .... 516 ff., 559, 579
   Abgrenzung 516
   Anwendbarkeit 517
   Bereichsausnahme 545
   Beschränkung 547
   Diskriminierung 546
   grenzüberschreitender Bezug 526
   juristische Personen .... 529 ff.
   Niederlassung .... 518 ff.
   persönlicher Schutzbereich .... 527 ff.
   primäre Niederlassung 523
   sekundäre Niederlassung 524
   Sitzverlegung .... 533 ff.
   Umwandlung 544
   unmittelbare Drittwirkung .... 548 ff.
Notifizierungsverfahren 158
numerus clausus der Unionsorgane 56

Objektives Beanstandungsverfahren ... 647, 657
OECD 19
OMT-Beschluss .... 177 ff.
Ordentliches Gesetzgebungsverfahren 85, 318
Organe der Union .... 54 ff.

Organkompetenz 34, 56
Organstreit 657
OSZE 20

Parlamentspräsident 89
Petitionen 229
Pkw-Maut ....201 ff.
Praktische Konkordanz 515
Präsident der Kommission .... 140 ff.
   Abberufung 146
   Kreationsbefugnis 46
   Leitlinienkompetenz 141
   Organisationskompetenz 143
Präsident des Europäischen Rates
   Aufgaben 103
Primäres Unionsrecht .... 255 ff.
Primärrecht 3
   unmittelbare Anwendbarkeit 262
   unmittelbare Geltung 261
Prinzip der begrenzten Einzel-
   ermächtigung 35, 640
Privilegiert Klageberechtigte 663
Produktbezogene Regelung 454
Profisportler 502
Prozessrecht .... 626 ff.

Rat
   Aufgaben .... 119 ff.
   Beschlussfassung .... 125 ff.
   demokratische Legitimation 114
   Hauptrechtsetzungsorgan 119
   Initiativrecht 120
   Sitz 113
   Sperrminorität 126
Ratspräsidentschaft 118
Rechnungshof .... 180 ff.
   Aufgabe 181
   Sitz 180
Recht auf den gesetzlichen Richter 634
Recht auf Gleichbehandlung 194
Rechtsakt mit Verordnungscharakter 667
Rechtsakte ohne Gesetzgebungscharakter 268
Rechtsklarheit 275
Rechtsnatur
   der EU 24
   des Unionsrechts .... 31 ff.
Rechtsnormvorbehalt 276
Rechtspersönlichkeit 24
Rechtsschutzbedürfnis .... 651 ff.
Rechtssicherheit 275
Reinheitsgebot .... 446 ff.
Reservekompetenz des BVerfG ....381 f.
Revokationsrecht 336
Richtlinie .... 272 ff.
   Adressaten 274
   horizontale Direktwirkung .... 290, 301 ff.

inhaltliche Umsetzung	280
überschießende Umsetzung	280
Umsetzungsfehler	292
Umsetzungsfrist	281
Umsetzungspflicht	281
unmittelbare Wirkung	282, 285 ff.
vertikale Direktwirkung	290
Voraussetzungen der unmittelbaren Wirkung	291 ff.
Richtlinienkompetenz	130
Richtlinienkonforme Auslegung	292, 410
Schranken-Schranken	438 ff.
Schutznormtheorie	698
Sekundäres Unionsrecht	259
Sekundärrecht	3
Ermittlung der Handlungsform	265
Rang	267
Richtlinie	272
ungeschriebenes	266
unmittelbare Anwendbarkeit	264
Verordnung	270
Wahlfreiheit der Organe	264
Wirkung	269
Solange-Rechtsprechung	378 ff., 408
Sonderregeln für Ausländer	569
Sozialleistungen	194
Sperrklausel	70 ff.
Spill-over-Effekt	8
Staat	25 ff.
Staatenklage	645
Staatenverbund	30
Staatsangehörigkeitsband	495
Staatshaftung	
der Union	690 ff.
unionsrechtliche	308 f.
Staatsvolk	27, 187
Stellungnahme	315
Subventionen	158
sunset clause	249
Technische Informationssysteme	363
Teilprivilegierte Klageberechtigte	663
Tertiäres Unionsrecht	316, 333
Troika	118
ultra-vires-Akt	178, 593
ultra-vires-Kontrolle	390 ff.
Umsetzungsausfall	292
Umsetzungsdefizit	292
Unilever	303
Unionsbürger	
Kernbereichsschutz	231 f.
Kommunalwahlrecht	225 ff.
Unionsbürgerrechte	
Wirkungsbereich	189

Unionsbürgerschaft	187
Unionskompetenz	
ausschließliche	36 ff.
geteilte	39 ff.
konkurrierende	40
parallele	42
Unionsrecht	
primäres	255 ff.
sekundäres	259
Unionsrechtliche Staatshaftung	696 ff.
Fehlverhalten des Gesetzgebers	703
Fehlverhalten nationaler Gerichte	704
Voraussetzungen	697 ff.
Unionsrechtskonforme Auslegung	409
Verbandskompetenz	34 ff.
Verbraucherschutz	464, 468
Verbringungsverbot	450
Verfahrensordnung des Gerichtshofs	633
Verhältnismäßigkeit	
Erforderlichkeit	474
Geeignetheit	473
legitimes Ziel	472
Verhältnismäßigkeitsgrundsatz	602
Verkaufsmodalitäten	454
Vermögensschaden	694
Verordnung	270 f.
Verschleierte Beschränkung	465
Vertikale Direktwirkung	300
Vertrag über die Europäische Union	11
Vertragliche Haftung	689
Vertragsänderungen	105
Vertragsverletzungsverfahren	
begründete Stellungnahme	648
Begründetheit	655
erstes Mahnschreiben	647
Folgen	656
Verwirkung des Klagerechts	653
Verwirkung	653
Völkerrecht	1, 32, 45 ff.
Völkerrechtlicher Vertrag	
Abschluss	48
Koordinierung	52
Umsetzung	52
Völkerrechtssubjekt	45
Vollzug des Unionsrechts	
direkter Vollzug	347
Einheitlichkeit	360
indirekter Vollzug	357
kooperative Verwaltungsverfahren	365
mittelbar indirekter Vollzug	361
Regelfall	348
unmittelbarer indirekter Vollzug	357
Verwaltungskooperationen	362 ff.
Verwaltungsorganisation	352 ff.
Verwaltungsverfahren	355, 359

Vollzugsermächtigung	358
Vorabentscheidungsverfahren	407, 676 ff.
Gericht	678
Klagegegenstand	650
Vorlagefrage	679 f.
Vorlagepflicht	684
Zulässigkeit	677 ff.
Zuständigkeit	677
Wächterfunktion	655
Wahlrechtsgleichheit	64
Wahlrechtsgrundsätze	65, 67 f.
Währungspolitik	175
Warenverkehrsfreiheit	557, 440 ff.
Anwendbarkeit	447
ausdrückliche Rechtfertigungsgründe	459 ff.
Cassis-de-Dijon-Entscheidung	466
Dassonville-Formel	452 f.
Keck-Urteil	454 ff.
Maßnahmen gleicher Wirkung	451
mengenmäßige Einfuhrbeschränkung	450
persönlicher Schutzbereich	449
sachlicher Schutzbereich	448
Schutzpflichten	453
ungeschriebener Rechtfertigungsgrund	466
zwingende Erfordernisse	466
Wegzugsfreiheit	526
Wells	304
Wesensgehalt der Grundrechte	382
Wesensgehaltsgarantie	602
Wesentlichkeitstheorie	600
Westeuropäische Union	16
Willkürliche Diskriminierung	465
Wirtschafts- und Sozialausschuss	183 f.
Wirtschaftspolitik	123
Zahlungsverkehrsfreiheit	582
Zählwert	64
Zersplitterung des Parlaments	74 ff.
Zollunion	441
Zustimmungsverfahren	331
Zwingende Erfordernisse	466